新元史

第六册

列傳（一）

柯劭忞 撰
張京華 黄曙輝 總校

上海古籍出版社

新元史卷之一百四　列傳第一

后妃

蒙古因突厥、回鶻舊俗，汗之妻曰可敦，貴妾亦曰可敦，以中國文字譯之，皆稱皇后。其庶妾則稱妃子。終元之世，後宫位號祇皇后、妃子二等。世祖至元十年，以魏初建議，授察必皇后册寶，用漢禮册，皇后自此始，是爲正宫皇后。其餘雖稱皇后，無册封之禮焉。今博采前聞，爲《后妃傳》。其母以子貴，爲皇太后者，並列於篇。

烈祖宣懿皇后

太祖光獻翼聖皇后忽魯渾皇后以下附

太祖忽蘭皇后古兒八速皇后以下附

太祖也遂皇后察合皇后以下附

太祖也速干皇后合答安皇后以下附

太祖完顏皇后

仁宗莊懿慈聖皇后答里麻失里皇后

英宗莊靜懿聖皇后牙八忽都魯皇后以下附

甘剌麻元妃宣懿淑聖皇后

泰定帝八不罕皇后亦憐真皇后以下附

明宗八不沙皇后

明宗貞裕徽聖皇后〔三〕按出罕皇后以下附

文宗不答失里皇后

寧宗答里忒迷失皇后〔四〕

惠宗答納失里皇后

惠宗伯顏忽都皇后

惠宗完者忽都皇后木納失里皇后以下附

附諸公主

烈祖宣懿皇后斡勒忽訥氏，諱訶額倫。

先爲蔑兒乞部人也客赤列都所娶，也客赤列都御后行至斡難河，烈祖出獵，見后美，與族人捏坤太石、答里斡赤斤共劫之。后使也客赤列都策馬疾走，烈祖追不及，以后歸，遂納焉。生四子，爲太祖及合撒兒、哈準、斡赤斤，一女，爲帖木倫公主。

烈祖崩，太祖方十三歲，同族欺其母子寡弱。一日，俺巴孩之二妻，曰斡兒伯、曰莎合台，春祭，飲族人酒。后後至，分胙不及，后怒曰：「也速該雖死，我子寧慮不成人？今胙肉獨不我與，他日且棄我矣！」斡兒伯、莎合台亦怒，明日徙帳去，與后母子絶。是時，烈祖部衆皆叛去，后騎而追之，持旄纛以麾叛衆，還其大半。

太祖既長，娶光獻皇后孛兒台。也客赤列都之兄蔑兒乞部長脱黑脱阿欲爲其弟復仇，率三部蔑兒乞之衆來襲。后率太祖等騎馬入不兒罕山，使光獻皇后駕牛車從之，爲蔑兒乞人所掠。脱黑脱阿曰：「昔也速該奪吾弟之妻，今吾亦奪其子婦，可以相報矣。」始解圍而去。

及札木合與泰亦赤兀等部以三萬人來攻，太祖分所部爲十三翼以拒之，后率斡勒忽訥人爲第一翼，戰於答蘭版朱思之地。

太祖即皇帝位，尊爲太后，分部衆萬人與之，后意不足。二年，巫者闊闊出譖合撒兒於太祖，太祖惑其言，執合撒兒，將殺之。后聞之，駕白駝車馳至太祖帳中，盛怒譙責太祖。太祖惶恐謝罪，然卒奪合撒兒部衆。后鬱鬱不樂，未幾崩。至元三年定廟制世次，追上尊謚，祔烈祖爲太廟第一室。

太祖光獻翼聖皇后，孛思忽兒弘吉剌氏，諱孛兒台，與訶額倫太后同宗異族。祖曰達而罕，父曰特因，又稱爲特薛禪。太祖九歲，烈祖挈往舅家，欲爲之乞昏，道遇特薛禪〔五〕，奇太祖狀貌，又夜夢白海青挾日月而飛集其掌，心喜爲吉徵，乃要烈祖至其家，以后字焉。烈祖返，留太祖爲贅婿，及將崩，始命蒙力克召太祖歸。

太祖既娶后，蔑兒乞人來襲。太后有媪曰豁阿黑臣，聞車馬聲殷地，疾告太后。太后與諸子及博兒朮、者勒蔑各騎一馬入不兒罕山。后無馬，豁阿黑臣乘以花牛車，中道軸折，爲蔑兒乞人所獲。太祖乃乞師於王罕及札木合，盡虜蔑兒乞部衆。后及豁阿黑臣遇太祖於亂兵中，控其馬轡，遂與太祖同返。

太祖與札木合自幼爲俺答，至是益德之，同牧於豁兒豁納黑主不兒。歲餘，札木合意叵測，后勸太祖避之，事具《札木合傳》。

太祖稱尊號，巫者闊闊出笞辱皇弟斡赤斤，泣告於太祖。后聞之，愀然曰：「汗在，而小臣橫恣如是。儻百年後，其能畏憚汗之子孫乎。」太祖乃命斡赤斤拉殺闊闊出。后明識善斷，能持大體，尤爲太祖所重。

生四子，曰朮赤、察合台、太宗、拖雷；五女，曰火臣別吉、扯扯亦堅、阿剌海別吉、禿滿倫、阿兒塔隆。至元二年，追謚光獻皇后，祔太祖廟。至大二年，加謚光獻翼聖皇后。后守第一斡兒朵。次后者，曰忽魯渾皇后、闊里傑擔皇后、脱忽思皇后，帖木倫皇后、亦憐真八剌皇后、不顏忽禿皇后、忽勝海妃子。

太祖忽蘭皇后，兀洼思蔑兒乞部長答亦兒兀孫之女也。答亦兒兀孫從乃蠻太陽汗與太祖戰於納忽山，太陽罕敗死，答亦兒兀孫大懼，請降，將納女於太祖。太祖使裨將納牙逆之，阻於兵。納牙周慎，止后途中三日。太祖疑納牙有私，欲罪之。后力自陳，既幸，知其不欺，由是益重納牙。后有寵，太祖征西域，獨以后從。生一子，曰闊列堅，以母故，視如嫡子。

后守第二斡兒朵。次后者曰古兒八速皇后，本乃蠻亦難察汗之妻，太陽汗之後母也。乃蠻敗，爲太祖所獲，依蒙古禮納之，有寵。曰亦乞列真皇后，曰脱忽思皇后，曰也真妃子、也里忽禿妃子、察真妃子、哈喇真妃子，氏族皆佚。又有乃蠻女，失其名，生子朮兒徹，早卒。

太祖也遂皇后，塔塔兒也客扯連之女。太祖滅四部塔塔兒，先得其妹也速干，有寵，因言：「有姊尤美，新嫁，不知流落何地。」太祖曰：「若得汝姊，汝能爲之下乎？」也速干允之。時也遂與其婿匿於林中，太祖搜獲之，也速干果讓姊而居。其次一日，太祖讌軍中，也遂侍，忽顧而歎息。太祖覺有異，命在會者各退就所部而立，最後一少年倉皇不知所適。詰之，乃也遂前夫也。太祖命斬之，而寵也遂如故。太祖將征西域，也遂請曰：「兵凶戰危，汗出師萬里，諸子皆不在側，儻一旦不諱，誰當爲嗣，願以告部衆。」太祖大驚曰：「此大事，微汝言，吾幾忘之。」由是始定立太宗。後從征西夏，太祖出獵墮馬，因不豫。也遂與近侍脱欒扯兒必力勸班師，太祖雖不用其言，而心以爲忠。既滅西夏，盡以俘虜賜之。

后守第三斡兒朵。次曰忽魯哈剌皇后，曰阿失侖皇后，曰禿兒哈剌皇后，氏族均佚；曰察合皇后，嵬名氏西夏主李安全之女，太祖伐西夏，圍中興府〔六〕，安全獻女乞和；曰阿昔迷失皇后，曰完者都皇后，曰渾都魯歹妃子，曰忽魯灰妃子，曰剌伯妃子，氏族均佚。

初，太祖滅塔塔兒，有小兒兄弟二人，曰忽里，曰哈喇蒙都，爲太祖所收養。及稍長，也遂言於太祖，請使忽里兄弟收塔塔兒之餘衆，得千人。也遂有弟曰胡土虎，爲右翼千户。胡土虎之弟生女曰奴忽丹，爲諸王阿八哈妃。

太祖也速干皇后，也遂皇后之妹。生一子曰察兀兒，早卒。

守第四斡兒朵，次曰忽答罕皇后，氏族佚。

曰合答安皇后，速勒遜都氏功臣赤老温之妹。太祖爲泰亦兀赤人所獲，脱走至赤老温家，后匿太祖於羊毛車中。追者至，欲搜車，后曰：「天暑如此，羊毛中能匿人乎？吾與汝乃一家人，顧疑我如此。」追者乃去。太祖滅泰亦兀赤，其夫爲亂兵所殺，后望見太祖，亟呼：「帖木真救我！」太祖遽令釋之，以舊恩納焉。

曰斡者忽兒皇后，曰燕里皇后，氏族均佚；曰秃該妃子，與朵列格揑均爲蔑兒乞部長脱黑脱阿長子忽秃之妻。太祖敗蔑兒乞，虜秃該及朵列格揑，以朵列格揑賜太宗，而自納秃該。曰完者妃子，曰金蓮妃子，曰完台妃子，曰奴倫妃子，曰卯真妃子，氏族均佚。

又有謨蓋皇后，貝格林部長阿體耶訥赤之女，無所出。太祖崩，太宗甚禮重之，察合台欲娶之，太宗不與。又有肅良合妃子，高麗人，佚其名；八不別及妃子，佚其氏族。其所守斡兒朵均未詳。

太祖公主皇后，完顔氏，金衛紹王女也。太祖圍燕京，金宣宗納女請和。太祖命阿剌淺使於金，金諸帝女未嫁者七人，后最秀慧，宮中稱爲小姐姐。宣宗封爲岐國公主，以遣嫁焉。引見阿剌淺，即拜后於階下，又請后北鄉拜，后不敢拒。於是金人使丞相完顔福興送后至太祖營，並媵護駕將十人，細軍百人，童男女各五百人，采繡衣三千襲，馬三千匹，金寶稱是。后母欽聖夫人袁氏亦從之。太祖以其爲貴主，禮重之，國人呼爲公主皇后。太祖於四斡兒朵之外，又爲后建斡兒朵於斡兒洹水西。邱處機至西域，道過和林，后與西夏公主各遣使送寒具等食。后年甚高，阿里不哥僭位和林時尚在焉。

太宗孛剌合真皇后，次曰昂灰二皇后，氏族均佚。太宗在潛邸，以憲宗爲子，命昂灰皇后撫育之。次曰忽帖尼三皇后，乞里吉思氏，生二子，曰闊端，曰滅里。憲宗二年，遷后於闊端所居地之西。

又有土拉起那妃子，本蔑兒乞部長答亦思兀妻，太祖滅蔑兒乞，以土拉起那賜太宗。

太宗昭慈皇后乃馬真氏，諱朵列格揑，號六皇后。先爲蔑兒乞部長脱黑脱阿長子忽禿妻，太祖滅蔑兒乞，以后賜太宗。生一子，爲定宗。太宗崩，后稱制五年，復歸政於定宗，而國事猶决於后，事具《本紀》。至元二年追上尊謚，祔太宗廟。

定宗欽淑皇后斡兀立氏，諱海迷失，號三皇后。定宗崩，后臨朝稱制者四年。憲宗即位，后始歸政焉。二年，后與皇孫失烈門厭禳事覺，謫失烈門於没赤脱之地，賜后死。至元三年追上尊謚，祔定宗廟。

定宗在潛邸，其元妃曰烏兀兒黑迷失，蔑兒乞氏，卒年未詳。

顯懿莊聖皇后克烈氏，諱唆魯忽帖塔尼，太宗母弟拖雷妃，憲宗、世祖母也。父札合敢不，克烈部長王汗弟，奔於乃蠻。太祖滅乃蠻，札合敢不獻二女以降，長曰亦巴合，次即后。太祖納亦巴合，而以后賜拖雷。

蒙古俗，父之遺産多歸幼子，太祖臨崩，部兵十二萬九千人，拖雷分十萬一千，諸將多其舊部。拖雷早卒，憲宗、世祖尚幼，事皆決於后。后有才智，能馭衆，尤與太祖長孫拔都親厚。太宗崩，與諸王大臣共立定宗，后主賞賚之事，優渥異常，故内外稱善。定宗崩，拔都首建議立憲宗，衆從之，位遂定。憲宗二年，后崩。世祖至元二年，追上尊謚曰莊聖皇后，祔睿宗廟。武宗至大二年十月，加謚曰顯懿莊聖皇后。三年十月，上玉册焉。

憲宗貞節皇后，弘吉剌氏，諱忽都台，特薛禪孫忙哥陳女也，早崩。至元二年，追上尊謚，祔憲宗廟。

后初崩，憲宗即以其妹也速兒繼后位。次曰出卑三皇后，佚其氏族。憲宗八年，從伐宋，留駐六盤山。明年秋七月，憲宗崩，九月，后亦卒。次曰亦乞烈氏皇后，昌王孛秃子鎖郎哈女。次曰明里忽都魯皇后，佚其氏族，泰定三年尚在，詔后守班秃大王營帳。次曰火里差皇后，火魯剌思氏，憲宗在潛邸，太宗爲帝娶火里差爲妃，後亦稱皇后。又有失力吉妃子，伯要兀氏。

世祖帖古倫皇后，弘吉剌氏，按陳孫脱憐女也。事世祖於潛邸爲元妃，守第一斡兒朵。

世祖昭睿順聖皇后弘吉剌氏，諱察必，按陳女也。貌甚美，侍世祖於潛邸，最有寵，生皇太子真金。

世祖伐宋，渡江圍鄂州，憲宗崩於合州，皇弟阿里不哥留守和林，其黨阿藍答兒等勸之自立，乘傳發山後兵，去開平僅百餘里。后使人詰之曰：「發兵，大事也，太祖曾孫真金在此，何故不使知之？」阿藍答兒意沮。阿里不哥使脱里出行省燕京僉民兵，后聞之，密使人馳報世祖，趣班師。迨世祖北歸，事乃定。

中統三年，立爲皇后。至元十年十月，授册寶。元代册皇后禮自后始。

后性仁明，隨事諷諫，多裨時政。有怯薛官請割京師城外地爲牧場，奏可，以圖進。后欲諫，至帝前，先陽責太保劉秉忠曰：「汝，漢人明達者，言則主聽，何爲不諫？初定都時，以地牧馬，無不可者，今軍民分業已定，奈何奪之？」世祖默然，事遂寢。

性儉素，嘗以令旨取太府監繒帛各一端。世祖謂軍國所需，非私家物也。后自是率宫人親執女工，拘舊弓弦練之，緝爲紬，製衣，其韌比繒綺。宣徽院舊羊臑皮置不用，后取之緝爲地毯。胡帽無簷，世祖苦日光眩目，以語后。后即益前簷，世祖大悦，命爲式。又製一衣，前有裳無衽，後長倍前，亦無領袖，綴以兩襻，謂之比甲，便騎射，時多效之。

宋平，幼主入朝上都，大宴，衆皆歡甚。世祖察后色不懌，曰：「今我平江南，自此不用兵，衆皆喜，爾胡不然？」后跪奏曰：「妾聞自古無千歲之國，毋致吾母子及此，幸矣！」時宋府庫寶物陳於殿前，世祖召視之，后徧視即去。世祖遣宦者追問，欲取何物，后曰：「宋人貯蓄以遺子孫，其子孫不能守，而歸於我，我何取焉？」宋全太后至上都，不習風土，其宮人安定夫人陳氏、安康夫人朱氏及二小姬皆自縊邸中。世祖怒，命梟其首。全太后驚怖。后乘間從容爲奏，聽回江南，不允。再三請，世祖曰：「爾婦人無遠慮，彼一國之母，遺民尚在，若聽南歸，萬一浮言偶動，即難保全，非所以愛之也。時加存恤可耳。」后由是日厚全氏。

翰林學士王思廉嘗進讀《通鑑》，至唐太宗怒魏徵，長孫皇后朝服拜賀得賢臣事，世祖命内官引思廉詣后閤前覆講之。后曰：「是誠有益聖德。復有類此者，汝宜以時進讀。」其賢明多類此。

十八年二月，崩。二十一年，世祖上尊號，亦追上皇后尊號曰貞懿昭聖順天睿文光應皇后。三十一年，成宗即位，追上尊謚曰昭睿順聖皇后，祔世祖廟。

后守第二斡兒朶。其次曰南必皇后，翁吉剌氏，納陳孫仙童之女，或曰按陳之女。至元二十年，册爲皇后。時世祖春秋高，大臣多因后白事。生一子曰鐵滅赤，早卒。

守第三斡耳朶者，曰塔剌海皇后、奴罕皇后，並佚其氏族。

守第四斡兒朶者，曰烏式真皇后，許兀慎氏，功臣博爾忽之女也，生子曰脱歡，曰愛牙赤。次闊闊倫皇后，佚其氏族。

又有速哥荅思皇后，泰定三年詔守世祖斡兒朶。又八八罕妃子、撒不忽妃子，並佚其氏族。

徽仁裕聖皇后，弘吉剌氏，諱伯藍也怯赤，又諱闊闊真，皇太子真金妃，成宗母也。

先是，世祖出獵，道渴，至一帳，見一女子緝駝茸，從求馬湩。曰：「馬湩固有之，但我父母諸兄皆不在，我女子，難以與汝。」世祖欲去，又曰：「我獨居此，汝自來去，於禮不宜。父母即歸，盍姑待之？」須臾果歸，出馬湩飲焉。世祖既去，歎息曰：「此女倉卒知禮若是，豈非佳婦耶？」後諸臣請擇太子妃，俱不當上意。有老臣嘗從獵，知此事，且聞后未字，具白世祖，大喜，納爲太子妃。

后性孝謹，善事中宫，起居服御無纖介不至，世祖每稱爲賢德婦。一日，世祖幸視太子疾，見牀第間設織金卧具，世祖責曰：「我嘗以汝爲賢，何奢靡如此？」妃跪答曰：「常時不敢用，今以太子病，恐侵濕氣，乃陳之。」即時撤去。

成宗即位，尊皇考爲帝，廟號裕宗，尊后爲皇太后，設太后官屬，置徽政院。後院官受獻浙西田七百頃，籍位下，后曰：「江南率土，皆國家所有，且我一寡婦人，安用是耶！」即命中書省盡罷之。后有弟求官，后不悦曰：「汝非其人也，勿以累我。」後果黜。大德四年二月崩，上尊謚曰裕聖皇后，祔裕宗廟，葬先陵。至大三年十月，加謚徽仁裕聖皇后。

裕宗又有安真迷失妃子，無子，氏族佚。

后長子曰晉王甘麻剌，生泰定帝；次子曰答剌麻八剌，生武宗、仁宗。雖神器代易，陵替失序，而人繼正統者，罔非其裔胄云。

成宗貞慈静懿皇后，弘吉剌氏，諱失憐答里，斡羅陳女也。侍帝藩邸爲元妃，生一子曰德壽太子，帝未即位卒。武宗至大三年，上尊謚，祔成宗廟。

成宗卜魯罕皇后，伯牙吾氏，駙馬脱思忽之女。元貞元年，立爲后。大德三年十月，授册寶。

時帝多疾，后居中用事，然頗信任相臣哈剌哈孫，舉措不撓，號爲綏靜。

八年正月，地震平陽，后召平章愛薛問曰：「災異若此，殆下民所致耶？」對曰：「天地示警，於民何與？」后深然之。京師嘗建天壽萬寧寺，中塑秘密佛，形象詭褻，后幸寺，見之，惡焉，以帕蒙面，尋敕毀去。羣臣欲上尊號，帝不許，后因自請。帝曰：「朕病日久，國事多廢不舉，奚以此虛文爲耶？」議遂寢。后用事久，頗專制。

十年，出帝兄答剌麻八剌元妃與其子愛育黎拔八達，居於懷州，而妃長子懷寧王海山方總兵居朔方。明年，帝崩，無子，后恐其兄弟立修怨，乃召安西王阿難答至京師，謀立之。丞相阿忽台等欲奉后垂簾聽政，而哈剌哈孫已密報愛育黎拔八達先入，以計誅阿忽台等，清宫禁，迎立其兄，是爲武宗。既殺西安王，並構后以交通之罪，遷居東安州，尋賜死。成宗又有忽帖尼皇后，乞兒吉思氏。

昭獻元聖皇后，弘吉剌氏，諱答吉，魯王按陳孫渾都帖木兒女，成宗同母兄答剌麻八剌元妃，武宗、仁宗母也。世祖初以宫人郭氏賜答剌麻八剌，後乃納后。

大德九年，成宗不豫，后及仁宗出居懷州。成宗崩，仁宗自懷州奉后還京師，平内難，迎武宗即位，尊皇考爲帝，尊后爲皇太后。是年冬，朝后於隆福宫，上皇太后册寶。

至大元年三月，爲后建興聖宫。當武宗守邊時，后嘗親禱於五臺山。明年正月，遂復幸五臺山，修佛事。詔高麗王璋從之。四月，立興聖宫江淮財賦總管府。三年，又以興聖宫鷹坊等户四千，分處遼陽，建萬户府統之。是年十月，率皇太子諸王羣臣朝，上徽號曰儀天興聖慈仁昭懿壽元皇太后。越日，后恭謝太廟，武宗更推廣恩意，詔赦天下。仁宗踐位，加上尊號曰全德泰寧福慶皇太后。英宗立，尊爲太皇太后，上尊號曰徽文崇祐太皇太后。是日，御大明殿受朝賀。越日，以禮成，復告廟。元世諸皇后，光耀尊寵，莫有其比焉。

后居東朝，頗仁儉，宫女皆教治女工。每幸上都，必敕鷹坊衛士先往，毋害民稼。性敏給，有權數，歷佐三朝，威福己出。内則黑驢母亦烈失八用事，外則幸臣失列門、紐鄰及丞相鐵木迭兒相率貪緣爲奸，以至箠辱平章張珪等，紊亂綱紀。仁宗恐傷后意，不窮問。

仁宗崩，后命鐵木迭兒復爲右丞相，御史中丞楊朵兒只、中書平章政事蕭拜住忤后旨，鐵木迭兒矯詔殺之。失列門又以太后命更易朝官，英宗曰：「此豈除官時耶？且先帝舊臣，不宜輕動。俟朕即位，議於宗親、元老，賢者任之，邪者黜之可也。」事遂已。

初，后以武宗長子和世琜英偉，英宗弱，易制，羣小亦以立明宗爲不利於己，共擁戴英宗。既即位，太后來賀，見帝有剛毅之色，退曰：「我不擬養此兒也。」遂飲恨成疾。至治二年九月崩。明年，上尊謚，祔順宗廟。

武宗宣慈惠聖皇后〔七〕，弘吉剌氏，諱真哥，按陳裔孫迸不剌之女。至大三年正月，册爲后，無子。仁宗皇慶二年，立長秋寺，掌后宮政，秩三品。泰定四年，崩。八月，上尊謚。惠宗元統二年，詔立武宗廟后主。丞相伯顔與羣僚議曰：「先朝以真哥皇后無子，不祔廟。今所當祔者，其明宗母，抑文宗母也。」惠宗爲明宗長子，伯顔意有在，而羣臣亦依違莫決。太常博士逯魯曾對曰：「真哥皇后，早膺册寶，則文、明二母皆妾也。今以無子之故，不爲立主，而以妾母爲正，是爲臣而廢先君之后，爲子而追封先父之妾，於禮不可。昔燕王慕容垂即位，追廢母后，而尊其生母配享先王，爲萬世笑，豈宜復蹈其失乎？」集賢學士陳顥素疾魯曾，乃曰：「唐太宗册曹王明之母爲后，是亦二后也，奚爲不可？」魯曾曰：「堯之母爲帝嚳妃，堯立爲帝，未聞尊爲后以配嚳皇。上爲大元天子，不法堯、舜，而法唐太宗耶？唐太宗初欲立曹王明母爲后，魏徵諫止，無册立事。顥蓋妄爲駁難，其言不倫。」衆皆是魯曾議，於是升祔禮定，以后配焉。

武宗又有速哥失里皇后，按陳從孫哈兒只之女，亦無子。又有完者歹皇后，氏族佚。有妃洪氏，不知所由進，最有寵。每七夕，結彩樓於臺上，妃登樓散彩，令宮人俯拾之。帝又於仲秋夜月，與衆嬪御泛舟太液池，設女軍，夾以數船，左曰鳳隊，右曰鶴團。冠服旗旓瑰奇詄麗，令互相衝擊爲戲。有駱妃，善歌舞，爲帝奏《月照臨》之曲，夜分乃罷。太液池在萬歲山北，舊名瓊花島，引金河水出石龍口，注方池，伏流至山半仁智殿後，有石琢蟠龍昂首噴出，東西流入池。山前白石橋長二百尺，迤至池中坻上，東爲靈囿，多畜珍禽奇獸。至元四年，賜今名。車駕歲幸上都，必先宴百官於此云。

武宗仁獻章聖皇后亦乞烈氏，諱壽童，世祖皇子安西王忙哥剌女奴兀倫公主所出。初爲帝妃，生明宗。天曆二年，追上尊謚曰。至正六年，改謚曰莊獻嗣聖皇后。

武宗文獻昭聖皇后唐兀氏，諱闕。亦帝妃，生文宗。天曆二年，追上尊謚。

武宗伯忽篤皇后，怯烈氏，年十三，侍武宗於潛邸。後從昭獻元聖皇后出居懷州。后性敏給周慎，昭獻皇后愛之。英宗即位，命主太祖完顔氏皇后斡爾朵。至治三年，徙居世祖迭只斡爾朵。昭獻皇后崩，出私財三千五百貫作順聖寺以奉昭獻神御，又作崇源寺以奉英宗神御。

仁宗莊懿慈聖皇后，弘吉剌氏，諱阿納失失里，生英宗。皇慶二年三月，立爲后，上册寶，遣官祭告天地於南郊及太廟，改典内院爲中政院，秩正二品。先仁宗崩。英宗即位，追上尊謚，祔廟。册曰：「至孝所以揚親，易名所以表行，矧爲天下母而養弗逮，履天子位而報則豐。」又曰：「昊天不吊，景命靡常。」詞極悲痛云。仁宗又有答里麻失里皇后，氏族佚。

英宗莊静懿聖皇后亦乞烈氏，諱速哥八剌，駙馬昌王阿失之女，成宗女昌國大長公主益里海牙所出也。至治元年二月，册爲后。無子。泰定四年六月崩，上尊謚。英宗南坡之變，典禮闕如。後至元二年，始與武宗、明宗后祔廟。

英宗又有牙八忽都魯皇后、朵兒只班皇后。鐵失之妹爲第二皇后，當爲牙八忽都魯。

鐵失弑英宗，伏誅，御史許有壬以皇后猶在宫中，請加貶廢，後不知所終。

宣懿淑聖皇后，弘吉剌氏，諱普顔怯里迷失，晉王甘剌麻元妃，泰定帝母也。至元三年九月，泰定帝即皇帝位，十二月戊辰，追尊爲皇太后。

泰定帝八不罕皇后，弘吉剌氏，按陳孫斡留察兒之女。泰定元年三月，册爲后。二年，封后父爲威靖王。初，后侍帝藩邸，生子阿速吉八。元年，立爲皇太子。帝崩，皇太子即位，後不知所終。文宗詔徙后於東安州，崩年失。

帝又有皇后七人：曰亦憐真八剌，曰忽剌，曰也速，曰撒答八剌，曰卜顔怯里迷失，曰失烈帖木兒，曰鐵你。亦憐真八剌皇后，亦乞烈氏，昌國大長公主益里海牙女，二年，與帝受佛戒於帝師。撒答八剌皇后，帝姊壽寧公主女也，三年，納之宫中，先卒。餘氏族俱佚。文宗時，太平王燕帖木兒嘗娶帝后爲夫人，其名亦佚。

又妃二人，曰必罕，曰速哥答里，皆弘吉剌氏，衮王買住罕女也。天曆初，俱徙東安州。

明宗八不沙皇后，乃馬真氏，泰定帝甥壽寧公主之女，侍帝潛邸，生寧宗。天曆二年八月，明宗暴崩，文宗入臨，燕鐵木兒以后命奉皇帝寶授於文宗。是年，立寧徽寺掌后中宫事，又奉后鈔萬錠、帛二千匹供費用。后命帝師率羣僧爲帝修佛事於大天源延聖寺七日，又命道士建醮於玉虚、天寶、太乙、萬壽四宫及武當、龍虎二山。至順元年，復詔有司供后幣二百匹。四月，文宗不答失里皇后與宦者謀弑后，尋崩。或云不答失里皇后推后墮地爐中而崩。後至元二年，祔廟。

明宗貞裕徽聖皇后，罕禄魯氏，諱邁來迪，郡王阿兒廝蘭之裔。祖曰阿里朮兀，父曰帖木迭兒。明宗爲周王時，北行過其部，帖木迭兒以后進，生惠宗。文宗既復位，忌之，以明宗言帝非己子，自高麗遷於廣西，命奎章閣學士虞集草詔告中外，事具《本紀》。後至元二年，追上尊謚。

明宗又有后六人：曰按出罕，曰月魯沙，曰不顔忽都，曰野蘇，曰脱忽思，曰阿梯里，氏族皆佚。脱忽思皇后嘗守明宗斡兒朵，至順二年，賜湘潭户四萬爲湯沐邑。然當時文移稱娘子，不稱皇后焉。惠宗時，哈麻提調寧徽寺，出入脱忽思宫中，爲御史海壽所劾。寧徽寺者，掌脱忽思位下錢糧。脱忽思泣訴於帝，帝爲奪海壽官。

文宗不答失里皇后，弘吉剌氏，順宗女魯國大長公主祥哥剌吉所出。祖父帖木兒，父駙馬琱阿不剌，皆封魯王。天曆元年，册立爲皇后。二年二月，授册寶。生皇太子阿剌忒納答剌，早卒。又生燕帖古思、太平訥二皇子。

后篤信釋教，嘗以銀五萬兩助建大承天護聖寺，又賜籍没張珪家田四百頃。

至順三年八月，文宗崩，丞相燕帖木兒請立燕帖古思，后不從。文宗大漸時，命傳位於明宗子。明宗長子妥歡帖木兒謫静江，燕帖木兒謂后曰："阿婆且權守大位，妥歡帖木兒居南徼瘴癘之地，未審存亡，我與宗室諸王徐議之可也。"至是年十月，始以明宗次子懿璘質班留京師，白於后，宣遺命而立之，是爲寧宗，甫七歲，后同聽政。十一月，奉册寶尊后爲皇太后，御興聖宫，受朝賀。

是月，寧宗崩，燕帖木兒復請立燕帖古思。后曰："天位至重，吾子尚幼，明宗長子妥歡帖木兒在廣西，今十三歲矣，其迎立之。」約傳位於燕帖古思，若武、仁故事。燕帖木兒知事不獲已，乃奉皇太后詔旨，遣使迎惠宗於静江。

明年六月，惠宗即位，爲皇太后置徽政院，設官三百六十六員。二年，上尊號曰贊天開聖仁壽徽懿昭宣皇太后。至元二年冬，復上尊號曰貞文慈祐儲善衍慶福元太皇太后，仍臨朝稱制。先議尊爲太皇太后，參知政事許有壬諫以爲非禮，不聽。時南臺御史太不花亦奏以叔母不宜加太皇太后尊稱，后初聞之怒，徐曰：「風憲有臣如此，可謂能守祖宗法矣。」賜金幣以旌其直。六年六月丙申，詔曰：

昔我皇祖武宗傳位仁宗，定議易世之後，舍子傳姪。祖母太皇太后惑於憸慝，俾皇考明宗出封雲南。英宗遇弑，正統寖偏，我皇考以武宗之嫡，逃居朔漠，及泰定升遐，宗王大臣同心翼戴，肇啟大事，時以近地，先迎懷王，暫總機務。繼揆天理人倫，不當竊據，假讓位之名，以璽紱來上。我皇考推誠不疑，授以皇太子寶，使守青宫。乃苞藏禍心，迎謁行在，與其臣月魯不花、也里牙、明理董阿等謀爲不軌，使我皇考飲恨上賓。歸而再御宸極，思欲自解於天下，乃謂夫何數日之間，宫車宴駕。海内聞之，靡不切齒。又私圖傳子，虚構邪言，嫁禍八不沙里后，謂朕非明宗之子，俾出居遐陬。祖宗大業，幾於不繼。内懷媿慊，則殺也里牙以杜口。及其將死，哀鳴畏在天之震怒，始議立明考之嗣，冀逭冥誅。叔母不答失里自謀稱制，貪引童昏，舍明考之家嗣，而立朕弟懿璘質班，曾未匝月，奄復不年，諸王大臣以賢以長，扶朕踐阼。國之大政，遲未躬親。賴天之靈，權奸屏黜，顧念治必本於盡孝，事莫先於正名，永惟鞠育罔極之恩，忍忘不共戴天之義。既往之罪，不可勝誅，其命太常撤去圖帖睦爾在廟之主。不答失里本朕之嬸母，乃陰構奸臣，弗顧非禮，僭膺太皇太后尊號，迹其閨門之禍，離間骨肉，罪惡尤重，揆之大義，削去鴻名，可東安州安置。燕帖古思昔在幼冲，情雖可原，理難同處，惟朕終不蹈覆轍，專務殘酷，可放諸高麗。當時賊臣月魯不花、也里牙已死，其以明理董阿明正典刑。

后至東安州，尋賜死。文宗固有罪，然后舍其愛子而立兄之子，割情蹈義，非由箝制。一旦反覆，使母子俱殞。追緣釁鬩，報亦酷焉。

寧宗答里也忒迷失皇后，弘吉剌氏。至順三年十月，帝即位，立爲皇后，時年甚幼。至正二十八年崩，祔寧宗廟。

惠宗答納失里皇后，伯牙吾氏，太平王燕帖木兒女也。至順四年六月，帝即位，七月立爲皇后。元統二年，授册寶。

惠宗立，非燕帖木兒意，而后頗有寵，性貪冒黷貨。時詔立鹽局，官自賣鹽，后亦命宦者孛羅帖木兒取鹽十萬引入中政院，帝又命發兩艅船下番爲后營利。

至元二年，后兄左丞相唐其勢與太師伯顏争權，坐謀逆誅。弟塔剌海逃入宫，匿后坐下，后以衣蔽之，左右曳出斬首，血濺后衣。伯顏奏曰：「豈有兄弟爲逆，而皇后護之者？」遂並執后。后呼帝曰：「陛下救我！」帝畏伯顏，乃曰：「汝兄弟爲逆，豈能相救？」於是遷后出宫，伯顏尋進鴆弑后於開平民舍。

惠宗伯顏忽都皇后，弘吉剌氏，武宗宣慈惠聖皇后之姪，毓德王孛羅帖木兒女也。後至元三年三月，册爲后。生皇子真金，二歲而夭。后性簡重節儉，不妒忌，動中禮法。待妾媵、太子皆有恩意。時第二皇后奇氏有寵，居興聖西宫，帝希幸東内。左右或以爲言，后無纖微怨望見於言色。從帝巡上都，次中道，一夕，帝欲臨幸，使内官馳告，后不可，曰：「暮夜非至尊往來之候。」中使往復者三，竟不納，帝益賢之。至正十四年，后母卒，帝加禮賻鈔三百錠。后居坤德殿，終日端坐，未嘗妄踰閫閾。二十五年八月崩，年四十二。奇后見后遺衣質敝，大笑曰：「正宫所服何至斯耶！」皇太子自太原歸，哭之極哀。

惠宗完者忽都皇后，奇氏，高麗人。其家微也。故事，高麗國歲獻媵妾。徽政院使秃滿迭兒進爲宫女，主供茗飲，尋見寵幸。生子愛猷識理達臘，後立爲皇太子。時答納失里皇后方驕妒，知當帝意，數箠辱之。及后遇害，帝欲立焉，丞相伯顔争不可。伯顔罷，學士沙剌班希旨，請立爲第二皇后，居興聖宫，改徽政院爲資政院。

后爲人猥黠，務自矯飾，無事則取《女孝經》、史書，訪問歷代皇后有賢行者爲法。四方貢獻珍味，非薦太廟不敢先食。京師大饑，命官作糜粥賑之。又出金銀粟帛，令宦者朴不花置冢，瘞遺骼十餘萬，復命僧建水陸大會度之。太子既長，帝爲建端本堂，命儒臣教授國法。帝與太子多受佛戒，帝師因啟后曰："太子向學佛法，頗開悟，今乃使習孔子教，恐壞真性。"后曰："我雖居深宫，不明道德，嘗聞自古及今治天下者，須用孔子教，舍此則爲異端。佛法雖好，不可以治天下，安可使太子不讀書耶？"帝師慚退。其後正位中宫，誕日百官進箋賀，后誡左丞相沙藍答里曰："自世祖以來，正宫皇后壽日未嘗進箋。近年雖有，不合典禮。"卻之。其假託正誼如此。

帝怠棄政事，后與太子遽謀内禪，使朴不花喻意丞相太平，太平不答。復詔太平至宫，舉酒賜之，申前説，太平依違而已。帝亦知后意，怒而疏之。

然后頗盜威柄，賞罰由己。朴不花有罪被劾，后諷御史大夫佛家奴爲疏辨。佛家奴謀再劾之，后嗾御史轉奏，謫潮河。

后族奇氏在高麗者，怙勢驕横，高麗王伯顔帖木兒怒，盡殺之。后謂皇太子曰：「汝年已長，不能爲我復仇耶？」皇太子乃請帝廢高麗王，立其弟塔思帖木兒留京師者爲王，以奇氏族子三寶奴爲太子，將作同知崔帖木兒爲丞相，將兵萬人送之至鴨緑江，爲伏兵所敗，餘十七騎而返。

時中書平章政事孛羅帖木兒鎮大同，與太子有嫌。帝亦憤其跋扈，命太尉擴廓帖木兒討之。孛羅帖木兒遂舉兵犯闕，及入都城，嗾監察御史武起宗言后撓亂國政，宜遷居於外。帝弗聽，孛羅帖木兒遂矯制幽后於諸色總管府，使其黨姚伯顔不花守之。太子先奔太原。尋逼后入宮，取印章，僞爲書以召太子。復幽后舊所。后數納美女求脱，至百日，始釋之。及孛羅帖木兒伏誅，太子還，后又密令擴廓帖木兒以重兵擁入，劫帝禪位。擴廓帖木兒知其意。將至京師，散遣諸軍，陰謀遂沮。

會伯顔皇后崩，中書省又以太子故，請后正尊位，奏改資政院，兼主中政院。帝初不許，俄授册寶，進爵奇氏三世爲王，至正二十五年十二月也。先是，后爲第二皇后時，監察御史李泌言：「世祖有誓：子孫不得與高麗女子共事宗廟。陛下踐世祖之位，何忍忘世祖之言，乃以高麗女並位宮中。今災異屢起，河決地震，盜賊滋蔓，皆陰盛陽微之漸。乞仍降爲妃，庶使三辰定位，災異可息。」不聽，卒成亡國之禍云。元稱西夏、高麗，不舉其國，舉其部族曰唐兀氏、肅良合氏。至是乃以后爲肅良合氏，詔天下。二十八年，明兵破大都，從帝北奔。二十九年，崩。

帝多内嬖，其妃嬪可考者，有龍、程、張、戈、支、祁諸妃。又有木納失里皇后稱三皇后，弘吉剌氏居隆福宫，至正三年卒。龍妃尤嗜利，帝賜繒綺，率纂組奇瑰，與他珍異動以鉅萬，令宦者貨於左掖門内，售者麕至，名其地曰繡市焉。

史臣曰：蒙古之興，由於宣懿皇后，以一寡婦提挈孤子，卒能奮於艱難，弼成大業，雖《詩》《書》所載，何以尚之！中葉以後，昭獻淫恣，徇嬖寵之言，不立周王，禍延數世，元祚由此替矣。惠宗惑於孽后，寵遇無節，揆其政刑紊亂，雖不盡由帷闥，而啟釁召戎，則奇后實爲之導焉。嗚乎！是亦褒閻之亞匹歟？

元制，皇女及諸王女皆稱公主。記載弗備，甄其可考者，附於《后妃傳》後。

烈祖女帖木倫，封昌國大長公主，適昌王孛秃。

太祖女火臣别吉，封昌國大長公主，適孛秃爲繼室。

太祖女扯扯亦堅公主，適衛拉特部長忽都哈别吉子土拉而吉。

太祖女阿剌海别吉，封趙國大長公主，始適汪古部長長子不顔昔班，改適其兄子鎮國，再適趙王孛要合。太祖征西域，公主留漠南，號監國公主。公主性明敏，有智數，侍女數千人，給事左右。軍國大事，雖木華黎亦禀命焉。

太祖女秃滿倫，封鄆國公主，適赤窟駙馬。

太祖女阿兒塔隆公主，適斡勒忽訥部長泰赤子札費圖兒薛禪塔出古列堅，爲宣懿皇后兄弟之子。定宗時，阿兒塔隆坐事賜死。

太祖女也立可敦，封高昌公主，適畏兀兒亦都護巴而术阿兒忒的斤。拉施特書：太祖女布亦塞克，許字弘吉剌部長帖兒該阿蔑，嫌其貌陋，不欲娶，太祖殺之。東西書譯音迥别，未知爲太祖第幾女。又拉施特書：千户布哈古而干娶太祖女，然則太祖固不止五女也。

太宗女唆兒哈罕，封魯國公主，適納合駙馬。

太宗兄术赤女大魯罕公主，適斡亦剌惕部長忽都合子脱列勒赤。

睿宗拖雷女也速不花，封魯國大長公主，適斡陳駙馬。

睿宗拖雷女薛木罕，封趙國公主，適鄃王聶古觶，再適察忽駙馬。

太祖孫女薛只干，封魯國公主，適納陳駙馬

太祖弟合赤温子阿勒赤歹大王女，封昌國大長公主，適昌王札忽爾臣。

定宗女巴巴哈兒公主，適亦都護大赤哈兒的斤。

定宗女葉里迷失，封趙國大長公主，適趙王君不花。

憲宗女伯雅倫，封昌國大長公主，適昌王忽憐。

憲宗女失林公主，適弘吉剌部長朮臣駙馬，卒，以其妹爲繼室，失名及封號。

世祖女月烈，封趙國大長公主，適趙王愛不花，先追封皇姑齊國大長公主，後改封。

世祖女囊家真，封魯國大長公主，始適斡羅陳爲繼室，改適納陳子帖木兒，再適帖木兒之弟蠻子台。

世祖女兀魯真，封昌國公主，適孛花駙馬。

世祖女忽都魯堅迷失公主，適高麗王王昛，封安平公主，追封皇姑齊國大長公主。元貞二年，公主從昛入朝。及歸高麗，宮中芍藥盛開，左右采以獻。公主忽泣下，數日而卒。高麗世子謜疑昛妾殺之，事具《高麗傳》。

世祖女茶倫，封昌國大長公主，適帖監干駙馬。

太宗子闊出太子女安禿，封昌國大長公主，適昌王瑣郎哈。

太宗孫女卜魯罕，封高昌公主，適高昌王紐林的斤，卒，以其妹八卜义公主爲繼室。

太宗子闊端太子孫女朵而只思蠻，封高昌公主，適高昌王帖木兒補化。

憲宗孫女卜蘭奚，封昌國大公主，適昌王忽憐爲繼室。

憲宗曾孫女買的，封昌國大長公主，適昌王阿失爲繼室。

世祖孫女脱脱灰公主，適禿滿答兒駙馬，晉封榮壽大長公主。

真金太子女忽答迭迷失，封趙國大長公主，適趙王闊里吉思。

真金太子女南阿不剌，封魯國大長公主，適蠻子台爲繼室。

安西王忙哥剌女奴兀倫公主，適鎖郎哈爲繼室。

安西王阿難答女兀魯真公主，適紐林的斤爲繼室。

成宗女益里海涯，封昌國大長公主，適昌王阿失。

成宗女愛牙失里，封趙國大長公主，適闊里吉思爲繼室。

成宗女普納，適魯王桑哥不剌，封鄆安大長公主，進號皇姑魯國大長公主。

晉王甘剌麻女卜答失里，封薊國大長公主，適高麗王謜。

晉王甘剌麻女壽寧大長公主。

晉王甘剌麻女阿剌的納八剌，封趙國公主，適趙王注安。

答剌麻八麻太子女祥哥剌吉，封魯國大長公主，適琱阿不剌駙馬。蚤寡守節，不從諸叔繼尚。女爲文宗皇后。天曆二年，詔曰：「朕思庶民若此，猶當旌表，況在懿親？趙世延、虞集等可議封號以聞。」乃晉封徽文懿福貞壽大長公主。

營王也先帖木兒女亦憐只班，封濮國大長公主，適瀋王王燾。

仁宗女闊闊倫公主，適特薛禪孫脱羅本。

魏王阿不哥女金童，封曹國大長公主，適王燾爲繼室。

魏王阿不哥女寶塔失憐公主，封徽懿魯國大長公主，適高麗王顓。

明宗女不答昔你，封明慧貞懿大長公主。

明宗女月魯公主，適嗣昌王沙藍朶兒只。

【校勘記】

〔一〕「速哥失理」正文作「速哥失里」。

〔二〕「武宗伯忽篤皇后」，原在「武宗宣慈惠聖皇后」下，據正文移此。

〔三〕「貞」，原作「真」，據正文及《元史》卷一一四列傳第一《后妃》改。

〔四〕「答里忒迷失皇后」，正文作「答里也忒迷失皇后」。

〔五〕「特薛禪」，原作「特貌禪」，據上文改。又按《元史》卷一一四列傳第一《后妃》本傳云：「有功賜名薛禪，故兼稱曰特薛禪。」

〔六〕「中興府」，原作「中與府」，按本書《太祖本紀下》「十三年戊寅春正月，圍中興府」，據改。

〔七〕「惠聖」，原倒作「聖惠」，據目録、下文及《元史》卷一一四列傳第一《后妃》改。

新元史卷之一百五　列傳第二

烈祖諸子

哈撒兒也生哥　勢都兒

哈準按只吉歹〔一〕　哈丹

帖木哥斡赤斤塔察兒　乃顔

別克帖兒

別勒古台口温不花

烈祖神元皇帝六子：宣懿皇后生太祖皇帝，次哈撒兒，次哈準，次帖木兒斡赤斤；太祖異母弟別克帖兒，次別勒古台。

哈撒兒，少太祖二歲，有勇力，善射。幼與太祖奉宣懿皇后居斡難河上，泰亦赤兀人來襲，哈撒兒獨彎弓禦之。敵不敢逼，遥謂之曰：「吾但取汝兄帖木真，無預汝事。」太祖得乘間逸去。事具《本紀》。

太祖稱汗，以哈撒兒爲兀勒都赤，領宿衛。癸亥，太祖與王汗戰於哈蘭真，哈撒兒别居哈剌温山，妻子爲王汗所掠，獨挈幼子脱忽走免，至巴泐渚納始與太祖會，太祖大喜。明年，太祖將襲王汗，遣哈撒兒左右合里兀答兒、察兀兒該，謬爲哈撒兒之言，往紿王汗曰：「吾兄離我，不知何往，緣道求之亦不得其蹤跡。我妻子在父王汗所，我何歸哉？我今露宿於野，仰視星辰，終夕不寐，思還事父王汗。儻念前勞，許我自效，遣親信一人來與我盟，則我束手歸命矣。」王汗信之，遣其將亦秃兒干盛血於牛角，往涖盟，與合里兀答兒等同行中途，遇太祖伏兵。合里兀答兒恐亦秃兒干驚走，乃下馬僞言馬蹄中有碎石，將抉去之。亦請亦秃兒干下馬，遂執以歸，太祖畀哈撒兒殺之。進襲王汗於徹徹爾温都爾，大破之，王汗走死。

甲子，太祖伐乃蠻，命哈撒兒將中軍，軍容甚盛。乃蠻太陽汗望見，大懼，退上納忽山，一戰擒之。論功以哈撒兒爲第一，予以恩賞，凡哈撒兒子孫，位次在宗室之上。

太祖即皇帝位，有狂人闊闊出妄言禍福，爲太祖所敬信。闊闊出惡哈撒兒，率其兄弟毆之。哈撒兒愬於太祖，太祖不懌曰：「汝自負無敵，奈何爲人所辱？」哈撒兒垂涕而出。

闊闊出因言：「天神有命，使哈撒兒代帖木真爲汗管百姓。不除哈撒兒，事未可知。」太祖執哈撒兒，欲殺之。會宣懿皇后知其事，奔救之。時太祖方褫哈撒兒冠帶，嚴詞詰責，見后至，惶恐甚。后手解哈撒兒縛，盛氣趺坐，出兩乳加於膝上，謂太祖曰：「汝昔在抱，哺我一乳盡。哈準、斡赤斤二人不能盡我一乳。惟哈撒兒哺我二乳兼盡之，使我胸臆舒暢。是以汝多才智，哈撒兒有勇力。哈撒兒爲汝執弓矢，討捕叛亡。今諸部略定矣，汝無所用之，宜其見殺也。」太祖頓首謝罪，事始解。然太祖終奪哈撒兒所分降衆大半，纔餘一千四百户。哈撒兒位下千户者卜客懼罪，亡入巴兒忽真。者卜客，木華黎之叔父，八十五功臣之一也。

九年，太祖伐金，兵分三路。哈撒兒率斡陳諾延、主兒赤歹、布札循太行而東，爲左路，取薊、平、灤等州，與太祖圍中都。會金人乞和，乃班師。未幾卒。

相傳哈撒兒有四十子，惟五子知名：曰也古，曰脱忽，曰也生哥，曰巴忽兒達兒，曰哈拉兒珠。

也古與也生哥從諸王會於奎騰敖拉之地，擁立憲宗。二年，以也古爲征東元帥，與高麗降人洪福源率兵渡鴨緑江，拔高麗禾山、東州、春州、三角山等城，以私怨襲諸王塔剌兒營。事聞，憲宗褫其兵權，以札剌台豁兒赤往代之。也古卒，子火魯火孫嗣。

也生哥，從太祖伐西夏，至盎魯塔斯之地。太祖疾大漸，諸王惟也生哥侍側。也古既罷，也生哥仍率所部從札剌台征高麗，先後攻拔其光州、玉果等城。憲宗崩，也生哥與東路諸王擁戴世祖。阿里不哥叛，從世祖討之，爲前鋒，敗其將出木哈兒。車駕東還，留也生哥守和林。中統二年，阿里不哥僞請降，突攻也生哥，遂陷和林。世祖再親征，賜以金印。也生哥精力强健，年七十有五，鬚髮無白者。也古、脱忽身軀皆短，也生哥獨偉岸，肖其父哈撒兒。卒，子愛每根嗣。卒，子勢都兒嗣。至元二十四年，乃顔叛於遼東，勢都兒與合丹應之，遣其將帖哥攻咸平府，約海都爲犄角。後悔罪，來降。

子八不沙，元貞二年，與諸王也只里等駐夏於晉王怯魯剌之地。大德七年，以敗海都功，賜金銀鈔幣有差。十一年七月，封齊王。至大四年十一月，諸王不里牙屯等誣八不沙不法，詔竄不里牙屯等於河南。

八不沙弟黄兀兒子月魯帖木兒，延祐三年封保恩王，六年進封恩王，泰定元年嗣爲齊王，給金印。天曆元年以兵襲陷上都，執丞相倒剌沙，論功第一。二年，卒。子失列門嗣，至正十二年，獻馬萬匹於京師。

巴忽兒達兒與也古、脱忽、也生哥，皆哈撒兒妃阿爾壇可敦所出。

哈拉兒珠，其母闊闊真，哈撒兒之僕婦，有美色。哈拉兒珠在襁褓，爲阿爾壇所撫養。

太宗即位，察合台遣使上言：「從前共飲食之人，今漸少。請可汗選舊人來，與商國事。」於是太宗命哈拉兒珠往，佐察合台，阿爾壇擕其孫徹兒吉歹從之。徹兒吉歹，巴忽兒達兒之長子也。

哈拉兒珠子七人：曰帖木兒，曰沙里，曰木哥都，曰忽圖哥，曰沙兒速克塔，曰孟岱兒，曰呼爾達喀。

徹兒吉歹子五人：曰乞卜察克，曰蘇圖，曰庫克，曰圖丹土喝塔，曰台兒極兒。後察合台後王博拉克與旭烈兀子阿八哈構兵〔二〕，哈拉兒珠、徹兒吉歹相謂：「可汗命吾等西來，宜從阿八哈。」乃迎降。阿八哈厚撫之，使蘇圖、庫克從其子阿魯渾使圖丹土喝塔，管倉儲。以台兒極兒不能任事，使扈從左右。沙兒速克塔、孟岱兒、呼兒達喀等，皆待以親王之禮。巴忽兒達兒四世孫，有吐哥帖木哥，爲義闌克汗。

哈準，少太祖四歲，早卒。子按只吉帶，從太祖軍中。太祖獲札木合，不肯殺，付於按只吉帶。按只吉帶截其手足，殺之。太祖二年，皇子朮赤平林木中百姓，賜按只吉帶降民二千户。太宗二年，從伐金。四年正月，偕諸王口溫不花等將萬騎先渡河，會拖雷大軍，敗金人於三峰山。五年，偕定宗，將左翼兵，討蒲鮮萬奴於遼東，擒萬奴。八年，大舉伐宋，皇子闊出卒於軍，按只吉帶代之。太宗崩，乃馬真皇后稱制，按只吉帶與大將察罕等數伐宋，攻略江淮間，爲宋人所畏。憲宗之立，預定策功。憲宗與世祖皆重其爲人，有大事必使議之。卒。

子察忽剌嗣，察忽剌卒，子忽剌忽兒嗣，中統初有擁戴功，卒，子勝納哈兒嗣。至元中，從北安王那木罕禦海都於北庭。二十四年，乃顔叛，遣使陰結勝納哈兒，其使人爲土土哈所執。事覺，勝納哈兒設宴召土土哈等，皆不往，計無所逼。未幾，詔勝納哈兒入朝，將由東道。土土哈言於北安王曰：「彼分地在東，是縱虎入山林也。」乃令從西道至大都。既至，奪其王封。丞相桑哥言：「勝納哈兒印文曰『皇姪貴宗之寶』，寶非人臣所宜用，因其分地改鑄濟南王印爲宜。」從之，以授其從兄弟也只里。

也只里，察忽剌之子，不預乃顔逆謀，爲叛王火魯火孫所攻。皇孫鐵木耳帥土土哈等援之，乃免。二十七年，置王傅，秩正四品。元貞初，以兵五千戍兀魯斯。明年，與諸王也里干、八不沙等，從晉王甘剌麻駐客魯漣河。大德六年，又與安西王阿南答等駐和林。成宗崩，也只里與阿難答、明理帖木兒等謀奉皇后稱制，爲武宗所殺。

哈丹，亦按只吉帶子，太宗八年，分撥五户絲濟南五萬五千二百户。憲宗四年，又分撥濟南漏籍二百户。哈丹不嗣王位，號爲禿魯干，國語「頭人」也。

乃顏叛，哈丹率所部應之。乃顏伏誅，哈丹與諸叛黨北遁，諸王薛徹干、駙馬忽憐等復敗之。哈丹走，渡猱河。既而哈丹糾叛王八剌哈赤等再出，復爲諸王愛牙哈赤等所卻。

二十五年，叛王火魯火孫與哈丹合謀内犯。夏四月，詔皇孫鐵木耳北討，都指揮使土土哈敗火魯火孫於兀魯灰河。是時，玉昔帖木兒督師與哈丹戰於帖里揭，失利。秋八月，哈丹兵屯於托吾兒、貴列兒二河之間，王師累戰不能克，流矢中李庭左脅及右股。庭裹創，選鋭卒潛負火炮，夜溯貴列兒河上游燃之，敵馬驚逸。適土土哈還至合剌温，帥師來應。黎明進戰，大破之，哈丹帥餘衆遁走。時已初冬，玉昔帖木兒聲言明春再舉，潛與諸王乃蠻台分帥諸將兼程而進。至霸郎兒，驍將伯帖木兒與叛黨忽都禿兒干戰，殺裨將五人，生擒叛王曲兒，先踐冰渡黑龍江。哈丹逆戰，復敗，乃率餘衆出没於女真、高麗之境爲流寇。

二十六年二月，入犯胡盧口，爲開元府治中兀顏牙兀格所敗。六月，乃蠻台又敗之於托吾兒河。

二十七年，哈丹再犯遼東，又北寇開元。九月，行省平章徹里帖木兒與戰於瓦法，大敗之，哈丹遂竄高麗。十二月，詔遼陽行省摘蒙古軍萬人，分戍雙城及婆娑府諸城，防其回竄。

二十八年，徹里帖木兒帥師入高麗，與哈丹子老的戰於鴨緑江上，失利。世祖命乃蠻台、薛徹干代之，仍以伯帖木兒爲先鋒。先是，哈丹竄高麗，陷其和州、登州，殺人而食，得婦女聚麀而脯之。至是，又踰鐵嶺，入交州道，陷陽根，攻原州。雉獄城鄉貢進士元冲甲，以數十人突擊，卻之。州兵稍集，斬賊將暗都剌等六十八人。哈丹鋭氣益挫。薛徹干又敗哈丹於禪定州。踰數日，乃蠻台軍踵至，遂約高麗人夾擊哈丹於燕岐山，大敗之。哈丹帥精騎千餘渡河而遁，高麗將韓希愈從蒙古軍追之。賊中有一善射者，射我軍，應弦輒倒；希愈持槍策馬，突入賊陣刺殺之，揭其首於竿，以示賊，賊氣奪。哈丹父子潰圍走，伯帖木兒將百騎追之，虜其妻孥。哈丹尚有八騎，伯帖木兒餘三騎，再戰，兩騎士皆重傷不能進，伯帖木兒單騎追之。日暮，竟失哈丹所在，乃還。

二十九年，哈丹又涉海南襲高麗。塔出與博羅歡追討之，斬其子老的於陣，哈丹赴水死，俘其二妃以獻。

帖木哥斡赤斤，烈祖幼子，少太祖六歲。國語謂主竈曰斡赤斤，幼子受父母遺産，當主竈，故凡幼子稱斡赤斤。人因稱帖木哥爲斡赤斤那顔。

太祖既滅王汗，乃蠻太陽汗約汪古部長阿剌忽失夾攻，欲奪蒙古弧矢。阿剌忽失執送其使，太祖與諸將議伐乃蠻。衆皆以方春馬瘦爲詞，斡赤斤憤言：「公等馬瘦，我馬獨肥？且公等不聞彼之大言乎？彼能來，我亦能往，何故坐而致敵？」

别勒古台亦言：「男子與弧矢共命，若被奪於人，何以自主？不如戰死，以弧矢殉葬。」議遂決。是役竟擒太陽汗，滅乃蠻。

太祖二年，平林木中百姓，分降人於子弟。宣懿皇后及斡赤斤共得萬人，以古出等四千户領之。斡赤斤好治宫室園囿，太祖以季弟，故特愛之，號爲國王，其子位於諸皇子之上。車駕征西域，命以本部兵留守漠北，卓帳於臚朐河東南。太祖末年，收遼王耶律薛闍土地，以别勒古台鎮廣寧，轄遼西；而東京、臨潢二道地在遼東，移斡赤斤鎮之。

太宗崩，乃馬真皇后臨朝稱制，斡赤斤引兵至和林，人心震駭。斡赤斤有一子在太宗左右，皇后使詰問其父。時定宗已至葉密爾河，斡赤斤聞之，乃曰：「吾來奔喪，非有他也。」遂東歸。皇后召諸王大將，議立定宗，斡赤斤亦至。定宗即位，究斡赤斤稱兵之事，不欲顯言其事，命親王蒙哥、鄂爾達往按之，戮其將校數人，餘置不問。斡赤斤以壽卒。相傳有子孫八十人。

長子只不干早卒，嫡孫塔察兒未受朝命，其庶兄脱迭欲廢嫡自立。必闍赤撒吉思與火魯火孫馳白乃馬真皇后，乃授塔察兒以皇太弟寶，嗣爲國王。憲宗之立，塔察兒帥東路諸王也孫格等來會，預定策功。憲宗六年，命與駙馬特爾格伐宋。次東平，士卒有掠人羊豕者；憲宗聞之，立遣使者究治，於是軍中肅然。七年，塔察兒復率師伐宋，圍樊城，霖雨連月，乃班師。八年，塔察兒略地至江北而還，與諸王會於世祖軍中。中統二年，拜中書平章政事。阿里不哥叛，從世祖討之。昔木土之戰，塔察兒與太丑台爲左翼，又與親王不者克分兵追阿里不哥，敗之。尋代忽魯不花爲左丞相，世祖甚重之。凡召宗王議事，塔察兒必預焉。卒，子阿朮魯嗣。

阿朮魯卒，子乃顔嗣。自斡赤斤至乃顔，前後五六十年，世據遼東。海都叛，乃顔潛與通謀。至元二十一年，北京宣慰使亦力撒合察其有異志，密請備之。二十三年二月，廷議罷山北遼東道開元等路宣慰司，立東京等處行中書省。三月，徙省治於咸平路，仍嚴女真水達達弓矢之禁。東路諸王多不自安，而女真水達達失業，亦怨望。朝廷微聞之，爲罷東京行省，復北京、咸平等三宣慰司，且弛女真水達達弓矢之禁。然乃顔叛志已決，遣使與諸王勝納哈兒、也不干相結，並約海都爲犄角，海都允之。

二十四年二月，遼東宣慰使塔出使人馳驛上變。詔塔出領軍一萬，與皇子愛牙赤同力禦之，以諸王徹里帖木兒節制東道諸軍，毋許乃顔擅發。夏四月，乃顔舉兵反。世祖遣也先傳諭北道等處宣慰司，凡隸乃顔所部者，禁其往來，毋得乘馬持弓矢。又遣近侍阿沙不花北使於諸王納牙，説之入朝，以孤其勢。五月，車駕親征，發上都。六月壬戌，次撒里禿魯。時大軍未集，乃顔將塔不帶、金剛奴以兵六萬逼行在而陣。我軍遠來疲乏，又敵衆我寡，不得地勢，諸將欲退，博羅歡以爲不可。世祖乃張曲蓋，據胡床，尚食帖哥從容進酒。塔不帶等疑有伏，不敢犯。是夜，李庭引壯士十人，潛至敵壘，然火炮，賊驚擾，明日遂退。博羅歡以師乘之，轉戰二日，斬其駙馬忽倫、萬户闍里鐵木兒。乃顔遣哈丹帥萬騎來援，爲我前鋒將玉哇失所敗。追至不里大都伯塔塔之地，又敗之。是時，玉昔帖木兒别將由他道以師來會，遂分軍爲二：蒙古軍，玉昔帖木兒將之；漢軍，李庭將之。進次遼河失剌斡兒朵之地，與乃顔遇。乃顔軍號十萬，以車環衛爲營。王師三十營，間以漢軍步隊，皆執長矛、大刀進退，時與騎卒疊乘一馬，及敵，則下馬先進。乘輿駕四象，上有戰臺，建中軍旗鼓。自辰至午，大破其衆，擒乃顔誅之，並獲其輜重千餘乘。其黨叛王勢都兒等復犯咸平，塔出從愛牙赤自瀋州進擊，敗之。轉戰，渡遼水，射殺其將帖古歹。又與叛王曲迭兒等戰，敗之，追北至金山。於是遼東叛黨略盡。八月乙丑，車駕還上都。

乃顔既誅，世祖以塔察兒别子乃蠻台領其部衆。至元二十八年，追討哈丹入高麗，有功。至大元年，封壽王。

塔察兒諸孫脱脱，延祐三年封遼王。英宗遇弑，泰定帝入承大統，脱脱度有赦，挾仇殺諸王、妃、公主百餘人，分其畜産。泰定元年，御史傅巖起、李嘉賓劾其乘國家禍難，誅鋤骨肉，罪惡已彰，如使歸藩，是縱虎出柙，宜別選近族代襲其位，不報。已而御史董鵬南等連劾之，仍不報。致和元年，泰定帝崩於上都。九月，文宗自立於大都，上都諸王分道伐之，留脱脱居守。齊王月魯帖木兒襲上都，脱脱兵敗，爲月魯帖木兒所殺。

南臺御史言：「遼王脱脱自祖父以來，屢爲叛逆，蓋因所封地大物博。今宜削王號，處其子孫遠方，而析原封分地。」事不果行。天曆二年，詔封牙納失里爲遼王，以脱脱故印與之。

別克帖兒，或言爲烈祖前妻子，或言其母爲塔喀式。太祖幼與別克帖兒交惡，愬于宣懿皇后：「別克帖兒與別勒古台奪我魚，又奪哈撒兒之雀，請殺之。」宣懿皇后戒之曰：「爾兄弟除影子外無安答，除馬尾外無鞭，奈何相賊害？獨不見阿蘭可敦五子之前事乎？」太祖不聽，卒與哈撒兒射殺別克帖兒。別克帖兒將死，謂太祖曰：「汝殺我則可，勿殺別勒古台，留爲汝異日效力。」後竟如其言。

別勒古台，母曰豁阿巴海，秃馬敦氏。蔑兒乞之難，豁阿巴海與光烈皇后同被掠，太祖以王汗、札木合之衆大破蔑兒乞，迎光烈皇后歸。別勒古台亦求其母，有告以豁阿巴海所在者。別勒古台入自門右，其母自門左避出，語人曰：「無面目見兒輩也。」遂走匿林中。別勒古台竟不得其母。故捕得蔑兒乞人，輒擬以鳴鏑，詰之曰：「將吾母來！」凡殺蔑兒乞男子三百餘人，以其婦女爲婢媵。

太祖稱汗，使哈撒兒與忽必來等一處帶刀，使哈準與博爾朮等帶弓箭，使別勒古台與合剌勒歹、脱忽剌温二人掌馭馬。太祖大宴宗人於斡難河上，別勒古台掌太祖乞列思，播里掌薛徹別乞乞列思。乞列思，譯言牧場也。播里從者盗太祖馬韁，爲別勒古台所獲，播里庇之，斫別勒古台，創甚。太祖大怒，別勒古台曰：「今將舉大事，豈可爲我一人使兄弟交惡？且我創不至死，請宥之。」太祖尤韙其言。後太祖誅薛徹別乞，播里來降，太祖使別勒古台與播里搏。播里勇冠諸將，能以一手按別勒古台於地。至是，恐忤太祖，佯敗蒲伏不起。別勒古台回顧太祖，太祖齧下唇以示意，遂殺之。太祖之意，匪修舊怨，蓋欲除異日之患云。

太祖攻略諸部，別勒古台衝鋒陷陣，戰必先登。太祖嘗曰：「有哈撒兒之射，別勒古台之勇，此我之所以取天下也。」

太祖平四種塔塔兒，密與親族議：「塔塔兒，吾父仇，其男子高如車軸者，盡殺之，餘分爲奴婢。」議既定，别勒古台出見塔塔兒人也客扯連，泄其事。也客扯連語其黨：「吾輩毋徒死，可人袖一刀，各殺彼一人以藉背。」於是蒙古人死者甚衆。事定，太祖深咎之，命以後議大事，别勒古台毋與聞，須議事中決，進一尊酒，方許其入見焉。

太祖即位，分别勒古台三千户，又使長札魯忽赤别刻一印賜之。定宗崩，别勒古台與諸王、大將會於奎騰敖拉之地，共立憲宗。後以壽卒。别勒古台，人謂其百婦、百子，妻、子至前，有不識者。三子知名：曰罕秃忽，曰也速不花，曰口温不花。

罕秃忽，性剛猛，從憲宗南伐，數有功。卒，子霍歷極嗣，以病廢不能治事。世祖俾居廣寧，統其部衆。至大三年卒，子塔出嗣。

塔出，性温良，好學，通知經史。

塔出之從父兄弟按灰者，嘗代諸王脱脱鎮雲南。至順元年冬，坐擊傷巡檢張恭，杖六十，謫廣寧路探馬赤，後至元三年爲也客札魯忽赤。

也速不花子爪都，世祖中統三年，以推戴功，封廣寧王。至元十三年，賜金印。時方與河平王昔里吉等從皇子北平王屯阿力麻里，諸王脱黑帖木兒等劫北平王，奉昔里吉以叛，爪都亦與其謀。及伯顔北討，爪都悔罪來歸。塔察兒國王請誅之，世祖念其前勞，謫往屯河爲探馬赤。躬薪樵之役，從者請代，自謂前日得罪，今以此補過云。

口温不花，太宗六年帥師伐宋，獲其將何太尉。九年，口温不花復伐宋，圍光州，使張柔、鞏彦暉、史天澤攻拔之。別攻蘄州，降隨州，略地至黄州。宋人懼，請和，乃還。張德輝嘗言於世祖，請宗室中賢如口温不花者主兵，其爲時人推重如此。子曰滅里吉台，曰甕吉剌台。

至元十三年，甕吉剌台奉命與駙馬丑漢帥所部五百人戍哈答城，以罪謫婺州。二十六年，台州賊楊鎮龍寇東陽、義烏，甕吉剌台帥兵討之，以功赦還。後從晉王甘剌麻屯客魯漣河。延祐間卒。先是，甕吉剌台得罪，以其子徹里帖木兒襲廣寧王。至元二十四年，敕徹里帖木兒節制諸軍，乃顏徵東諸侯兵，諭徹里帖木兒毋發。子按渾察襲廣寧王。

史臣曰：元之宗系藏於石室金匱，外廷不得而知，故舊史《宗室表》疏舛最甚。至拉施特《蒙古部族考》，其言宜足徵矣。然烈祖諸子世次，往往有灼然謬誤者，意者拉施特官西域，與東藩見聞隔絶，故無從考訂歟？今爲列傳，其世次皆本於《部族考》。正誤闕疑，庶幾尚論者有取焉。

【校勘記】

〔一〕「按只吉歹」，正文作「按只吉歹」。

〔二〕「察合台」，「察」字原脱，據本書卷一〇七《太祖諸子傳二·察合台》補。又本書卷一〇八《太祖諸子傳三》云：「七年，阿八哈與察合台後王博拉克戰於徒思，大敗之。」

新元史卷之一百六　列傳第三

太祖諸子一

朮赤 拔都　伯勒克　忙哥帖木兒　脱脱　月思別　鄂爾達　昔班　土斡耳　托克帖木兒

太祖皇帝八子：光獻皇后生朮赤，次察合台，次太宗，次拖雷；忽蘭皇后生闊列堅；也速干皇后生察兀兒；乃蠻女生朮兒徹；塔塔兒女生兀魯赤。

朮赤，性卞急，驍勇善戰，爲諸將所服。不嗜殺，嘗攻塔塔兒部，俘獲者多蒙全宥。太祖二年，將右翼兵征和林西北諸部〔一〕，以不哈爲嚮導。斡亦剌酋忽都哈别乞迎降，遂進攻土綿斡亦速於施黑寺特之地。於是斡亦剌、不里牙特、巴兒渾、兀兒速特、哈卜哈納思、康哈思諸部悉降。乞兒吉思酋也迪亦納勒、阿勒迪額兒、斡列别克的斤亦望風歸款，獻白海青、白騸馬、黑貂等方物。復降失必兒、客思的音、巴亦特、秃哈思、田列克、脱額列思、塔思、巴只吉等部，皆林木中百姓也。師還，太祖因忽都哈别乞先降，以皇女扯扯堅尚其子亦納勒赤，以朮赤女豁兒哈妻亦納勒赤之兄。

六年，太祖伐金，朮赤與察合台、太宗分下雲内、東勝、武、朔等州。八年，復與察合台、太宗循太行而南，攻下保、遂、安肅、安、定、邢、洺、磁、相、衛，輝、懷、孟，掠澤、潞、遼、沁、平陽、太原、吉、隰，降汾、石、嵐、忻、代、武等州。

十一年，從太祖北還。乃蠻酋古出魯克襲據西遼，乘大軍南伐，煽誘諸部爲亂，秃馬特與乞兒吉思皆叛應之。十二年，命朮赤討乞兒吉思，仍以不哈爲先鋒，追敗其衆於亦馬兒河，返至謙河，涉冰北行，盡降烏思、康哈思、田列克、客失的迷、槐因而亦干等部。是時，速不台敗蔑兒乞於吹河，蔑兒乞酋脱黑脱阿之子善射，稱爲墨爾根，速不台擒之送於朮赤。命之射，前矢中的，後矢劈前矢之簳亦中的。朮赤大喜，遣使告於太祖，請赦之。太祖曰：「蔑兒乞，吾深仇。留善射仇人，將爲後患。」命殺之。朮赤率諸將搜捕乃蠻、蔑兒乞餘衆，師將返，西域主阿剌哀丁自將來追。諸將以衆寡不敵，且奉命剿乃蠻、蔑兒乞，不宜與鄰國構兵。朮赤曰：「遇敵而逃，何以歸見吾父及諸弟？」遂戰。我軍敗其左翼，會阿剌哀丁子札剌勒哀丁以右翼來援，朮赤乃斂兵而退。及夕，多爇火以爲疑兵，未曉即馳去。歸見太祖，大蒙獎許焉。

十四年，從太祖征西域，分克八兒真、養吉干、氈的等城。十五年，與察合台、太宗共圍烏爾鞬赤城，久不下。太祖改命太宗總統諸軍，乃拔之。事具《西域傳》。

十七年，西域略定，太祖率大軍北還，命哲別、速不台循裏海之西征奇卜察克，留朮赤屯於鹹海、裏海之間，爲二將聲援。十九年，哲別、速不台平奇卜察克，復敗斡羅斯兵，擒其二酋獻於朮赤，誅之。朮赤自錫爾河北儻塔之地，西踰烏拉嶺至奇卜察克東境，撫定諸部，使哲別、速不台班師。二十年卒，年四十九。

初，光獻皇后孕朮赤時，爲蔑兒乞人所掠。太祖乞師王汗與札木合，襲敗蔑兒乞，返光獻皇后。已而舉子，遂名之曰朮赤。朮赤譯言客也。或謂光獻皇后姊爲王汗妃，王汗聞光獻皇后被掠，告於蔑兒乞使返之，中途朮赤生，倉卒無襁褓，摶麵盛之，置於騎上而歸。太祖曰：「此不速之客也。」故名以朮赤。

然卒以此爲諸弟所輕，尤與察合台不協。太祖將征西域，也遂皇后問：「儻有不諱，諸子中以何人爲嗣？」太祖召諸子問之，先及朮赤，未對。察合台曰：「朮赤爲蔑兒乞種，豈可以辱社稷？」朮赤怒，趨搏察合台，時闊闊搠思侍側，謂察合台曰：「可汗艱難百戰以平諸部，汝賢明之母實佐之，今汝誣蔑如此，獨不爲汝母地乎？」察合台乃請立太宗，而己與朮赤任征討之事。朮赤亦允之。太祖曰：「吾疆域甚廣，分王諸子可也。」於是立太宗爲嗣，而以鹹海西南與鹹海、裏海之北封朮赤，以錫爾河東之地封察合台云。

朮赤自以長子，不得襲父位，又封地絶遠，恒鞅鞅不樂。太祖至錫爾河，屢召之，以疾不至。又命其西略依必而、西畢利、布而嘎爾等部，亦稱疾不行。太祖滋不説。二十年，太祖既還行宫，有蒙古人自西來，詢朮赤病狀，對曰：「見其出獵，未聞有疾也。」太祖怒，命察合台、太宗率師逮問之。無何，朮赤凶問至，太祖大慟，欲誅妄言者，而人已逸去。遂命斡赤斤往涖其喪，定嗣子之位。

朮赤十四子，知名者，曰鄂爾達，曰拔都，曰伯勒克，曰脱哈帖木兒，曰昔班，曰唐古忒，曰土斡耳，曰伯勒克察爾，曰乞剌烏堪，曰桑庫，曰領台，曰謨罕默德，曰烏都，曰庫馬帖木兒。

拔都，朮赤第二子。與兄鄂爾達相友愛。鄂爾達自以才不如弟，乃讓位於拔都，斡赤斤遂定拔都爲嗣。未幾，太祖崩，斡赤斤馳歸。拔都與兄鄂爾達、弟伯勒克、脱哈帖木兒、昔班、唐古忒、伯勒克察耳來會葬，奉太宗即位。

太宗七年，以奇卜察克、斡羅斯諸部未定，出師討之。命拔都爲統帥，速不台副之。

太宗位下定宗、合丹，朮赤位下鄂爾達、昔班、唐古忒、伯勒克，察合台位下貝達兒、不里，拖雷位下憲宗、不者克，太宗庶弟闊列堅，皆從行。

八年，速不台首入布噶爾都城，其酋望風納款。未幾又叛，速不台討平之。諸王各率所部會於浮而嘎河布而噶之地。

九年，入奇卜察克，其別部酋八赤蠻竄匿浮而嘎河深林中，一日數遷，蹤跡無定。大軍入林搜捕，見空營一病嫗在焉，詢之，則八赤蠻已遁入海島中。跡至，出不意擒之，裏海以北諸部悉降。是年冬，克巴而脱拉及惹勒忒城、沙而克忒城，進至倭而那城，堅守不下。拔都決端河水灌之，遂入斡羅斯。毛兒杜因人與斡羅斯有兵怨，導大軍自東南入，取勃蠻思克等城。南境諸王幼里與其弟羅曼分守烈也贊、克羅姆訥二城，乞援於物拉的米爾王攸利第二。大軍招降烈也贊，幼里不從，乃築長圍困之。攻六日，城陷，幼里闔門皆死。攸利第二遣其子兀薛佛羅特帥衆來援，而烈也贊已陷，乃戰於克羅姆訥城下。羅曼陣歿，兀薛佛羅特逃歸，大軍遂攻拔克羅姆訥。是役也，闊列堅創甚卒，因屠克羅姆訥城。北進至莫斯科，攻五日，拔之，獲攸利第二之孫。東趨物拉的米爾都城。時攸利第二令其子兀薛佛羅特及木思推思老弗哀居守，而自引兵北駐昔提河，以待乞瓦王牙羅思剌弗哀、珀列思剌弗哀勒王土委阿脱思剌弗哀之援兵。大軍至，令攸利第二之孫在城下招降，不肯從，乃殺之，分軍下蘇斯達耳城而歸。

十年春，合圍物拉的米爾，凡七日，城陷。自此分數軍，一月之間下攸利掖甫等十餘城。時攸利第二尚屯昔提河上，我軍至，破其營，攸利第二與二姪俱戰没，軍士得脱者十才二三。拔都一軍益北趨那懷郭羅特，未及城百八十里，阻於淖而退。遂轉而西南，一軍攻禿里思哥城，其王瓦夕里堅守不下，殺蒙古兵數千。拔都命合丹、不里助攻，閱四十九日始克之。屠城，血流成渠。獲瓦夕里，投血渠中斃之，謂其城曰卯危八里克。是時，伯勒克擊敗奇卜察克，其酋霍灘西北奔馬加。秋，合丹等征撒耳柯思，獲其酋禿勘，殺之。昔班、不者克、不里别將侵奇卜察克屬部蔑里姆。是冬，蒙哥、不里、合丹合軍圍阿速部蔑乞思都城。

十一年春正月，拔之。分軍東渡亦的勒河，直至烏拉嶺西北。拔都休息士馬，乃謀攻斡羅斯南部。計掖甫者，斡羅斯之舊都，南部名城也。攸利第二戰没，其弟計掖甫王牙羅思剌弗哀往援弗及，乘蒙古軍退，遂入物拉的米爾，嗣其兄位。而扯耳尼哥王米海勒亦乘其北行，轉據計掖甫。

十二年，拔都軍至珀列思剌弗哀勒城，降之，攻下扯耳尼哥城。城人以沸湯澆士卒，死傷頗衆。退而東掠戞魯和城，至端河，雖絶計掖甫之旁援，而阻於帖尼博耳河不得渡。

憲宗駐兵河東，遣人諭降計掖甫，使者被殺。冬，帖尼博耳河冰合，拔都率全軍渡河，米海勒奔波蘭，令其將狄米脱里居守。大軍晝夜環攻，克之。狄米脱里傷而未死，拔都嘉其忠勇，釋不誅。復下哈力赤城，達尼耳王亦遁。斡羅斯之南部略定。

乃謀攻波蘭及馬加，皆斡羅斯西南境之鄰國也。波蘭王波勒斯拉物死，分地與四子爲四部：曰康拉忒，治撒洛赤克城；曰亨力希，治伯勒斯洛城；曰波勒司拉布哀，治克拉克城；曰米司拉弗哀，治低而貝城。馬加王貝拉治格蘭城，濱杜惱河，而常駐河東之派斯特城。波蘭在東北，馬加在西南，兩國相倚如輔車，而馬加三面環山，險阨四塞，用兵尤不易。拔都乃議東南北五路進兵，而以貝達爾統北路一軍攻波蘭諸部。貝達爾轉戰至不威迷亞部東南，爲拔都聲援，事具《貝達爾傳》。拔都未入馬加，先遣英吉利人諭降，自屯哈力赤以待之。馬加王貝拉不肯降，亦不設備，僅遣其衆守喀而巴特山口，伐木塞途以拒我軍。

十三年春，拔都率諸將攻喀而巴特山口，守兵盡潰。貝拉亟召各部兵赴援，未至，遊騎已抵派斯特城。貝拉欲俟援兵，天主教士烏孤領以爲怯，出城拒戰。拔都麾諸軍退，烏孤領逐之，其所將皆客兵，失道陷淖中，又身擐鐵甲，行遲，我軍攢射之，盡殪，惟烏孤領脱歸。既而援兵大集，拔都引還，屯於賽育河、色克河合流之下游。時雪消水漲，我軍三面阻水，據橋，地勢險固，又林木叢雜，可隱蔽。貝拉追至，見橋東有守兵，乃駐於賽育河西，以千人守橋，環車爲營，懸盾於車上，儼如壁壘，然舉動皆爲我軍所見。相持數日，拔都知敵懈可乘，下令夜進，一軍奪橋，一軍繞至下游潛渡。有斡羅斯逃人漏其事於馬加諸部長，皆不信。惟貝拉弟廓落曼與烏孤領信之，引衆巡橋，見我軍已至橋西，卻之，增守卒而反。遂酣寢，以爲無患。既而我軍以炮擊守卒，皆遁。下游之軍亦濟而成列，乃四面攻之，而開西南一面[二]，使之走。衆遂瓦解，逸者十無二三，河水盡赤。烏孤領死之，廓落曼走丕思脱，欲往地中海，以創甚死。貝拉遁入林中，輾轉至土拉斯部，合於其婿波勒司拉弗哀。拔都獲貝拉之印，使降人僞爲貝拉，諭令居民安堵無恐，軍雖失利，終必大捷。居民見僞諭，信之，無遷徙者。大軍至，悉俘之。遂渡賽育河，至丕思脱。先是，廓洛曼勸城人避去，不從，至是，盡爲大兵所戮。

合丹一軍由馬加東南馬拉兒境間道攻魯丹城，克之。又募日耳曼人爲鄉導，而以俘卒前驅，將士督攻於後，積尸填壍，踐而仰登，連拔蝸拉丁、丕勒克諸城，遂偕定宗、不里、撥綽等與拔都軍合。

拔都欲攻格蘭城，格蘭人守杜惱河，鑿冰以防西渡。已而天寒冰合，我軍欲試堅否，放牛馬以誘之。格蘭人踐冰過，驅牛馬而西。拔都知冰堅可渡，乃萬騎俱進，所向無不拔靡。

拔都自留攻格蘭，使合丹追貝拉。初，貝拉至土拉斯，旋西入奧斯大里亞境。其王勸貝拉扼杜惱河，蒙古兵未必能西渡。貝拉至韋敦貝而克城，遇其孥，乃偕赴阿格拉姆城覘敵動静，遣使乞援於天主教王及德意志國，皆不應。合丹至阿格拉姆，貝拉復走特勞恩城，入於地中海。合丹追不及，引兵趨塞而維亞部，大掠耳拉孤薩城、喀滔城，旋奉拔都命東返。

拔都圍格蘭城，立炮三十架攻之。守將曰錫門日，斯巴尼亞人也，堅守不下。乃分軍西略奧斯大里亞境，至地中海北維尼斯部。又一軍分攻柯倫貝而克城、韋而乃斯達城，皆旋退。

太宗凶問至，乃馬真皇后稱制元年春，拔都率諸軍東返，中途奇卜察克叛，討平之。二年春，拔都至浮而嘎河，定宗奔喪先歸。拔都與定宗有隙，知皇后將立定宗，遂託病遷延不行。速不台諫，不從。

定宗即位三年，西巡葉密爾河。拔都恐，來謁，至阿勒塔克山，聞定宗崩而止。定宗皇后不發喪，先赴於睿宗妃及拔都，自請攝政以待立君。拔都允之，召諸王大將於阿勒塔克議立君，皇后亦遣使預會。有建議拔都最長當立者，拔都不可。衆曰：「王既不自立，請審擇一人，以踐大位。」拔都曰：「我國家幅員甚廣，非聰明睿知能效法太祖者不勝任。我意在蒙哥。」衆應曰：「然。」議遂定。

明年，拔都遣伯勒克、脱哈帖木兒將兵衛憲宗而東，大會諸王於斡難河、克魯倫河之間，奉憲宗即位。時皇后欲援先朝故事，立其子，諸王覬覦者尤衆。定策之功，推拔都第一。拔都能疏財，得將士心，皆稱爲賽因汗。賽因，譯言好也。拔都建斡爾朵於浮而嘎河下游，曰薩萊。每歲春，溯浮而嘎河東岸，北至布而嘎爾之斡爾朵。秋則還駐薩萊，名曰阿勒泰斡爾朵，譯言金頂帳也。建喀山城於浮而嘎河東岸，亦建薩萊於黑海北撒吉剌之地，使其子撒里答居之。斡羅斯諸王皆受封於拔都，奉約束惟謹。憲宗二年，法蘭西王路易第九使其臣胡卜洛克來聘。未幾，小阿美尼亞王海屯亦來朝。六年，拔都卒，年四十八。

拔都子有名者：曰撒里答，曰托托罕，曰安狄萬，曰烏拔奇。憲宗六年，撒里答入朝，聞父卒，憲宗令歸嗣父位，中道卒。憲宗立其子烏拉赤，尚幼，命拔都元妃波拉克勒聽政。未數月，烏拉赤亦卒。拔都弟伯勒克嗣。

伯勒克，朮赤第三子。信天方教，常集教士於斡爾朵，講論教律。太祖子孫入天方教者，自伯勒克始。伯勒克括斡羅斯户口〔三〕，計丁出賦。凡城邑及千户以上者，設官一人，而以八思哈三人總之：一治蘇斯達爾城，一治勒治贊城，一治謨洛姆城。田賦十取一，牛羊馬稅百取一。凡教士皆免之。

哈力赤王達尼爾逐蒙古官，拒命。伯勒克使忽侖薩赫討之，不敢進，乃命布侖台代將其軍。布侖台，拔都舊將也，諭達尼爾歸順，助攻力拖部。達尼爾從之，使其弟伐力拖降其部衆。後達尼爾子弟從諸垓、帖列布喀伐波蘭，俱有功。

憲宗崩，阿里不哥僭號，立察合台孫阿魯忽以爲己援。伯勒克附世祖，阿里不哥使阿魯忽伐之，爲伯勒克所敗。阿里不哥降，伯勒克亦罷兵。

旭烈兀平報達，戮教民無算，又朮赤後從征報答者，或以罪死，或暴卒，疑皆爲旭烈兀所害。伯勒克使諾垓興師問罪，戰於得耳奔得，旭烈兀敗退。埃及王比拔而斯與旭烈兀有兵怨，知伯勒克同教，遣使者齎哈里發家乘來聘，伯勒克厚禮使者，遣歸。時伯勒克亦使人於埃及，貽書請合攻旭烈兀，埃及王復書贈以《可蘭經》及纏頭布一方。

旭烈兀卒，子阿八哈嗣位。至元元年，諾垓攻阿八哈，傷目而退。伯勒克率大軍繼之，卒於軍中。

托托罕子忙哥帖木兒嗣，其母衛拉特氏，太祖駙馬朵拉勒赤之女也。時世祖使鐵連使於海都，且令至忙哥帖木兒處計事。忙哥帖木兒許夾攻海都。其後海都拒命，忙哥帖木兒果伐之。然終與海都連和，助以軍五萬，敗旭烈兀後王傅拉克。

斡羅斯諸王互相讒〔四〕，洛斯多王喝來伯譖勒治贊王羅曼。至元十六年，忙哥帖木兒召羅曼至，殺之。喝來伯之子亦譖羅曼之子於諸該〔五〕。十五年，諸該引兵侵勒治贊。是年，阿速部叛，忙哥帖木兒討平之。十七年，忙哥帖木兒伐波蘭，攻柳勃林城，進至森地米爾，爲波蘭人所敗。十八年，忙哥帖木兒卒。

弟脱脱蒙哥嗣。物拉的米爾王狄迷特里之弟安得富阿來三德勒委持讒其兄於脱脱蒙哥。十九年，脱脱蒙哥伐物拉的米爾，直至諾拂郭羅特，狄迷特里奔於諸垓。二十年，諸垓仍命狄迷特里返物拉的米爾，又誘庫爾斯克、鄂兒斯克王鄂列克附己。鄂列克不從，諸垓伐之。配思克暇洛郭爾王士委託司拉弗哀亦不附於諸垓者，爲諸垓所殺。

二十二年，托托罕長子巴而圖之二子秃拉布哈、昆逐克與忙哥帖木兒二子阿力貴赤、古列兒廢脱脱蒙哥，四人同治國事。

二十三年，忙哥帖木兒第五子脱脱率衆入得耳奔得，以攻宗王阿魯渾，軍鋒甚鋭。秃拉布哈等忌之，脱脱乃退軍，潛引諸垓爲助。諸垓設宴延秃拉布哈諸王至，伏兵殺之。

脱脱即位，時至元二十七年也。諸垓既輔立脱脱，後復與脱脱不協。諸垓旋卒。斡羅斯諸部訴物拉的米爾王狄迷特里，三十一年，脱脱遣兵討之，狄迷特里奔於諾物哥羅特。自忙哥帖木兒後，諸王自擅，不復奉朝廷之命。海都卒，其子察八兒降，脱脱首先效順。至大元年六月，遣月魯哥十二人使於脱脱。皇慶元年，脱脱卒。忙哥帖木兒孫月思別嗣。

月思別，父曰土古兒。既嗣位，延祐元年遣使來朝。月思別初立，諸將多異議，且以月思別奉回教爲嫌，定計乘宴飲殺之。或於席上示月思別以目，月思別託故出，詢有變，即馳去，引兵捕諸將盡殺之。是時，月思別甫十三歲，人皆服其智勇。

至治三年二月，遣使來朝。十二月，又遣錫拉來朝。泰定三年十二月，月思別獻文豹，賜金銀鈔幣有差。至順元年三月，遣諸王分使月思別及燕只吉台、不賽因。至正元年八月，月思別遣使來朝。三年七月，遣南忽里等來朝，貢方物。朮赤位有舊賜平陽、晉州、永州分地，歲賦中統鈔二千四百錠，久未給之，亦未置總管府領其事。後至元二年，月思別遣使來求歲賜。三年，中書省議置總管府，秩正三品。至五年，始頒賜焉。

初，物拉的米爾王狄迷特里卒，立其叔父彌海勒第二。莫斯克王攸利第三覬得狄迷特里之位，脱脱以彌海勒第二年長當立，不允。及月思別立，攸利第三娶其妹，遂約蒙古入侵物拉的迷爾。彌海勒第一奔於特威亞之地，攸利第三追之，反爲所敗，其妻及蒙古將士多爲彌海勒第二所獲，知爲貴主，禮而歸之。月思別之妹道卒，攸利第三乃誣以鴆殺，訴於月思別。月思別怒，召彌海勒第二至，繼察其誣，釋不治。適月思別至高喀斯山，未令彌海勒第二即歸，攸利第三賄月思別左右矯命殺之，襲其位而受封焉。已而彌海勒第二子德彌特里訴父冤，月思別召攸利第三入朝，使與面質。德彌特里見攸利第三〔六〕，忿發，拔刀斬之。月思別殺德彌特里，封其弟阿來克三德爲物拉的米爾王，以雪其父之冤。時至治三年也。未幾，物拉的米爾亂作，執蒙古官殺之，阿來克三德奔普斯廊甫城。月思別遣兵討平其亂，召阿來克三德入朝，不至。月思別命莫斯科王伊萬第一逮問，阿來克三德旋入朝請罪。伊萬第一忌阿來克三德之得民，不爲己利，譖於月思別而殺之。延祐五年，月思別侵不賽因之境，爲其將出班所卻。後至元六年卒。

子札尼別嗣。至正十三年九月，獻撒哈剌、察赤兒、米昔兒弓、刀、鎖子甲及青白馬各二匹，賜鈔二百錠。自後至元二年以後，不賽因卒，其國內亂蠭起，台白利司之民皆避亂至奇卜察克。至正十五年，札尼別自將入阿特而佩占，殺亂將阿失甫，據台白利司，令其子畢兒諦伯克守之而自歸。次年卒。

畢兒諦伯克北歸嗣位，未幾卒。繼畢爾諦伯克者爲科兒納〔七〕，繼科而納者爲努魯斯〔八〕。自此國亦亂，諸王起兵相爭，皆鄂爾達、昔班、脫哈帖木兒三王之後，非拔都胄裔焉。

繼努魯斯者，曰起西耳，昔班之後，其子曰汗莫爾都特。繼汗莫爾都特曰帖木兒合札，鄂爾達之後。繼帖木兒合札曰汗穆力特合札，脱哈帖木兒之後。繼汗穆力特合札曰科脱魯合札，又爲鄂爾達之後。繼科脱魯合札曰普拉特合札，昔班之後忙哥帖木兒之子。繼普拉特合札曰阿西士薩克，脱哈帖木兒之後。繼阿西士薩克曰阿勃達亞拉，鄂爾達之後。繼阿勃達亞拉曰哈散，脱哈帖木兒之後，立於至正二十七年。又歷四汗，至謨罕默德普拉克，爲托克塔迷失所廢。

鄂爾達，朮赤長子。拔都以鄂爾達讓位於己，分以東方錫爾河北等地。其斡兒朵色尚白，以别於金斡爾朵。部人稱拔都後王爲西奇卜察克汗，鄂爾達後王爲東奇卜察克汗。

鄂爾達卒，子科齊嗣。卒，子伯顔嗣。卒，子薩西卜克嗣。卒，子愛必散嗣。卒，弟穆巴爾克合札嗣。卒，愛必散之子漆穆泰嗣。卒，其孫烏魯斯嗣，屢敗駙馬帖木兒之兵。先是，穆巴爾克合札之孫托克帖米斯得帖木兒之助，欲爲奇卜察克總汗，烏魯斯忌之，殺其父而逐之。托克帖米斯乞援於帖木兒〔九〕，而終不能勝。烏魯斯卒，子托克脱起嗣。未幾，又卒，弟帖木耳没里克嗣，懦不任事，降於托克帖米斯。自此白斡爾朵之汗位爲托克帖米斯所奪，復伐西奇卜察克，大敗之，廢其汗謨罕默德普拉克，東、西奇卜察克爲一，金斡兒朵之地亦併於白斡兒朵。然托克帖米斯方西伐斡羅斯，國内空虚，昔班後王遷其部落以實之。托克帖米斯大敗斡羅斯兵，焚其莫斯科都城，後復爲帖木兒所敗，事具《帖木兒傳》。托克帖米斯敗歸，烏魯斯之子帖木兒科得魯得逐之。托克帖米斯奔於力陶，明永樂四年卒。

昔班，朮赤第五子，從拔都伐斡羅斯有功。拔都使居鄂爾達牧地之北，西至於烏拉河。其斡兒朵色尚藍。或曰昔班從拔都伐馬加，戰勝有功，拔都授以馬加汗名號，師還，拔都以北邊地與之。昔班之六世孫孟古帖木兒與月思别同時。

土斡耳，朮赤第七子。其孫諾該，爲拔都後王任事，以幹濟稱，後忤脱脱意，謫處浮爾嘎河之東，其子孫散居烏拉河、恩拔河之間。

托克帖木兒，朮赤第十三子。分地在浮而嘎河上，後忙哥帖木耳賜以克雷木、幾富兩地。其後人因在喀散、喀西莫甫、克雷木三地立國稱汗。以分地南北俱近金斡爾朵，故拔都後王嗣位之際，托克帖木兒後王恒起而相爭。

史臣曰：朮赤可謂驍將，非治國之才。太祖不傳位於朮赤，宜也。或疑其懈於察合台，不亦誣乎？拔都爲宗王之長，又建大功，擁戴憲宗以安社稷。「宗子維城」，拔都無愧焉。

【校勘記】

〔一〕「右翼」，原作「古翼」，據本書卷三《太祖本紀下》「皇子朮赤領右翼軍征和林西北部」改。

〔二〕「一面」，原作「十面」，據文意改。

〔三〕「伯勒克」，原作「伯勒伯」，據上文及本書卷二五七《外國傳九》「伯勒克嗣爲金斡兒朵汗，始遣官吏括斡羅斯戶口」改。

〔四〕「互」，原作「亙」，據本書《外國傳九》「斡羅斯諸王互相讒構」改。

〔五〕「諾該」，當依上文作「諾垓」。

〔六〕「攸利第三」，原作「攸利第二」，據上文及本書卷二五七《外國傳九》「至治三年，攸利第三貢不如額，月思別召而讓之，中途爲彌海勒第二之子德彌特里所殺」改。

〔七〕「畢爾諦伯克」，當依上文作「畢兒諦伯克」。

〔八〕「科而納」，當依上文作「科兒納」。

〔九〕「乞援於帖木兒」，「於」字原重，據文意删重。按本書卷一二八《帖木兒傳》有云：「德克達密杜司乞援於帖木兒。」

新元史卷之一百七　列傳第四

太祖諸子二

察合台合剌旭烈兀　也速蒙哥　阿魯忽　博拉克　篤哇　也先不花　怯伯　篤來帖木兒　貝達爾　不里　禿剌　阿剌忒納失里

察合台，太祖第二子也。太祖以其性剛，使闊闊搠思輔導之。其後分封西域，又使受教於博爾朮。

太祖十四年，親征貨勒自彌，瀕行，也遂皇后請擇諸子定嗣大位者。太祖韙其言，召諸子，首問朮赤：「汝爲長子，有何言？」朮赤未及對，察合台言：「彼蔑兒乞種，兒輩安能下之！」朮赤大怒，謂察合台：「汝除剛很外，有何能？與汝較射，如勝我，則斬我拇指。與汝搏，如勝我，則我甘伏地不起。」兄弟洶洶相搏，太祖默然。闊闊搠思趨進，責察合台。太祖亦曰：「朮赤，我之長子，汝輩勿妄言。」察合台微笑，乃白於太祖，請與朮赤分任軍旅之事，窩闊台敦厚，可奉教訓，嗣大位。於是太宗之位遂定。

是年，太祖以大軍薄譌打剌城，分兵四道，留察合台與太宗攻之。城酋堅守，攻五月，入其外城。又一月，克内城，擒其酋哈那兒只克，檻送行在，誅之。十五年，又與朮赤及太宗以右翼軍攻兀籠格赤城，朮赤與察合台不協，師久無功，各以軍事來告。太祖廉得其實，改命太宗總兵事。太宗和解二兄，軍復振，始克之。城人巷戰七晝夜，遺民尚十餘萬，以婦孺工匠從軍，餘則驅爲前敵，凡蒙古兵一人分二十四人。十六年，太祖親攻塔里堪城，察合台與太宗自貨勒自彌上謁。太祖復進攻八米俺，察合台長子莫圖根中流矢卒。太祖最愛此孫，及城破，遇生物悉戮之，名其地曰卯庫爾干。察合台不知莫圖根之死，一日，諸子侍食，太祖佯發怒，察合台惶懼伏地，謂如不從父命則死。太祖問：「汝此言誠否？」察合台力矢不敢妄言，太祖乃告以莫圖根之死，令勿悲哀。察合台聞言忍淚，侍食如故，既而出，痛哭野外而返。太祖自西域班師，攻西夏，命察合台以本部兵防後路。

太祖臨崩，遺命傳位太宗，且曰：「察合台雖不在側，不至背吾遺命。」太宗即位之時，斡赤斤持太宗左手，察合台持太宗右手，爲諸王之長焉。自斡赤斤以下，皆拜於堂下。察合台問：「以兄拜弟，禮乎？」耶律楚材進曰：「王雖兄，爲臣，臣宜拜君。」察合台始從之。太宗敬禮察合台，每事必咨之。遣諸王長子從拔都征斡羅斯，及立中外站赤，皆察合台贊成其事。太宗崩，明年察合台亦卒。察合台長於聽訟明斷，人不敢欺，爲部人所稱服。子曰莫圖根，曰也速蒙哥，曰貝達爾〔一〕，曰撒巴。

察合台卒，莫圖根子合剌旭烈兀監國，以私憾殺阿母河行省長官闊兒吉思，時論冤之。定宗即位，以傳孫不傳子爲非，命也速蒙哥嗣父位。也速蒙哥淫湎，國事廢弛。定宗崩，拔都等擁立憲宗於斡難河，也速蒙哥後期不至。

憲宗元年，命合剌旭烈兀殺也速蒙哥代之。合剌旭烈兀奉命，未至其國而卒。其妃倭耳干納殺也速蒙哥，自爲監國，以俟朝命。

中統初，阿里不哥僭號和林，貝達爾之子阿魯忽附之，阿里不哥使嗣汗位。倭耳干納歸於阿里不哥。既而阿里不哥徵兵餉，阿魯忽不與，且殺其使者，乃來降。

世祖中統三年，與定宗子禾忽大王合兵攻阿里不哥，大敗之，斬其大將哈剌不花。阿魯忽恃勝不設備，又爲阿里不哥所襲敗，事具《阿里不哥傳》。其後阿里不哥使倭耳干那及馬思忽惕來議和〔二〕，阿魯忽遂以國俗娶倭耳干那爲妃。

至元三年，阿魯忽卒，倭耳干那復立合剌旭烈兀之子謨八里克沙，年少，世祖命其從父博拉克歸輔之，欲藉其力以制叛王海都。博拉克廢謨八里克沙而自立。是時海都與朮赤後王忙哥帖木兒相持，博拉克乘機侵其分地。海都乃乞和於忙哥帖木兒，回軍與博拉克戰於昔剌河，大敗。後忙哥帖木兒以兵五萬助之，始轉敗爲勝。博拉克退至昔剌河南，脅布哈爾、撒馬兒罕等城輸軍實以備再戰。太宗諸孫乞卜察克説與海都連和，於是布哈爾等地，海都分其歲入。博拉克與海都修好，思攘阿母河南呼拉商部以益己封，海都許分兵助之。

至元五年冬，博拉克遣馬思忽惕使於旭烈兀後王阿八哈，陽謂西域之地本屬公家，太祖四子皆得分其歲入，陰則探行軍之道路，偵阿八哈之虛實。既至，阿八哈厚款之，贈以太祖御服，出歲計簿示無餘財。馬思忽惕既獲歲計簿，不辭而去。追者及諸河，已在舟中矣。察合台孫尼古塔爾將兵從旭烈兀西征，遂留事阿八哈，博拉克貽以箭，藏書簳中，約爲内應。尼古塔爾所部萬人屯角兒只，自從阿八哈，既見書，奔還角兒只。阿八哈召之，慮事泄，不敢往，率其部曲欲從得而盆脱出裏海北，以歸博拉克，爲希拉們所阻，戰敗，希拉們獲之，檻送阿八哈。馬思忽惕既返，博拉克遂出師，令察合台後人曰阿赫每特，曰卜里，曰匿貝克，曰牙爾孤，自忒耳昧城渡阿母河；定宗孫察拔特與奇卜察克、謨八里克沙自阿母葉城渡河；大將曰葛喀扯，曰貝那爾，自機窪渡河，大將格喀出自敏克世拉克渡河。博拉克悉括民馬，備戰騎，括民牛，剥皮以製盾。先遣使告布勤八脱吉斯曰：「嘎自尼及阿母河東居中之地，皆應屬我祖察合台，速以相讓。」布勤八脱吉斯不應。博拉克自率大軍渡河，阿八哈將昔扯克先隸奇卜察克，聞舊主至，來降，且餽以馬。奇卜察克分餽於博拉克，其大將札拉兒台誚奇卜察克自得良馬，以下駟贈人。奇卜察克怒而争，詬博拉克祖，札拉兒台不爲剖曲直。奇卜察克夜率所部北趨阿母河，追之不及。未幾，察拔特亦去。博拉克召海拉脱酋射姆沙丁至，許以呼拉商畀之，毋助阿八哈，復令籍呼拉商富民姓名以獻。

至元七年，阿八哈自阿特耳佩占進兵。世祖使臣梅喀伯爲博拉克所獲，乘間逸去，遇阿八哈，以敵情告。阿八哈進至徒思，使往議和，許割嘎自尼、起而漫二部。博拉克與諸將議之。約速耳謂：「可許。」茫孤耳謂：「已入敵境，宜乘勝而進，且阿八哈西邊多事，未必自至。」札拉兒台亦謂：「既欲講好，何必渡阿母河？」博拉克乃遣諜三人往偵阿八哈至否，邏者獲之。阿八哈使僞爲急遞，噪而入，言北兵已過得而岔脱，即倉皇傳令移營禦北兵，勿帶輜重，殺諜者，而故縱其一。諜者以所見聞歸報。博拉克亟進，見空營遺輜重，益信爲實，前行將出山，突遇阿八哈大軍，阿拔台將中軍，牙世摩特將左翼，布勤八脱吉斯將右翼，起兒漫、法而斯、羅耳諸部兵皆從之。然博拉克諸將猶力戰。牙世摩特之軍爲札拉兒台所敗，左翼將蘇納台年逾九十，見事亟，下馬席地坐，麾兵再接，衆益奮。博拉克大敗墜馬，援他騎而上，始得脱。敗兵過阿母河，不能成列，至布哈爾，僅有五千人。博拉克以墜馬受傷，肩輿入城，使弟亦速爾往告海都。海都拘之，旋引兵自至。海都至，而博拉克已卒，或云中毒死。諸將立撒巴子聶古伯。九年，聶古伯自將與海都戰，殞於陣。察合台四世孫托喀帖木兒嗣，十一年卒。

海都立博拉克之子篤哇，由是篤哇甘心從叛，海都勢益張。自至元二十年至大德末，數與海都入寇，事具《海都傳》。海都死，部下欲立其子斡羅思，篤哇以己之得國，藉察八兒之力，遂援立察八兒。是時篤哇兵屢敗，乃與察八兒、明理帖木兒聚謀，以大德七年通款於武宗。事聞，成宗遣諸王滅怯秃、月魯帖木兒使於察八兒。八年，篤哇、察八兒皆遣使歸命。既而篤哇與察八兒因子弟構釁，十年戰於忽氈、撒馬兒罕之界，察八兒敗。再戰，篤哇敗，乃議和。篤哇乘其無備，襲之，武宗又使月赤察兒掩取察八兒之部衆，察八兒以三百騎降於篤哇，潰衆亦多歸之。自是，海都分地盡爲篤哇所有。是歲，篤哇卒。

子寬闍嗣。至大元年，寬闍遣萬户也列門合散進呈太祖時所造西域户口青册，賜金銀鈔幣有差。寬闍卒，其族父達里忽嗣，察合台曾孫也。未幾，篤哇次子怯伯乘其宴飲，殺之，怯伯暫攝國事。國人立篤哇長子也先不花，時皇慶二年也。

也先不花與旭烈兀後王合兒班答構兵，殺其入貢使者，復引兵入寇，事具《合兒班答傳》。仁宗遣萬户拜住以金印賜合兒班答大臣薄拉，並見合兒班答議事，中途遇也先不花，疑為間諜，執之。拜住曰：「皇帝遣使者通歲時聘問禮，無他意。」也先不花左右曰：「使者往來，皆有啟邊生事形跡。汝此行宜得要領，不實言，則榜掠汝。」

拜住曰：「王所問，實不知，且王從何處得此言？」也先不花曰：「阿必失哈嘗言之。」且曰：「合兒班答，上近支，吾等疏屬，存與否不可知，後使者當有處分。今汝往彼，必生事，其速吐情實。」拜住力辯阿必失哈之言不可信。左右曰：「彼統兵九萬，豈詭辭求免者？」乃縛拜住兩手，撻之。拜住出璽書示之，始曰：「彼果無罪。」遂奪其虎符，囚於也先不花營中。延祐元年，也先不花入寇，謂拜住曰：「我已入汝境矣」。拜住曰：「兄弟之國無內外，此地亦王地也，王何所疑？」因徐言：「太祖有訓：『人不可以信讒，讒言入則親戚乖離，貽笑鄰國。』使者妄生異同，致王有疑心，皆拜住等之罪，敢請死。」也先不花解顏曰：「吾遣汝通好，何如？」拜住謝不勝任。未幾，也先不花卒。

弟怯伯復立，數寇邊。延祐七年，遣拜住入朝，仁宗復遣拜住以都元帥使於怯伯。怯伯受命，拊膺謝曰：「疆宇敉安〔三〕，自此始矣。」拜住又言：「昔定宗欲征拔都王，因滅谷真薛禪諫，遂中輟。拜住不才，願踵滅谷真薛禪後，以效死。」怯伯從其言，入奏，兵事始弭。至治元年，拜住歸，至上都，入見嘉禧殿，拜浙東道宣慰使。怯伯亦奏：「除拜事非吾所預，請語朝廷大臣，使拜住得建牙纛，爲諸侯表率云。」是年，怯伯卒。子燕只吉台嗣，未幾卒，弟篤來帖木兒嗣。至治二年，遣使來朝貢文豹，又貢海東青鶻。三年，遣使貢蒲萄酒。英宗曰：「朕非欲其土地人民，但吾民不罹邊患，軍士免於勞役，斯幸矣。今既來降，當厚賜以安之。」卒。

弟答里麻失里與其子桑札兒同爲汗。天曆元年，明宗南還京師，漠北諸王皆勸進，答兒麻失里以兵扈從〔四〕。篤來帖木兒晚年，呼拉商人忽辛郭耳忒，以察合台後王不奉摩哈默得教，起兵抗命，據呼拉商以叛。答里麻失里合諸王兵討之〔五〕，以國相喀斯庚汗總其軍。元統元年，克呼拉商，忽辛敗遁。明年，答里麻失里卒〔六〕，從子真吉賽嗣。卒，弟不站嗣。卒，篤哇孫額不堅子也速帖木兒嗣。

自怯伯以後，札剌亦兒、速勒都思、巴魯剌思、阿魯剌惕四族專權，境内分爲二十五汗國。也速帖木兒卒，太宗後人阿里以奉摩哈默得教，爲國人所推，嗣汗位，不稱汗而稱蘇爾灘。卒，國人立寬闍孫謨罕默德。卒，立不里五世孫合占。國相喀斯庚罕叛之，合占敗死。喀斯庚汗立太宗後裔達尼斯乃赤，未幾喀斯庚汗又弒之，立篤哇曾孫巴顔合里，尋廢巴顔合里，立也孫帖木兒之子帖木兒沙，後又廢帖木兒沙而立阿密而。喀斯庚汗與不賽音奎爾德部構兵，敗死。時阿密而亦卒，子德克爾克帖木兒嗣。卒，子義利阿斯赫戞嗣。

初，德克爾克帖木兒使義利阿斯赫戞守撒馬爾罕，以喀斯庚汗駙馬帖木兒佐之。其子義律亞斯與帖木兒不協，帖木兒謀殺其父子，事洩，出奔。及義利阿斯赫戞嗣位，帖木兒勢復振，使義律亞斯攻之，大敗，事具《帖木兒傳》。義利阿斯赫戞卒，帖木兒乃廢義律亞斯，立燕只吉歹孫喀普爾西阿特爲汗。是時主權日替，人稱喀普爾西阿特爲草稈王，言其中空易折。至明洪武三年爲帖木兒所廢，國亡。

貝達爾，察合台第三子。從拔都征奇卜察克、斡羅斯諸部。拔都分軍五路入波蘭，貝達爾將北路一軍，留攻森地米爾，敗其援兵。進至拉諦波而，由梅侖入奥斯馬加，至白吕門之屬部謨拉費牙。白吕門王曰文測斯拉物，留兵守其都城及勞昔司城，以五千騎援謨拉費牙，其將曰斯德姆貝而克，有勇名，文測斯拉物戒以勿野戰，但守鄂而謀次、白倫二城。斯德姆至白倫，見城守已固，分城兵千人與己所部至鄂而謀次。時貝達爾前鋒已至城外，城上縛草爲人以誑敵，須臾，集矢如蝟。攻三日，不下。貝達爾誘城兵出，又不應，以爲敵不足慮，遂分兵四掠。斯德姆乘其無備，夜襲之，大軍失利，貝達爾殁於陣。子阿魯忽嗣合剌旭烈兀爲汗。阿魯忽二子，曰出班、基顔，常率所部從篤哇攻海都。

不里，莫圖根長子〔七〕。從拔都平阿速等部。拔都奏捷，大宴亦的勒河上。拔都自以年長，先舉盞自酌。不里與定宗皆怒，不終宴，上馬去。不里言：「拔都與我齊位，乃妄自尊大。彼婦人有鬚者，我舉踵可以蹴之。」定宗與額勒只吉歹之子合兒合孫亦附合不里，詆拔都。拔都奏其事。時定宗奉太宗命入朝，太宗大怒，不見定宗，欲謫定宗及合兒合孫皆爲探馬赤，且命拔都遣使告於察合台。時諸王蒙哥與廷臣晃豁兒台、掌吉等建議曰：「成吉思汗有訓：『閫外事從外斷，閫内事從内斷。』今不里等事在閫外，乞委拔都處置爲宜。」

太宗怒稍息，召定宗切責之，仍使與合兒合孫至拔都處聽其處分，不里事告察合台知之。定宗及不里等遂與拔都有隙。定宗崩，拔都翼戴憲宗，不里附失列門，與其逆謀。憲宗二年，殺定宗皇后用事諸臣，以不里付拔都。先是，不里與其部將言，與拔都同爲太祖子孫，不如拔都得額提勒河岸之遊牧地。拔都聞而憾之。至是，詰以「醉時敢呼我名，當斬」，遂殺之。

不里子曰阿卜失哈，曰哈薩兒，曰帖木兒不花，曰阿只吉。

中統元年，世祖遣阿卜失哈、哈薩兒守察合台分地，以防阿里不哥。行至陝西，爲叛黨所獲，致於阿里不哥，殺之。

帖木兒不花，至元二十八年封肅遠王。元貞二年，從遼王脱脱討吐蕃。

阿只吉，封威遠王，以翊戴世祖，特被信任。北平王那木罕爲叛王脱黑帖木兒等所劫執，世祖命阿只吉率所部鎮别失八里，自太和嶺至别失八里置新驛以速郵遞。後叛王篤哇擾天山南北，阿只吉與西平王奥魯赤禦之失利，以舊恩不之罪也。卒，子秃剌襲領其軍。

秃剌，少以勇力聞。大德十一年，成宗崩，左丞相阿忽台等潛謀立安西王阿難答，推皇后伯牙吾氏稱制，中外洶洶。仁宗至自懷慶，引秃剌入内，縛阿忽台等，誅之，大事遂定。武宗即位，第功封越王，賜金印，以紹興路爲其分地。秃剌怏怏，有怨望意。至大元年秋，武宗幸涼亭，將乘舟，秃剌前止之。帝曰：「爾何爲？朕欲登舟。」秃剌曰：「人有常言：『一箭中麋，毋曰自能；百兔未得，不可遽止。』」蓋國俗相靳之語也。帝由是銜之。既而大宴萬歲山，秃剌醉，解其腰帶擲於地，嗔目謂帝曰：「爾與我者止此耳。」帝益疑其有異志。二年春，命楚王牙忽都、丞相脱脱、平章赤因鐵木兒鞫之，辭伏，遂賜死。

子西安王阿剌忒納失里。至大三年，寧王闊闊出謀爲不軌，事連阿剌忒納失里，竄於諸王伯帖木兒分地。泰定元年，命阿剌忒納失里鎮沙州，賜鈔三千錠。四年，又賜六千錠。天曆二年十一月，因翊戴有勞，以其父越王印賜之。至順二年，中書省行言：「越王秃剌在武宗時，以紹興路爲食邑，歲賜本路租賦鈔四萬錠。今其子阿剌忒納失里襲王封，宜歲給其半。」從之。子答里麻以軍功封西安王。

秃剌弟忽都鐵木兒，至治三年封威遠王，賜金印。

【校勘記】

〔一〕「貝達爾」，原作「貝達兒」，據本卷目録、下文及《太祖諸子傳一》改。

〔二〕「倭耳干那」，上文及《憲宗本紀》均作「倭耳干納」。下文兩處「倭耳干那」同。

〔三〕「疆宇」，原作「彊宇」，據文意改。

〔四〕「答兒麻失里」，當依上文作「答里麻失里」。

〔五〕「答里麻失里」，原作「答失麻失里」，據上文改。

〔六〕「答里麻失里」，原作「答失麻失里」，據上文改。

〔七〕「莫圖根」，原作「謨圖堪」，據上文改。

新元史卷之一百八　列傳第五

太祖諸子三

拖雷上　旭烈兀　出伯　阿八哈　台古塔兒

拖雷，太祖第四子也。甫能言，太祖爲泰亦赤兀人所虜，額訶倫太后及家人皆謂不能免，拖雷獨曰：「我父乘栗色馬歸矣！」咸以爲妄語。翼日，太祖果至。乘鎖兒罕失剌所贈之栗色馬，衆始奇之。稍長，英武有幹略。太祖親征，常攜以自隨，呼爲那闊兒，譯言伴當也。

太祖七年，攻金德興府，不克。使拖雷與駙馬赤苦帥師再往，先登，毀其樓櫓，拔之。八年，從太祖攻雄、霸、莫、河間、滄、獻、深、祁、蠡、冀、恩、濮、開、滑、博、濟、泰安、濟南、濱、棣、益都、淄、濰、登、萊、沂諸州路，皆望風款服。

十四年，從伐貨勒自彌，別將一軍渡阿母河，略定呼拉商部，事具《西域傳》。

二十年，太祖分封諸子，拖雷分斡難河上源及合剌和林之地，太祖四大斡兒朵所在也。其後皇孫闊出等來求賞，太祖曰：「吾產業已盡與拖雷。彼家主也，可向拖雷索之。」國俗，少子守父遺產，故太祖獨以舊居之地與拖雷云。

二十二年，太祖崩於靈州，諸皇子奉梓宫北還，葬畢，各歸本部。拖雷監國以待立君。又明年春，召集忽里勒塔，譯言大會議也。國俗，承大位者必經忽里勒塔之議定。太宗雖有太祖之前命，猶遵國俗，召諸王駙馬及諸大將會議。衆議多擁戴拖雷，太宗亦固辭，於是猶豫不決者四十餘日。已而斡赤斤與察合台決計遵太祖前命，乃扶太宗即位。拖雷進酒，諸王、駙馬、諸大將脱帽九頓首，稱「可汗萬歲」者三。太宗自御帳出，先拜日，而後受賀焉。

二年，太宗伐金。拖雷帥子蒙哥及諸王阿勒赤台、口温不花等，各以所部兵從行。渡漠，至官山，遂入河東，拔韓城、蒲城。金大將合達、布哈守鳳翔，進攻之，前軍戰不利。

明年二月，克鳳翔。五月，從太宗避署官山，集諸王、大將議伐金之策。先是，有降人李國昌言於拖雷：「金人遷汴二十年，恃黄河、潼關爲固。若出寶雞，道漢中，不一月可抵唐、鄧。金人失險，首尾不相顧，我取之如探囊底物矣。」拖雷然其計。及是以聞，太宗從之。遂定議三道進兵，期以明年春會汴。

先遣搠不罕如宋假道，至青野原，爲宋將張宣所殺。時拖雷已將右軍由鳳翔渡渭，過寶雞，入小潼關，欲沿漢水而下。聞宋殺使人，大怒，遂總三萬騎入大散關，破鳳州，徑趨華陽，出武休關，圍興元府，屠洋州。分一軍由沔西取大安軍。撤屋爲筏，渡嘉陵江。入八關堡，取葭萌，略地至西水縣，破城寨百四十而還。十一月，至興元、洋州問，與東軍合，進至饒風關，遂取金、房二州，破宋兵於武當山。趨均州。十二月戊辰，由峭石灘浮騎渡漢水而北，遣夔曲涅帥千騎馳白行在。

太宗方欲渡河，分兵南應拖雷。會夔曲涅至，即日使返報，約南北會師。拖雷既渡漢，諜知合達、布哈步騎十五萬據鄧州西之禹山以待。拖雷總七提控兵，凡三萬騎。金兵四倍之，惟步多騎少。拖雷悉留輜重，輕騎以進。丙子，日未出，次禹山，見金步騎傅山前後陣，因命我軍分布如雁翅，轉山麓出敵陣之後，以鋭騎突之。金人不得不戰，至以短兵相接，我軍少卻。別將在西者，望見布哈躬擐甲騎而督陣，亦自陣後襲之。金將蒲察定住力戰，爲所卻。遂退匿光化對岸棗林中，晝作食，夜騎以待。遣諜十人，敝衣羸馬，亡入金師，泣訴飢寒。金人信之，與之酒食，置陣後。十人乘間逃歸，盡得敵之虚實。庚辰，金大兵過林後，我軍突出攻之。敵棄輜重走，不復成列。我軍夜追之，比至鄧，敵已入城。圍之三日，不下，相持至歲除。

四年正月壬午朔，金人耀兵城外。拖雷不與戰，集諸將議，以頓兵堅城下，非計。明日，悉率大軍踰鄧而北，命札剌兒將三千騎殿。合達等慮我軍直襲汴京，亦棄鄧，躡我軍之後。甲午，我軍次五朵山。明日，曉行，大霧失道。金人以萬騎抄我軍，札剌兒戰，失利，多所折傷。拖雷怒其失律，以額勒只吉歹代之。我軍駐沙河北，命失吉忽都虎以五千騎誘敵。敵奪橋而進，我軍不與戰，南渡沙河。敵欲安營，我軍復渡河襲之，金人不得食宿。明日，雨雪，拖雷自以萬騎尾敵後，且戰且行。至黄榆店，距鈞州二十五里，雨雪不能進，兩軍對壘相持。拖雷命終夜鼓譟以擾之。

丙申，雪益甚。時太宗已由白坡濟河，先遣諸王口温不花等帥萬騎來會，伐大樹塞敵前路。會合達等得金主密諭，言北騎已過懷、孟，促入援。丁酉，雪不止，金將楊沃衍拔樹開道，完顏彝率所部爲前鋒。

至三峰山，彝先據山上，武仙、高英軍於山西南，樊澤、楊沃衍軍於東北。拖雷欲擊之。諸將請俟車駕至，破之未晚。拖雷曰：「機不可失，脱彼入城，未易圖也。况大敵當前，敢以遺君父乎？」乃佯卻以誘之。金將按忒木、張惠見我軍勢卻，即揮兵乘高而下。我軍回拒之。須臾，雪大作，白霧彌天，人不相覿。戰地多麻田，往往耕四五過，積雪盈尺，人馬所踐，泥淖没脛。金軍中有三日不食者，被甲胄僵立雪中，槍槊凍結如椎。拖雷合南北兩軍圍之數重，令軍士番休，析薪爇火，割牛羊肉炙而啖之。久之，料敵憊，故開鈞州路縱之走，伏軍於前路夾擊之。金師大潰，聲如山崩。天忽開霽，日光皎然，金之精鋭盡爲我軍所殺。合達、彝、沃衍以數百騎走入鈞州。布哈走汴，至望京橋就獲。

明日，車駕至，按行戰地，顧謂拖雷曰：「微汝不能破敵神速如此！」拖雷遜謝而已，聞者服其不伐。從拔鈞州，獲合達、彝，殺之。尋從拔許州，遂圍汴。

夏四月，扈駕北還，避暑官山。五月，太宗不豫，暴瘖。六月，疾甚。師巫言：「金國山川神，以我殺戮過多，爲祟，非犧牲所能禳，惟子弟可以代之。」拖雷乃禱於天，請以身代，取釁祓之水而自飲焉。數日，太宗疾果瘳。拖雷從還漠北，行至阿剌合的思而卒，年四十。

憲宗即位，追上尊號，謚曰英武皇帝，廟號睿宗。至元二年，改謚景襄皇帝。至大二年，加謚仁聖景襄皇帝。子十一人：長憲宗，次忽都禿、世祖、旭烈兀、阿里不哥、不者克、末哥、歲哥都、雪別台，二子失名。

史臣曰：周公金縢之事，三代以後能繼之者，惟拖雷一人。太宗愈，而拖雷竟卒，或爲事之適然，然孝弟之至，可以感動鬼神無疑也。世俗淺薄者，乃疑其誣妄，過矣！

旭烈兀，拖雷第六子也，少世祖二歲。

太宗二年，旭烈兀伐宋，拔安豐。賜河中、陝西諸路爲分地。

憲宗即位，使旭烈兀開藩西域，一切承制專決，授爲葉爾堪。西域之制，汗曰阿塔畢，次汗位一等則爲葉爾堪。初，定宗中分西域之地：以額勒知吉歹管角兒只，領西域之西半境；阿兒渾管呼拉商，領西域之東半境。憲宗又分西域爲四部：曰呼拉商、馬三德蘭、義拉克、阿耳佩占，皆統於旭烈兀。

憲宗二年，以木剌夷凶悍無道，命旭烈兀率諸將討之。乃蠻人寶兒赤怯的不花有勇略，率萬二千人爲前鋒。

三年，怯的不花攻木剌夷吉兒都苦堡，地勢險峻，堅守不下。是年，憲宗又命大將撒里等征印度，亦聽命於旭烈兀。撒里等入克什米爾，涉印度斯單界，大掠而還。旭烈兀以怯的不花師老無功，乃決計親征。是時，西域統兵大將爲綽兒馬罕、貝住，分駐於克什米爾者爲岱兒巴圖〔一〕，三將皆受旭烈兀節制。未幾，岱兒巴圖卒，以撒里代之。太祖諸孫所部之兵，十僉其二，從旭烈兀討木剌夷。旭烈兀命貝住先至羅馬，修橋道，峙糧儲。憲宗諭旭烈兀，「木剌夷平後，即入伊拉克、羅耳、庫兒特諸部，以劫蒙古商旅也。報達如來修好，勿拒絕，否則移兵伐之。凡大兵所過之地，勿擾民，以廣招徠。軍事與杜庫司哈敦同議，聽其區畫。」憲宗意俟諸部平，盡畀旭烈兀爲封地，然未明言也。皇弟雪別台幼亦從行。是年，旭烈兀自和林返西域。

四年，率諸將出師。杜庫司哈敦以第二子台古塔兒從。察闊台孫也速蒙哥〔二〕、妃倭耳干納來犒師。免大兵所過之地今年租賦。

五年，駐兵撒馬兒干。其長官馬素特獻金織紋斡爾朵。未幾，皇弟雪別台卒。烏魯克射姆思哀丁先上謁，旭烈兀優禮之。至渴石，阿兒袞亦率所部來迎。旭烈兀分遣使者，諭各屬國，令出兵討木剌夷，有不從命者，先伐之。於是羅馬、法而斯、伊拉克、呼拉商、阿爾佩占、阿而法、失兒灣、角兒只諸酋，皆以兵至。造浮橋於阿母河，以濟師。中途，大雨雪，駐兵於渴石。阿兒袞亦以金織紋斡爾朵進，旭烈兀大悅。

先是，怯的不花使裨將率三千人過阿母河，至庫亦斯單，攻拔數堡。自將五千人，圍吉兒都苦堡，築壘掘濠，以裨將阿里守之，自引兵攻墨喝林堡，又襲破沙喝堡。又遣別將分兵，攻他勒姆與洛特巴兒兩堡。四年，吉兒都苦堡人夜襲布里營，殺傷甚衆，布里戰歿。怯的不花聞之，亟引還，攻拔徒唔及台而舍司兩堡，別將沙而班攻拔墨喝林堡。

明年，木剌夷酋阿拉哀丁爲馬三德蘭人哈三所刺殺，子兀乃克丁庫沙嗣。人咸謂兀乃克丁庫沙使哈三弑其父。

是年，旭烈兀遣烏魯克射姆思哀丁至賽而擔寒堡，諭其守將降，民不從。旭烈兀進至撒瓦及哈瓦甫之地，命怯的不花、庫喀伊而喀等以兵來會，攻庫亦斯單附近諸堡。旭烈兀由徒思進至噶爾珊，遣貝克帖木克等諭降庫而沙噶，復回軍入木剌夷。兀乃克丁庫沙遣其弟薩恒沙來見，又使其異母弟僞爲己子入質，以甲士三百人衛送之。旭烈兀命兀乃克丁庫沙自來，終不至。旭烈兀遂分兵三道而進，期會師於鹿忒巴耳。不花帖木兒將右翼自禡搒荅爾進，台古塔兒、怯的不花將左翼自西模囊進，布而嘎脱忽兒向阿剌模忒。旭烈兀自將中軍向塔勒耳，直至低簾，搗其巢穴，密殺兀乃克丁庫沙所遣之三百人於可疾寧。九月，進薄梅門迭思，兀乃克丁庫沙之新都也。諸將以冬寒，馬無芻秣，請旋師，俟來春再舉，不花帖木兒不謂然。乃定議炮攻，諭堡民五日出降，逾期則屠殺無噍類。守者登陴告曰：「兀乃克丁庫沙不在堡中，不得其命不敢降。」旭烈兀不信，命造衝車，刻日攻城。次日，兀乃克丁庫沙始遣使請降。已而其弟開城先遁，城民大嘩，復誓以死守。兀乃克丁庫沙又遣使白其事。旭烈兀以甘言撫之，下令亟攻城，城民亦發機弩拒之。是日，風雪，兵士皆凍瘃，不能仰攻。翼日，雪霽，大軍復乘勢攻之。至第四日，兀乃克丁庫沙率其子及將吏出降。旭烈兀厚撫兀乃克丁庫沙，命以手書諭低簾、庫母斯諸堡撤守備來降，惟阿剌模忒及蘭巴撒耳不下。旭烈兀自將攻阿剌模忒，裨將貝而該先登，仍爲矢石所卻。乃使兀乃克丁庫沙以書諭之。城民夜遁，大軍入空城，焚其廬舍而去。又至蘭巴撒耳，命塔亦兒不台圍之，自率諸將返哈馬丹。木剌夷平。旭烈兀以木剌夷諸堡險峻，不易下，乃許兀乃克丁庫沙不死，使諭降諸堡，故大小五十餘堡不煩兵力而定。

明年，旭烈兀議進攻報達，與諸將簡料軍實，同時大舉。初，旭烈兀出師，奉憲宗命盡殺木剌夷人。迨兀乃克丁庫沙入覲，旭烈兀下令：無少長男女，咸殺之。是年，報達境内大水，民多餓莩。

又明年，旭烈兀至秋納維思之地。未幾，仍返哈馬丹，遣使諭哈里發。事具《報達傳》。哈里發問退敵之策於諸將，其低瓦答兒謨牙代丁勸以納賄行成，凡祈禱之文及鑄錢皆用旭烈兀名。哈里發欲從之，其小低瓦答兒哀倍克不從，力請用兵。哈里發遂改計，謂諸將曰：「我與蒙古大汗及旭烈兀素通好，不至相仇，恐其部下所爲虛聲恫喝耳。」謨牙代丁不敢復言。哈里發以書幣至，歷述攻報達者咸獲天譴。旭烈兀益怒，然亦躊躕不決，恐報達不易攻，先使裨將率千人探其道路。至得而騰克之地，其守將曰忽珊姆哀丁，以城降，旭烈兀許以附近之地封之。已而哈里發大將素黎曼沙兵至，忽珊姆哀丁又中悔，使告哀而陛耳軍官：「嚮者降於蒙古，欲覘其軍之虛實耳。如哈里發厚待我，我能集庫而特人十萬，據險邀之。」其軍官告於哈里發，不以爲意。旭烈兀聞忽珊姆哀丁反，復遣怯的不花乘其無備襲殺之〔三〕，墮其城。與諸將決策深入，留哈塔克守哈馬丹；命貝住等爲右翼，自報達西北進；怯的不花等爲左翼，自報達東南進。自將中軍進次耶塞脱阿卜禿，再遣使招諭哈里發，仍不從。遂踰闊薛斯單之隘，大掠乞里茫沙杭，建黄斡兒朵於倭古兒之地，召諸將議軍事。貝住等乃自體格力斯河上游東渡，以土耳基軍校二人爲嚮導。又使諭哈里發，如不能自來，當使低瓦答兒素黎曼沙先至。哈里發亦不答。旭烈兀進至呼耳汪。時怯的不花已入羅耳斯單。貝住等還渡體格力斯河，從塔克里丹東南入。哈里發使哀倍克、費度曷丁，喀拉辛酷耳等守體格力斯河東之牙庫拔城，聞貝住等已渡河，亦引兵西渡，遇前鋒將蘇衮察克於盎瓦拔耳，再戰，全軍盡覆，費度曷丁、喀拉辛酷耳死之，哀倍克單騎遁歸報達，亟繕城守。貝住等沿體格力斯河直抵城西。河東諸將怯的不花營於開克拔提門，布而嘎等營於速克莎勒壇門。旭烈兀自營於阿鄭門。城圍遂合。哀倍克欲乘小舸突圍走，爲巡邏所邀截，仍引還。哈里發再遣長子與謨牙代丁至軍中，旭烈兀拒不見。遣使召素黎曼沙及哀倍克至，縱之歸，使告城中：「蒙古將遷城民於西利亞，願出者聽。」及城民出，分於各營，次日悉殺之，並殺素黎曼沙、哀倍克。越日，哈里發率其三子及法官、教士、貴族等出降。旭烈兀置哈里發父子於怯的不花營。大宴宫中，命縶哈里發至，告以「君爲室主人，我爲客，何以贈我？」哈里發獻錦衣二千襲，黄金一萬的那，其他珍寶稱是。旭烈兀曰：「是但可犒吾從者。」促令發窖藏，黄金珠玉充牣其中，阿拔斯五百餘年之蓄積悉爲旭烈兀所有焉。事定，以氈裹哈里發，置通衢，驅馬踐斃之。縱兵殺掠，死者八十餘萬。自是兵威所及，望風披靡。

八年，進攻西里亞。明年，入他古木斯都城，聞憲宗大漸，兵始返，事具《西里亞傳》。

初，朮赤後從旭烈兀征報達者，曰土拉爾，曰布而嘎，曰庫里。土拉爾以事被讒，旭烈兀嚴刑鞫之，誣服，命蘇衮察克執送於伯勒克汗。伯勒克以讞已實，使返而聽命，旭烈兀殺之。已而布而嘎、庫里亦相繼卒。伯勒克疑毒死，大怒。又以旭烈兀師行所至，殘殺素尼、十葉教士，無人理。中統二年，盡暴旭烈兀之惡，興師問罪，聲言爲冤死者復仇。分二軍：自將一軍入呼拉商，又南取哥疾寧；其一軍命土拉爾從兄弟諸垓將之，由得耳盆脱進至設里汪，敗旭烈兀前鋒將失剌木於沙馬起。已而大將阿拔台繼至，諸垓敗。旭烈兀自將出得而盆脱，與阿拔台兵合，諸垓遁走，即諸垓幕中置酒三日，以慶戰功。

明年春，諸垓搜集散亡，軍復振。旭烈兀拒戰，失利，退渡帖列克河，冰泮，士卒多溺死。埃及王比拔而斯以西里亞事夙怨旭烈兀，聞旭烈兀兵敗，遂通好於伯勒克，與之連合。

至元元年，世祖遣使者册封旭烈兀爲伊而汗，自阿母河至西里亞，益兵三萬戍之。

明年，旭烈兀病卒，遺命以長子阿八哈爲嗣。旭烈兀封地南界印度洋，西南界阿剌伯河，東北界察合台、朮赤分地，與察合台、朮赤後王並稱三大藩。子十三人，知名者曰阿八哈，曰客兒來，曰台古塔兒牙世摩特，曰蒙哥帖木兒，曰台克實，曰空古斡兒，曰出木哈兒。

其子孫多留西域，惟諸孫出伯居中國。海都叛，出伯率所部扞禦西陲。至元二十年，封西寧王，賜銀印龜紐。二十五年，海都犯邊，出伯總駙馬昌吉、諸王也只烈等禦之，賜金銀幣帛。二十七年，又擊敗叛王昌吉。元貞初，立都元帥於北庭及曲先塔林，並受出伯節制。在西邊十餘年，爲朝廷倚重。

大德初，特賜征行馬粟。四年，賜鈔萬五千四百錠。五年，又賜六萬錠，別賜市馬直三十八萬四千錠，寵眷莫與爲比。及海都死，察八兒嗣，朝廷未審其向背，益出伯軍三千人，人馬二匹，官予其直，又籍甘州善射者二千人隸之，使嚴備西邊，以觀敵變。明年，察八兒降。

八年十二月，以功晉封威武西寧王，換金印駝紐，鎮哈密。十一年，晉封豳王。

出伯營軍之地，西接兀丹，有八答山，産玉，常謫罪人採之，道遠，進奉勞費。至元中，朝廷賜出伯錢幣，載以官驢，至則並驢賜之。桑哥議，請以驢載玉而回。至大初，出伯又進玉六百斤，賜金銀錠有差。

延祐七年，卒。子南忽里嗣，改封肅王。卒，弟恩特帖木兒嗣，降於明，封忠順王。

阿八哈，旭烈兀長子，生於太宗七年。從父西征，躬擐甲冑，甚有戰功。旭烈兀開藩西域，使領馬三德蘭、義拉克、呼拉商三部。

旭烈兀卒，阿八哈來奔喪。管旭烈兀斡爾朵之大臣曰伊而喀，以遺命告阿八哈。既葬，伊而喀與諸大將曰蘇袞察克、曰蘇納台、曰阿拔台、曰台馬庫、曰辛圖爾、曰阿兒袞阿喀會議，遵遺命奉阿八哈嗣位。阿八哈讓於弟台古塔兒，衆不可。復欲俟世祖册命，衆以汗位不可久虚，再三勸進，乃即位於察罕淖爾。國俗，新君即位，羣臣從新君朝日，皆解帶挂於項，向日九拜；新君入帳殿，羣臣拜賀如初禮。

阿八哈自以未奉天子命，不敢遽踐汗位，設小坐於下以受朝。仍以射姆沙丁謨罕默德志費尼行尚書省事，阿兒袞阿喀司財賦，以弟台古塔兒轄得而盆脱及阿拉他克，弟台克實轄馬三德蘭、呼拉商，以伊而喀之子圖古司、蘇袞察克之弟杜丹轄羅馬，以杜而台轄的牙佩売耳與美索卜塔米牙，以希拉們轄角兒只，以蘇袞察克轄報達與法而斯，阿拉哀丁阿塔瑪里克志費尼副之。定都於台白利司，夏駐阿拉他克昔耶庫，冬駐阿而俺，或報達，或楚喀圖。

至元三年夏，諾垓侵得而盆脱，台古塔兒與戰於阿克索河，諾垓傷目而退。阿八哈聞伯勒克汗自率大軍南來，乃退渡庫爾河，撤橋梁自守。兩軍隔河相持十五日，伯勒克欲改道自角兒只進兵，而病卒，軍亦罷。阿八哈遂築邊牆於庫耳河北，自達蘭淖爾至得世庫耳提俺，分兵守之。是年冬，埃及王比拔而斯知與朮赤後王稱難，不能西顧，以兵奪西里亞境內濱海數地，復侵小阿昧尼亞。小阿昧尼亞酋海屯第一乞援於阿八哈，兵未至，其子立益已戰敗被禽。海屯第一與埃及議和，贖其子歸。是時阿八哈以東方有警，聽其行成。

七年，阿八哈與察合台後王博拉克戰於徒思，大敗之，事具《博拉克傳》。阿八哈留台克賓守呼拉商，自引軍西行，至低樗，遇木剌夷人行刺。羅耳酋約索甫下馬亟救之，獲免。是冬，世祖使命至，錫以冠服，册封爲汗，阿八哈乃重行即位禮焉。博拉克卒，其子伯克帖木兒、篤哇、布里亞、忽拉洼夷與阿魯忽之二子楚班、基顔合兵，攻海都，躪阿母河北，數與海都戰，而數敗。志費尼謂阿八哈曰：「彼之争，我之利也。然必有一勝，勝者併其衆，禍必及我。宜先掠其地，勿令生聚。」乃使捏克拜巴都爾、察而杜阿克貝將一軍渡阿母河；約索甫、喀而噶帶、楚而喀達夷、伊拉布哈將一軍，自呼拉商循阿母河之西，以侵烏爾鞬赤、機窪之地。捏克拜一軍入布哈爾，虜民五萬以歸。楚班率衆來追，奪還所俘之半。是時，埃及攻西里亞，數年兵不解，來乞援。

八年，阿八哈命大將薩馬嘎爾率萬人援西里亞。冬，埃及人自丹馬斯克奄至，我軍敗退。埃及陷哈俺城而去。次年，又爲阿八哈所取。先是，比拔而斯欲與阿八哈行成，遣二使見薩馬嘎爾於昔挖斯城，因入謁阿八哈。時朮赤後王忙哥帖木兒屢約埃及夾攻阿八哈，使人洩其事。阿八哈聞之，大怒，即遣二使歸，遂渝平。

至元九年，阿八哈遣使至丹馬斯克，要比拔而斯自來議和，比拔而斯亦要阿八哈自往以答之。冬，遣將攻陛而哀城，比拔而斯來援，以駝馬負舟，舟可分合。既至哀甫拉特河，步卒乘舟，騎泅水，敗守河兵，攻城之將引還。

十一年，比拔而斯令阿剌伯之貝杜音人來侵，至諳拔爾。

十二年，又入小阿昧尼亞，分兵赴陛而哀，以拒援兵。冬，其將阿拔台攻陛而哀，以天寒糧運不繼而退。

十四年，比拔而斯自將攻羅馬，阿八哈遣圖古斯、倭而洛克圖、杜丹三將統十一隊以援之。羅馬之配而斡迺亦以兵從。配而斡迺，譯言宰相也。遇於阿白拉斯丁城，比拔而斯先登陷陣，圖古司、倭而洛克圖皆戰没，兵士死者六千七百餘人。配而斡迺潛通埃及，遣使賀捷。比拔而斯不敢久留，即班師。阿八哈聞兵敗，自將大軍繼至。比抵羅馬，則埃及人已先一月去矣。經阿白拉斯城，見尸骸山積，大哭。詈配而斡迺不多出兵助之，縱兵大掠。留空庫斡台統羅馬兵而返。道過貝布而堡，堡長出謁，請畢一言，許之。乃曰：「汗所仇者，埃及。今多俘羅馬民，何也？」阿八哈悟，責諸將不早言，盡返所俘。既而聞配而斡迺潛通埃及，乃責以三罪：一，戰敗而逃；一，敵兵至，不亟報；一，敗後不來請罪。十五年，戮之於阿拉他克。

十八年，阿八哈命弟蒙哥帖木兒統軍，角兒只、小阿昧尼亞人皆從，與埃及王開拉溫戰於哈馬希姆斯。埃及遣人僞降，臨陣刺蒙哥帖木兒墜馬，軍亂，敵乘之，遂敗。時右翼已敗，敵兵追至希姆斯城下。待後軍不至，偵之，則中、左兩軍俱潰，亟退。埃及人逐於後，渡哀甫拉特河，多溺死，有逃入沙漠者亦暍死。阿八哈自爲後援，未及渡河，而前軍敗，亦退。

十九年，歸至哈馬丹，憤恚而卒，年四十八。

二子：長阿魯渾，次蓋喀圖。

阿八哈妃八人，一爲東羅馬王密哈哀兒巴里洛克之女。初，旭烈兀與東羅馬通好，結爲婚姻。羅馬俗，一夫惟一婦。蒙古妃嬪多，東羅馬王難之，重違其請，乃以私生女瑪里亞字之。送至中途，旭烈兀已卒，阿八哈遂娶之，以是厚撫天主教人，與教王及法蘭西諸國通使命。

其臣曰納昔兒哀丁，通天文、算術，著有測日儀器、曆算等書。講輿地學者曰只馬拉丁牙庫特，講樂律者曰阿白圖而謨愛明。人才輩出，一時稱盛焉。

阿八哈卒，弟台古塔兒牙世摩特嗣。

台古塔兒，阿八哈母弟也。

蒙古家法：君卒，擇其子及弟之年長者立之。阿八哈欲傳位於子阿魯渾，議未定而卒。諸弟以台古塔兒爲最長，其弟曰阿載、曰康廓而拉台、曰忽喇朮，其兄子曰楚式喀潑、曰景朮，與諸將蘇衮察克、辛杜而等皆擁戴之。附阿魯渾者，惟布哈與烏洛克等數人，勸阿魯渾勿與争。至元十九年，諸王、大將定議，立台古塔兒。

夏六月，台古塔兒即位，以素奉天方教，改名牙世摩特，不稱汗，而稱蘇而灘。下令國人皆奉教。以蘇衮察克爲大將，以射姆思丁志費尼爲相，司錢穀。其弟阿累屋丁志費尼，先坐事下獄，釋之，仍使鎮報達。以與埃及同教，遣使往議和。

阿魯渾雖讓位，然心不能平，又不欲入天方教。諸王、大將亦多以天方教爲非。阿魯渾奏於世祖，言台古塔兒違祖訓，從異教，世祖寢其事不問。阿魯渾分地爲柯拉森，歲賦少，軍儲不贍。請於台古塔兒，以法而斯、義拉克、阿朮迷三部爲屬地，台古塔兒不與。是年，阿魯渾在報達駐冬。台古塔兒以康廓而拉台鎮羅馬，恐與阿魯渾連合，遣兵駐的牙佩売耳，扼其中路。康廓而拉台果與諸將約，欲俟台古塔兒西巡，襲殺之，而立阿魯渾。事覺，台古塔兒斷其脊骨殺之，同謀諸將與羅馬酋結牙特丁皆死。以重兵圍報達，捕阿魯渾。及兵至，阿魯渾已返柯拉森。時二十年正月也。

台古塔兒徵兵八萬伐阿魯渾，以大雪，緩師期。四月，兵至塔馬干，阿魯渾自將禦之，戰於開而布逐而克之地。阿魯渾兵敗，遣其子合贊與察合台孫尼古他而之子倭馬倭古而來議和。台古塔兒命阿魯渾自來，則受其降，前事釋不問。阿魯渾不敢往，台古塔兒再遣使諭之。六月，阿魯渾始至，命歸柯拉森，以部將阿里那克監之。台古塔兒旋師，密諭阿里那克，阿魯渾歸即殺之。

初，阿魯渾部將布哈將兵，兼管阿魯渾内政。台古塔兒即位，命喀阿布哈代之，故布哈怨台古塔兒，潛告諸將：「台古塔兒必欲殺阿魯渾及吾輩。」於是忽喇朮、楚式喀潑等皆信其言。七月，請阿里那克夜宴，阿里那克謂：「我監守阿魯渾者，不敢離。」楚式喀潑請代之，乃赴宴。既醉，布哈挾阿魯渾出，殺阿里那克於坐上〔四〕，並將其兵。楚式喀潑之弟控庫世亦引所部來會，諸將皆俯首聽命。

台古塔兒失衆，走其母杜庫司可敦營中。初，尼古他而將兵從旭烈兀征報達，遂留事阿八哈。及薄拉克來伐，貽書約其合應。尼古他而得書，未舉兵。阿八哈召之，尼古他而疑事泄，乃率所部奔得而盆脱，爲希拉們所敗，執送於阿八哈，囚之。其舊部潰散，在庫密失之地爲盜，稱其衆曰喀敖唔。至是，阿魯渾招之，使捕台古塔兒。康廓而拉台部將亦欲爲舊主復仇，率所部應之。台古塔兒與杜庫司可敦赴得而盆脱，欲入奇卜察克察。適喀阿布哈、辛杜而二將至，見台古塔兒勢去，反以兵守之。喀敖唔羣盜至，大掠，執台古塔兒，送於阿魯渾。阿魯渾以杜庫司可敦哀祈，欲宥之。康廓而拉台子請復仇，乃斷其脊骨以死。

是年，台古塔兒使者至埃及，埃及王開拉温聞國有内亂，下使者於獄，殺之。

史臣曰：旭烈兀闢地萬里之外，其功名與拔都相伯仲。兄弟鬩牆，自招外侮，使西略之雄圖限於埃及，惜哉！

【校勘記】

〔一〕「克什米爾」，原作「克什米耳」，據上文及《憲宗本紀》改。

〔二〕「察闊台孫也速蒙哥」，本書卷六《憲宗》有「察合台子也速蒙哥」。

〔三〕「復」，原作「覆」，據文意改。

〔四〕「阿里那克」，原作「那里那克」，據上文改。

新元史卷之一百九　列傳第六

太祖諸子四

拖雷中阿魯渾　蓋喀圖　合贊　合兒班答　不賽因

阿魯渾，阿八哈長子也。母曰海迷失亦可敦，由宮人得幸。台古塔兒被弒，諸將乃迎阿魯渾立之，以布哈爲相，累黃金等其身，酬其翼戴之功。使長子合贊守呼拉商、馬三德蘭等地，以景赤、尼佛魯慈輔之。阿八哈舊臣射姆思哀丁、阿塔瑪里克志費尼比於台古塔兒，懼誅，奔於羅耳。羅耳酋約索甫沙，先奉台古塔兒之命，出兵攻阿魯渾。約索甫沙感阿八哈恩，不欲攻其子，兵未出而台古塔兒已遇弒。至是，來賀即位，兼營救射姆思哀丁。射姆思哀丁素與布哈交好，意必爲援，乃歸。阿魯渾令副布哈治事。未幾，有讒布哈者，仍殺之。遠近聞其死，皆爲流涕。

至元二十三年，世祖使命至，封阿魯渾爲汗，布哈爲丞相，赦九死罪。阿魯渾乃行即位禮，凡教令必由布哈加印而後行，庶事則布哈專決之。初，法而斯人法克哀丁哈山有田在設喇斯城，城官没其田爲公産。法克哀丁哈山乃獻於阿魯渾。及阿魯渾即位，籍其田而有之。布哈謂：「設喇斯亦國家壤土，何必自私？」阿魯渾不從命，圖格察而任其事。布哈聞之，大恚。布哈有治才，而性嚴，失衆心。徒干有寵於阿魯渾，密言其「專權自恣，親王大臣奉令惟謹；昔台古塔兒遇之有恩，權勢尚小，一旦倒戈相向，從者響應；今大權在握，設有異謀，易如反掌」。阿魯渾猶不謂然。布哈與諸將飲於宫中，醉而相詬。阿魯渾不罪詬者，布哈益愠，稱疾不朝，密與楚世喀潑等立約廢阿魯渾，兼約角兒只酉爲外應。

二十六年，楚世喀潑因賀正旦，發其事。阿魯渾大怒，命土拉戴、徒干等捕布哈，誅之，四子及弟阿洛克皆坐死。角兒只酉迪密脱利以同謀，亦死。楚世喀潑首發逆謀，阿魯渾始德之，繼疑其同與立約，恐事泄故先發，乃並誅楚世喀潑。尼佛魯兹輔合贊於東邊，自以與布哈同功一體，恐禍及，詭言閲兵防阿母河，陰聚所部兵，劫合贊於徒思。適合贊他往，聞忽喇朮與尼佛魯兹通，亟至馬三德蘭，擒忽喇朮。檻致於阿魯渾，與台古塔兒之子哈拉布哈同死。

是年春，朮赤後王攻得而盆脱，阿魯渾自將禦之。行至沙陛耳俺，前鋒將昆竺克巴兒、圖格察而、土古兒哲已退敵，遂還。中途聞尼佛魯兹叛，命圖格察而移師討之，適貝杜兵亦至。尼佛魯慈見不敵，走入沙漠，至突而基斯單，附於海都。合贊追不及，遣援兵返，自駐於你沙不兒。海都使其子阿也干與月思伯克帖木兒將三萬人，從尼佛魯慈攻呼拉商。阿魯渾遣徒干援之，尼佛魯慈遁去。阿魯渾既誅布哈，以猶太人沙特倭而導勿雷代之，副以蒙古人鄂爾多海亞，又以楚實庫扎爲之佐。乃定讞獄法，刑官聽斷，將領不得阻撓；又禁擾累郵傳；皆善政也。然諸將滋不悦。沙特倭而導勿雷聞徒干陵侮郵吏，索馬逾額勘實，杖徒干七十，於是諸將益怒。阿魯渾信方士言，服金石藥，冀長年，不延接臣下，惟信任諸人得入對。服藥而病，既愈，又服之，病遂劇。沙特倭而導勿雷謀於衆，縱囚祈福，因釋獄囚，始知台古塔兒、忽喇出之子在獄皆被殺，宗親死者十有三人。訊由伊答赤以己意殺之，阿魯渾不知也。星者謂此十三人爲祟〔一〕，大將圖格察而、昆竺克巴兒、都嘎爾等，乃矯阿魯渾命殺伊答赤，復以積怨殺沙特倭而導勿雷、鄂爾多海亞、楚實庫扎三人。阿魯渾不見沙特倭而導勿雷等入内議事，知有變，病益革。二十八年，卒於阿而俺。子合贊、合兒班答。

蓋喀圖，又名亦憐真朵兒只，阿八哈次子。母曰杜丹可敦，塔塔兒人。

阿魯渾卒，是年秋，蓋喀圖即位於阿克拉脱，下執政五人於獄。問辛圖而：「阿魯渾之卒，沙特倭而導勿雷之被殺，汝爲大將之首，宜問汝。」辛圖而曰：「諸將咸在，請汗自問之，是非自明。」諸將言：「圖格察而、昆笁克巴兒實唱亂，沙馬嘎爾與貝克培附之，定議後乃告辛圖而，辛圖而亦允。」辛圖而曰：「我逼於不得已，否則禍首及我。」乃赦辛圖而。圖格察而等亦辭伏，蓋喀圖責而宥之，惟奪其兵權，以台克實、辛圖而、納鄰阿哈馬特代之，而下徒干等於獄，命鄂而多海亞之子湴殺之。於是以蒙哥帖木兒之長子阿思別兒吉守呼拉商，辛圖而爲文武總管大臣。

會羅馬有亂，蓋喀圖西討，使辛圖而留守台白而司。辛圖而疑圖格察而謀反，執之，以二千人送至行營。蓋喀圖已平羅馬，東歸，遇諸塗，察其無罪，釋之，並釋其同被執者。

未幾，蓋喀圖有疾，既瘳，重行即位禮，以術家言前即位日與星命不合故也。乃大賚可敦、公主等，且免穆罕默特後人之賦。阿八哈以來庫藏充溢，至是一空。

是年，埃及王阿失阿夫自將來伐。二十九年夏，次於哀甫拉特河，陷喀剌特烏兒羅姆，改其堡名曰木速兒蠻。蓋喀圖以兵往援，不及，遣使於阿失阿夫，欲復其父所得西里亞之地。阿失阿夫答言：「汝與我意同。我亦欲復報達，重立哈里發，視兵孰先到。」是歲，蓋喀圖廢起兒漫酋只剌勒丁蘇育，以其姊巴的沙可敦代之。事具《起而漫傳》。

初，阿魯渾長子合贊在西模囊，得父凶問，知蓋喀圖已即位，遣使入賀，且以尼佛魯慈之難告，並乞援。蓋喀圖遣阿思別兒吉援之。合贊留其將庫特魯克沙守呼拉商。至元三十年，遣使請入覲。蓋喀圖使人逆止之，合贊不從，仍至台白利司。會阿思別兒吉已敗尼佛魯慈；遁入你沙不兒山中。蓋喀圖仍促合贊東歸。

時相位久虛，有沙特而哀丁，思得其位，賄結蓋喀圖左右。及以名上，無沙特而哀丁，蓋喀圖謂列名者皆不及此人，諸可敦又從旁言之，遂立爲相，以金印賜之，並配兵萬人，又以其弟爲大刑官。蓋喀圖荒於酒色，羣臣有子女者率遠徙避之，事無大小盡委沙特而哀丁。沙特而哀丁易置舊人〔二〕，黜哈山、台朮等。蓋喀圖出獵，哈山、台朮即圍場發其貪婪之罪，蓋喀圖不問，反以告者畀沙特而哀丁自鞫，禁再訴，犯者罪死。又諭：「東起阿母河，西抵埃及之界，悉受沙特而哀丁節制。」時馬病疫多斃，帑藏又耗費殆盡。有獻策用中國交鈔者，蓋喀圖問蒲拉。蒲拉本中國使者，留事阿魯渾，習見中國幣制，以爲可行。沙特而哀丁附和之。辛圖而諫，不聽。三十一年夏，造交鈔，頒行所在，設交鈔局，禁民用金銀器。台白利司商賈以用鈔皆折閱，流言洶洶，亂且起。乃仍用錢，廢鈔。才兩月，反大耗鈔本焉。是年，蓋喀圖從父弟貝杜自報達來朝，蓋喀圖宴之，醉而相詬，令近侍阿亦脱合里毆之。翼日，蓋喀圖自知無禮，延至謝罪。貝杜歸，至達拈喀，告於諸將，皆以蓋喀圖奪部下子女怨之，慫恿貝杜起兵。貝杜引兵至毛夕里，殺守吏，復殺守報達之將。時諸將曰土拉戴，曰昆逐克巴而，曰伊而達兒，曰都嘎爾，曰伊兒乞帶，皆潛通貝杜。事覺，蓋喀圖盡執之。哈山與台朮請速殺諸將，圖格察而以爲不可，宜先召貝杜至，訊明殺之，儻貝杜不來，則叛迹顯著，殺諸將未晚。蓋喀圖從之，囚諸將於台白利司，命圖格察而監視之，遣使者召貝杜。圖格察而陰使人告貝杜：「第來無恐，我等皆竭力助汝。」貝杜即進兵。

元貞元年春，蓋喀圖自哀倍而河自將禦之，以阿克布哈、圖格察而各率萬人爲前鋒。行一日，圖格察而與阿克布哈分道。詰之，則云：「馬多，如同行，慮水草不足。」阿克布哈又詰以違軍令，圖格察而乃告以：「昔汝爲第一大將，今我爲貝杜第一大將。」阿克布哈所部皆畔從圖格察而，以親兵三百人逃歸。時蓋喀圖已離哀倍兒河，聞變，度兵力不足，退往阿而俺。哈山、台朮二人亦畔之，羣臣多散去。行至莫干，宿於抹里赤家。土拉戴等已出獄，欲奪其鄂爾朵，遇而執之。蓋喀圖請貸其一死，不允，以弓弦縊殺之。

諸將會議於楚喀圖、庫喀拉二水合流之地，遣使迎立貝杜。貝杜知蓋喀圖已死，令殺阿克布喀、塔馬起、賽而他克等，皆蓋喀圖所寵任者。問阿亦脱合里：「何以毆我？」答云：「蓋喀圖爲我之君，命我殺子弟，我亦不能不行。今貝杜爲我之君，我亦如此。」貝杜說，復其官。於是數蓋喀圖之罪，布告國中。以圖格察而爲大將，兼爲相，以昆逐克巴而、哲綽克、雷克西哥兒干、土塔朮爲之副，以朮馬而哀丁管財賦，又命諸將分轄各部，以賞有功。

合贊聞貝杜立，不説。先是，尼佛魯慈既叛，爲庫特魯克沙所敗，奔西義斯丹，屢犯呼拉商。至元三十一年，用其妻托紺珠公主之言，仍歸命於合贊。元貞元年春，合贊至梅而甫，遂詣尼佛魯慈營。受其降，返至賽拉克斯，聞貝杜起兵，乃召尼佛魯慈，俾守呼拉商。合贊進至爾哈夷、可斯費音之間，遇貝杜使者，始知蓋喀圖已死，貝杜已立。召諸將議之，尼佛魯慈謂：「此無足怪，衆所以不推戴汝者，一恐汝治弒君之罪，一恐汝治前殺鄂爾多海亞、楚實庫札二將之罪。又恐汝有才，不如貝杜易制。宜遣使偵其舉動，再決大計。」遂遣二使往，謂：「太祖法律，臣不得弒君。請執弒蓋喀圖者，畀我治罪。」合贊至可斯費音，貝杜遣使請和。合贊不從，與貝杜遇於庫班希而拉之地。尼佛魯慈知貝杜兵未集，請速戰。庫特魯克沙將右翼，斬馘八百，殺伊而達兒，擒阿斯闌倭古而，乘勝而進。貝杜使者布克戴至陣前，下馬伏地言：「貝杜有命：一家骨肉，不宜兵争，請分國而治。」畀以義拉克、法而斯、起兒漫三部，請退兵講好。」意在緩兵，以俟援也。合贊允之，約貝杜各從十人於軍前相見。既見，各下馬行抱見禮。貝杜仍申前議，飲酒行成。尼佛魯慈以天方教不飲酒，但立誓。衆將皆誓，議遂定。

明日，貝杜即位。又明日，兩軍同往庫班希而拉。合贊兵行於山谷中，貝杜兵前趨隘口，欲塞其去路，貝杜亟止之。入夜，兩軍同駐一地，各執兵勒馬以備非常。已而報達、莫干之兵皆至，諸將請攻合贊，貝杜不肯。都嘎爾愠，即以兵回角而只。合贊知援兵已至，議速歸，欲取道於喀敖納。其地有精兵，貝杜恐爲合贊所有，遣蒲拉丞相來告，請由原路返。越日，貝杜子奇卜察克等請合贊至營中餞別，合贊慮事不測，不從。奇卜察克固請，諸將勸合贊以日辰不利辭之，約明日相見。是夕，即引衆東歸，留尼佛魯慈、圖克帖木兒二人待受分地，且伺貝杜之舉動。

是時，昆逐克巴而、土拉戴、伊而乞帶已率五千人躡合贊後。合贊至可斯費音東，貝杜又遣使邀合贊相見。合贊令尼佛魯慈同往，自駐迭馬温山待之。貝杜執尼佛魯慈、圖克帖木兒下獄，其部將與尼佛魯慈弟雷開齊勸之降。尼佛魯慈始不從，後與圖格察而暗約共助合贊，乃僞降於貝杜。貝杜信之，以禮延接，令發誓獲合贊以獻。尼佛魯慈從之，與圖克帖木兒同時釋歸，自梅拉喀疾馳四日，至迭馬温山見合贊。以回俗誓不可没，依字義「合贊」爲煮飲食之器，乃取此器而裹以布，遣人送往，以踐誓言。貝杜見之，大怒。

尼佛魯慈勸合贊入教，謂星者言回曆六百九十年應出一賢能汗，興其教，今直其時，如入教則必爲伊而汗。回衆本不樂蒙古人拜偶像，改從回教，可得民心。合贊乃於迭馬温山阿魯渾之行宫入教，洗澡畢，至座位前宣誦信教之文，厚賜教士，並赴禮拜寺祈禱上帝焉。

貝杜擯沙特而哀丁不用，沙特而哀丁怨望，思助合贊。阿八哈妃布魯干應適合贊處，而貝杜阻其行。於是沙特而哀丁、布魯干潛輸誠於合贊，遣教士馬赫模德往告之。合贊召馬赫模德入見，具言衆將歸心，惟昆逐克巴爾、都嘎爾、土拉戴、伊而乞帶四人罪重，不欲擁戴。適有阿母河北之兵南侵，合贊遣尼佛魯慈禦之，兵旋退。馬赫模德歸，仍以敵兵入境，尼佛魯慈東行，張皇其事以告貝杜。貝杜遂不爲意，散其兵牧馬草地。

時沙特而哀丁之弟尚管財賦，乃竊帑藏以行，昆逐克巴而追之，獲其行李。沙特而哀丁奔於合贊。合贊尚猶豫不決，沙特而哀丁力言圖格察而必爲内應，合贊遂起兵於費烏斯古山，至爾拉夷。出班與庫魯密世哥而干告統將伊達杜，宜簡閱戰馬以防合贊，伊達杜從之，即以良馬五百匹夜赴合贊軍。合贊重賞之，遣人往告各城：「我今統兵十二萬，以繼父業，不從者以叛逆論。」所在響應。尼佛魯慈率四千騎爲前鋒，至昔比特羅特河。土拉戴聞兵至，以書告貝杜，並問計於圖格察而。圖格察而謬謂：「彼兵不多，可與一戰。」夜與同謀諸將投尼佛魯慈營。

次日，貝杜見大事已去，逃於素黎漫沙城。哀而帖木兒、喀而奔特及諸大將皆赴尼佛魯慈營。貝杜又奔倭占梅侖脱，同行惟昆逐克巴而、奇卜察克、伊而乞帶等，欲入角兒只，以合於都嘎爾。合贊至昔札司，喀而奔特、伊而戴來歸。至西比特河，土拉戴、伊而帖木兒等亦來降。尼佛魯慈與庫特魯克沙等追貝杜至阿拉斯，及於梅而侖西北獲之。合贊令殺之，時元貞元年冬也。貝杜篡立僅五月。伊兒乞帶奔羅馬，都嘎爾奔角兒只。

合贊，阿魯渾長子，生於至元八年。阿八哈聞其早慧，亟欲見之。阿魯渾送之往，阿八哈以屬其妃布魯干，使撫育之。合贊幼習蒙古、回紇文字及騎射，八歲已能從祖父獵。阿魯渾即位，令轄呼拉商等地。

元貞元年，合贊師至台白利司，諸王蘇凱等率衆來迎。既入台白利司，諭民相輯睦，大臣毋陵其下。遣尼佛魯慈、奴爾蘭、庫特魯克沙搜捕貝杜黨與昆竺克巴而、都嘎爾、伊爾達兒、伊兒乞帶等，皆誅之，惟土拉戴、哲察克、伊達柱三人杖而免死。是冬即位，不曰汗，曰蘇爾灘。論翊戴功，拜尼佛魯慈爲大將，位諸臣右，賜券書。以沙特而哀丁爲相。篤哇與海都子薩兒班合兵侵呼拉商，遣蘇凱、尼佛魯慈禦之。兵饟絀，預徵次年賦以資軍實。蘇凱自以旭烈兀之孫，於次序當立，與其黨巴魯拉謀刺尼佛魯慈於軍中，而廢合贊，約台朮同舉事。台朮密告尼佛魯慈，空營設伏伺之。蘇凱等至，伏發，斬巴魯拉，蘇凱敗遁，追殺之。叛軍復推阿爾思蘭爲主，圖犯台白利司。合贊聞變，慮衛兵少，且習亂，乃稱出獵，部勒將士，行及中途，突命擊叛衆。初戰不利，賀爾庫達克率二千人來援，遂斬阿爾思蘭，盡降其衆。時元貞二年春也。一月之内，凡誅親王五人，叛臣三十八人。

尼佛魯慈與沙特而哀丁不協，奏褫其職，以只馬兒哀丁代之。或誣沙特而哀丁交通蘇凱，諸吏之侵帑者憚其復用，證成其罪。已論死，賀爾庫達克爲辨其冤，始得釋。合贊以圖格察而反覆横恣，欲除之，遣庫門乞往賜書褒獎，以安其心，而潛約諸將執圖格察而，謂之曰：「國家大義，通敵賣主者殺無赦。蘇而灘不能以私情廢公義也。」遂殺圖格察而。

羅馬將巴兒圖自阿魯渾時即握兵權，屢徵入朝，輒托詞不赴，聞圖格察而誅，舉兵反。合贊命庫特魯克沙討平之。

尼佛魯慈恃功驕蹇，以妻病，往阿特耳佩占，委軍事於奴爾蘭。未幾，台朮所部棄伍逃。合贊不悦，促令赴軍中。尼佛魯慈請卒視妻病而返，朝臣言其以私廢公，請逮治。合贊曰：「此未足以箝其口也。」既而，托紺珠公主病卒，尼佛魯慈乃往呼拉商。奴爾蘭入朝，訴其過失並與齟齬狀。合贊令弟合兒班答往代奴爾蘭。初，尼佛魯慈介報達人凱薩爾致書埃及國王，依託教誼，乞以兵援合贊。比答書至，合贊已得國，尼佛魯慈令記室改易埃及答書，呈於合贊。至是事覺，奴爾蘭等因劾其通敵，尼佛魯慈在外，自知主眷衰，遣其部將薩忒耳哀丁入朝寄耳目，而其人反爲合贊所用，使往報達紿凱薩爾，執以歸。時沙特而哀丁復相，與弟庫脱拔丁僞爲尼佛魯慈致埃及執政書，請藉兵力誅異己者，事成割地爲報，先奉衣服若干事。納衣、書於凱薩爾篋中。復爲尼佛魯慈致其弟哈濟那蘭密書，往見哈濟那蘭，乘間納其書於哈濟那蘭篋中，哈濟那蘭不知也。合贊廷鞫，凱薩爾不承，搜其篋，則衣、書在焉，立殺之。捕尼佛魯慈家屬，無男婦老幼皆就戮。擒哈濟那蘭至，搜獲密書，誣服論斬，諸昆弟勒格濟等盡死。尼佛魯慈舉兵反。

大德元年夏，命庫特魯克沙率諸將討之，戰於你沙不兒。尼佛魯慈衆潰，以數百騎奔海拉脱。其酋法克哀丁爲所輔立，故納之。庫特魯克沙至，圍城，令獻叛者。法克哀丁出書以示，尼佛魯慈益德之。或謂之曰：「公孤寄於此，大軍壓境，城主未可深恃。不如執之，用其兵以退敵。」弗從。法克哀丁聞其事，大駭。其部下咸謂：「以全城殉一人非計，彼已背永不犯上之誓，我背誓庸何傷？」乃請分其將士於各軍，率以出戰，遂擒尼佛魯慈，獻諸庫特魯克沙。誅之，傳首台白利司。

是冬，角兒只兄弟争國，令庫特魯克沙平之，立瓦世當第三。庫特魯克沙歸，以角兒只賦重爲言。沙特而哀丁聞之，先告合贊，謂其縱兵蹂躪角兒只。於是，庫特魯克沙奏輒不入，知必有讒之者，以詢沙特而哀丁，則曰：「此某醫所爲也。」庫特魯克沙以語拉施特哀丁，白諸合贊。合贊召至，告之曰：「沙特而哀丁實譖汝而嫁禍於人，險詐如是，不可復留。」命與庫脱拔丁同棄市。

大德二年，遣使臣曰謨阿臧、法克哀丁、阿喝美特，曰布喀伊耳赤，入朝貢珍珠、寶石、獵豹，且以金錢十萬市中國貨。使臣至，成宗優禮之，賜酒慰勞，留四年始辭歸。温詔報合贊，賜賚甚厚。旭烈兀位下歲賜及五户絲久儲府庫，至是遣使頒與之。

是年秋，以火者薩特哀丁爲相。羅馬將蘇拉迷失叛，殺其副畢音察爾、别乞庫爾。

三年春，庫特魯克沙敗其衆，蘇拉迷失奔埃及，引軍來犯，擒斬之。

時埃及内亂，其將奇卜察克、哀爾别乞、伯克帖木兒皆來奔。合贊待以殊禮，思用其力以謀埃及。埃及西里亞兵入的牙佩壳耳，合贊益怒，定議親征。兵十人中抽五，齎六月糧。

大德三年冬，次哀甫拉特河，留兵萬人殿後，步騎九萬，以庫特魯克沙、謨雷爲前鋒。抵阿勒坡，軍士縱馬食麥田，令曰：「馬不可以食人食，犯者斬。」諸軍肅然。軍至撒拉米冶，聞埃及兵已至希姆斯那雪爾，合贊令曰：「埃及親軍驍勇善戰，恃騎兵衝突。今我以步隊當之，勝騎戰也。」自撒拉米冶進兵，距敵百里而止。次日，進至那蘭蘇河。埃及兵奄至，命後軍張兩翼禦之。戰少卻，合贊以中軍退。埃及軍逐之，陣復接。埃及一軍潰，别軍援之，殊死戰，復出鐵騎五百，短刀奮斫。我軍以强弩攢射之，馬始回竄。庫特魯克沙率右翼鳴角以進，埃及誤爲合贊，併力攻之，右翼敗，死者近五千人。庫特魯克沙率餘騎奔中軍。合贊麾左翼進，中軍繼之，以弓箭手萬人居前，矢如雨集。埃及前鋒左右翼先後潰，中軍亦敗走。是役也，合贊以堅忍，轉敗爲功，而右翼之敗適成爲餌敵之計云。

羅馬守將阿弼世喀偕阿昧尼亞王海屯第二，率五千人來會，軍勢益張。希姆斯城乞降，發其庫藏分給將士。進至達馬斯克，亦迎降。合贊自至城中，令衛士守一門，而閉其餘，雖從官亦不得擅入。民益感德，輸金錢百萬餉軍。埃及將戹爾朮法世守内堡不下，諭降不從。諸將請攻之，合贊不許。謨雷窮追敗衆，直至喀雜忒城，遇埃及兵輒殺之，追不及，乃整旅而還。合贊以奇卜察克轄達馬斯克部，伯克帖木兒轄阿勒坡、哈馬特、希姆斯三部，哀爾別乞轄薩弗特、忒里波利等城，牙希阿司賦税，以庫特魯克沙鎮守西里亞全境。

大德四年春，合贊東歸。庫特魯克沙遽下令攻達馬斯克内堡，攻半月，不能下而去，以軍事委謨雷。初，合贊諭西里亞境内悉降，既而諸城知蒙古軍不能久駐，故拒命者日多。埃及王那雪爾聞合贊已去，奇卜察克等皆在西里亞，乃手書招三將返。於是奇卜察克等叛歸，謨雷亦棄達馬斯克，全軍而返。

合贊自西里亞班師，鋭意政事。夏，如梅拉喀觀天方臺儀器，亦建臺於台白利司，自運巧思，創製新器。訪古賢人墓，慨然曰：「死而不朽，其樂有甚於生矣！」引哀甫拉特河，開三渠溉田，悉成沃壤。貧家寡婦，官給棉，使紡績以餬其口。

秋，再伐西里亞，以庫特魯克沙爲前鋒，自將大軍繼之。冬，渡哀甫拉特河，次阿勒坡。埃及兵屯於哈馬特禦之。淫雨四十日，餽運不繼，駝馬亦多凍斃。大德五年春，還。夏，遣使如埃及，請棄怨修好。冬，使還。埃及答書，亦願通好，而詞意不屈。

六年，朮赤後王脱脱使來，請阿而俺、阿特耳佩占之地，弗許。秋，三伐西里亞。遣前使往埃及，以稱藩、納幣等事要之。答書不允，且餽軍器，示能用武。合贊怒，留其使。

七年春，令庫特魯克沙與出班、謨雷等率五萬人深入，自駐哀甫拉特河東以待。師及哈馬特，越達馬斯克而南，與埃及兵遇。庫特魯克沙敗其右軍，謨雷率衆追之。既而中軍、左軍齊至，庫特魯克沙不能支，出班、庫爾迷失來援，始免於敗。及暮，蒙古兵屯於山上。謨雷恐明日戰不利，夜引所部退。埃及有斷卒被擒，脱歸，言蒙古兵不得水，病渴，宜速戰。日出，我軍下山，埃及人力遏之，殊死戰。至午，爲埃及人所圍，而開其一面縱之走。於是角兒只兵先潰，諸軍亦相繼潰，埃及人逐於後。蒙古兵以馬疲不能行，多棄械就死，又或爲鄉導所紿，暍死沙漠中。

庫特魯克沙回至克沙甫，謁合贊，陳兵敗狀。合贊遂歸，以出班殿後，翼護殘卒，召至優獎之，申喪師之罰，諸將誅謫有差。出班雖殿後有功，亦受杖焉。

秋，如台白利司，蒐閱軍實，圖再舉。遣使泰西諸國，請發兵攻西里亞，復耶穌墓。大將奴爾蘭卒，以庫特魯克沙代之，屯阿而俺北界。台白利司教士牙庫白等謀逆，附會讖書，欲立蓋喀圖之子阿拉佛郎。事覺，逮訊，詞連世祖使臣納息爾哀丁。合贊曰：「此必沙特而哀丁餘黨所爲也。」嚴訊之，果服。誅牙庫白安，置阿拉佛郎於呼拉商。

合贊得目疾。大德八年春，病痊，出獵。既而復病，知不起，召大將庫特魯克沙、出班、謨雷等，文臣火者撒特哀丁、拉施特哀丁等，屬以大事，傳位於弟合兒班答，勉諸臣同心輔佐，壹遵所定法度。夏，合贊卒，年三十四。妃八人，布魯干可敦生子一：阿爾珠。

合贊沈毅果斷，訓勉將士詞旨愷切，賞罰必當，故人樂爲用。即位之初，府庫空虚，餽賜不給，迨經營兩載，賚賜、振恤無虚日，而度支日充。熟於蒙古掌故、世系、族派、姓氏，命拉施特哀丁作史，凡述蒙古事，皆面奉教令而後載筆。勤恤民隱，方獵思食，必倍價購於民，以爲從官率。西域自用兵後，汙萊徧野，合贊下令墾田四載後始升科，於是田疇日闢。刑官向受諸延節制，讞獄多枉法，改易官制，而獄訟以平。錢質駁雜，有禁；權量不一，有禁；鬻良爲賤，有禁；奸人斂民財以供獻可敦、諸延，出貲借貸而以重利困民，皆有禁。蓋蒙古建國西域以來僅見之主云。

合兒班答，阿魯渾次子。母曰烏魯克可敦，客烈亦部王罕孫撒里只之女。至元十八年，生於馬魯之西沙漠中。衆憂無水，俄大雨至，皆喜，以爲吉兆，稱曰鄂爾采布哈。鄂爾采，譯言吉祥也。稍長，改名達母答兒，後又改合兒班答。娶昆徹司喀特可敦，爲蘇衮察克子沙第之女；其母霍兒庫達克，則旭烈兀子出木忽見之女也。嗣位後，仍稱鄂爾采。國中教令多稱鄂爾采圖謨罕默德呼搭奔特。呼搭奔特，譯言上帝之奴。國人稱爲鄂爾采圖蘇爾灘。

大德八年，合贊卒，大將謨雷慮阿拉佛郎爲變，秘不發喪。先遣亦生布哈等涖殺阿拉佛郎於呼拉商。統將賀爾庫達克素助阿拉佛郎，亦遣殺之。事定，合兒班答乃率諸將西行，至台白利司城外奥占行宫即位。以庫特魯克沙、出班治軍事，火者撒特哀丁、火者賽夷忒、拉施特哀丁治財賦。

秋，至梅拉喀。成宗遣使與察八兒、篤哇使者皆至，以息兵悔禍來告。釋合贊所拘之埃及使人，並遣使偕往議和。昆徹司喀特可敦卒，合兒班答娶庫脱洛克可敦，爲亦憐真之女，以博拉及拉施特哀丁爲大禮使。既成婚，又娶布而干可敦。

大德九年，徵克兒漫酋沙喝奇汗入朝，以其不納貢，留之，克兒漫地改設蒙古官。建新城於空庫兒歐隆之地，名曰蘇爾灘尼牙，遂遷都焉。

先是，蘇爾灘尼牙之北基闌境内，有小部，東北負裏海，東南、西南皆山，廣袤一百八十里，而分十二部，各有土酋，阻山負險，自爲一國。篤哇卒，其後王寬闍遣阿兒渾之子阿兒岱哈贊來告喪，語及基闌之地，謂蕞爾小國，久未討定，鄰封多笑之。合兒班答耻其言，令庫特魯克沙、出班、圖干、謨敏率三軍，合兒班答自將一軍，分四路以進。出班與圖、謨二將平數部。庫特魯克沙亦屢勝，各部皆乞降。庫特魯克沙之子昔保赤拒之，仍縱兵殺掠。敵據險殊死戰，庫特魯克沙陣歿，一軍幾覆。合兒班答聞庫特魯克沙敗信，遣勁兵三千人往援，復戰没。繼遣呼辛、賽云赤往，始平之。究喪師之罪，鞭昔保赤，以其父舊部屬於出班。

海拉脱酋法克哀丁不自來朝，大德十年，遣丹尼世門巴哈圖克討之，命交尼古答爾部衆及三年貢賦。議不成，兵進，截其糧運。法克哀丁乃與丹尼世門盟，以城讓之，自還阿巒庫堡。丹尼世門入城，而内城仍爲其將麻罕没特所守，堅不可攻。丹尼世門遣告法克哀丁：「若入内城，必請命於蘇爾灘恕汝之死，令汝仍主是地。」法克哀丁以告其將，開門延之。丹尼世門先遣其子偕他將入，盛筵款接，比自入，伏發，丹尼世門父子皆死，且舉火爲號，法克哀丁望見，即率衆赴之。

是年秋，合兒班答以亞薩鄂爾爲統將，丹尼世門之子布載、塔垓從之，往復父仇。二子使告法克哀丁：「如汝不知此事，即縛麻罕没特至，不汝罪。」法克哀丁以無力縛送自諉。次年春，戰不利，築長圍困之。時法克哀丁已死，布載僞以書與城將，若許其禽送麻罕没特者。又以書告麻罕没特，言汝部將伊思瑪與布載通。麻罕没特皆不應。麻罕没特力竭，議降。布載許以不死，與立誓，遂開門降。麻罕没特宴布載，醉，麻罕没特復欲殺之，衆不可，乃止。

次年夏，亞薩鄂爾令布載偕麻罕没特入朝，遣人追殺之。法克哀丁弟基亞代丁先爲質子，合兒班答自基闌凱旋至蘇爾灘尼牙，聞海拉脱事定，乃令基亞代丁嗣兄位。

是年冬，以女弟杜倫第公主嫁於出班。

初，阿昧尼亞王海屯第二致書阿勒坡守將喀喇桑柯爾，請納歲貢罷兵，埃及允之。未幾，海屯第二讓位於姪立盎第四，自入教堂爲僧。合兒班答以妻父亦憐真鎮羅馬，其將壁拉爾古屯阿昧尼亞界上。

十二年，立盎第四與亦憐真同入謁。壁拉爾古聞其訴己，又以其納貢埃及，遂殺立盎第四。亦憐真奏劾之，合兒班答誅壁拉爾古，立海屯第二季弟鄂聖爲王。

羅馬西境土耳其部浸盛，侵東羅馬屬地。東羅馬王安鐸魯尼克思藉蒙古之力扞之，以女瑪里亞嫁合兒班答，蒙古人稱之曰脱司配那可敦。

皇慶元年，諸王科爾迷失謀叛於羅馬，討平之，並殺其四子。建新城於報達之東。埃及將喀喇桑柯爾與謨罕納等率千騎來奔，合兒班答待以寵禮，思乘隙伐西里亞。是年冬，出兵。出班、賽云赤、伊遜庫特魯克與角兒只兵皆從，衆號十萬，渡哀甫拉特河，攻拉黑貝堡，逾月不下而返。

二年，長子不賽因出鎮呼拉商，時年九歲。呼拉商爲儲君分封之地，故未及其長即開藩府。賽云赤及阿爾固爲將，拉施哀丁之子阿白都而拉體甫司財賦。

是年，察合台後人帖木兒古爾干遣使來降。先是，也先不花既併海都舊地，以其弟古特魯火者建國於阿母河南，與呼拉商爲鄰。卒，子島特火者嗣。帖木兒古爾干與争國，故降於合兒班答請援。於是，諸王敏干將呼拉商兵員往，島特火者不能禦，自歸於也先不花，請兵復仇。時也先不花與王師戰於騰格里山而敗，謂島特火者：「更有大仇敵在東方，不能西顧。」適朝使還，齎合兒班答所貢方物，乃執使臣殺之，並其從者七十人。然也先不花戰屢敗，突而基斯單之地多爲王師所躪。也先不花不得志於東，思西略。

延祐二年，遣葛伯克、島特火者、亞索伏兒率兵渡阿母河，與亞薩鄂爾戰於八脱吉思，亞薩鄂爾、布載皆戰没，入呼拉商。四月，以糧盡，又聞王師已至塔剌斯亦息庫爾，乃返，葛伯克謂亞索伏兒奉天方教，陰附合兒班答，雖得呼拉商而不能守。也先不花信其言，令捕亞索伏兒。兵至，亞索伏兒拒戰，葛伯克爲所敗。亞索伏兒遣使謁不賽因，欲來降。不賽因請命於父，允之，並令庫兒迷失、圖干率二軍渡阿母河爲援，海拉脱酋基亞代丁亦以兵從。

三年秋，亞索伏兒與也先不花相拒，援軍至，敗之，掠布哈爾、撒馬爾干、忒耳迷民，編置希部而干分地。亞索伏兒謁合兒班答，令駐巴達克、堪達哈爾兩山之中。先是，朮赤後人巴拔避禍，率萬人來奔，延祐二年掠貨勒自彌民五萬而歸。亞索伏兒聞之，自忽氈引兵截之，盡奪其俘。月思伯遣諸王阿克布哈來詰，是年秋至蘇爾灘尼牙，謂若巴拔所爲，請君討之，若由蘇爾灘命，則請以兵相見。合兒班答謝曰：「我不知其稱兵犯境也。」殺巴拔父子，禮其使而遣之。初，阿克布哈至台白利司宴會，有阿而俺守將曰忽辛古而干送酒杯而未起立。阿克布哈怒責其忘蒙古舊禮，忽辛曰：「汝來議事，非來争禮者。」蓋國俗，凡古而干見親王必應起立云。

未幾，麥喀酋倭邁宰特來奔。倭邁宰特兄弟争位，埃及以兵助争者，倭邁宰特敗，以合兒班答奉十葉教與同教，故來乞援。合兒班答遣哈赤狄兒堪的率千人衛之還國。次年春，行至巴索拉，爲伯都音人所襲，覆其衆，倭邁宰特、哈赤狄兒堪的僅以身免。

是冬，合兒班答卒，年三十六。子不賽因。二女，皆嫁出班。

不賽因，合兒班答長子。爲賽云赤夫婦所撫養。五歲即習騎。國俗，童子習騎，使星者擇日，迨上騎，則持馬乳灑於頭尾，以爲典禮。九歲，出鎮呼拉商。

合兒班答卒，諸將遣使告不賽因。賽云赤恐有内難，勸不賽因勿遽行。既葬，諸將又遣使奉迎。賽云赤使左右先至台白利司，察諸將無他意，乃與不賽因同往。

延祐四年，不賽因即位，稱阿來屋敦亞徵丁阿卜賽特蘇爾灘，譯言世界與命運皆崇高莫尚也。賽云赤以大將位讓出班，勸不賽因專任之。以出班子帖木兒大石鎮羅馬，亦憐真、蘇納台、伊生庫特洛兒皆爲之佐，拉施特哀丁子火者質拉兒哀丁司羅馬財賦。

呼拉商守將亞薩倭兒爲約索伏兒所殺，以伊生庫特洛兒代之。初，亞薩倭兒欲娶約索伏兒女，已納幣，而合兒班答卒，約索伏兒思乘機據呼拉商。布載戰没，其子已奉命統父舊部，亞薩倭兒以其兄代之，乃與約索伏兒謀作亂，邀亞薩倭兒飲酒，將執之，逸去，追而殺之。約索伏兒遂入呼拉商。

五年，庫特洛兒至呼拉商，撫定約索伏兒誓不反。然逾歲，約索伏兒即舉兵至馬三德蘭。時又有烏斯貝克，陷得而奔特。埃及兵亦至的牙佩壳兒。乃命亦憐真守的牙佩壳兒，忽辛往攻約索伏兒，不賽因自將禦烏斯貝克。忽辛至馬三德蘭，約索伏兒已返呼拉商。出班欲自往討之，聞得而奔特守將敗走，不賽因兵少，至庫兒河不敢渡，張空營以疑敵，出班乃率二萬人以行。烏斯貝克聞其至，即遁。約索伏兒舉兵，以主幼，大將專權，欲往扶幼主爲辭。及至馬三德蘭，聞忽辛率大軍奄至，又退走。時海拉脱酋亦奉出班命，出兵攻八脱吉思，叛衆多降於忽辛。

六年，約索伏兒將謨拔來克薩率六千人至八脱吉思，掠俾路芝之民，爲民兵所卻。約索伏兒率萬人繼之，圍海拉脱城。忽辛兵至，約索伏兒先遁。再進，爲忽辛所敗，斬馘甚衆。以盛暑，乃返駐於海拉脱。不賽因聞海拉脱人不附叛，以五萬的那往賑其民，免三年之賦。不賽因返蘇爾灘尼牙，出班散遣其兵，自往角兒只避暑。

出班以諸將輕不賽因年少，笞之，故庫兒迭失、喀贊等皆怨出班，合謀殺之。至是，思掩其不備，以騎兵一隊襲角兒只。內有一將曰哈剌圖培，奔告於出班，猶不信，遣二將往覘之，爲庫兒迭失所殺，麾兵亟進。或以二將不返，勸出班避之，乃乘夜至其子忽辛營。追兵至，不得出班，翌日追之。出班至一草地，有烹羊而食者，請出班共食；辭之，疾行。追者五十人至，奪羊共食，以是出班得脱。時阿里沙在台白利司，聞亂，亟引騎兵赴之，路遇出班，爲迎歸台白利司，遂與阿里沙赴蘇爾灘尼牙。

時亦憐真亦附庫兒迭失，僞爲不賽因手諭令殺出班，以惑其衆。又遣使告急於蘇爾灘尼牙，謂出班已反。使者先出班至，亦憐真之子欲先殺出班子，諸將不可，猶豫一日，而出班至，始知亦憐真妄言。

時亦憐真兵已逼烏占，守將奔蘇爾灘尼牙。不賽因自將討之，出班、阿里沙皆從。亦憐真女爲庫特洛沙兒妻，請勿戰，遣人招其父降，不從，自往勸之。亦憐真請不賽因營挂白旂以爲信，既懸旂，亦憐真以爲怯，復與庫兒迭失進攻。出班命先戮其子，懸首標槍上以示衆。亦憐真夫婦皆怒，奮突誓死戰。王師卻，不賽因先登陷陣，諸將從之。亦憐真大敗，獲而斬之，其婦亦戰歿。庫兒迭失與其子及布喀伊爾等遁去〔三〕，中途爲蘇納台所獲，檻送蘇爾灘尼牙，伏誅。因此役，國人稱不賽因爲把哈圖兒汗云。

出班妻杜倫第公主卒，不賽因復以姊凱而圖領、薩諦伯兩公主妻之。察合台後王葛伯克素與約索伏兒不合，告呼拉商守將忽辛：「我助汝夾攻約索伏兒，命諸王率四萬人以往。」忽辛亦率二萬人並海拉脱、義斯單二部之衆應之。東軍先至，密誘約索伏兒之將臨陣殺貝克圖兒來降，約索伏兒遂敗走，追及殺之。忽辛至，東軍已振旅而返。時梅沙卜特尼牙、庫兒特斯單、的牙佩壳耳連年旱蝗，麻而哲西而克梅法而勒、毛夕里、哀而比而各城人煙殆絶，報達亦告饑。七年夏，又大雨雹。不賽因詢於教士，乃禁釀酒，逐娼妓，並免各城税賦。是年，埃及王遣木剌奚刺客三十人刺阿克桑柯兒及忽辛，皆不中。埃及使者至，出班欲殺之，爲阿里沙所阻。不賽因亦恐木剌奚人刺之，乃與埃及和，遣使告埃及王：

「一，勿遣木剌奚人行刺；二，兩國逃人，彼此皆不交出；三，勿令阿剌比犯蒙古屬地；四，兩國通商；五，赴麥喀禮拜，兩國各用國旂爲識。」

至治三年，及埃及平。先是，出班子帖木兒塔失在羅馬，密與埃及約，助其舉兵。出班聞而大恐，即告不賽因自往捕之。是年冬，出班以兵至，帖木兒塔失欲拒戰，衆不可，乃上謁。出班囚之，誅其左右數人，不賽因宥不問，仍使守羅馬。

四年，阿里沙卒。前此管財賦官，皆不得其死，獨阿里沙終於位。不賽因既長，漸忌出班權重，鬱鬱不樂。出班不以爲意，其子狄馬世克火者心不能平。是冬，出班恐東邊不靖，自赴呼拉商，與洛肯哀丁、愛而倫赤、伊生庫特洛克、阿里巴的沙之弟穆罕默特同行，狄馬世克在内益縱恣不法。

泰定二年，不賽因在報達，有告狄馬世克姦奪平民者，不賽因不悦。

三年，不賽因回蘇爾灘尼牙，狄馬世克阻羣臣上謁，不賽因愈怒。有告狄馬世克與鄂爾呼圖侍妾空庫台有逆謀，不賽因命捕空庫台鞫之，未獲。時蘇爾灘尼牙戮羣盜，獻首於不賽因，令人僞云此出班等之首，已在海拉脱伏誅。狄馬世克聞之〔四〕，改服出城而逸，追至中途殺之，懸首國門。

不賽因既殺狄馬世克，即密告愛克倫赤、伊生庫特洛克等，令殺出班，並言已遣兵攻其子帖木兒達失。愛克倫赤等素服出班，同至八脱吉思，見出班，白其事，願助出班舉兵。出班與其子忽辛謀，忽辛曰：「計惟一戰，然諸將不足恃，當先殺之。呼拉商我所轄，克兒漫、法而斯之庫藏可以取給，帖木兒達失已在羅馬，賽因克穆罕默特已在角兒只，四面合攻，不足懼也。」出班不從，但殺洛肯哀丁等七十人。

時不賽因已令蘇納台、阿兒巴的沙、得勿來特沙討出班，自駐於可費斯音爲後援。出班進至西模囊，使教士往見不賽因謂：「我不但爲王效力，並爲先王效力，又無過失。狄馬世克有罪當誅，不必寬恕，但不可株連其父與弟耳。又聞殺狄馬世克非王命，乃他人所爲。請王察之。」教士勸不賽因罷兵。不賽因曰：「出班自來，吾當返旆。」然爲諸將所尼。

出班乃進兵，是夜，有大將率三萬人投於不賽因。明日，出班退走，愛克倫赤、伊生庫特洛克尚從之，而麾下兵已散去。出班至撒唯，見其妻凱而圖領、薩諦伯，令攜其子布卜而牙失歸於不賽因，自攜前妻杜倫第公主之子赤老罕奔於塔八斯，從者僅十七人。欲入突而基斯單，又改計入海拉脱。或勸其來中國及奔印度，皆不從。海拉脱酋基亞特丁待出班甚厚，後得不賽因書，命殺之，許以凱而圖領下嫁，且割地與之。基亞得丁使人持其書示出班，言：「蘇爾灘之命不能違。」出班父子相持而哭，請全尸以死，以一指有長甲爲證據。又謂：「赤老罕尚幼，請送於蘇爾灘；又麥地拿造一墓，請葬於此地。」遂自縊。

是年，基亞特丁入朝，聞不賽因已娶報格達克，甚懼，乃令人回海拉脱殺赤老罕。報格達克者，狄馬世克之女，嫁賽克喀山，爲不賽因所奪者也。報格達克有寵，不許基亞特丁返國，令俟出班父子喪至。既至，以禮殮之，葬於麥地拿。不賽因先至麥喀，繞黑石殿三周以祈福焉。

不賽因既平出班之亂，以拉施特哀丁之子結牙特丁及阿來哀丁分總財賦，旋以結牙特丁爲相，勸農興教，境内大治。先是，阿里沙構飛語，謂合兒班答爲拉施特哀丁毒死，證成其罪。拉施特哀丁腰斬，梟首通衢，分其手足傳示各部，並戮其子火兒質拉兒。拉施特哀丁年已八十，時人皆冤之。至是，其二子復蒙任用焉。

四年，察合台後王以兵掠呼拉商，命守將納林秃玹禦之。其人與海拉脱酋不協，不賽因命納林秃玹勿預海拉脱事。不聽命，乃遣母弟阿里巴的沙代之。納林秃玹不悦，揚言呼拉商並無軍事，阿里巴的沙中途而返。不賽因仍使往呼拉商，阿里巴的沙怏怏，遂謀叛，不待命而歸。其母哈赤可敦與不賽因皆遣使止之，又不從。遣囉魯火者率兵往，阿里巴的沙部將不從叛，執阿里巴的沙以歸。不賽因以哈赤可敦之言，宥其死，使塔失帖木兒代赴呼拉商。納林秃玹思入朝，殺結牙代丁。事覺，捕之。納林秃玹脱走，遣囉魯追斬之。以賽克阿里爲呼拉商大將。

不賽因晚年，外任結牙代丁，内惟聽報格達克之言，別將無當意者。後至元二年卒。遺命立阿里不哥四世孫阿兒帖爲嗣，薩諦伯公主之婿也。明年爲貝杜孫穆薩所廢。是時，將相争權，境内大亂。有兩大將剖分其國：一爲出班之後，一曰胡信，爲則來耳汗。胡信爲大哈散，出班之後爲小哈散。未幾，大哈散立穆罕默特爲汗，小哈散又立薩諦伯公主爲女汗。出班死，薩諦伯改嫁阿兒帖，又嫁蘇力門。薩諦伯卒，蘇力門嗣爲汗。繼蘇力門者曰奴捨而萬。大哈散立穆罕默特，三年卒。又立托克帖木兒。穆罕默特，旭烈兀之五世孫。托克帖木兒，朮赤裔孫也。繼托克帖木兒者曰赭汗帖木兒，蓋喀圖之孫也。奴捨而萬之後，國事皆決於則來耳汗。於是則來耳、色爾必達耳、馬札非耳三族彼此争奪，後皆爲駙馬帖木耳所滅。

史臣曰：旭烈兀屠報達，剗天方祖國，然其曾孫合贊卒奉穆罕默特之教。何則？從其國俗，則上下相安。自阿八哈以後，篡奪頻仍，至合贊而亂始定，以民心之歸附也。君子易政而不易教，有以夫！

【校勘記】

〔一〕「爲祟」原作「爲崇」，據文意改。

〔二〕「沙特而哀丁」，原作「沙特兒哀丁」，據上文改。下文三「沙特而哀丁」同。

〔三〕「庫兒迭失」，原作「庫爾迭失」，據上文改。

〔四〕「狄馬世克」，原倒作「狄世馬克」，據上文乙正。下文「不賽因既殺狄馬世克」同。

新元史卷之一百一十　列傳第七

太祖諸子五

拖雷下阿里不哥　藥木忽兒　撥綽　牙忽都　末哥
闊烈堅也不干

阿里不哥，拖雷第七子，世祖同母弟也。

憲宗伐宋，命世祖分兵趨鄂州，以阿里不哥留守和林，孛魯歡、阿藍答兒輔之。憲宗崩，以序以賢，世祖當立。先是，世祖受關中分地，阿藍答兒爲行省，鉤考陝西、河南財賦，多所譴責，事具《世祖本紀》。至是，阿藍答兒恐世祖追論其罪，乃與渾都海、脱火思、脱里赤等謀立阿里不哥。

中統元年，世祖即位於開平，阿里不哥亦僭號於和林城西按坦河，太宗後王海都，憲宗後王阿速帶、玉龍答失、昔里吉，察合台後王阿魯忽，曲里堅子阿而喀台，旭烈兀子出木哈兒等，及拔都母庫托克台可敦皆附之，獨斡赤斤大王謂世祖應嗣大位。初，憲宗留輜重於六盤山，以大將渾都海守之；又分兵戍東、西川，其將爲怯的不花、明里火者等，皆與阿里不哥通。阿里不哥使霍魯歡、劉太平行省於關右，藉以抗命。詔宣撫使廉希憲執霍魯歡、劉太平殺之，尸諸市，並誅怯的不花於東川，明里火者於西川。於是渾都海舉兵應阿里不哥。阿藍答兒自和林援之。世祖遣使諭阿里不哥。不奉命，殺諸王阿畢世喀，引兵而東，以出木哈兒、合剌札爲前鋒，遇世祖所遣亦孫哥之軍，一戰而潰。

是年冬，車駕至和林。時阿藍答兒、渾都海已伏誅，阿里不哥駐謙謙州，知不敵，遣使歸命，請俟馬肥入覲，且云願約伯勒克、旭烈兀、阿魯忽三王同入朝。世祖允之，命速來，勿俟三王，以亦孫哥守和林待之。車駕還開平，遣散餘軍。

二年秋，阿里不哥至和林，僞言歸順，出不意突攻亦孫哥，敗之，遂據和林，乘勝踰漠而南。帝聞警，亟徵兵，自將禦之。冬十一月壬戌，戰於昔木土淖爾。國王塔察兒爲左翼，親王合丹、駙馬納陳爲右翼，親王撥綽將中軍，斬其將合丹豁爾赤，阿里不哥大敗。敕勿窮追，俟其悔悟。阿里不哥見無追兵，越十日，回兵再戰於阿兒忒之地。自旦至晡，勝負未分，而阿里不哥退走。是時阿魯忽引兵至忽只兒之地，殺阿里不哥守將唆羅海，將歸命於世祖。阿里不哥因是亟引而西，欲攻阿魯忽，道過和林，不守而去。帝撫定和林，免其今年賦稅。十二月，車駕還大都。

三年，阿里不哥之將哈剌不花與阿魯忽戰於布剌城及賽剌木涥爾，兵敗，哈剌不花没於陣。阿魯忽恃勝輕敵，還駐亦剌八里，遣散其兵。未幾，阿速帶率第二軍繼至，入自鐵門，陷阿力麻里城，阿魯忽敗走，踰天山而南，至兀丹、乞思合兒。

四年，阿里不哥兵復至，阿魯忽迎戰於渾八升，又敗退至撒馬爾干。阿里不哥亦北還。其將士以阿里不哥多殺阿魯忽之衆，自戕蒙古同類，羣議其非。玉龍答失已反正，駐阿爾泰山。於是阿里不哥部衆多往投之。時天山南北户口逃亡，餱糧無所出。阿里不哥饑困，恐阿魯忽乘其勢弱來攻，乃使合剌旭烈兀妃倭耳干納偕馬思忽惕往議和。海都附阿里不哥攻阿魯忽，又爲所敗。

阿里不哥失援，勢益蹙。至元元年正月，遣使乞降。帝預敕近邊，和糴以餉其衆。秋七月庚子，阿里不哥與玉龍答失、阿速帶、昔里吉至京師入謁。帝熟視無言，既而哭，阿里不哥亦哭。帝曰："試據理言之，我兄弟二人孰應嗣大位？"阿里不哥曰："昔日我爲是，今日汗爲是耳。"諸王阿濟格謂阿速帶曰："殺我兄弟阿畢世喀，非汝耶？"阿速帶曰："此奉阿里不哥之命。今我臣服於汗，若汗命殺汝，我亦不能不從。"世祖禁止其争，命阿里不哥坐於諸子之列。次日，使四親王、三大臣鞫其諸將。阿里不哥自引僭號抗命之罪，與諸將無與。其部將最長者爲秃滿，奮然曰：「是我等之謀。請勿罪阿里不哥，而置我等於刑。」帝獎其忠，復詰阿里不哥。乃曰：「孛魯歡、阿藍答兒二人勸我：先帝已崩，兩兄將兵在外，我爲留守，義當嗣立。」於是誅孛魯歡、忽察、秃滿、阿里察、脱忽思等凡十人。諸王大臣議免阿里不哥、阿速帶之死，請告於旭烈兀、伯勒克、阿魯忽諸王，俾審議以聞。旭烈兀，伯勒克咸是廷議，阿魯忽則謂未受朝廷册命，不置詞。

三年，阿里不哥卒於大都。四子：曰明理帖木兒、藥木忽兒、乃剌忽不花、剌甘失甘。

明理帖木兒，初從海都叛。大德十年，始棄察八兒降於武宗。明年正月，從安西王阿難答入朝。成宗崩，伯岳吾皇后與左丞相阿忽台等謀立阿難答，仁宗執殺阿忽台，廢伯岳吾皇后。明理帖木兒黨於阿難答，帥衆抗命。兵敗，執送上都，與阿難答同賜死。曾孫阿兒帖，嗣旭烈兀後王不賽因之汗位。

藥木忽兒，至元八年從皇子北平王那木罕備北邊，駐阿力麻里。十四年，諸王脱黑帖木兒與藥木忽兒及玉龍答失之子撒里蠻，合謀劫北平王，執之，並械繫丞相安童，挾河平王昔里吉以叛，執益蘭州等五部斷事官劉好禮，盡據嶺北之地。諸王叛者相屬。

秋七月，丞相伯顔視師和林，與昔里吉、藥木忽兒戰於斡魯歡河。相持既久，伯顔伺其懈擊敗之。兀魯兀特將哈答窮追昔里吉、藥木忽兒至野孫河，昔里吉、藥木忽兒遁走乞兒吉思。

先是，斡魯歡河之戰，伯顔奪脱黑帖木兒輜重，昔里吉不能援，脱黑帖木兒怨之，遂附於撒里蠻，使告海都、忙哥帖木兒，且脅藥木忽兒從之。藥木忽兒與之戰，獲脱黑帖木兒，藥木忽兒勸昔里吉殺之。脱黑帖木兒善戰，好乘白馬，謂戰血濺白馬，如婦人之施朱也。脱黑帖木兒死，撒里蠻失援，昔里吉執送於朮赤後王寬徹，爲其舊部所奪回，攻昔里吉、藥木忽兒，獲而執之，獻於朝。經斡赤斤後王分地，受藥木忽兒賂，劫之去，僅以昔里吉來獻。

藥木忽兒旋附於海都。元貞二年秋，與昔里吉之子兀魯思不花俱來降。明年正月入朝，成宗大悦，爲之改元肆赦，命藥木忽兒屯田和林，與晉王甘剌麻同禦海都，率阿速千户玉哇失敗海都兵於巴阿鄰之地。

大德三年，封定遠王，賜鍍金銀印龜紐。九年，改威定王，换金印駝鈕。至大元年，進封定王。三年，設王府官如例。尋卒。

子薛徹干嗣。至治三年，泰定帝即位，授以其父金印。泰定三年，又增置定王總管府。

乃剌忽不花子孛羅，大德六年以誣告濟南王，謫於四川八剌軍中自效。七年，以破賊有功，徵詣京師。十年，封鎮寧王，賜金印。延祐四年，進封冀王。

剌甘失甘子那海，亦封鎮寧王。

撥綽，拖雷第八子，亦譯爲不者克，又作哈必赤。母曰乃馬真氏。驍勇善射。從拔都征奇卜察克。其別部酋八赤蠻爲大軍所敗，遁去，竄於亦的勒河林麓中，轉徙無常。憲宗與撥綽各率小艦百艘，艘載百人，窮搜兩岸。見一老婦，詢之，知八赤蠻已遁入海島。以無舟楫，將返，忽大風起，捲海水去，大軍遂徒涉至島中，生獲八赤蠻。八赤蠻請憲宗手刃之，憲宗命撥綽斬之，旋師而東。撥綽與諸王昔班、不里再侵乞卜察克之蔑里姆部，論功以撥綽與速不台居最，賜號拔都兒。

中統元年，阿里不哥僭號和林，其將阿藍答兒率所部西與渾都海兵合。世祖命撥綽與諸王合丹督便宜總帥汪良臣往討，大敗之，斬阿藍答兒、渾都海。

明年冬，阿里不哥渡漠而南，撥綽從車駕親征，敗阿里不哥於昔木土淖爾，追北五十里。阿里不哥遁去。

又明年，賜行軍印及金、銀海青符各二，總諸軍討李璮。璮退保濟南。築長圍困之，自四月至於七月，城破獲璮，縛至帳前磔之。

至元三年，賜金素幣及銀鈔。未幾，卒。子薛必烈傑兒，早卒。

薛必烈傑兒子牙忽都，年十三，世祖命襲其祖父之位。

至元十二年，從北平王備邊於北庭。河平王昔里吉有異志，誘牙忽都，不從，益謹事北平王。八魯渾拔都兒粘闓與海都通，率所部引去，北平王遣牙忽都追禽之。明年，藥木忽兒等執北平王奉昔里吉以叛，囚牙忽都。牙忽都與那台等謀逃歸，又爲所覺，那台等皆死，復囚牙忽都，困辱備至。

十四年，丞相伯顔討昔里吉等，戰於斡魯歡河。牙忽都潛結赤斤帖木兒，亂其陣，因得脱走。至京師，鬚髪盡白。世祖憫之，賞賚甚厚。

明年，與土土哈討海都。牙忽都邏得諜者，知虚實，先登陷陣，破其精兵。海都遁，奪還俘口，以功賜鈔、幣、鎧甲、弓矢。

二十四年，乃顔叛，遣使誘河間王也不干。也不干應之，引兵東趨太祖大斡兒朵。時北安王再出防邊，駐軍帖木兒河，遣親王闊闊出、指揮土土哈等率衆追之。牙忽都將三百騎，進至阿赤怯之地。時怯必禿忽兒霍台誘蒙古軍二萬從乃顔，牙忽都知之，夜襲其營，突入帳中，遇忽都滅兒堅，幾獲之，間道逸去。

二十七年，海都入寇。時朵兒朵哈方守大斡兒朵，詔牙忽都同力禦之。軍未戰而潰，牙忽都妻子及輜重悉爲藥木忽兒、明理帖木兒所掠，獨與十三騎奔還。世祖優加撫慰，封鎮遠王，賜鎏金銀印，妻以翁吉剌氏女，並厚賜賚裝。復命納里忽、徹徹不花撫其部衆之被掠者。以籍没桑哥之家財賜之，仍各賜白金五十兩、珠一卮，鈔幣稱是。又命牙忽都守北安王第二斡耳朵。王卒，帝命掌大斡耳朵，固辭。

成宗即位，武宗以懷寧王撫軍漠北，命其子脱烈帖木兒從。五年，海都、篤哇入寇，大戰於迭怯里古哈剌哈塔之地，王師失利，脱烈帖木兒翼衛武宗力戰，功多。

成宗崩，安西王阿難答、明理帖木兒謀奉伯岳吾皇后稱制，牙忽都以正義折之。武宗入繼大統，以其父子忠勤，未改元即進封牙忽都楚王，賜金印，置王傅，以叛王察八兒親屬賜之，仍令脱烈帖木兒襲封鎮遠王。

至大三年六月，察八兒歸命入朝，武宗告祀太廟，大宴宗親。牙忽都即席言曰：「昔我成吉思可汗戡定三方，惟南服未平。至薛禪可汗，始混一四海。獨宗室諸王弗克同堂而燕。賴天之靈及陛下神武，拔都汗之裔首先效順，今察八兒又舉族來歸。人民境土悉爲一家，地大物衆，有可恃者，有不可恃者。臣聞成吉思可汗有訓，薛禪可汗誦之：『理亂絲者斷以刀，櫛亂髮者束以繩，治亂國者齊以法；所以辨上下，定民志。』今末大不掉，僭亂屢作，因循不改，民將生心。乞畫一法令，俾有所懲勸。」武宗及諸王皆改容竦聽焉。

牙忽都卒，仁宗命脱烈帖木兒嗣楚王。延祐中，明宗出鎮雲南，行次延安，王府常侍教化等與行省丞相阿思罕密謀擁戴。事敗，脱烈帖木兒坐累，徙吐番，没家貲之半。及明宗即位，詔曰：「脱烈帖木兒何罪？其復王封，人民財産悉歸之。」卒，子八都兒嗣。

八都兒三子：曰燕帖木兒，曰速哥帖木兒，曰朵羅不花。八都兒卒，燕帖木兒嗣。

末哥，拖雷第九子。

定宗崩，末哥與拔都等定議立憲宗。從憲宗伐宋，末哥别將一軍，由洋州入米倉關，承制得便宜行事，速哥、李庭諸將咸受節制。

憲宗崩於合州，時世祖方圍鄂，末哥密使以凶問來告，且請北還。世祖班師至衛州，遣趙良弼如京兆，訪察秦蜀人情向背。良弼還報，稱末哥獨竭心翼戴，可以六盤及東西川軍事委之。世祖即位，推恩宗室，賜末哥銀三千五百兩。未幾，卒。

子昌童嗣。初，末哥賜印，稱「皇弟之寶」。中統二年，封昌童永寧王，改其父玉寶爲金印焉。大德四年，坐誣告濟南王，謫劉國傑軍中自效，以討賊有功，徵還。卒，子伯帖木兒嗣。至治三年，以不法，命宗正府及近侍鞫其王傅之罪。卒，子伯顔帖木兒嗣。

闊列堅，母忽蘭皇后，有寵。太祖愛闊列堅，視如嫡子。太宗七年，從拔都伐斡羅斯，中流矢卒。

四子，長曰忽察，嗣父封。卒，子忽魯歹嗣。至元二年封河間王，從皇子那木罕屯阿力麻里。昔里吉劫那木罕以叛，忽魯歹自拔來歸。卒，子也不干嗣。二十一年，那木罕再鎮北邊，屯塔密兒河上，也不干從。二十四年，乃顔叛，也不干率所部東走應之。駙馬潤里吉思、大將土土哈疾追七晝夜，及於孛怯嶺，大敗之。也不干奔客魯漣河。土土哈收其餘衆，沿河而下，遇叛王也鐵哥，擊敗之，禽叛王。哈兒魯、乞卜察克、康里等部新附之民，至是來歸。明年冬，也不干入寇，卜都馬失、塔不台、忽剌忽、阿塔海等先後敗之。未幾，爲千户答答呵兒所獲，伏誅。

太祖諸幼子：曰察兀兒，曰木兒徹，曰兀魯察，俱早卒。

史臣曰：《春秋傳》曰：「緩追逸賊，親親之道。」世祖待阿里不哥，其合於《春秋》之義乎？或謂開平即位，背先朝之家法，故和林拒命，無以罪之。然桓公殺糾，太宗殺建成、元吉，推刃之時，曾無顧忌。嗚呼！視世祖何如哉？

新元史卷之一百十一　列傳第八

太宗諸子

合失海都　察八兒　闊端太子只必帖木兒　别帖木兒　脱脱木兒　闊出太子失烈門〔一〕　哈剌察兒　滅里阿魯灰帖木兒　合丹

太宗皇帝七子：孛剌合真皇后生合失，乃馬真皇后生定宗，乞兒吉思皇后生闊端，次闊出，次哈剌察兒，並不詳其母氏族。業里乞納妃子生滅里。庶長子合丹，其母氏族亦佚。

合失，生於太祖十年，嗜酒早卒。蒙古謂西夏曰河西，合失與河西音相近。及卒，左右諱言河西，惟稱唐古特云。

子海都。憲宗二年，定太宗諸子封地，以海押立之地分海都。海都自以太宗嫡孫，不嗣大位，心常鞅鞅。

中統初，阿里不哥僭號和林，海都附之。及阿里不哥歸命，海都仍自擅於遠，屢徵入朝，皆以馬瘦道遠爲詞。又權譎多智略，善於籠絡，朮赤後王貝勒克等咸與之善，太宗分地在葉密立河上者，亦多爲所有。

至元三年，察合台孫阿魯忽卒，其妃倭耳干納立前王合剌旭烈兀之子謨八里克沙，年少。其從父博拉克在朝，世祖命歸國輔之，欲藉其力以制海都。博拉克廢謨八里克沙而自立。是時，朮赤曾孫忙哥帖木兒奉朝命伐海都，與之相持。博拉克侵其分地，海都乃乞和於忙哥帖木兒，與博拉克戰於昔剌河，敗績。忙哥帖木兒助以兵，回攻博拉克，勝之。太宗諸孫乞卜察克爲之和解，兵始罷。而布哈兒等地，海都亦得分其歲入。已而博拉克西攻阿八哈，海都又助以兵。既渡阿母河，海都兵即引還。

至元十一年，察合台後王托喀帖木兒卒，海都輔立博拉克之子篤哇。由是篤哇德之，舉國以從海都，始顯背朝命，使其將帖木迭兒南侵畏兀兒之地。

十二年正月，敕追前所賜海都、博拉克金銀符三十四。初，世祖命北平王那木罕駐阿力麻里，以禦海都，復命丞相安童輔之。是時，昔班使於海都，諭使罷兵入朝。海都聽命，已退兵，而安童襲叛王禾忽部曲，盡獲其輜重。海都懼，將遁。適托喀帖木兒等劫北平王奉昔里吉以叛，使通好於海都。海都不納，而自置行營於阿力麻里，侵略天山南北，闊列堅後王八八等皆應之。世祖先後命都元帥忽必來、別速台及萬户綦公直分戍兀丹、別失八里，受諸王合丹、阿只吉節度，仍置別失八里、火州、兀丹等處宣慰司，改畏兀斷事官爲北庭都護府。

十九年，海都將玉論亦撒寇兀丹，宣慰使劉恩設伏敗之。明年，海都遣八八以三萬人至，總管旦只兒別將破其衆，拔亡卒二千餘人以出，度衆寡不敵，乃引還。

二十一年，諸王牙忽都與土土哈邏得海都諜者，審知虚實，敗其精兵，海都遁。

二十三年，海都、篤哇連兵入寇，諸王阿只吉、西平王奥魯赤拒戰，失利。於是丞相伯顔奉命代阿只吉總北庭軍。秋，海都、篤哇寇別失八里，綦公直與屯田總管李進俱爲所獲。

二十四年，乃顔叛於遼東，遣使陰結海都，許爲犄角。世祖命伯顔宿重兵於和林以扼之。

明年正月，海都寇西邊。六月，其將暗伯著暖犯業里干淖爾，管軍元帥阿里帶卻之。九月，篤哇入寇。冬，海都再入寇，大將拔都也孫脱戰没。

二十六年，皇孫甘麻剌與海都戰於杭海山，失利。土土哈力戰，翼甘麻剌以出。時和林宣慰使怯伯等皆叛應海都，漠北大震。秋七月，世祖親征。海都聞車駕將至，遁去。二十七年，海都又入寇。

二十九年，有譖伯顏通於海都者，詔以玉昔帖木兒代之，未至，而海都復入寇。伯顏欲誘其深入，一戰禽之，且戰且卻，凡七日。諸將咸以爲怯，有後言。伯顏回軍擊敗之，海都竟脱去。

是年秋，土土哈略地金山，俘海都所部三千餘户，師還，詔進取乞兒吉思。明年春，師次謙河，盡收益蘭州等五部之衆，屯兵守之。海都引兵來争，虜秃合思之部衆，土土哈敗之，禽其將孛羅察。海都自乞兒吉思引還，又爲指揮玉哇失所敗，自是海都因北庭有重兵，乃擾西番以圖牽制。

大德元年，土土哈子牀兀兒率大軍踰金山，略巴鄰之地，敗海都將帖良台於答魯忽河，追奔五十里，盡獲其駝、馬、廬帳。還次阿雷河，遇海都將孛伯以精騎來援，陣於高山。牀兀兒渡河仰攻；敵騎逼於險，多顛踣，兵遂大敗，孛伯僅以身免。

二年冬，篤哇、徹徹秃潛兵襲合剌合塔之地，牀兀兒又敗之。然是年防秋諸將不設備，敵奄至，駙馬闊里吉思以兵敗被執。

四年八月，海都子秃曲滅、斡羅思入寇，牀兀兒敗其衆於闊克之地，追北踰阿爾泰山。

武宗躬擐甲胄，與海都戰於闊列別，敗之。

五年，海都、篤哇大舉踰金山，欲犯和林。武宗率諸將禦於康孩。八月朔，與海都戰於帖怯里古之地，牀兀兒擊卻之。越二日，海都悉衆復至，大戰於合剌合塔，大軍失利。明日，復戰。大軍分五隊，宣徽使月赤察兒將其一。鋒始交，前軍稍卻。月赤察兒怒，被甲持矛陷陣，諸將從之，出敵軍之背，敵始斂退。時牀兀兒及駙馬阿失別將與篤哇戰於兀兒秃之地，以精騎衝之。阿失射篤哇，中膝，篤哇號哭而遁。是役也，海都雖勝，未大得志，又受傷患腰痛，未幾而死。

海都六子：曰察八兒，曰烏魯斯，曰塔兒合孫，曰秃曲滅，曰薩兒班，曰阿拔干。或云有四十子。一女，名庫徒倫，常從其父於軍中，有幹略。海都死，庫徒倫思襲其位，諸將不從，又欲立其弟烏魯斯。

篤哇以己之得國由於察八兒，遂援立察八兒。自海都叛，金山南北不奉正朔者垂五十年。及篤哇附之，益爲邊患。然叛衆亦疲於奔命，不得休息。至是，篤哇與察八兒、明理帖木兒等議曰：「昔我祖成吉思汗艱難創業，我子孫不能安享其成，連年構兵，以相殘殺，是自墮祖宗之業也。今鎮北邊者，乃我世祖之嫡孫，吾誰之與争？且前與土土哈戰，弗能勝，今與其子牀兀兒戰，又無功，惟天惟祖宗意可知矣。不如遣使請命，罷兵修好，庶無負於成吉思汗所望於我子孫者。」乃以大德七年七月，納款於武宗。武宗與月赤察兒議，機不可失，先許之，隨以事聞。成宗命置馹於北邊，以待其來。十一月，遣諸王滅怯禿、月魯帖木兒使於察八兒，撫慰之。八年八月，察八兒、篤哇俱遣使來朝。十年，使還，賜以銀鈔。

是年，察八兒與篤哇構釁，既而議和。篤哇乘其不備攻之，武宗亦踰阿爾泰山，追海都子斡羅思，獲其妻孥輜重，執叛王也孫禿阿、駙馬伯顏。遂與月赤察兒進至額兒的失河，招叛王禿滿、明理帖木兒、阿魯灰等來降。察八兒部衆潰。月赤察兒遣別將追之，掩襲察八兒之營帳，察八兒僅以三百騎奔於篤哇。

未幾，篤哇卒，三易汗，至其次子怯伯。察八兒與其弟塔克察兒、禿曲滅及斡羅思數子合謀攻怯伯，爲怯伯所敗。至大三年六月壬申，始來朝。禿曲滅中途爲怯伯部人所殺。初，世祖有命以海都分地五户絲存於府庫，俟其來降賜之。至是，尚書省以聞。武宗曰：「薛禪可汗慮遠如此，待諸王朝會頒賞畢，卿等備述其故，然後與之。」及察八兒等至，告祀太廟，設宴廷中，宗王大臣服只孫就列，知樞密院事康里脱脱即席，陳西北諸藩始終離合之由，去逆效順之義。察八兒等聽之，皆慴伏。海都分地盡爲察合台後王所並，察八兒無所歸。延祐元年，賜以一歲糧，俾屯田自贍。明年，封汝寧王。卒，子完者帖木兒嗣。

泰定元年，孫忽剌台嗣。泰定帝崩於上都，燕鐵木兒迎文宗至大都立之。忽剌台奉上都命，自嶂州入紫荆關，以討燕鐵木兒，敗阿速衛指揮脱脱木兒於良鄉，轉戰至蘆溝橋，兵潰，退至馬邑，爲元帥也速答兒所執，送上都見殺。

闊端太子，太宗第三子。太宗七年，分兵三道伐宋，闊端將大軍由秦、鞏入蜀。冬十一月，攻石門，金將汪世顯來降。時金亡已二年，都總管郭斌據金、蘭、定、會四州，堅守不下。闊端命裨將按竺邇攻拔會州，斌死，三州亦降。遂入宋沔州，獲其知州高稼。

明年，大舉伐蜀，闊端自率汪世顯等出大散關，分兵命諸王末哥率按竺邇等出陰平會於成都。九月，闊端與宋利州統制曹友聞戰於陽平關，覆其師，招降利州、潼川等路。冬十月，遂入成都。十一年，師還，成都復爲宋守。又二年，闊端復遣汪世顯、按竺邇等襲克之。

乃馬真皇后稱制，闊端開府西涼，承制得專封拜。用河西人高智耀言，除儒人役籍。未幾，卒。五子：曰滅里吉歹，曰蒙哥都，曰只必帖木兒，曰帖必烈，曰曲烈魯。

滅里吉歹子也速不花，至元元年賜印。明年，率所部戍西番，累戰有功。二十五年十二月，也速不花以昔烈門叛，甘肅行省官與闊列堅後王八八、拜答罕、駙馬昌吉合兵討之。

也速不花等自縛請罪。獨昔烈門西走，追至朶郎不帶之地，獲之，送於京師[二]。蒙哥都，翼戴憲宗有功，分其父闊端西凉府迤西之地，命侍其祖母乞兒吉思皇后居之。憲宗八年，從伐蜀，攻渠州禮義山，不克。中統初，又奉命征雲南。子亦憐真。二十七年，章吉寇甘木里，亦憐真與諸王出伯、拜答罕等合兵擊走之。元貞二年，從晉王甘麻剌駐夏客魯漣之地。大德元年正月，入朝，卒於中途，賻帛五百匹。

只必帖木兒，中統初歸心世祖。阿藍答兒、渾都海叛於甘、凉，掠只必帖木兒輜重。只必帖木兒率所部就食秦、雍。二年，西番酋火都叛，詔只必帖木兒與李庭討禽之。是時，只必帖木兒專閫河西，其部下頗暴横，行省郎中董文用輒以法裁之，有言其用管民官太濫者。至元二年，詔省併其管民官。九年，改中興路行尚書省復爲行中書省，仍令只必帖木兒設行省斷事官。是年，築新城，賜名永昌府，尋升爲路，降西凉府爲州隸之。自此人稱爲永昌王。十二年，從西平王奥魯征北番。十四年二月，奏永昌路駙百二十有五，疲於供給，至質妻孥以應役，詔賜鈔贖之。十七年四月，請設投下官，不從。二十年，請括常德路分地民户，又請於分地二十四城自設管課官，亦不從。又請立拘榷課税所，其長從都省所用，次則王府差設，從之。朝廷嘗收其西凉州田租入官，至大三年，以只必帖木兒老且貧，仍以西凉州田租賜之。尋卒。

曲烈魯子别帖木兒，延祐初襲諸父只必帖木兒之位。四年閏四月，封汾陽王，賜金印駝紐。子也速也不干，泰定元年九月，進封荆王，賜金印獸紐。嘗占駙馬鎖南管卜分地，駙馬愬其事。四年，命行省閲籍正之。泰定帝崩，文宗自立於大都，陝西諸王及行臺官起兵勤王。御史大夫也先帖木兒從大慶關渡河，下河中；靖安王闊不花入潼關，進據虎牢；鐵木哥入武關，克襄陽及鄧州。也速也不干駐河南府之白馬寺，節度諸軍，勢張甚。既而齊王月魯帖木兒襲陷上都，文宗遣使放散西軍，闊不花械其使送於别帖木兒。俄知上都定不守，乃解甲西還。至順初，諸王秃堅等起兵雲南，也速也不干從鎮西武靖王搠思班討平之，諸軍北還。也速也不干與諸王鎖南以所部留鎮一年，以防反側。是年，使其子脱火赤入朝，再貢犛牛。後至元元年，卒。

子脱火赤襲荆王，賜金印，三年卒。

弟脱脱木兒嗣，仍命脱火赤妃忽剌灰同掌奥魯思事。明年十二月庚戌，加脱脱木兒元德上輔廣中宣義正節振武佐運功臣。卒，無子。至正三年七月，中書省奏：「闊端分地接連西番，自脱脱木兒卒，無人承嗣。達達人口畜牧，時被西番劫奪，甚不便。」遂以其地置永昌等處宣慰司都元帥府治之。

闊出太子，太宗第四子。太宗七年，三道伐宋，闊出與諸王忽都秃、嗣國王塔思由中道，以粘合重山軍前行中書省事輔之。冬十月，拔棗陽，遂徇襄、鄧諸州，入郢州，大掠而還。明年冬，卒於軍中。

子失烈門，自幼爲太宗所愛。定宗崩，斡亦剌海迷失皇后欲立之。親王拔都等定議立憲宗。憲宗即位，皇后與失烈門之母厭禳，事覺，賜死。失烈門與定宗之二子忽察、腦忽亦以謀作亂，訊鞫得實，謫失烈門爲探馬赤。世祖方用兵大理，請以失烈門自從，俾贖罪。後憲宗自將伐宋，仍投失烈門於水。

子孛羅赤。至元二年，分河南路屬州爲太宗位下四親王食邑，孛羅赤分得睢州。二子：曰合帶，曰阿魯灰。

合帶，至元二年七月封靖遠王，賜駝紐鎏金銀印。

阿魯灰，嘗從海都叛，大德十年偕諸王秃滿、明理帖木兒等來降，封襄寧王，賜駝紐金印。卒，無子。至大二年，以兄子也速不干襲爵。

哈剌察兒子脱脱。憲宗二年，析太宗西域分地與其子孫，脱脱得葉密里河上地。從憲宗伐蜀，留營帳於河西。中統初，爲渾都海所掠。二子：曰月別吉，曰沙藍朵兒只。

滅里子脱忽。昔里吉之叛，脱忽依違容納。至元十八年，爲諸王别里帖木兒所襲破。子曰俺都剌。俺都剌二子：曰愛牙赤，曰秃滿。

秃滿，初附海都，海都死，與其子察八兒歸命於武宗，不即至，與篤哇相攻。大德十一年，武宗與月赤察兒乘間亟進，至也兒的失河，秃滿與明理帖木兒、阿魯灰等不意大軍猝至，俱來降。武宗即位，秃滿進所藏太宗玉璽，封爲陽翟王。秃滿子曲春。

曲春子太平。泰定元年，太平襲封賜印。天曆初，偕國王朵羅台與燕帖木兒戰於薊州檀子山，兵敗，爲唐其勢所殺。文宗以曲春子帖木兒襲封陽翟王。三年八月，入朝。卒，子阿魯輝帖木兒嗣。

阿魯輝帖木兒，性姦黠。惠宗初立，阿魯輝帖木兒欺其幼，曰：「天下事重，宜委宰相決之，庶可責其成效。若躬自聽斷，萬一差誤，將負惡名。」帝信其言，每事無所專決，以致姦臣竊柄，馴至亂亡，及汝、潁盜起，天下騷動。

至正二十年，阿魯輝帖木兒乘間擁衆二十萬，屯於木兒古徹兒之地，脅漠北諸王以叛，且遣使言於帝曰：「祖宗以天下付汝，汝何故亡其大半？汝自度不勝任，盍以國璽授我？我代汝爲之。」帝聞其言，神色自若，徐曰：「天命有在，汝欲爲則爲之。」仍降詔開諭，俾其悔罪。不聽。乃命禿堅帖木兒等至稱海，發哈剌赤萬人討之。甫交綏，即棄仗奔阿魯輝帖木兒軍中，禿堅帖木兒單騎還上都。明年，更命老章以兵十萬討之，且令阿魯輝帖木兒之弟忽都帖木兒從軍，大敗其衆。其部將脱驩見勢敗，與宗王玉樞虎兒吐華等執阿魯輝帖木兒，獻於闕下。阿魯輝帖木兒臨死，罵不絶口。舊例：宗王有罪大故，用弓弦絞之，名曰賜死。至是，帝特命殺之，以忽都帖木兒襲封陽翟王。

合丹，太宗庶長子也。從拔都征奇卜察克，遂入斡羅思。大軍圍禿里思城，不下，拔都使合丹與不里助攻，拔而屠之。辛丑，分軍五道，攻馬加。合丹一軍，從莫而陶踰山，入脱蘭吾西而伐尼，選日耳曼六百人爲嚮導，西行至滑拉丁，爲馬加之要地，有内堡守禦甚固，惟城爲木城。大軍至即破之，俘戮無算。内堡仍堅守，軍退，堡人出居外城，大軍突返，皆殺之，以火炮攻陷内堡，老弱盡死。遂西攻生他馬斯城，殺戮亦如之。别將破札納忒城。又至丕勒克，先驅馬加人攻之，再驅斡羅斯及庫滿人繼之，而督以蒙古兵，積尸盈塹，踐之登城。攻七日，城陷。以届秋收，下令不殺人，斂民賦供軍食。是年冬，合丹與拔都合兵渡禿納河，圍格蘭城，架炮攻之，護以木栅，並填塹以進。城人焚居室，守禮拜堂以拒敵，其將爲西班牙人，有勇略。相持未下，而太宗凶聞至。是時，合丹自率所部追馬加王不剌不及，遂引兵與拔都東返。事具《拔都傳》。

憲宗、世祖之立，合丹均有翼戴功。中統元年，禦阿藍答兒、渾都海於姑臧，獲而斬之。明年，從世祖征阿里不哥，戰於昔土木淖爾，阿里不哥敗走。未幾，合丹卒。子五人：曰睹兒赤，曰也不干，曰也迭兒，曰也孫脱，曰火你。

睹兒赤子小薛。元貞元年，平陽民訴小薛部曲恣横，遣官按問，杖所犯重者，餘聽小薛自責之。大德二年，招小薛所部流徙鳳翔者三百餘户，以潞州田二千八百頃賜之。皇慶元年，敕小薛部下，歸所占襄垣縣民田。

也不干子火郎撒。至大元年，封隴王，賜獸紐金印。

也孫脱，黨附海都。大德十年，武宗踰阿爾泰山，襲執之。

火你，又稱火你赤。子二人：曰咬住，曰那海。天曆元年，那海與齊王月魯帖木兒襲陷上都，得玉璽來上。

史臣曰：海都之叛，憲宗爲之也。世祖鑒於此，招攜懷遠，務存忠厚。成宗之待明理帖木兒，武宗之待察八兒，皆承世祖之遺訓，可謂得親親之道矣。

【校勘記】

〔一〕「失烈門」，原作「失列門」，據本書目録、卷六《憲宗本紀》及本卷正文改。

〔二〕「送於京師」，「於」字原重，據文意删重。

新元史卷之一百十二　列傳第九

定宗諸子

忽察腦忽　禾忽禿魯

憲宗諸子

班禿　阿速台　玉龍答失撒里蠻　徹徹禿　昔里吉兀露絲不花　晃火帖木兒

定宗三子：長忽察，次腦忽，次禾忽。

忽察，以定宗長子覬覦父位，而衆望不屬。及拔都等定議立憲宗，忽察心不能平，謀作亂。憲宗即位，大會諸王，忽察與弟腦忽、從兄失烈門，藏兵車中，載以至。事覺，訊鞫得實，忽察、腦忽免死，安置於和林西失剌豁羅罕之地。忽察子完者也不干。腦忽無子。

禾忽，襲定宗大名路歲賜，故時稱大名王，其分地在葉密立，亦定宗潛邸之分地。阿里不哥僭號，脅禾忽從之，然禾忽實欲東覲世祖。中統三年，徙於忽只兒之地，與察合台後王阿魯忽，合兵拒阿里不哥。未幾，還葉密立。阿里不哥兵至，又徙於孛劣撒里，展轉至不剌城，留妻孥輜重於徹徹里澤剌山。阿里不哥將哈剌不花來襲，禾忽與阿魯忽合兵敗之，斬哈剌不花，函其首告捷。四年春，阿里不哥兵復至，禾忽與阿魯忽拒戰於渾八升城，失利。阿里不哥以糧盡引還，遂與禾忽、阿魯忽議和。五年，與諸王八剌同時賜帛六萬匹。海都叛，禾忽附之，爲丞相安童所襲，盡失其輜重。

子秃魯，至元九年從皇子西平王奧都赤征建都蠻，封南平王，賜龜紐銀印，仍賜金、銀符各五，及所部有功者三十五人銀鈔定，衛士人各馬三匹，從者一匹。明年，換駝紐鎏金銀印，命鎮守六盤山。及聞其父禾忽已附海都，即於十四年冬舉兵反。安西王遣鞏昌總帥汪惟正等西討，敗秃魯於武川，獲之。

憲宗四子，長班秃，次阿速台，次玉龍答失，次昔里吉。

班秃，憲宗七年與弟玉龍答失、昔里吉從車駕渡漠，至玉龍棧赤。八年，卒於吉河之南，無子。泰定三年，詔以憲宗明里忽都魯皇后守班秃營帳。

阿速台，初與玉龍答失、昔里吉俱附阿里不哥。察合台後王阿魯忽敗阿里不哥將哈剌不花，恃勝輕敵，還駐亦剌八里，不設備。阿速台率所部襲之，入自鐵門，奪其阿力麻里城。至元元年，從阿里不哥歸命至京師，世祖宥之。

玉龍答失，初附阿里不哥。中統末，阿里不哥失勢，部衆多棄之而從玉龍答失。阿里不哥藏憲宗玉璽，玉龍答失索取之。至元元年，奉璽來歸。世祖悦，賜印，並賞以先朝獵户。三年，以阿速台原賜衛輝路爲其分地。二子：曰撒里蠻，曰完澤。

撒里蠻，至元十四年從河平王昔里吉叛，已而相攻。十九年，執昔里吉來獻。世祖宥其罪，仍賜以地。

完澤，元貞二年賜印。九年封衛安王，賜金印。至大三年，進封衛王，換獸紐金印。完澤二子：曰徹徹禿，曰寬徹哥。

徹徹禿，至治二年奉命總兵北邊。是年十二月，封武寧王，賜駝紐金印。三年，泰定帝入繼大統，命徹徹禿月修佛事於嶺北，以禳寇兵。泰定元年，命統其父完澤所部，給以衛王印。天曆元年，奉文宗命迎明宗於金山。明年，明宗即位於和林之北，遣徹徹禿與平章哈八兒禿自行在致命京師，立文宗爲皇太子。至順二年，以淮安路寧海州之朐山、贛榆、沭陽三縣爲徹徹禿食邑。進封鄒王，換獸紐金印。明年，徙鎮遼陽。後至元二年，以江南太平路户鈔益徹徹秃歲賜。三年，又以完者帖木兒位下蘇州水田二百頃賜之。五年冬，爲丞相伯顔誣構，矯詔賜死。伯顔，蔑兒乞氏，其先世本隸於憲宗爲家奴。凡家奴稱主人曰使長，貴賤不易其稱。徹徹秃爲憲宗曾孫，伯顔見徹徹秃宜稱使長。至是，怒曰：「吾位極人臣，豈尚有使長？」遂誣奏徹徹秃謀爲不軌，殺之。是日，大風霾，廷臣皆冤之。脱脱爲右丞相，始奏雪其冤，復爵邑。

寬徹哥，至順間襲封衛王。後至元二年，以衛輝路五户絲賜之。至正十一年，與知樞密院事也先帖木兒討河南妖賊，禽韓咬兒送京師誅之。

昔里吉，至元元年從阿里不哥至京師。五年六月，封河平王，賜駝紐金印。未幾，從皇子北平王那木罕備邊，駐阿力麻里。十四年，諸王脱黑帖木兒、藥木忽兒、撒里蠻合謀劫北平王，械繫丞相安童，奉昔里吉以叛，犯和林。詔丞相伯顔總諸軍討之。河間王忽魯台始從之，及是率所屬來歸，與伯顔軍合。昔里吉等與伯顔夾斡魯歡河而軍，相持未戰。諸王牙忽都爲昔里吉所囚，潛使人以敵情來告。及戰，牙忽都自後亂其陣，昔里吉敗走。明年，土土哈率千騎踰金山追之，禽其將札忽台，進戰於寬徹哥，又敗之。昔里吉走乞兒吉思，至野孫河，又爲哈答所追，敗遁額兒的失河。脱黑帖木兒欲奉撒里蠻爲主，脅藥木忽兒，不從，而與之戰，禽脱黑帖木兒歸，昔里吉殺之。昔里吉遂執撒里蠻，致於朮赤後王寬徹，道過謁跡刊，爲撒里蠻舊部所要，奪還，攻昔里吉。時昔里吉爲斡赤斤後王别里帖木兒所襲敗，部衆迸散，爲撒里蠻所執。十九年，獻於朝，流海島而卒。三子：曰兀魯思不花，曰晃火帖木兒，曰火兒忽。

兀魯思不花，其父被執後率餘衆附於海都。元貞二年，與藥木忽兒等棄海都來歸。大德元年，入朝，增兀魯思不花與藥木忽兒歲賜鈔千錠。是年三月，又賜金百兩，賜其母阿不察等金五百兩，以乳牛、牝馬賑其部饑民。四月，賜兀魯思不花圓符。十一月，賜金千兩。明年六月，又賜兀魯思不花及其母金千兩，銀有差。成宗加意撫慰，以勸未至者，故賞賚獨優焉。至治三年，預鐵失逆謀，流於海島死。

晃火帖木兒。延祐五年，封嘉王，賜獸紐金印。泰定二年，徙封并王，仍賜獸紐金印，以嘉王印賜其弟火兒忽。至順三年，以安陸府爲并王食邑。後至元元年，燕帖木兒子唐其勢怨望，謀廢帝而立晃火帖木兒。事覺，唐其勢伏誅，晃火帖木兒自殺，謫其子孫戍邊。明年，賜其母答里鈔千錠。至正二年，赦其子徹里帖木兒歸，封爲撫寧王。

新元史卷之一百十三　列傳第十

世祖諸子上

皇太子真金甘麻剌　梁王松山　王禪　答剌麻八剌　魏王阿木哥

世祖十一子：長朵兒只，早卒。次真金，次忙哥剌，次那木罕，皆察必皇后所出。次忽哥赤，次愛牙赤，次奧魯赤，次闊闊出，次脱歡，次忽都魯帖木兒，均不詳其母名氏。次鐵蔑赤，南必皇后所出。

皇太子真金，少從姚樞、竇默授《孝經》，又命王恂伴讀。及卒業，世祖大悦，設酒食饗樞等。

中統三年，封燕王，守中書令。丞相史天澤入白事，真金曰：「我幼，未習祖宗法令，一旦當大任，公耆德宜有以弼我。」復謂贊善王恂曰：「省臣所啟，爾宜與聞之。」四年，兼判樞密院事。至元二年，奉詔居潮河。是年八月還京師。

七年秋，又命巡撫稱海。冬，還京師。間謂諸王札剌忽及從臣伯顏等曰：「吾今有暇，宜各誦所聞，俾吾效之。」於是撒里蠻曰：「太祖有訓：欲治身，先治心；欲責人，先責己。」伯顏曰：「皇上有訓：欺罔盜竊，人之至惡。一爲欺罔，則後雖出善言，人終弗信；一爲盜竊，則事雖未覺，心常惴惴，若捕者將至。」札剌忽曰：「我祖有訓：長者杪，深者底；蓋言貴有終始，長必極其杪，深必究其底，不可中輟也。」王曰：「皇上有訓：毋持大心；持大心，事必隳敗。吾觀孔子之言，即與聖訓合也。」

十年二月，立爲皇太子，仍兼中書令，判樞密院事。受玉册文曰：

皇帝若曰：咨爾皇太子真金，仰惟太祖皇帝遺訓，嫡子中有克嗣服繼統者，豫選定之。是用太宗英文皇帝，以紹隆丕構。自時厥後，爲不顯立冢嫡，遂啟争端。朕上遵祖宗弘規，下協昆弟僉同之議，乃從燕邸，立爾爲皇太子，積有日矣。比者儒臣敷奏，國家立儲嗣，宜有册命，此典禮也。今遣攝太尉、左丞相伯顏持節授爾玉册金寶。於戲！聖武燕謀，爾其承奉。昆弟宗親，爾其和協。使仁孝顯於躬行，抑可謂不負所託矣。尚其戒哉！勿替朕命。

九月，立宮師府，設官屬三十有八員。十一年，太子下教中書，聘奉元處士楊恭懿，如漢惠帝聘四皓故事。

太子嘗有疾，世祖臨幸，親和藥賜之。遣侍臣李衆禱祀嶽瀆及名山大川，太子戒衆所至郡縣，勿煩吏迎送，重擾民也。初，太子守中書令，將入省署，敕乳母進新衣，笑卻之曰：「吾何事美觀也！」及爲太子，服綾袷被瀋漬，命重加染治。左右請更製之，太子曰：「吾欲織百端不難，顧是物未敝，豈宜棄之？」東宫香殿成，工請鑿石爲池，仿曲水流觴。太子曰：「古有肉林酒池，爾欲吾效之耶？」不許。每與諸王近臣習射之暇，輒討論經史，若《資治通鑑》、《貞觀政要》，許衡、王恂所述遼、金帝王行事要略，意所允愜，必爲之灑然動容。時侍經幄者，如王恂、白棟，皆朝夕不出東宫。待制李謙、太常宋衜，亦時加咨訪。按察副使王惲進《承華事略》二十篇：一曰廣孝，二曰立愛，三曰端本，四曰進學，五曰擇術，六曰謹習，七曰聽政，八曰達聰，九曰撫軍，十曰明分，十一曰崇儒，十二曰親賢，十三曰去邪，十四曰納誨，十五曰幾諫，十六曰從諫，十七曰推惡，十八曰尚儉，十九曰戒逸，二十曰審官。宫臣進讀至漢成帝不絶馳道，唐肅宗改絳紗袍爲朱明服，大喜曰：「使我行之，亦當若此。」及説邢巒止齊太子食邪蒿，顧宫臣曰：「菜名邪蒿，未必果邪。雖食之，豈遽使人不正耶？」張九思對曰：「古人設戒，義固當爾。」太子善其言，賜酒勞之。命宋衜擇可備顧問者，衜以郭祐、何瑋、徐琰、馬紹、楊居寬、何榮祖、楊仁風等爲言。太子曰：「是數人者，盡爲我致之，宜自近者始。」遂召瑋於易州，琰於東平，仁風於潞州。贊善王恂卒，太子聞之嗟悼，賻鈔二千五百緡。一日，顧謂左右曰：「王贊善當言必言，未嘗顧惜，隨事規正，裨益良多，今鮮有其匹也。」

會議立門下省，世祖欲以廉希憲爲侍中，希憲辭以疾。太子遣人告之曰：「上命勿辭，羣小爲難，吾爲公除之。」然終爲阿合馬所阻。時阿合馬擅權，太子惡其奸，未嘗少假顏色。益都千户王著等知阿合馬所畏憚者獨太子一人，因僞爲太子，夜入都城，召而殺之。及和禮霍孫入相，太子曰：「阿合馬死於盜手，汝任中書，有便國利民之事，毋憚更張，有阻撓者，我當力持之。」中書省啟以何瑋參議省事，徐琰爲左司郎中。瑋、琰入見，太子諭之曰：「汝等學孔子之道，今始得行，毋負平生所學也。」

詔割江西龍興路爲太子分地。太子謂左右曰：「安得治民如邢州張耕者使之往，俾江南諸郡取法，民必安集矣。」於是召宋衜薦舉守令，慎加選擇。江西行省以歲課羨餘鈔四十七萬緡獻，太子怒曰：「朝廷令汝安百姓，百姓安，則錢糧何患不足？百姓不安，雖有羨餘，能自奉乎？」盡卻之。阿里以民官兼税課司，請歲附輸羊三百隻，太子以其違例，罷之。參政劉思敬遣其弟思恭以新民百六十户來獻，太子問民所從來，以重慶俘獲對。太子蹙然曰：「歸語汝兄，此屬宜隨在放遣爲民，毋重失人心。」烏蒙宣撫司進馬逾歲額，諭之曰：「去歲令汝勿多進馬，恐道路所經，重勞吾民也。自今其勿復然。」有司欲就威武營貸粟數萬石濟民饑，太子問王慶端可否，對曰：「兵民一體，何間焉？」即命與之。

二十年冬，辟劉因於保定，因以疾辭，固辟之，乃至，拜右贊善大夫，以吏部郎中夾谷之奇爲左贊善大夫。是時，已立國子學，李棟、宋衜、李謙皆以宮僚典教事。至是，命因專領之。嘗曰：「吾聞金章宗時，有司論太學生廩費太多，章宗謂養出一范文正，所償豈少哉？其言甚善。」會因復引疾去。二十二年，以長史耶律有尚爲國子司業。中庶子伯必以其子阿八赤入見，諭令就學，伯必令其子入蒙古學。逾年又見，太子問讀何書，阿八赤以蒙古書對，太子曰：「我命汝學漢文耳，其亟入胄監！」

遣使聘宋工部侍郎倪堅於開元。既至，訪以古今成敗得失，堅對言：「三代得天下以仁，其失也以不仁。漢、唐之亡，以外戚奄宦。宋之亡，以姦臣。」太子甚悦，賜宴，日昃乃罷。諭德李謙、夾谷之奇嘗進言曰：「殿下方遵聖訓參決庶務。如視膳問安之禮，固無待於贊諭。至於軍民之利病，政令之得失，事關朝廷，責有臺院，有非宮臣所宜言者。獨有澄原固本，保守成業，殿下所宜留心，臣等不容緘口者也。敬陳十事：曰正心，曰睦親，曰崇儉，曰親賢，曰幾諫，曰戢兵，曰尚文，曰定律，曰正名，曰革敝。」太子皆嘉納之。

太子在中書日久，明於聽斷，州郡科徵、輓漕、造作、和市，有爲民病者，聞之，即日奏罷。右丞盧世榮以言利進，太子意深非之，嘗曰：「財非天降，安得歲取贏乎？豈惟民害，實國之大蠹。」其後世榮果坐罪死。桑哥素善世榮，聞太子有言，箝口不敢論救。

至元以來，天下太平，人才輩出。太子折節下交，非朝廷名德，則布衣志節之士，恩禮始終不衰。宋衜目疾，賜鈔千五百緡。王磐告老歸，官其婿於東平以養之。孔洙自江南入覲，則責張九思學聖人之道，不知有聖人之後。其親賢好學，本於天性，故中外歸心焉。世祖春秋高，江南行臺御史有奏請禪位於太子者，太子聞之懼。御史臺都事尚文寢其奏，不上。阿合馬黨塔即古阿散知之，奏聞。世祖震怒，敕宗正薛徹干取其奏。丞相安童與月呂魯那延入白其事，帝怒稍解。太子仍憂懼不安，未幾遂卒，時二十二年十二月丁未，年四十有三。

太子性至孝，嘗從幸宜興州，帝不豫，憂形於色，竟夕不寐。聞母后暴得風疾，即悲泣，衣不加帶而入省。及后崩，太子居喪，勺飲不入口者終日，設堊廬居之。

及卒，太常博士議曰：「前代太子薨，梁武帝謚統曰昭明，齊武帝謚長懋曰文惠，唐憲宗謚寧曰惠昭，金世宗謚允恭曰宣孝。又別建廟以奉神主，准中祀以陳登歌，例設令、丞，歲供灑掃。斯皆累代之典禮也。」中書、翰林諸老臣亦議宜加謚立廟。遂謚曰明孝太子，作金主。三十年十月朔，祔明孝太子於太廟。成宗即位，追謚文惠明孝皇帝，廟號裕宗。

三子：長晉王甘麻剌，次塔剌麻八剌，次成宗。

甘麻剌，母曰徽仁裕聖皇后闊闊真，太子元妃也。少育於祖母察必皇后，日侍世祖，未嘗離左右，畏慎不妄言，言必無隱。

至元中，奉命出鎮北邊。嘗巡邊，駐金山，大雪，擁火坐帳中，顧謂左右曰：「今日風雪如是，吾與卿等擁火尚有寒色，彼軍士亦人耳，腰弓矢、荷戟周廬之外，其寒可知。」遂命饔人爲肉糜，親嘗而徧賜之。暇日，則命也滅堅以國語講《資治通鑑》。誡近侍太不花曰：「朝廷以藩屏寄我，事有不逮，正賴汝輩輔助。其或依勢作威，不用吾命，輕者論遣，大者奏聞。宜各慎之。」

二十六年，入朝。世祖以其居邊日久，特命獵於柳林。甘麻剌率衆至漷州，恐廩膳不均，令左右司其分給，仍飭衆曰：「汝等飲食既足，若復侵漁百姓，是汝自取罪謫，無悔。」衆皆如約束，民安之。北還，覲世祖於上都，帝勞之曰：「汝在柳林，民不知擾，朕實嘉焉。」明年冬，封梁王，賜獸紐金印，出鎮雲南。從卒駝馬以千計，所至未嘗横取於民。

二十九年，改封晉王，移鎮北邊，統領太祖四大斡耳朵及達達軍馬，更鑄晉王印賜之。中書省臣言：「諸王皆置傅，今晉王守太祖創業之地，視諸王宜有加，請置内史。」從之，遂以北安王傅禿歸、梁王傅木八剌沙、雲南行省平章賽陽並爲内史。明年，置内史府。又明年，世祖崩，甘麻剌奔喪至上都。諸王畢會，甘麻剌曰：「昔皇祖命我鎮撫北方，以衛社稷，歷事日久，願服厥職。母弟鐵木兒仁孝，宜嗣大統。」於是成宗遂即帝位。

元貞元年，塔塔兒部飢，檄宣徽院賑之。詔賜鈔一千萬貫及銀帛有差，皇太后復以雲南所貢金器賜之。是年冬，奉詔以知樞密院事札散、同知徽政院事阿里罕爲内史。二年，忻都言甘麻剌有異圖，樞密院鞫之，無證驗，忻都賜死。大德元年，增所部屯田户，又增位下内史、尚乘寺卿各一員。五年，以邊軍貧乏，分賜鈔一千萬貫。

六年正月乙巳卒，年四十。甘麻剌性仁厚，御下有恩。元貞初，藩邸屬官審伯年老，請以子代其任。内史言之，甘麻剌曰：「惟天子所命。」其謹守如此，故尤爲朝廷所重焉。然崇尚浮屠，歲作佛事，耗財無算。三子：長泰定帝，次松山，次迭里哥不花。仁宗即位，追謚甘麻剌曰獻武王。泰定帝入承大統，追謚光聖仁孝皇帝，廟號顯宗。文宗即位，毁其廟室。

松山，至元三十年，以皇曾孫出鎮雲南，賜以其父梁王印。元貞二年，命位下怯薛歹討降元江賊。大德五年五月，雲南土官宋隆濟叛，遣行省平章政事幢兀兒、參知政事不蘭奚討之，斬賊酋月撒。未幾，有人作飛語，並以符讖之説進於松山。事聞，其人伏誅。九年三月，詔松山勿與雲南行省事，仍賜鈔千錠慰之。松山抑鬱不樂，漸成風疾。至大二年，封諸王老的罕爲雲南王，代鎮焉。未幾卒。

子王禪，英宗即位，封雲南王，繼其父任。泰定帝即位，詔赴闕廷。泰定元年，賜車帳駝馬。十月，進封梁王，食益陽州六萬五千户，仍以其子帖木兒不花襲封雲南王，代之鎮。三年，命與武寧王徹徹禿鎮撫北邊。致和元年，泰定帝崩，奔喪上都。八月，與右丞相塔失帖木兒等分兵討大都。九月，與燕鐵木兒弟撒敦戰於榆林，失利，退次懷來。復分兵襲破居庸關，前鋒與燕鐵木兒戰於榆河。塔失帖木兒有貳心，逗遛不進。王禪退駐紅橋，副樞阿剌帖木兒、指揮忽都帖木兒來援，兵復振。庚辰，與燕鐵木兒戰於白浮，天霧，斂兵入谷，相持數日。撒敦、脱脱木兒乘夜襲之，軍大潰，王禪單騎亡去。十一月，被獲，爲文宗所殺。至順元年，流其子帖木兒不花等於吉陽軍。

迭里哥不花，武宗即位，封北寧王，賜螭紐銀印。至大二年，以阿速衛五百人隸之，命駐和林。四年，改封湘寧王，換金印，食湘鄉州寧鄉縣六萬五千户。至治末卒。

子八剌失里襲，泰定帝即位，賜以湘寧王印。泰定元年，出鎮察罕淖爾。三年正月，移鎮兀魯斯部。六月，又移鎮阿難答之地。先是，安西王阿難答領開成路，及以罪誅，武宗以其地賜皇太子。至是，改命八剌失里往鎮焉。四年，還鎮察罕淖爾。泰定帝崩，大都自立，八剌失里與汝寧王忽剌台、駙馬趙王馬札罕起兵勤王，入冀寧，敗大都萬户和尚援兵。及聞上都覆没，退還馬邑。兵敗，爲也速答兒執送大都，與火兒忽答等十三人皆死。

答剌麻八剌〔一〕，至元初，生於燕邸。及燕王爲皇太子，凡扈駕巡狩及朝會，必以答剌麻八剌從。二十二年，皇太子卒。二十八年，始奉命出鎮懷州，命侍衛都指揮使唆都、尚書王倚輔之。至趙州，從卒有拔村民桑棗者，杖之，遣倚入奏。世祖嘉之。未至鎮，以疾召還。明年春，卒，年二十九。三子：長武宗，次仁宗，庶長子阿木哥。武宗即位，追謚昭聖衍孝皇帝，廟號順宗。

阿木哥，母郭氏，本世祖宫人，答剌麻八剌稍長，世祖先以郭氏賜之，生阿木哥。大德六年，籍河西寧夏善射軍隸阿木哥麾下。武宗即位，封魏王，賜獸紐金印。仁宗即位，入覲。帝諭行省曰：「朕與阿木哥同父異母，朕不撫育之，彼將誰賴耶？賜鈔二萬錠，他勿援例。」明年，賜慶元路定海縣六萬五千户爲食邑。尋以罪謫徙耽羅，復移於大青島。有術者趙子玉言於王府司馬曹脱不台等曰：「阿木哥名應圖讖。」潛謀航海至大青島，迎阿木哥入都作亂。行次利津，事覺，子玉等伏誅。遂内徙阿木哥於大同。泰定元年，召赴闕。是年六月，卒。

子阿魯，至順元年封西靖王，出鎮陝西。次孛羅帖木兒，襲封魏王，至正十三年與伯家奴同討河南妖賊，嗜酒不設備，爲賊所劫執，被害。

史臣曰：蒙古法不立太子，其嗣大位者，俟諸王大臣集議，然後定策，謂之忽里勒達。故覬覦與黨附者，彼此構煽，易爲亂階。世祖用當時儒者之言，册立皇太子以植國本，遏争端，聖矣哉！以真金之仁孝，而隕於憂懼，與梁昭明太子之事無以異。然俱慶流允嗣，天之報施可謂不爽矣。

【校勘記】

〔一〕「答剌麻八剌」，上文作「塔剌麻八剌」。下文二「答剌麻八剌」同。

新元史卷之一百十四　列傳第十一

世祖諸子下

忙哥剌阿難答　那木罕　忽哥赤也先帖木兒　把匝瓦剌爾密　愛牙赤　奧魯赤鐵木兒不花　老的　阿忒思納失里　搠思班　黨兀班　闊闊出　脱歡老章　孛羅不花　大聖奴　寬徹不花　和尚　帖木兒不花　蠻子　忽都魯帖木兒

成宗皇太子德壽

仁宗皇子兀都思不花

泰定帝諸子

八的麻亦兒間卜　小薛　允丹藏卜

文宗諸子

皇太子阿剌忒納答剌　燕帖古思　太平訥

忙哥剌，皇太子真金同母弟也。至元九年十月，封安西王，賜螭紐金印，以京兆路爲分地，駐於六盤山。置王相府，以商挺、李德輝爲王相。明年，册立皇太子，忙哥剌亦進封秦王，别賜獸紐金印。兩府並置，在長安者曰安西路，在六盤者曰開成路。詔京兆尹趙炳治宫室，冬、夏分駐焉。十四年，兀剌孩土番火石顏謀作亂，忙哥剌自六盤率師討平之。是年，改相府銅印爲銀印，發四川蒙古軍七千、新附軍三千隸王府，以四川行省右丞汪良臣爲安西王相，改李德輝爲行省左丞。十五年冬十一月，卒。罷王相府。

忙哥剌妃使商挺請命於朝，以子阿難答嗣。世祖曰：「年幼未嫻教訓，卿姑行王相府事以輔之。」十七年，陝西運使郭琮矯王妃命，殺前安西王相趙炳，逮挺至京師。十八年十月，命王府協濟户及南山隘口軍屯田安西、延安、鳳翔、六盤等處。二十二年，詔爲皇孫阿難答立衍福司，秩正四品。時阿難答既襲安西王，弟按檀不花佩秦王印，其下用王傅印。又北安王相府無印，安西王府獨有相印，桑哥以爲不均。二十四年，收安西王相印，詔按檀不花納秦王印，並罷所署王傅，其安西王傅仍舊。是年，阿難答請設本位下諸匠都總管府，從之。二十六年，罷按檀不花所設斷事官〔一〕。二十七年，罷秦王典藏司。三十年，給安西王府斷事官印，以鐵赤、脱脱木兒、畝住、拜延四人並爲王傅。

元貞元年，鐵赤等請復立王相府，不允。是年，以海都入寇，命阿難答率所部赴北邊。五月，以阿難答軍妻孥乏食，賜糧二千石。十一月，賜甲胄、弓矢、橐鞬、槍楇等十五萬八千二百餘事。二年，鐵赤等復申相府之請，成宗曰：「去歲阿難答面陳，朕諭以世祖舊制。今復云然，豈欲以四川、京兆盡爲彼有耶？今姑從汝請，置王相府第行王傅事。」尋阿難答以貧乏告，成宗曰：「世祖聖訓，嘗以分賚爲難，阿難答亦知之。若言貧乏，豈獨汝耶？去歲賜鈔二十萬錠，又給以糧。今與之，則諸王以爲不均；不與，則汝言人多餓死。其給糧萬石，擇貧者賑之。」大德五年，籍王府侵占田四百餘户。六年，禁和林釀酒，惟阿難答及諸王忽剌出、脱脱、八不沙、也只里，駙馬蠻子台、翁吉剌帶、也里干等許釀。七年，篤哇、察八兒遣使請降，詔阿難答置騆於北邊，以俟其來。十年，開成地震，壞王宫室及官民廬舍，壓死故秦王妃也里完等五千餘人。

十一年正月，成宗崩。阿難答與明理帖木兒先以事至京師，左丞相阿忽台、平章八都馬辛、前平章伯顏、中政院使道興等議奉伯牙吾皇后稱制，以阿難答輔政。右丞相合剌合孫潛使人迎武宗、仁宗。二月，仁宗自懷慶奔喪至，執阿忽台等殺之。事具《合剌合孫傳》。阿難答賜死。

武宗即位，以安西王位下分地及江西吉州户鈔賜仁宗，廷臣或請以阿難答子月魯帖木兒紹封者，詹事丞王結言：「安西王以何罪誅？今復之，何以懲後？」議遂寢。至治三年，英宗遇弑，月魯帖木兒預鐵失逆謀。泰定帝即位，欲安反側，命月魯帖木兒襲安西王封。後追論逆黨，流月魯帖木兒於雲南，按檀不花於海南。至順三年，月魯帖木兒坐與畏兀僧你達八的剌版的、國師必剌忒納失里沙律愛護持等謀反，伏誅。

那木罕，亦皇太子真金母弟。至元元年，以高道爲那木罕説書官。三年，封北平王，賜螭紐金印。四年，出鎮阿力麻里。七年，討叛王聶古伯。會聶古伯與海都相攻戰殁，那木罕乘勢敗其兵。明年，給軍中甲一千，又賞其立功將士有差。十四年，諸王藥木忽兒、撒里蠻等合謀夜劫那木罕營，執那木罕及丞相安童，奉河平王昔里吉以叛。久之，撒里蠻執昔里吉及藥木忽兒，將獻於朝以自贖。十九年，那木罕自賊中遣諸王札剌忽以其事入奏。是年，進封北安王，猶爲撒里蠻等所留。至二十二年，始歸。是年，賜北安王螭紐金印，仍出鎮北邊。二十三年，分臨江路六萬五千户爲食邑。二十四年，置都總管府以領北安王民匠、斡端大小財賦。十二月，置王傅，凡軍需及本位下之事皆領之。二十九年，卒。延祐七年，追謚昭定王。無子。泰定帝即位，敕會福院奉其像於高良河寺中。

忽哥赤，世祖第五子也。至元四年八月，封雲南王，賜駝紐鎏金銀印。九月，置大理等處行六部，以闊闊帶、柴楨並爲尚書兼王傅，府尉寧源爲侍郎兼司馬。遣忽哥赤出鎮，奉詔撫諭大理、鄯闡、察罕章、赤禿哥兒、金齒等處吏民，編户籍，俾出賦役，置達魯花赤統治之。時大理等處三十七部宣慰都元帥寶合丁忌忽哥赤來，八年二月乙巳，宴忽哥赤中毒，一夕卒。寶合丁賄王傅闊闊帶及阿老瓦丁、亦速失等秘其事。會王府文學張立道密遣人走京師告變，世祖使斷事官博羅歡、吏部尚書別帖木兒馳馹至雲南，按之，寶合丁及闊闊帶等皆伏誅。

自忽哥赤卒，以南平王禿魯鎮雲南。禿魯者，太宗孫禾忽子也。忽哥赤有子曰也先帖木兒，久未襲封。張立道爲中慶路總管，十七年入朝，言於世祖。是年十月，賜也先帖木兒雲南王印。二十二年，敕雲南行省：事不議於王者，毋輒行。是年，又敕合剌章酋長之子入質京師，千户、百户子留質於雲南王。二十五年，換駝紐金印。大軍征緬，命也先帖木兒率所部鎮撫大理等處。四月，敕緬中行省軍一稟雲南王節制。大軍次蒲甘，失利，既而緬酋謝罪請降。武宗即位，進封營王，换獸紐金印。封鎮西武寧王帖木兒不花子老的爲雲南王，以代也先帖木兒。皇慶元年，賜福州路福安縣一萬三千六百有四户爲食邑。泰定帝崩，文宗自立於大都，也先帖木兒與平章秃滿答兒奉上都之命，自遼東以兵入遷民鎮，進至通州，爲燕鐵木兒所敗。齊王月魯帖木兒襲陷上都，也先帖木兒乃罷兵歸，文宗奪其王印。至順元年，還之。三年二月，卒。二子：曰脱歡不花，曰脱魯。

其裔孫有梁王把匝剌瓦爾密，至正以後中原盜起，雲南僻在西南，把匝剌瓦爾密撫馭有威惠，一方寧謐。二十三年，明玉珍僭號於蜀，分兵三道來攻，其將萬勝一軍由叙州先入抵中慶。把匝剌瓦爾密走金馬山，轉入威楚。大理總管段功以兵援之，玉珍兵敗退。已而大都不守，中國無元尺寸地，雲南固守自若，歲遣使自塞外達惠宗行在。及明兵平四川，天下大定，明太祖以雲南僻遠，不欲勞師。時北平守將得雲南遣往漠北使者蘇成以獻，乃命待制王褘齎詔偕成至雲南招諭。會昭宗遣使脱脱來徵餉，聞有明使，疑其貳，脅以危詞，把匝剌瓦爾密遂殺褘而以禮葬之。逾三年，明太祖復遣湖廣參知政事吴雲偕所獲雲南使者鐵知院等往，知院以己奉使被執，誘雲改制書，雲不從，被殺。明太祖乃命傅友德爲征南將軍，藍玉、沐英爲副，率師伐之。洪武十四年十二月，下普定路。平章達里麻以兵十餘萬拒於曲靖，英乘霧趨白石江，霧霽，兩軍相望，達里麻大驚。英嚴陣若將渡江者，別遣奇兵從下流潛度，出其陣後，張疑幟山谷中，人吹一銅角。我軍驚擾，英麾軍徑渡，以善泅者先之。鏖戰良久，軍大潰，生禽達里麻。先是，段功退明玉珍兵，把匝剌瓦爾密妻以女阿襤公主，倚其兵力。後以疑忌，酖殺之，遂失大理援。至是，達里麻敗，知事不可爲，走普寧州之忽納寨，焚其龍衣，驅妻子赴滇池死，自與左丞達的、右丞驢兒夜入草舍自經。明人遷其家屬於耽羅。

愛牙赤，世祖第六子。至元二十二年，賜銀印。二十四年，叛王勢都兒犯咸平，愛牙赤率宣慰使塔出，自瀋州北討，命宣慰使亦力撒合分兵趨懿州，寇遁去。後病卒。元貞初，其子孛顏帖木兒入朝，賜金帛如諸王大會例。所部在兀剌海路，地磽瘠貧乏，泰定元年移鎮闊連東部。孛顏帖木兒之兄曰阿木干，阿木干子曰也的古不花，泰定中親信用事，車駕幸上都，與中書省臣兀伯都剌等居守焉。

奥魯赤，世祖第七子。至元六年十月，封西平王，賜駝紐鍍金銀印。九年，命討建都蠻，諸王阿魯帖木兒、禿哥，南平王禿魯，各率所部從之。都元帥也速答兒及忙古帶所領欲速公弄等吐番十八族之兵，並聽奥魯赤節度。明年十月，禽其酋下濟等四人。建都降，留忙古帶統新舊軍一萬五千戍之。十二年，又率安西王忙哥剌、諸王只必帖木兒、駙馬昌吉等征吐番，賜部下戍鴨池者馬人三匹。二十二年，與諸王阿只吉拒叛王篤哇，戰失利。三十年，詔以所部九千人付萬户張邦瑞，西討篤哇。元貞元年，隴北道廉訪司鞫邦瑞不法事，奥魯赤庇邦瑞，成宗命諭之。是年，以諸王出伯所統探馬赤紅襖軍各千人隸其麾下。二年，奉命駐夏上都。大德七年，賜南思州一萬三千六百有四户爲食邑。未幾，卒。二子：曰鐵木兒不花，曰八的麻的加。

鐵木兒不花，至元中鎮亦奚不薛。二十六年，徙鎮重慶。大德三年，封鎮西武靖王，賜駝紐鎏金印。二子：曰老的，曰搠思班。

至大二年，命老的代營王也先帖木兒鎮雲南，賜以雲南王駝紐鎏金銀印。仁宗即位，八百媳婦與大小徹里蠻寇邊，老的率行省右丞阿忽台等討之。皇慶元年，璽書招諭，皆降，以馴象方物來獻。延祐二年，老的入朝，以明宗代之，不赴，代以諸王脱脱。四年，脱脱擾害軍民，召還，復以諸王按灰代之。老的四子：曰阿忒思納失里〔一〕，曰荅兒麻，曰乞八，曰亦只班。

阿忒思納失里，泰定元年七月出鎮沙州。天曆二年，封豫王，賜金印。十一月，詔豫王阿忒思納失里鎮雲南。至順元年，賜豫王傅金虎符。秃堅據雲南反，三月，以乞住爲雲南行省平章政事，從王由八番進討。六月，分道而入。二年三月，阿剌忒納失里戰屢捷。四月，雲南平。至正十二年，命阿剌忒納失里討南陽、襄陽、鄧州賊。十六年，命與陝西行省官商議軍機，從宜進討。九月，復潼關，未幾又陷，再取之。十七年十月，賊犯七盤，與哈剌不花進討。十一月，又與陝西省臺官分道攻關陝。十八年十月，徙居白海，尋又遷於六盤，卒。答兒麻，至正十三年以討賊功，賜西安王印。

乞八，至順二年上言：「臣每歲扈從時巡，所費甚廣。臣兄豫王阿剌忒納失里、弟亦只班，歲給鈔五百錠、幣帛千匹，敢視其例以請。」從之。

搠思班，襲封鎮西武靖王。至大二年，宣政院奏，以搠思班與脱思麻宣慰司言，請改松潘疊岩威茂州安撫司爲宣撫司，遷治茂州汶川縣，從之。延祐六年，察合台後王怯別寇斡端，遣搠思班率所部討之。英宗即位，來朝。至治三年三月，西番參卜郎諸族叛，搠思班討平之。泰定二年，賞其有功將士四百人鈔四千錠。三年十一月，階州土番叛，搠思班遣臨洮路元帥螽螽諭之降。天曆二年，囊家台舉兵於四川，來乞師；搠思班拒之，分兵嚴守關隘。二月，從湖廣行省官討囊家台。既而囊家台聽命，遂罷兵。至順元年，諸王秃堅自立爲雲南王，命搠思班與行知樞密院事徹里鐵木兒等由四川進討。十一月，戰於安寧州及中慶，皆捷。明年正月，遂復雲南省治。搠思班奏請荊王也速也不干及諸王鎖南等留雲南一二歲，以靖反側，從之。未幾，卒。

子黨兀班，後至元元年五月討叛番，禽其酋阿答里胡。黨兀班歿於陣，追封涼王，謚忠烈。

奥魯赤次子八的麻的加，襲封西平王。子貢哥班，後至元二年，賜以西平王印。

闊闊出，世祖第八子。至元二十六年，始封寧遠王，賜龜紐鎏金銀印。三十年，從成宗備兵北邊。明年，成宗入嗣大統，以軍事屬闊闊出，師久無功。大德三年，命武宗即軍中代之。十一年，武宗即位，以翊戴功，進封寧王，換獸紐金印。至大三年，三寶奴告闊闊出謀爲不軌，武宗命楚王牙忽都等鞫之下獄。平章察乃鐵哥廷辯，其誣得釋，猶徙於高麗，賜其妃完者死，以畏兀兒僧鐵里等二十四人同謀，或知而不首，並磔於市。鞫其獄者皆升秩二等，賜牙忽都金千兩、銀七千五百兩，三寶奴賜號答剌罕，以闊闊出清州食邑賜之。皇慶元年，鐵哥奏：「世祖諸皇子惟寧王在，宜賜還。」仁宗從之。明年二月，卒。二子：曰薛徹禿，曰阿都赤。

薛徹禿，延祐七年四月封寧遠王，至治二年進封寧王。三年七月，入朝。請印，英宗不允。泰定元年，賜福州路永福縣一萬三千六百有四户，置王傅。至順二年二月，與沙哥坐妄言不道，安置薛徹秃於廣州，沙哥於雷州。明年，以燕鐵木兒言，赦還。

脱歡，世祖第九子。至元二十一年六月，封鎮南王，賜螭紐金印。七月，奉命征占城，假道安南。十二月，至安南境，國王陳日烜遣其從兄興道王將兵拒之。脱歡諭令退兵，不從。乃分軍六道進攻。二十二年正月，轉戰次富良江，敗其水軍。日烜棄城遁。脱歡入王京，還屯富良江北，唆都及左丞唐古觧自占城來會。分兵水陸，追日烜。五月，左丞李恒敗日烜於安邦海口，幾獲之。會暑雨疫作，又糧運不繼，諸將議退軍，脱歡從之。還次册江，結栰爲浮橋，將渡，伏發林中，唆都戰殁。李恒殿後，毒矢貫其膝，且戰且行，僅衛脱歡出境。至思明州，士馬亡失過半。事聞，敕留蒙古軍百人，漢軍四百人爲脱歡宿衛，放散諸軍。

明年春，召征東宣慰都元帥來阿八赤與阿里海涯至都，議伐安南，立征交趾行尚書省，以阿里海涯爲左丞相，來阿八赤右丞，奥都赤平章政事，烏馬兒、樊楫等參知政事，並受脱歡節制。發江淮、江西、湖廣三行省蒙古、漢軍七萬人，戰艦五百艘，雲南兵六千人，海外四州黎兵一萬五千人，海道萬户張文虎等運糧十七萬石，凡水陸軍十萬。已而湖廣行省奏請緩師，詔阿里海涯返。十一月，脱歡次思明州，命右丞程鵬飛與奥魯赤等分道並進，來阿八赤將萬人爲前鋒。脱歡次界河，來阿八赤擊安南軍敗之。進次萬劫，諸軍畢會。十二月，脱歡次茅羅港，破浮山寨，率諸軍渡富良江，進薄王京。日烜與子走噉南堡，諸軍攻下之。二十五年正月，日烜復遁入海，諸軍追之不及，引還。時軍中糧盡，遣烏馬兒至安邦海口迎張文虎糧船，不至。二月，諸軍退次安劫。三月，又退次内旁關。安南以精兵邀我歸路，萬户張均率所部三千人力戰，始出關。諜知日烜率兵三十萬扼女兒關及邱急嶺，脱歡乃由單已縣趨盝州，間道入思明州。是役，來阿八赤、樊楫及萬户張玉皆戰殁。

世祖以脱歡再伐安南無功，喪師辱國，終身不許入覲。先是，脱歡始受封，命鎮鄂州，以在軍中未之鎮。二十八年，徙鎮揚州。大德五年，卒。六子：曰老章，曰脱不花，曰寬徹不花，曰帖木兒不花，曰蠻子，曰不答失里。

老章，大德五年襲封鎮揚州，出入導從僭擬車駕。至大三年，爲尚書省臣奏劾，遣使詰問，有驗，召赴闕。

老章卒，脱不花襲封鎮南王。泰定二年，卒。其子孛羅不花尚幼，使中書平章政事乃蠻台代鎮焉。

明年以脱不花弟帖木兒不花襲封鎮南王，鎮揚州。孛羅不花既長，天曆二年帖木兒不花讓還王位。

元統元年，孛羅不花入朝。至正七年，集慶盜起，孛羅不花討平之，又與威順王寬徹不花討猺賊吴天保於靖州。十二年，以淮南行省平章晃火兒不花提調鎮南王傅事。十五年，與淮南行省招降張士誠。明年，卒。

子大聖奴襲封。至正十九年，與樞密判官席閏守信州，陳友諒使其將王奉國來攻，城陷死之。

寬徹不花，脱歡第三子。泰定三年三月，封威順王，鎮武昌，賜駝紐鎏金銀印，領怯薛歹五百人，又許自募千人以備宿衛。致和末，與弟鎮南王脱不花應文宗召，至大都，有擁戴之勞。天曆初，疊蒙賞賚。至順二年，還鎮武昌。寬徹不花性寬，位下怯薛歹頗侵漁百姓。至元五年，丞相伯顔矯詔貶之，及脱脱爲相，復其王位。至正二年，湖北廉訪司劾寬徹不花恣行不法，不報。十一年，率二子别帖木兒、答帖木兒與倪文俊戰於金剛台，兵敗，别帖木兒被執。明年，賊陷武昌，寬徹不花與平章和尚棄城走，詔奪王印，和尚論死。十三年，參政阿魯輝復武昌、漢陽，寬徹不花屢戰有功，十四年還其王印。十六年，詔與宣讓王帖木兒不花以兵防懷慶。未幾，復還武昌，率其子報恩奴、接待奴、佛家奴攻倪文俊於漢陽，載妻妾以行。至雞鳴汊，舟膠，賊縱火焚之，接待奴、佛家奴被害，報恩奴自殺，妻妾皆没。既而文俊陷岳州，答帖木兒死之。寬徹不花脱走，部將侯伯顔答失奉之，自雲南入蜀，轉戰而北。二十五年，至陝西成州，欲赴京師，爲李思齊所拘留。寬徹不花屯田於成州，未幾卒。

子和尚，事惠宗，甚見親信。二十四年，孛羅帖木兒稱兵犯闕，自爲右丞相，和尚受密詔斬之。事具《孛羅帖木兒傳》。以功封義王。二十八年，惠宗北奔，詔和尚與淮王帖木兒不花監國。明兵至，和尚遁去。

帖木兒不花，脱歡第四子。讓位於孛羅不花，文宗嘉之，特封宣讓王，賜螭紐金印，命鎮廬州。至順二年，給王傅印。後至元元年，賜廬州、饒州牧地各一百頃。明年，又賜市宅鈔四千錠，詔王府官屬班有司之右。五年，伯顔矯詔貶之。至正九年，給還宣讓王印，復鎮廬州。十二年，盜起，帖木兒不花與諸王乞塔歹、曲憐帖木兒、廉訪使班第分道討平之，賜金帶銀鈔有差。十七年，賊陷廬州，帖木兒不花還京師。二十七年，進封淮王，賜金印。二十八年，惠宗北奔，命帖木兒不花監國。明兵陷京師，帖木兒不花見徐達，抗詞不屈，爲所殺，年八十有三。

蠻子，脱歡第五子。元統二年四月，封文濟王，出鎮大名。後至元二年，賜金印、馹券及從者衣糧。至正十三年，卒。

子不花帖木兒襲封。

䜌子弟不答失里，皇慶元年賜福州路寧德縣一萬三千六百有四户爲食邑。二年十月，封安德王，駝紐鍍金銀印。後進封宣德王，换螭紐金印。

忽都魯帖木兒，世祖庶子。子阿八也不干，皇慶元年賜泉州路南安縣一萬三千六百有四户爲食邑。子八魯朵兒只。

成宗皇太子德壽，母曰失憐答里皇后。大德九年六月庚辰，册立爲皇太子。是年十二月卒。

仁宗二子：英宗爲阿納失舍里皇后所出，庶長子兀都思不花。兀都思不花，延祐二年封安王，賜獸紐金印。四年，置王傅。五年，以湖州路爲分地，其户數視魏王阿木哥。英宗即位，降封順陽王，尋賜死。遣怯薛歹定住括王府貲財入章佩監。

泰定帝四子：長皇太子阿速吉八，見《本紀》；次八的麻亦兒間卜，次小薛，次允丹藏卜。

八的麻亦兒間卜，泰定元年三月以皇子嗣封晉王。四年，敕右丞相塔失帖木兒、左丞相倒剌沙兼領晉王内史四斡兒朵事。

小薛，泰定三年，以其夜啼，賜高年鈔以厭之。

允丹藏卜，泰定四年三月出鎮北邊。

三皇子俱早殞，無後。

文宗三子：長皇太子阿剌忒納答剌，次燕帖古思，次太平訥。

皇太子阿剌忒納答剌，至順元年三月封燕王。立宮相都總管府，以燕鐵木兒領之。八月，御史臺臣請立皇太子，文宗曰：「朕子尚幼，非裕宗比。俟燕鐵木兒至，共議之。」冬十月，諸王大臣復以爲請，帝曰：「卿等所言誠是，但燕王尚幼，不克負荷，徐議之未晚也。」是年十二月辛亥，册立爲皇太子。二年正月，卒。命宮相法里等護喪北葬起輦谷，仍命法里等守之。三月，繪皇太子真容，置於安慶寺東鹿頂殿祀之，如累朝神御殿儀。鞫宦者拜住侍皇太子疹疾，以酥拭其眼鼻，又爲禳祝，杖一百七，斥出京城。五月，皇太子影殿造祭器，如裕宗故事。

燕鐵古思，初名古納答列。至順二年，市故相阿魯渾撒里宅，命燕鐵木兒奉皇子居之。三年，改今名。文宗崩，遺命以明宗子嗣位。燕鐵木兒請立燕帖古思〔三〕，不答失里皇后遵遺命不許。及寧宗崩，燕鐵木兒又請立之，皇后又不從，乃迎立惠宗，議萬歲之後傳位燕帖古思。後至元六年，追論文宗弒逆之罪，撤其廟主〔四〕，削不答失里太皇太后之號，安置東安州，放燕帖古思於高麗。監察御史崔敬抗疏論之，不報。燕帖古思未至高麗，七月丁卯，從臣月闊察兒希旨殺之，託言病卒。詔賜鈔百錠，以禮葬之。

太平訥，本名寶寧。天曆元年，改今名。命大司農買住養於其家。早殞，無後。

史臣曰：元之季世，宗王死國難者，皆世祖之胄裔，蓋教育之澤遠矣。世祖伐安南，始爲驕兵，繼爲忿兵，其敗宜也。帝不自反，而遷怒於脱歡，此則狃於功利之習，不能爲世祖諱者焉。

【校勘記】

〔一〕「檀不花」，原作「擅不花」，據上文改。下文「檀不花」不誤。

〔二〕「阿忒里納失里」，本書目録同。《永樂大典》卷六七六七亦作「阿特里納失里」。下文又作「阿剌忒納失里」。按當皆作「阿剌忒納失里」。本書卷二一《文宗本紀上》：「壬午，詔豫王阿剌忒納失里鎮雲南。」《元史》卷三三本紀第三十三《文宗二》：「壬午，詔豫王阿剌忒納失里鎮雲南。」明王宗沐《宋元資治通鑑》卷六〇、明周季鳳《正德雲南志》卷一五亦作「阿剌忒納失里」。曾廉《元書》卷六六：「阿忒納失里，亦曰阿剌忒納失里，亦曰阿剌納失里。」畢沅《續資治通鑑》卷一九七及卷二〇四：「喇特納實哩，舊作阿剌忒納失里，今改。」均可參。

〔三〕「燕帖古思」，當依上文作「燕鐵古思」，下文三「燕帖古思」同。

〔四〕「撤」，原作「徹」，據文意改。

新元史卷之一百十五　列傳第十二

特薛禪　孛秃 鎖兒哈　忽憐

特薛禪，本名特因，時人以其賢智，呼爲薛禪，故又稱特薛禪。孛思忽兒弘吉剌氏，與斡勒忽納氏同宗異族。孛思者，板升之異譯，國語屋也；忽兒者，古闌之異譯，國語圈子也。特因之族築室以居，與遊牧之俗稍異，故謂之孛思忽兒，非氏族之名也。其先世出山，爲火傷其足，故子孫多足病。部人矜其門閥，自云從金缸中出。始祖兒弟三人：長曰楚而魯忽蔑兒干，其後爲弘吉剌氏；次曰哈拜失米，其後爲亦乞列思氏、兀而忽努氏；三曰楚斯布陶，其後爲哈拉奴氏、弘格里約氏。楚而魯忽與弟不和，欲射之。哈拜失米畏而伏馬腹下，楚而魯忽憐之，射其耳環，故有蔑兒干之號。其部居長城之北，近哈剌温只山。特薛禪之父達爾罕生五子：曰特因，曰哈達，曰布奔，曰乃古塔爾，曰崔和爾，皆娶蒙古女。

太祖年九歲，從也速該至舅家，將爲之乞昏，中道遇特薛禪，奇太祖狀貌，延也速該至其家，請婚焉，遂以光獻皇后孛爾台歸太祖。事具《后妃傳》。特薛禪嘗言，「吾弘吉剌氏，向不與汝家争人民、土地。生女既長，則乘大車駕黑駝，嫁汝貴族，往往爲可敦。」後太祖有命：「弘吉剌氏生女世爲后，生男世尚公主。」每歲四孟月宣讀此敕，世世勿絶焉。

庚申，太祖敗泰亦兀赤。合塔斤、撒勒只兀特二部不自安，糾合朵兒邊等十部會於阿洌灰泉，潛師來襲，弘吉剌部亦從之，特薛禪之宗人帖兒格克額蔑勒、阿勒灰等與之同盟。特薛禪知其謀，遣使告變。太祖與王罕合兵禦之，特薛禪率所部來會，大敗之。初，帖兒格克額蔑勒與太祖友善，太祖以女布亦塞克妻之，帖兒格克額蔑勒嫌其貌寢，稱如蝦蟆，不欲娶，遂與太祖絶。至是爲太祖所殺。

特薛禪三子：長曰按陳，次曰火忽，三曰册。

按陳率三千騎，從太祖平諸部。太祖元年，與弟火忽、子赤苦，俱封千户。從合撒兒徇遼東，又從木華黎經略中原，爲十提控之一。大兵入陝西，别將斷潼關道。二十二年，從太祖平西夏，賜號國舅諸顔。太宗八年，賜東平五千二百户爲食邑，授爲萬户。九年，賜錢二十萬貫。按陳以外戚從征討，前後三十二戰，皆有功。卒，葬官人山。元貞元年，追封濟寧王，謚忠武。妻哈真，追封濟寧王妃。

長子赤古，尚太祖第三女鄆國公主秃滿倫。太祖七年，大軍攻德興府失利，赤古與拖雷率所部再進，敵軍卻退，先登拔其城。追封寧濮郡王。

赤古曾孫寧濮郡王昌吉，尚鄆國大長公主忙哥台。昌吉弟岐王脱脱木兒，尚桑哥不剌公主。

按陳次子斡陳，太宗十年授爲萬户，尚拖雷女魯國大長公主也速不花。斡陳卒，葬不海韓。

弟納陳，尚魯國公主薛只干。憲宗七年，襲爲萬户，從憲宗伐宋，攻合州。又從世祖南伐，略地至大清口，獲戰艦百餘艘。又平山東濟、兖、單等州。中統二年，偕諸王禦阿里不哥，以其子哈海、脱歡、斡羅陳等十人自從。至莽來，由失木魯與阿里不哥之黨八兒哈八兒思等戰，追北至孛羅克禿，復戰，自旦至夕，斬首萬級。卒，葬末懷禿。

斡羅陳，襲萬户，尚完澤公主，公主卒，繼尚囊家真公主。至元十四年，斡羅陳弟只兒瓦台叛，挾斡羅陳北去，並竊太祖所賜誓券。未幾，斡羅陳爲只兒瓦台所殺，其左右張應瑞逃歸。世祖嘉之，賜鈔五百緡，命應瑞輔斡羅陳子諦瓦不剌，收其部衆。

諦瓦不剌，亦譯爲琱阿不剌，尚武宗妹皇姑徽文懿福貞壽大長公主祥哥剌吉，封魯王，開府應昌。以應瑞爲魯王傅，封薊國公。大德十一年，賜諦瓦不剌金印。至大二年，賜平江稻田一千五百頃。三年，諦瓦不剌卒，葬末懷禿。

斡羅陳又一弟曰帖木兒，繼尚囊家真公主。至元十八年，襲萬户。二十四年，乃顔叛，從車駕親征，以功封濟寧郡王，賜白繖蓋以寵之。明年，從成宗及玉昔帖木兒討哈丹秃魯干，遇於貴列兒河，轉戰至惱河，殲其衆，以功賜號按察兒秃那顔。卒，葬末懷秃。

子桑哥不剌幼，至元二十七年以其弟蠻子台襲萬户，亦尚囊家真公主。成宗即位，封皇姑魯國大長公主，以金印封蠻子台爲濟寧王。率所部討海都、篤哇，賊未成列，單騎突其陣，往復數四，賊大擾，一戰克之。時武宗鎮北庭，詔蠻子台總領蒙古軍民官，輔武宗守莽來。囊家真公主卒，尚皇太子真金之女魯國大長公主喃哥不剌。蠻子台卒，年五十有二。

阿里嘉室利，諦瓦不剌適子也。至大三年，甫八歲，襲萬户。四年七月，襲封魯王，尚朵兒只班公主。元統元年，阿里嘉室利卒。至順間，加朵兒只班號肅雍賢寧公主。

桑哥不剌，自幼奉世祖命養於斡可真公主，是爲不只兒駙馬。後襲領本部民四百户。成宗時，尚普納公主，至順間封鄆安大長公主，賜桑哥不剌金印，封鄆安王，職千户。元統元年，授萬户。二年，加封鄆安公主號皇姑大長公主，進封桑哥不剌魯王。卒，年六十一。

此皆以駙馬襲王封者也。

按陳之子唆兒火都，以戰功遥授左丞相，爲千户，仍賜塗金銀章及金銀海青圓符五、駋券六。

其子曰阿哈駙馬，當憲宗時嘗率兵克徐州，以功受黄金一錠、白金十錠及銀鞍勒，仍命襲父官。

至世祖時，詔弘吉剌萬户原受駋券、圓符皆仍舊，惟唆兒火都諸孫若孛羅沙、伯顔、蠻子、添壽不花、大都不花、掌吉等，及阿哈之孫曰也速達兒，與按陳之弟名册者，自太祖以來先後授本藩蒙古軍站千户。

册之子曰哈兒哈孫，以平金功，賜號拔都兒。哈兒哈孫之孫曰都羅兒，至元四年授光禄大夫，以銀章封懿國公。

有脱憐者，亦按陳之後。世祖授本藩千户，仍賜駋券、圓符各四，命守怯魯連河。二十四年，從族父按答兒禿征乃顔有功，亦賜號拔都兒。卒，子迸不剌嗣。迸不剌卒，子買住罕嗣。買住罕尚拜答沙公主。卒，弟孛羅帖木兒嗣。泰定二年，封郡王。至元五年，進封毓德王，賜金印。孛羅帖木兒卒，買住罕孫阿失襲千户。

有名丑漢者，按陳次子必哥之裔孫，尚台忽魯都公主。仁宗朝，封安遠王，以兵守莽來有功。

有答兒罕，亦特薛禪之裔孫，以戰功，世祖賜以拔都兒之號，加賜黄金一錠。其子曰不只兒，從征乃顔，禽其將金剛奴，世祖以金帶賜之。

又按陳之孫納合，尚太宗唆兒哈罕公主。火忽之孫不只兒，尚斡可真公主。又特薛禪諸孫有名脱羅禾者，尚不魯罕公主，繼尚闊闊倫公主。

此皆尚公主爲駙馬者也。

凡其女之爲后者，自光獻翼聖皇后以降，憲宗貞節皇后諱忽都台及后妹也速兒，皆按陳從孫忙哥陳之女。世祖昭睿順聖皇后，諱察必〔一〕，濟寧忠武王按陳之女；其諱帖古倫者，按陳孫脱憐之女；諱喃必册繼守正宫者，納陳孫僊童之女。成宗貞慈静懿皇后諱實憐答里，斡羅陳之女也。順宗昭獻元聖皇后諱答吉，則按陳孫渾都帖木兒之女。武宗宣慈惠聖皇后諱真哥，脱憐子迸不剌之女；其諱速哥失里者，按陳從孫哈兒只之女。泰定皇后諱八不罕，按陳孫斡留察兒之女；其諱必罕、諱速哥答里者，皆脱憐孫買住罕之女。明宗皇后諱不顔忽都者，孛羅帖木兒之女。文宗皇后諱不答失里，諦瓦不剌之女。他若仁宗莊懿慈聖皇后、寧宗皇后答里也忒迷失、裕宗徽仁裕聖皇后、顯宗宣懿徽聖皇后，俱弘吉剌氏，而軼其所出。此則弘吉剌氏之爲皇后者也。

初，弘吉剌氏族居於苦烈兒温都兒斤、迭烈不兒、也里古納河之地。太祖九年，在迭蔑可兒之地，有旨分賜按陳及其弟火忽、册等農土，若曰：「是苦烈兒温都兒斤，以與按陳及哈撒兒爲農土。」申諭按陳曰：「可木兒温都兒、答兒腦兒、迭蔑可兒等地，汝則居之。」諭册曰：「阿剌忽馬乞迤東，蒜吉納禿山、木兒速拓、哈海斡連直至阿只兒哈温都、哈老哥魯等地，汝則居之。當以胡盧忽兒河北爲鄰，按赤台爲界。」又諭火忽曰，「哈老温迤東，塗河、潢河之間，火兒赤納慶州之地，與亦乞列思爲鄰，汝則居之。」又諭按陳之子唆魯火都曰：「以汝父子能輸忠於國，可木兒温都兒迤東，絡馬河至於赤山，塗河迤南與國民爲鄰，汝則居之。」

至至元七年，斡羅陳萬户及其妃囊加真公主請於朝曰：「本藩所受農土，在上都東北三百里答兒海子，實本藩駐夏之地，可建城邑以居。」帝從之，遂名其城爲應昌府。二十二年，改爲應昌路。元貞元年，濟寧王蠻子台亦尚囊加真公主，與公主請於帝，以應昌路東七百里駐冬之地創建城邑，復從之。大德元年，名其城爲全寧路。

弘吉剌之分邑，得任其陪臣爲達魯花赤者，有濟寧路及濟、兖、單三州，鉅野、鄆城、金鄉、虞城、碭山、豐縣、肥城、任城、魚臺、沛縣、單父、嘉祥、磁陽、寧陽、曲阜、泗水十六縣。此丙申歲之所賜也。至元六年，升濟州爲濟寧府，十八年始升爲路，而濟、兖、單三州隸焉。又汀州路長汀、寧化、清流、武平、上杭、連城六縣，此至元十三年之所賜也。又有永平路灤州、盧龍、遷安、撫寧、昌黎、石城、樂亭六縣，此至大元年之所賜也。若平江稻田一千五百頃，則至大二年所賜也。其應昌、全寧等路則自達魯花赤總管以下諸官屬，皆得專任其陪臣，而王人不與焉。

此外，復有王傅府，自王傅六人而下，其羣屬有錢糧、人匠、鷹房、軍民、軍站、營田、稻田、煙粉千户、總管、提舉等官，以署計者四十餘，以員計者七百餘。其五户絲、金鈔之數，則丙申歲所賜濟寧路之三萬户，至元十八年所賜汀州路之四萬户。絲以斤計者，歲二千二百有奇。鈔以錠計者，歲一千六百有奇，此則所謂歲賜者也。

孛秃，亦乞列思氏。父捏坤，爲泰亦兀赤部下人。太祖嘗潛使朮兒徹歹至也兒古納河，孛秃知爲帝所遣，留宿於家，殺羊以享之。朮兒徹歹馬疲，復假以良馬。及還，孛秃待之有加禮。朮兒徹歹具以告，帝大悦，許以皇妹帖木倫妻之。孛秃家遣也不堅歹等來請婚，且致詞曰：「聞威德所加，若雲開見日，春風解凍，喜不自勝。」太祖問：「孛秃孳畜幾何？」對曰：「有馬三十匹，請以其半爲聘禮。」帝曰：「婚姻而論財，殆若商賈矣。昔人有言：同心實難。吾方欲經營天下，汝等從孛秃效忠於我可也，何論財爲？」竟以皇妹妻之。

及札木合等以兵三萬來襲，捏坤知其謀，遣波欒歹、磨里秃秃來上變。太祖得先備之，於是有十三翼之戰。

帖木倫卒，復妻以皇女火臣别吉，命哈兒八台之子也可忽林圖帶弓箭以侍。哈兒八台，火魯剌斯氏，與弘吉剌氏同宗異族，矜其門閥，乃曰：「吾兒豈能爲人奴隸：寧死不爲也！」太祖命孛秃率千人討之，哈兒八台令月列等拒戰於碗圖河。孛秃禽月列，刺殺也可忽林圖，哈兒八台走渡拙赤河，又禽之。

癸亥，太祖爲王罕所敗，退至班朱尼河。時孛秃亦敗於火魯拉斯，與太祖相遇。火魯拉斯人搠斡思、察罕等來降。

太祖即位，大封功臣，授孛秃千户。從伐金，命孛秃取阿篤亦馬合等城，以功賜冠、懿二州爲分地。從平西夏。太祖崩，旬日，孛秃亦卒。後追贈推忠宣力佐命功臣、太師、開府儀同三司、駙馬都尉、上柱國，進封昌王，謚忠武。子鎖兒哈襲封。次子帖堅干，尚亦乞列思公主，繼尚茶倫公主。

鎖兒哈，事太宗，擢萬户。伐宋，克嘉州，遣使獻捷，帝曰：「若父宣力國家，朕昔見之。今鎖兒哈克光前烈。」賜以金錦、金帶、七寶鞍，召至中都，以疾卒。追贈宣忠保大翼運開國功臣、太師、開府儀同三司、駙馬都尉、上柱國、昌王，謚忠定。鎖兒哈先後尚皇子闊出之女安秃公主及宗女不海罕公主。安秃公主生女爲憲宗皇后。

子札忽兒臣，從定宗討萬奴有功，太宗命親王按赤台以女也孫真公主妻之。卒，贈推誠靖宣佐運贊治功臣、太師、開府儀同三司、駙馬都尉、上柱國，襲封昌王，謚忠靖。

札忽兒臣二子：長月列台，娶皇子賽因主卜女哈答罕公主，生脱別台，與乃顏戰有功。次忽憐。

忽憐，尚憲宗女伯牙魯罕公主。諸王脱黑帖木兒劫北平王那木罕以叛，世祖命忽憐討之，大戰終日，脱黑帖木兒敗走。帝嘉之，復令尚憲宗孫女不蘭奚公主。宋平，以廣州爲其分邑。乃顏叛，世祖親征。薛徹堅等與乃顏黨哈丹屢戰，帝召忽憐至，值薛徹堅戰於程火失温之地，哈丹衆甚盛，忽憐以兵二百迎敵，敗之。哈丹走度猱河。踰年，夏，帝復命忽憐討之。至曲列兒、塔兀兒二河之間，大戰，其衆皆渡塔兀河遁去，餘百人逃匿山谷。忽憐率兵三百徒步追之，薛徹堅止之曰：「彼亡命者，安得徒行？」忽憐不聽，盡搜而殺之。薛徹堅以聞，賜金一鋌、銀五鋌。又踰年，復與哈丹遇於兀剌河。忽憐夜率千人潛入其軍，大敗之。帝賜鈔五萬貫、金一鋌、銀十鋌。忽憐卒，贈效忠保德輔運佐理功臣、太師、開府儀同三司、駙馬都尉、上柱國，追封昌王，謚忠宣。

子阿失，事成宗。篤哇叛附海都，帝遣晉王甘麻剌並武宗帥師討之。大德五年，戰於哈剌答山，阿失射篤哇，中其膝，擒殺甚多，篤哇號哭而遁。武宗解衣賜之，成宗加賜珠衣。阿失尚成宗女亦里哈牙公主，復尚憲宗曾孫女買的公主。亦里哈牙生二女：曰速哥八剌，爲英宗正后，曰亦憐真八剌，爲泰定帝正后。武宗即位，封阿失昌王，賜金印。仁宗時賜寧昌縣爲食邑，仍拜文豹及海青白鶻之賜。英宗即位，賜鈔二萬錠，西馬及七寶帶各一。太皇太后加賜鈔萬錠。

阿失卒，子八剌失里襲封昌王，尚煙合牙公主。子沙藍朵兒，襲昌王，尚月魯公主。

忽憐從弟不花，尚世祖女兀魯真公主。其弟鎖郎哈，娶皇子忙哥剌女奴兀倫公主，生女，是爲武宗仁獻章聖皇后，實生明宗。

又忽憐從弟寧昌郡王唆都哥，尚魯魯罕公主，繼尚魯倫公主。子卜鄰吉歹，襲寧昌郡王，尚普顔可里美思公主。

史臣曰：周之諸侯，同姓曰伯父，異姓曰伯舅，不獨宗子維城，即異姓婚姻之國，其屏藩王室，無異同姓也。後世外戚之禍，史不絕書，能謹飭自守者已罕矣。惟蒙古弘吉剌氏、亦乞列思氏，世通婚姻，與國終始，其子孫皆能以功名自奮，自只兒瓦台外，不聞有蹈於罪戾者。當時史臣以爲舅甥之貴，媲於周室，信矣哉！

【校勘記】

〔一〕「諱」，原作「韓」，據本書《后妃傳》及《元史》卷一一八列傳第五《特薛禪傳》改。

新元史卷之一百十六　列傳第十三

阿剌兀思剔吉忽里 闊里吉思　朮忽難　朮安　巴而朮阿而忒的斤 亦都護 火赤哈兒的斤　紐林的斤　帖木兒補化　伯顔不花的斤

阿剌兀思剔吉忽里，汪古部長也。蒙古語：汗之子弟爲剔吉，亦曰的斤；統數部之長爲忽里。阿剌兀思，則其名也。汪古部乃白達達十五部之一，本爲布而古特，亦曰貝而忽特，遼人稱爲烏而古，屢降屢叛。後爲金人所撫，屬西北路招討司。大定後，北族漸强，金塹山爲界，以限南北，烏而古部有帳四千，居界垣之衝要，屏蔽山後諸州。蒙古謂長城曰盎古，又譌爲汪古云。

太祖既滅王汗，乃蠻太陽汗懼，遣使約阿剌兀思請爲右臂，助攻太祖。部衆有欲從之者，阿剌兀思聞太祖威名，度不敵，遣部將脱兒必塔失奉酒六樽，執送乃蠻使者，以其謀來告。時蒙古但飲湩酪，無酒。太祖飲三爵而止，曰：「是物少則發性，多則亂性。」使還，酬以馬五百、羊千，且謂阿剌兀思曰：「異日吾有天下，不報汝之功，天實鑒之！」遂定議同伐乃蠻。甲子，太祖親征乃蠻，阿刺兀思果先期以部衆來會。太祖元年，世襲千户。六年，伐金。車駕先至其部，以阿刺兀思爲嚮導，南逾界垣。太祖命還鎮本部，爲其部衆欲從乃蠻者所殺，並殺其長子不顔昔班。後追封高唐王，謚忠武。

不顔昔班尚太祖第三女阿刺罕公主。至是，公主同阿刺兀思之孫鎮國及幼子孛要合，夜遁至界垣，門已閉，守者縋而納之，遂避地於雲内州。及太祖平雲内，購得之，厚加賜與。以孛要合尚幼，先封鎮國爲北平王，以國俗尚阿刺罕公主。太祖征西域，以孛要合從，阿刺罕留漠南，號監國公主。公主明敏有智略，侍女數千人給事左右，軍國大事，雖木華黎國王亦咨禀而後行。

鎮國卒，子聶古伯嗣。尚睿宗女獨木干公主，略地江淮，卒於軍中，賜興州民户千餘給其喪。

孛要合自西域返，封北平王，仍約世婚，敦朋友之好，號按達忽答，譯言親好也。復尚阿刺罕公主。孛要合三子，皆侍妾所出，曰君不花，曰愛不花，曰拙里不花。君不花尚定宗女葉里密失公主，從憲宗攻宋合州。宋人乘壁而詬，有傍坐張蓋者，矢石莫能及。君不花一箭殪之，遂平其壘。卒，謚忠襄。三子：曰囊家台，曰喬鄰察，曰安童。

囊家台尚亦憐真大長公主，封趙王。卒，謚忠烈。子馬札罕，尚桑哥八刺大長公主。

泰定元年，封趙王。泰定帝崩，起兵討大都，兵敗被執而死。

喬鄰察，尚宗王阿只吉女回鶻公主，封趙王。卒，謚康僖。

愛不花，尚世祖季女月烈公主。中統初，從征阿里不哥，敗叛將闊不花於按檀火爾歡。三年，從親王撥綽、諸王帖哥圍李壇於濟南，當城南一面。賊數出南門，輒爲愛不花所卻。壇伏誅，又從丞相伯顔征西北叛王，敗撒里蠻於孔古烈。卒，謚武襄。愛不花四子，皆月烈公主所出：曰闊里吉思；曰也先海迷失，早卒；曰阿里八斛；曰朮忽難。愛不花卒，闊里吉思嗣。

拙里不花，鎮雲南，卒。子火思丹，尚宗王卜羅出女竹忽真公主。

闊里吉思，性勇毅，習武事，尤篤好儒術，築萬卷堂於私第，日與諸儒討論經史，陰陽術數，靡不通曉。在北邊爲廟以祀孔子，表賀聖節獨用漢文。尚裕宗女忽答迭迷失公主，繼室以成宗女愛牙失理公主。奉命駐和林，防叛王海都。至元二十四年〔一〕，諸王也不干叛，東附乃顔。闊里吉思率千餘騎，晝夜兼行，旬日追及之。方暑，北風大作，左右以風勢不順，請待之。闊里吉思曰：「夏得北風，天贊我也。」策馬徑進，賊大敗，也不干以數騎遁走。闊里吉思身中三矢，一矛斷其髮。凱旋，賜黃金三斤、白金千五百斤。

成宗即位，封高唐王，賜金印。駙馬封王，自闊里吉思始也。

是時，海都、篤哇屢擾北邊，闊里吉思請往討賊〔二〕，成宗不許。再三請，乃許之。瀕行，誓曰：「不平西北，吾馬首不南。」大德元年，遇賊於伯牙思之地，衆請俟大軍畢至，與之戰。闊里吉思曰：「大丈夫報國，而待人耶？」即整軍而進，大敗之。詔賜世祖所服貂裘、寶鞍，及繒錦七百匹，介冑軍器有差。

二年，諸王將帥議防邊，皆曰：「賊往歲不冬出，可休兵境上。」闊里吉思曰：「不然。今秋候騎漸少，所謂鷙鳥將擊，必匿其形，備不可緩也。」衆不謂然，闊里吉思獨嚴兵以待。是冬，篤哇、徹徹禿等果出兵，襲合剌合塔之地。闊里吉思三戰三卻之，乘勝逐北深入，馬蹶被執。賊誘使降，不從。又欲以女妻之，闊里吉思毅然曰：「我帝婿也，非帝后命而再娶，可乎？」賊不敢逼。成宗憫闊里吉思陷賊，欲遣使詢其消息，其家臣有阿昔思者，衆稱其可用，乃遣阿昔思使於篤哇。遇之稠人中。闊里吉思一見，即問：「兩宮安否？」次及其嗣子。語未畢，爲左右引去。闊里吉思竟不屈而死。

九年，贈推忠宣力崇文守正亮節保德功臣、太師、開府儀同三司、上柱國、駙馬都尉，諡忠獻。並追贈曾祖阿剌兀思高唐忠武王，祖孛要合高唐武毅王，父愛不花高唐武襄王。

以子朮安幼，詔闊里吉思弟朮忽難襲高唐王，尚宗王兀魯解女葉綿干真公主，卒，繼尚宗王奈剌不花女阿實禿忽魯公主。朮忽難才識英偉，善撫衆，境内乂安。痛闊里吉思死節，表請恩卹。又請翰林學士承旨閻復勒其事於碑。教養朮安過於己子。至大元年，朮忽難進封趙王。時朮安已長，朮忽難以王位讓之。朮安既襲趙王，尚普王甘剌麻之女阿剌的納八剌公主。一日，召王傅脱歡、司馬阿昔思，謂之曰：「先王旅殯卜羅，荒遠之地，神靈靡托，吾痛不欲生。若得請於朝，歸葬先塋，吾死瞑目無憾矣。」二人白其事於知樞密院事也里吉尼，奏聞，武宗嘉歎曰：「朮安孝子也。」賜阿昔思黄金一瓶，與脱歡子失忽都魯、朮忽難子阿魯忽都、斷事官也先等十九人，馳馹以往，復賜從者鈔五百貫。淇陽王月赤察兒等遣兵六百人，護其行至殯所，啟視面如生，遂歸葬焉。

阿里八解尚宗王完澤女奴倫公主。鎮國子聶古台尚拖雷女獨木干公主，襲北平王，追封鄃王，無子，以朮忽難嗣。朮忽難以趙王讓還朮安，而己還襲鄃王，卒，謚忠襄。

巴而朮阿而忒的斤亦都護，亦都護者，畏兀兒國之王號也。畏兀兒即唐之回鶻，以和林爲王庭。會昌中，回鶻内亂，又爲鄰國所攻，焚其牙帳，諸部潰散。餘衆徙於火州，兼有別失八里之地，北至阿朮河，南接夏之肅州，東至兀敦、甲石哈，西界吐番，改稱畏兀兒。至巴而朮阿而忒的斤之父月仙帖木兒，爲西遼屬國。

及巴而朮阿而忒的斤嗣位，西遼主直魯古使其太師僧沙均監其國，恣睢自擅。巴而朮阿而忒的斤不能堪，用國相仳理伽帖木兒計，結蒙古爲外援，遂殺沙均，遣其臣別吉思與阿鄰帖木兒等來納款，時太祖四年也。受命未行，適太祖遣使者安魯不也奴等至其國。巴而朮阿而忒的斤大悦，厚禮之，命別吉思等偕使者入朝，致辭曰：「聞往來人言，可汗雄威大度，善撫百姓，方棄哈剌契丹舊好，遣使通誠，並以古兒汗國情上達。不意遠辱天使先臨下國，譬雲開見日，冰泮得水，喜不自勝。而今而後，願率部衆爲臣爲子，竭犬馬之勞。」

是時，蔑兒乞脱黑脱阿中流矢死，其子忽禿等函其父首渡額兒的失河，將來奔，先遣其屬額不干通款於畏兀兒，巴而朮阿而忒的斤殺之。忽禿至，與畏兀兒人戰於嶄河，敗走。巴而朮阿而忒的斤知蔑兒乞爲太祖深仇，別遣使者曰阿兒思蘭斡乞，曰忽察魯斡乞，曰孛羅的斤，曰亦難海牙，輕騎出別吉思等之前來告捷。既而別吉思等偕安魯不也奴等亦至，太祖大悦曰：「亦都護果能輸誠戮力於我。」仍遣安魯不也奴等往勞，且徵方物。尋遣使賫珍寶方物入貢。

六年春，覲太祖於客魯漣行宫，奏言：「儻恩顧臣，使遠近知臣得託陛下襟帶之間，附四子之末，幸甚！」太祖感其言，字以皇女阿勒可敦公主，序在第五子之列。

十四年，車駕親征西域，巴而朮阿而忒的斤率萬人從行，與皇子朮赤同克養吉干城。奉命率所部先歸。後又從征西夏，有功。初，太祖以阿勒可敦公主字巴而朮阿而忒的斤，其正妃妒，不令娶。迨妃死，太宗即位，方議遣公主下嫁，公主旋卒。未幾，巴而朮阿而忒的斤亦卒。

子怯石邁因嗣。卒，弟薩侖的斤嗣。憲宗初，薩侖的斤來朝。别失八里有造飛語者謂：「薩侖的斤欲盡殺奉天方教之部民。」其僕訐於官。時賽甫曷丁監治别失八里，要薩侖的斤歸，詢之，無其事。然其僕猶堅證之。事聞於朝，命忙哥撒兒覆按。刑訊薩侖的斤，誣服，乃殺之。命其弟玉古倫赤的斤代立。憲宗方有慊於太宗子孫，凡太宗舊人在畏兀兒者，緣此斥逐殆盡。玉古倫赤的斤卒，子馬木剌的斤嗣。率探馬赤萬人從憲宗入蜀，圍合州。師還，卒。

至元三年，世祖命其子火赤哈兒的斤嗣。後爲海都所攻，畏兀兒部衆迸散，詔火赤哈兒的斤收撫之。二十二年，篤哇、卜思巴率兵十二萬，圍火州，聲言：「阿只吉、奥魯赤有衆三十萬，猶不能抗我，汝敢以孤城拒我乎？」火赤哈兒曰：「吾祖宗世國於此，生爲吾家，死爲吾墓，終不能從爾也。」圍六月，不解。篤哇以書繫矢射於城中曰：「我亦太祖諸孫，何以不附我？且汝祖曾尚公主，汝能以女與我，則罷兵。不然，且亟攻汝。」火赤哈兒曰：「吾豈惜一女，不救民命？然吾終不見之。」出其女也立亦黑迷失，厚載以茵，縋城下與之。篤哇乃解去。後火赤哈兒入朝，世祖嘉歎。尚定宗女巴哈兒公主，並賜鈔二十萬錠振其民。火赤哈兒以火州荒殘，徙於州南哈密力之地。兵力寡弱，北軍奄至，戰殁。三子：紐林的斤，次欽察台，次雪雪的斤。

紐林的斤尚幼，詣闕請兵爲父復仇，世祖壯其志。尚太宗女孫不魯罕公主，公主卒，繼尚其妹八卜叉公主。詔紐林的斤留永昌，俟與北征諸將同發。會吐番脱思麻作亂，命以榮禄大夫、平章政事，領本部探馬赤萬人鎮吐番。至大初，召還，嗣爲亦都護，賜金印。延祐三年，始稽故實，封爲高昌王，別賜駝紐金印，爲設王傅官。其王印行於漢地，亦都護印行畏兀兒境内。八卜叉公主卒，繼尚安西王阿難答女兀剌真公主。復立畏兀兒城。五年，卒。三子：曰帖木兒補化，曰籛吉，曰太平奴。

帖木兒補化，大德中尚闊端太子女孫朵兒只思蠻公主。至大中，從父入朝，留備宿衛，又事皇太后於東朝，以中奉大夫領亦都護事。又出爲鞏昌等處都總帥達魯花赤。讓王位於叔父欽察台，辭不受，乃嗣爲高昌王。至治中，領甘肅諸軍，仍治本部。泰定中，召還。自此畏兀兒之地入於察合台後王。帖木兒補化旋奉命與威順王寬徹不花等分鎮襄陽，拜開府儀同三司、湖廣行省平章政事。致和元年，以懷王命召至大都，佐平内難。時湖廣行省左丞有罪，詔誅之，帖木兒補化爲之申請，竟獲免。其人素與帖木兒補化不協，皆服其雅量。留拜開府儀同三司、上柱國、録軍國重事、知樞密院事，以亦都護高昌王讓其弟籛吉。天曆二年，拜中書左丞相。三月，改太子詹事。十月，又拜御史大夫，改知樞密院。元統元年，再爲御史大夫。後至元六年，拜中書左丞相，監修國史。至正元年，罷。十一年，有譖帖木兒補化於丞相脱脱者，誣以謀害大臣，脱脱奏殺之，並殺御史大夫韓嘉納，又欲殺帖木兒補化弟太平奴。刑部尚書宋文瓚以無信讞駁之，始獲免。

籛吉，至順二年以亦都護高昌王讓太平奴。卒，子月魯帖木兒襲。卒，子桑哥襲。

雪雪的斤，駙馬都尉，中書右丞相，封高昌王。子朵兒的斤，駙馬都尉，江浙行省丞相，封荆南王。朵兒的斤子伯顔不花的斤。

伯顏不花的斤，字蒼崖，倜儻好學。初用父蔭，同知信州路事，又移建德路。徽州賊犯遂安，伯顏不花的斤將義兵敗之，又擒淳安叛賊方清之，以功擢本路總管。至正十六年，授衢州路達魯花赤。明年，行樞密院判官。阿魯灰引兵經衢州，軍無紀律，所過剽掠。伯顏不花的斤曰：「阿魯灰以官軍而爲民患，此國賊也。」乃帥兵逐之出境。遷浙東都元帥，守衢州。頃之，擢江東道廉訪副使。

十八年二月，江西陳友諒遣賊黨王奉國等號二十萬寇信州。明年正月，伯顏不花的斤自衢引兵援之，奉國敗走。時鎮南王大聖奴、樞密院判官席閏等屯兵城中，聞伯顏不花的斤至，開門出迎，羅拜馬前。伯顏不花的斤登城四顧，誓以破賊自許。後數日，賊復攻城，伯顏不花的斤大饗士卒，約曰：「今日破賊，不用命者斬。」乃命裨將大都閭將阿速諸軍及民兵爲左翼，出南門；高義、范則忠將信陽一軍爲右翼，出北門；自與忽都不花將沿海諸軍爲中軍，出西門。直入賊營，斬首數千級，賊亂，幾擒奉國。援賊突至，忽都不花復勒兵力戰，破之。

二月，友諒弟友德營於城東，繞城植木柵，攻我益急。又遣僞萬户周伯嘉來説降。高義潛與賊通，紿忽都不花等，謂與奉國相見，則兵釁可解。忽都不花信之，率范則忠等十人往見，奉國囚之不遣。明日，奉國令高義以計來誘伯顏不花的斤。時伯顏不花的斤坐城上，見高義單騎來，伯顏不花的斤謂曰：「汝誘十帥，無一人還，今復來誘我耶？我頭可斷，足不可移。」乃數其罪斬之。由是日夜與賊鏖戰。

夏四月，有大呼於城下者曰：「有詔。」參謀海魯丁臨城問：「詔自何來？」曰：「江西來。」海魯丁曰：「此賊耳。吾元朝臣子，可受爾僞詔乎？」呼者曰：「我主聞信州久不下，知爾忠義，故來詔。爾徒守空城，欲何爲耶？」海魯丁曰：「汝聞張睢陽事乎？」僞使者不答而去。伯顏不花的斤笑曰：「賊欲我降爾。城存與存，城亡與亡，吾計之熟矣。」時軍民唯食草苗茶紙。既盡，括靴底煮食之。又盡，掘鼠羅雀以食。

六月，奉國親來攻城，晝夜不息。賊穴地百餘道，或魚貫梯城而上。萬户顧馬兒以所部叛，城遂陷。席閏降，大聖奴、海魯丁皆死之。伯顏不花的斤力戰不勝，乃自刎。其部將蔡誠盡殺妻子，及蔣廣與賊巷戰。誠遇害，廣爲奉國所執。賊愛廣勇敢，誘之降。廣曰：「我寧爲忠死，不爲降生。汝等草寇，吾豈屈汝乎？」賊怒，磔之。有陳受者，信州人。伯顏不花的斤知受有膂力，募爲義兵。戰敗，爲賊擒，罵不屈，賊焚殺之。

先是，伯顏不花的斤援信州，嘗南望泣下曰：「我爲天子司憲，知上報天子，下拯生民，餘皆無可恤，所念者太夫人耳。」即日入拜其母鮮于氏曰：「兒今不得事母矣。」母曰：「爾爲忠臣，吾即死復何憾！」鮮于氏，太常典簿樞之女也。伯顏不花的斤因命子也先不花奉其母間道入福建，以浙東廉訪司印送行御史臺，力守孤城而死。事聞，賜謚曰桓敏。

史臣曰：阿剌兀思、巴而朮阿而忒的斤，咸早識真主，自託於肺附之列，宜可以憑藉恩寵，世爲藩臣。乃阿剌兀思爲部人所殺，亦都護之疆域亦見併於强鄰，雖其子孫不失富貴，然社稷則墟矣。殆所謂積弱之餘，不能自振者歟？

【校勘記】

〔一〕「二十四年」，「二」原作「三」。按本書卷一一〇《太祖諸子傳五·也不干》「二十四年，乃顏叛，遣使誘河間王也不干，也不干應之」，「二十四年，乃顏叛，也不干率所部東走應之」，據改。

〔二〕「闊里吉思」，「吉」字原脱，據上文補。

新元史卷之一百十七　列傳第十四

札木合　塔而忽台　脱黑脱阿〔一〕

札木合，札只剌氏。太祖九世祖孛端察兒生札只剌歹，其母乃札兒赤兀惕兀良合之婦，已有身，爲孛端察兒所掠，及生子，名以札只剌歹，義謂他人子也，是爲札只剌氏之祖。札只剌歹生土古兀歹，土古兀歹生不里不勒朮魯，不里不勒朮魯生合剌合答安，合剌合答安生札木合。

札木合幼與太祖親密，約爲按答。太祖十一歲，於斡難河冰上爲髀石之戲，札木合以麕子髀石贈太祖，太祖以灌銅髀石報之。又與太祖習射，以牛角骲箭贈太祖，太祖以柏木髅頭骲箭報之。二人情好甚篤。

烈祖卒，部衆多叛去，札木合亦率所部歸於泰亦兀赤。太祖光獻皇后爲蔑兒乞人所掠，太祖求救於王汗，約札木合助太祖。太祖使合撒兒、別勒古台告於札木合，札木合允之，且曰：「吾聞三種蔑兒乞：托黑脱阿在不兀剌客額兒之地，答兒兀孫在斡兒洹、薛涼格兩河間塔勒渾阿刺勒之地，答兒馬剌在合刺只客額兒之地。若以豬鬃草縛筏，徑渡勤勒豁河，至托黑脱阿所居，猶從天窗入室，其部衆可襲而虜之。」議定，使王汗取道不兒罕合勒敦，太祖待札木合於孛脱罕孛斡兒只之地。札木合率二萬騎溯斡難河而西，來會師。既而王汗與其弟札合敢不，分率二萬騎，東踰不兒罕合勒敦，趨太祖行營客魯漣河源不兒吉之地。太祖至不兒罕山塔納河邊，逆王汗不遇，乃改道至乞沐兒合阿因勒合剌合納，始與王汗軍合。遂溯斡難河源至孛脱罕孛斡兒只，則札木合已先三日至矣。札木合愠曰：「吾與人期會不避風雨，達達輩一諾如盟，何後也？」王汗媿謝。乃合軍而北，結筏夜渡勤勒豁河，襲蔑兒乞部衆，大破之。脱黑脱阿與答亦兒兀孫遁走，獲其妻孥，並執答兒馬剌。太祖遂迎歸光獻皇后。王汗返土兀剌河之黑林，太祖與札木合返豁兒豁納黑主不兒。

太祖以金帶、牝馬贈札木合，札木合亦以金帶、有角白馬贈太祖，重與太祖約爲按答，歲餘無間言。一日，太祖與札木合同游於忽勒答合兒崖，札木合曰：「吾緣厓而下，則放馬者有營帳可居，至澗底，則牧羊者有水可飲，真形勢之地也。」太祖不答。俟宣懿皇后至，告之。時光獻皇后在側，言於太祖曰：「吾聞札木合喜新厭舊，彼殆厭我矣。嚮所言，得勿有圖我之意乎？不如去之。」太祖以爲然，乘夜間行，西還闊闊納浯兒。及太祖爲可汗，使阿兒該、合撒兒、察兀兒罕三人告於札木合，札木合以太祖之去歸咎於阿勒壇、忽察兒之離間，以好言復太祖，然心實忌之。

後札木合之弟紿察兒居於斡列該不剌合之地，與太祖部下答兒馬剌牧地相近。紿察兒掠答兒馬剌之馬，答兒馬剌追之，伏於馬鬃上射殺紿察兒，奪馬而回。札木合怒，率所統十三部共三萬人來伐。十三部者，曰泰亦赤兀、亦乞列思、兀魯兀特、布魯特、忙忽特、那牙勤歹、巴普剌思、巴阿鄰歹、合塔斤、撒勒只兀特、朵兒邊、塔塔兒及札答蘭本部也。是時，太祖在古連勒古之地，駙馬孛禿父揑坤在泰亦兀赤部下，遣使來告變。太祖亟召集部衆，爲十三翼，以拒之。戰於答蘭巴泐渚納。太祖兵敗退，札木合斷揑兀歹部人察合剌安之首，繫於馬尾而去。

辛酉，弘吉剌、亦乞列思、豁羅剌思、朵兒邊、塔塔兒、撒勒只兀特、合塔斤等部會於刊河，立札木合爲古兒汗。至秃拉河，舉足蹋岸土，揮刀斬林木，而誓曰：「有洩此謀，如土崩，如木斷。」遂潛師來襲。有火力台者聞之，以語其妻舅麥兒吉台。麥兒吉台使告於太祖，騎以剪耳白馬。夜經一古闌，其將曰忽蘭把阿秃兒，曰哈剌蔑兒巴歹，見而執之。然二將亦心附太祖，贈以良馬使去。火力台遇載札木合白帳者，疾馳得免，見太祖，具告其事。太祖自古連勒古起兵，迎戰於亦提火兒罕之地，大敗之，札木合遁走。

明年，札木合又合乃蠻、蔑兒乞、斡亦剌、泰亦兀赤、朵兒邊、塔塔兒、合塔斤、撒勒只兀特諸部攻太祖，太祖與王汗合兵拒之。太祖以阿勒壇等爲前鋒，王汗使其子桑昆爲前鋒。阿勒壇漏師於札木合將阿不出。次日，兩軍陣於闊亦田之地，札木合軍中有不亦魯黑、忽都合者，能以巫術致風雨，欲順風縱擊太祖。忽反風，雨雪，天地晦冥，諸部兵不能進，多墜死澗谷中。札木合見事敗，乃言：「天不佑我。」策馬潰圍而去。諸部皆潰散，札木合遂大掠合答斤等部。自此札木合不能復振，降於王汗。

太祖與王汗伐乃蠻。札木合言於王汗曰：「帖木真按答曾遣使於乃蠻，今遷延不進，必與乃蠻通。」王汗始疑太祖。

及太祖滅王汗，札木合復奔於乃蠻。太祖親征乃蠻，札木合見太祖軍容甚盛，謂太陽汗曰：「汝初視蒙古兵如羖䍽羔兒，謂蹄皮亦不留。今吾觀其氣勢，殆非昔比矣。」遂引所部遁去，又遣使以乃蠻軍事告於太祖。太祖禽殺太陽汗，朵兒邊、塔塔兒、合塔斤、撒勒只兀惕等部皆降。

札木合部衆盡潰，率左右五人遁入倘魯山。一日，左右炙羱羊而食，札木合呵之，五人怒，乃縛札木合致於太祖。札木合使謂太祖曰：「鴉獲家鵞，奴執主人，按答必有以處之。」太祖以辜恩賣主，不可恕，並其子孫誅之，命泣殺五人於札木合之前。使人謂札木合曰：「我昔與汝爲按答，如車之有轅。汝自離我而去，今又相合，可以從我矣。」札木合曰：

「吾兩人自幼爲按答，因爲人離間，故參差至此。吾羞赧不敢與按答相見。今按答大位已定，如不殺我，則似領有虱，衿有刺，必使按答不能安寢。願恩賜速死爲幸。若使不見血而死，吾魂魄有知，猶當護按答子孫。」太祖乃令其自殺。或云太祖卜殺札木合不入，乃送於伊而乞歹，伊而乞歹截其手足。札木合曰：「此事之當然，使我獲彼，亦必出此也。」札木合譎詐有口辨，時人以薛禪稱之。嘗爲蔑兒乞人所敗，祇餘三十人，無所歸。使人告脱黑脱阿，請爲其子，許之，乃往依脱黑脱阿。一日，見樹間有雀巢，默識之。越日，復過其地，乃謂衆曰：「前年我至此，見有雀哺鷇於此樹，不知是此否？」往視之，果有雀巢，衆服其强記。後脱黑脱阿獨居一帳，無左右，札木合與三十人徑入，脱黑脱阿疑懼，問其來何爲。札木合曰：「我來視護衛何如耳。」脱黑脱阿益懼，以金盃酹馬湩於地，與之盟，盡返其部衆焉。

時太祖仇人附札木合者，曰泰赤兀赤部長塔而忽台，蔑兒乞部長脱黑脱阿，俱爲太祖所滅。

塔兒忽台，太祖五世祖海都次子扯兒黑領昆之後。令穩，遼官名，蒙古語譌爲領昆。領昆長子莎兒郭都魯赤那，與托邁乃汗同時。其子俺巴該，繼哈不勒之汗位，娶婦至塔塔兒部。塔塔兒執之，送於金，金人殺之。俺巴該子哈丹太石。哈丹太石子布達歸附太祖。布達子速敦諸顏領速而圖斯部衆。塔而忽台乃泰亦赤兀阿達爾汗之子〔二〕，與同祖兄弟忽力兒把阿秃兒、盎庫兀庫楚，皆爲泰亦赤兀部長。初，阿達爾汗與烈祖親好，繼而不叶，至以兵相攻。

烈祖崩，太祖方十三歲，塔而忽台兄弟强盛，太祖部衆多叛從泰亦赤兀，札木合亦歸之，於是塔而忽台遂與太祖相仇。塔而忽台性狠毒，人稱之曰開勒而秃克。太祖嘗爲所獲，枷太祖項，一老嫗憐之，爲梳髮，以氈裹其項。既而太祖逸去，遇速而圖斯人鎖而干失剌救之，事具《赤老温傳》。

後札木合與塔而忽台等集三萬人攻太祖，戰於答蘭巴泐渚納，太祖失利。泰亦兀赤部下朱里耶人出獵，遇太祖於烏者兒哲兒們山。朱里耶人以糧糗不給，已歸其半。太祖堅留之。次日，再獵，分以飲食，復驅獸向之，俾多獲。朱里耶人感之，相謂曰：「泰亦赤兀薄待我，帖木真素與我疏，乃厚我如此，真人君之度也。」其部長遂率所部來歸。諸族皆謂泰亦赤兀無道，帖木真能撫衆，亦相率降附。

巴鄰部長述兒哥圖額不干與其子納牙阿禽塔而忽台，欲獻於太祖，中道復縱之，惟父子來降，太祖義之。

時蔑兒乞酋脱黑脱阿遣使糾合泰亦赤兀各部，塔而忽台、忽都答兒、忽里兒把阿秃兒、盎庫兀庫楚等，共會於斡難河沙漠中。太祖與王罕兵至，敗之，追及於特秃剌思之地。赤老温以槍擲塔而忽台，中之，墜馬。塔而忽台曰：「我固當死，然爲鎖兒干失剌之子標槍中我，我死不甘心。」遂爲赤老温所殺。忽都答兒亦死，盎庫兀庫楚奔巴兒古真，忽里兒把阿秃兒奔乃蠻，泰亦赤兀部遂滅。

脱黑脱阿，蔑兒乞部長也。蔑兒乞爲白達達之一種，一名兀都亦，又曰梅格林，居鄂勒昆河、色楞格河之間。脱黑脱阿爲兀都亦部長。兀都亦之別部曰兀洼思，塔亦兒兀孫爲部長；曰合阿惕，答兒馬剌爲部長。是爲三種蔑兒乞。

先是，脱黑脱阿之弟也客赤列都娶於斡勒忽納氏，曰訶額侖；返至中道，遇烈祖與其兄捏坤太石、弟答里台，劫之，也客赤列都懼而逃。烈祖以訶額侖歸納之，是爲宣懿皇后。故脱黑脱阿仇烈祖父子。

蔑兒乞部衆喜掠人勒贖，太祖幼嘗爲所掠，贖歸。及娶光獻皇后孛兒台，脱黑脱阿率部衆來襲，太祖匿於不而罕山，獲孛而台，以妻赤列都之弟赤勒格兒。太祖求援於王汗及札木合，大敗蔑兒乞之衆，獲答兒馬剌，迎孛兒台以歸。有蔑兒乞人獵於勤勒豁河〔三〕，見兵至，走告脱黑脱阿，故脱黑脱阿與塔亦兒兀孫得逸去，奔於巴兒忽真。赤勒格兒謂孛兒台曰：「我如慈烏欲食雁與鶩老，宜有此禍也。」亦挺身走免。

丁巳，太祖與王汗合兵攻蔑兒乞，戰於孟察之地，悉以俘獲歸於王汗。

戊午，王汗復自攻脱黑脱阿於不兀剌客額兒之地，殺其長子土古思，又獲其二子忽圖、赤老温，脱黑脱阿復奔巴兒忽真。

辛酉，脱黑脱阿遣忽敦忽兒章與泰亦兀赤等部會於斡難河沙漠中，太祖與王汗兵至，敗之。脱黑脱阿從札木合及乃蠻不亦魯黑汗等合衆來攻，又爲太祖與王汗所敗。

甲子，太祖親征乃蠻，脱黑脱阿以兵助太陽汗。太祖禽殺太陽汗，脱黑脱阿遁走。冬，太祖再征蔑兒乞至塔而合，塔亦兒兀孫來降，獻女忽蘭可敦，謂部衆無馬，不能從。太祖令散其衆於輜重後營，每營百人，以分其勢。後其衆復叛去，塔亦兒兀孫逃至呼魯哈卜察之地，築城以守。太祖遣博爾忽、沈伯率右翼兵討平之，以其妻土拉基乃賜太宗。太祖圍脱黑脱阿於台哈勒忽兒罕，盡取麥丹、脱塔黑林、哈俺諸部衆，脱黑脱阿與其子奔於不亦魯黑。

太祖元年，不亦魯黑敗死，脱黑脱阿與太陽汗子古出魯奔也兒的失河。

三年，太祖以衛拉特人爲嚮導，至也兒的失河。脱黑脱阿中流矢死，部衆潰，渡也兒的失河，溺死大半。其子忽圖、赤老温、赤攸克、呼圖罕蔑而根不能得父全户，函其首去，奔於畏兀兒。畏兀兒不納，與忽圖等戰於嶄河，逐之。忽圖等奔欽察。

十一年，太祖命速不台征之，用鐵釘密布車輪上，以利山行。復命脱忽察兒率二千騎同往。至吹河，盡殲其衆，生禽呼圖罕蔑而根，檻送於朮赤。朮赤命之射，首矢中的，次矢劈首矢之筶而亦中的。朮赤大喜，馳使告太祖，請赦之。太祖曰：「蔑而乞，吾深仇。留善射仇人，將爲後患。」仍命朮赤殺之。

史臣曰：札木合率十三部之衆，與太祖争衡，可謂勁敵矣。然矜凶挾狡，反覆無常，卒爲左右所賣，非不幸也。泰亦兀赤或謂出於孛端察兒之孫納勤，拉施特曰：「《蒙古金字譜》：泰亦兀赤之祖爲扯而黑領昆。納勤救海都免於札剌亦之難，其牧地又近於領昆，故譌爲泰亦兀赤之祖焉。」

【校勘記】

〔一〕「脱黑脱阿」，原作「托黑托阿」，據正文改。

〔二〕「泰亦赤兀」，上文作「泰赤兀赤」。本書卷一〇五《烈祖諸子傳》作「泰赤兀赤」，卷二《太祖本紀上》、卷一〇八《太祖諸子傳三》作「泰亦赤兀」。卷一〇四《后妃傳》作「泰亦赤兀」，又作「泰赤兀赤」。《元史》卷一本紀第一《太祖》作「泰赤烏」。

〔三〕「勤」，原作「勒」，據上文改。

新元史卷之一百十八　列傳第十五

客烈亦王罕桑昆　札合敢不　乃蠻太陽罕不月魯克　古出魯克　抄思　別的因

客烈亦部，未詳所出，或謂始居唐麓嶺北謙謙州之地，後徙於土拉河。相傳其祖生子七人，面黝黑，蒙古語黑爲喀喇，故名其部爲喀喇，又譌爲客烈。後族類繁衍，如只兒起特、董鄂亦特、土馬烏特、薩起牙特、哀里牙特，皆其支派，而統名爲客烈亦特。言語風俗，大率類蒙古。

其酋有默爾忽斯不亦魯罕，爲塔塔兒部酋孥烏爾不亦魯黑所誘執，獻於金，金人釘於木驢斃之。默爾忽斯之妻思復仇，僞降於塔塔兒，願往獻牛酒，孥烏爾許之。乃饋牛十、羊百、皮囊百，皮囊不盛酒而藏壯士於内。孥烏爾宴之，壯士自囊中突出，殺孥烏爾而返。默而忽斯二子〔一〕：一曰忽兒察忽思不亦魯黑，一曰古兒堪。默爾忽斯死於金，忽兒察忽思嗣。生八子，脱斡鄰勒最長。

脱斡鄰勒七歲，嘗爲蔑兒乞人所掠，使舂碓，忽兒察忽思贖歸。十三歲，又嘗同其母爲塔塔兒人所掠，使牧駝、羊，乘間逸去。忽兒察忽思卒，脱斡鄰勒嗣。脱斡鄰勒助金人征塔塔兒有功，受王封，故部衆稱爲王罕。王罕性猜忌，好殺，以事誅其弟台帖木兒、不花帖木兒，又欲殺母弟額兒格喀剌，額兒格喀剌奔乃蠻。其叔父古爾堪舉兵逐之，王罕敗遁哈喇温山，納女忽札兀兒於蔑兒乞酋脱黑脱阿，假道奔於烈祖。烈祖伐古爾堪，古爾堪奔西夏，王罕復其有部衆，以是德烈祖，約爲按答。

烈祖崩，所部多叛歸泰亦兀赤。太祖既壯，娶皇后孛而台，新婦覲訶額侖太后，以黑貂裘爲贄。太祖用其贄以謁王罕於哈喇屯，王罕大悦，温言撫慰，許爲收集舊部。未幾，蔑兒乞修烈祖舊怨，襲攻太祖，掠孛而台而去。太祖求救於王罕，並約札只剌部長札木合爲應，大敗蔑兒乞，迎后返。或云王罕有一妃，爲后之妹，蔑兒乞人送后於王罕，王罕乃歸之太祖焉。王罕爲太祖父執，太祖尊之如父，至是情好益篤。

金遣宰相完顔襄討塔塔兒，諭遊牧諸部出兵。太祖與王罕攻殺塔塔兒部酋蔑古真薛兀勒圖，由是王罕受封於金，爲夷離堇，譯義王也。

既而，王罕弟額兒格喀剌以乃蠻兵攻王罕，王罕奔西遼，聞太祖强盛，思歸於太祖。道遠糧絶，僅有五乳羊，以繩勒羊口，奪其乳飲之，刺橐駝血爲食，獨騎眇一目之馬，行至客蘇孤淖爾。太祖往迎之，令各部分以牛羊，宴王罕於圖而阿河濱。遂與王罕合兵攻布而斤，又合攻蔑而乞，太祖分所獲於王罕。王罕勢漸振，再往攻蔑兒乞，殺脱黑脱阿長子土古思，獲其忽秃黑台、察勒渾二女，又降其二子忽圖、赤老温，俘虜甚衆，無所遺於太祖。

金承安四年，又與太祖合攻乃蠻。乃蠻不亦魯黑罕奔於謙謙州，其部將可克薛兀撒卜剌黑來援。戰竟日，勝負未決，王罕夜爇火於原，潛移其衆以去。太祖不得已，亦退至撒里罕哈兒之地。可克薛兀撒卜剌黑追王罕，遇其弟必而嘎、札合敢不，獲二人之妻子，又入客烈亦界搭而都阿馬舍拉之地，大掠。王罕使其子伊而克桑昆禦之，又乞援於太祖曰：「乃蠻掠我部衆，我子能以四良將助我乎？」四良將者，博爾朮、木華黎、博爾忽、赤老温也。太祖遣四人赴援，未至，桑昆已敗，其部將的斤火里、赤土兒干約塔黑俱戰没。博爾朮等反敗爲勝，盡奪所獲以歸王罕。王罕大悦，遣使告太祖曰：「昔也速該俺答曾救我，今其子帖木真復然。欲報之德，惟天知之。吾老矣，一子伊而克孤立，若令伊而克兄事帖木真，是吾不啻有二子，可以高枕卧矣。」遂會太祖於忽剌阿訥兀之地，重申父子之盟，矢之曰：「有敵同征，有獸同獵，毋爲讒言所間。」未幾，蔑兒乞酋脱黑脱阿使其二弟忽敦忽而章，約泰亦兀赤部長盎庫兀庫楚等，在沙漠中相會。王罕與太祖攻敗之，事具《塔而忽台傳》。太祖軍威大振，蒙古別部皆畏懼不自安。

承安五年，喀答斤、薩而助特、都爾班、弘吉拉特與塔塔兒部衆會議，殺一馬、一牛、一犬、一牡羊，立誓共襲太祖。已而弘吉拉特部長背約，遣使告於太祖。太祖與王罕自庫而各湖進，至不月兒湖，大敗之。

是年冬，王罕沿克魯倫河至庫塔海牙之地。札合敢不與王罕部將阿勒屯阿速兒、額勒忽禿兒，伊兒晃火兒、忽勒巴里、納鄰太石等竊議曰：「吾兄心性無常，殺戮諸弟殆盡，又虐我部衆，今將何以處之？」阿勒屯阿速兒以其言密告王罕。王罕怒，盡執札合敢不及諸將至帳下，面詰之曰：「昔日相誓云何？今汝曹如此，吾不與校也。」語畢，唾其面，帳下人亦唾之，而釋其縛。阿勒屯阿速兒出，語人曰：「吾亦與謀，惟不忍於故主，故告之。」後王罕屢責札合敢不，謂：「汝心最叵測者。」札合敢不不自安，與額勒忽禿兒、伊兒晃火兒、納鄰太石奔乃蠻。

札木合忌太祖與王罕並力難制，至是偵知二人分兵，乃會弘吉剌等十有一部盟於刊河，欲襲攻太祖，爲太祖所敗。王罕中立，不相助也。既而不亦魯黑、脱黑脱阿等復合兵攻太祖，太祖乞援於王罕，王罕以兵來會。太祖與王罕自庫而庫夷河至額喇温赤敦山，桑昆殿後。行及山之隘口，不亦魯黑已至，見桑昆兵少，謂其左右曰：「是可聚而殲之。」遣其將阿忽出及脱黑脱阿之弟爲前鋒。未陣，桑昆兵已踰隘。不亦魯黑等從之，遇風雪不能進，乃退至奎騰之地，士馬凍死無算。札木合率所部歸於王罕。是時，太祖與王罕同居阿拉兒之地，金泰和二年也。冬，太祖又移帳於阿兒怯弘哥兒之地，王罕西還者者額兒温都兒、折兒合不赤孩。太祖欲爲朮赤聘王罕女超爾别乞，王罕欲爲其孫庫世布喀聘太祖女庫勒别乞。獨桑昆不欲，曰：「吾妹至彼家，北面倚户立；彼女來，南面正坐，可乎？」不許。由是太祖與王罕有隙。太祖怨王罕收納札木合，告王罕曰：「吾等如白翎雀，他人乃告天雀耳。」蒙古稱鴻雁爲告天雀，意謂白翎雀寒暑居北方，鴻雁南北無常，喻札木合之反覆也。

札木合亦與阿勒壇、忽察兒、合兒答乞歹、額不格真那牙勤、雪格額台、脱斡鄰勒、合赤温别乞等説桑昆曰：「帖木真與乃蠻通，舉動如此，豈復可恃？若不早備之，且爲君父子後患。」阿勒壇、忽察兒曰：「我爲君討訶額侖諸子可也。」額不格真那牙勤與合兒答乞歹曰：「我請爲君縛其手足。」脱斡鄰勒曰：「不如先虜其部衆，失衆則彼將自敗。」合赤温别乞曰：「桑昆吾子欲何如？高者山，深者水，吾與汝共之。」桑昆遣撒亦罕脱迭額以札木合等之言聞於王罕，王罕曰：「札木合巧言寡信人也，不足聽。」桑昆又使人説之，王罕不爲動。桑昆乃自見王罕曰：「吾父在，彼猶蔑視吾；如不可諱，吾祖父之業，彼能容吾自主乎？」王罕曰：「兒輩一家，何忍相棄？况彼有德於我，背之不祥。」桑昆咈然而出。王罕呼使反曰：「吾老矣，但思聚骸骨於一處，汝乃喋喋不已，好自爲之，毋貽吾憂可也。」桑昆遂決意殺太祖。

泰和三年，桑昆僞爲許婚，邀太祖飲酒，欲伏兵殺之。蒙力克勸太祖勿往，太祖從之。桑昆見事不就，又欲乘太祖不備掩襲之。王罕部將也客扯闌歸語其妻阿剌黑因特，且曰：「如有人告於帖木真，當若何酬之？」有牧人乞失力克送馬湩至帳外，聞之，以告同牧者巴歹，二人即夜至太祖處告變。太祖移營於賽魯特而奇特山，分兵至卯温都爾狄斯山偵敵。王罕兵至，匿於紅柳林中，適伊而乞歹奴牧馬見之，奔告太祖。太祖在客蘭津阿而忒之地，倉卒拒戰。有忙古特部將畏答兒，請繞出敵後，樹幟奎騰山上，爲前後夾攻之計。從之。將戰，王罕問札木合曰：「帖木真部下孰善戰？」札木合曰：「兀魯兀特、忙古特也，一花纛，一黑纛，當者慎之。」王罕曰：「令我只克斤把阿秃兒合答吉當之，以土棉秃别干阿赤黑失侖及斡欒董合亦特巴阿秃兒、豁里失烈門太石率護衛千人爲應，最後我以中軍之士攻之，蔑不濟矣。」然札木合知王罕非太祖敵，自引去，而陰以王罕軍事輸於太祖。及戰，太祖果以兀魯兀特、忙古特爲前鋒。合答吉率只克斤人衝其陣，不動。阿赤黑失侖以土棉秃别干兵繼進，刺畏答兒墮馬。兀魯兀特將朮赤台援之，阿赤黑失侖敗卻。斡欒董合亦特、失烈門太石並爲兀魯兀特一軍所敗。桑昆見事亟，徑前搏鬥，朮赤台射之中頰，桑昆創甚。王罕乃斂兵而退。王罕怒責桑昆。阿赤黑失侖曰：「今日之戰，忙豁侖部衆大半從札木合暨阿勒壇、忽察兒，少半從帖木真。人無兼騎，去亦不遠，入夜必宿林中，吾往取如拾馬糞耳。」王罕以子受傷，不欲進兵，乃退舍於只惕豁羅罕沙陀。有塔兒忽人合答安答勒都兒罕自王罕處奔於太祖，以阿赤黑失倫之言告。太祖乃自答闌捏木兒格思之地，引軍夾哈勒哈河而下，營於董嘎淖爾脱爾哈火魯罕，是地水草茂美，因休息士馬。遣阿兒海者温告於王罕曰：「我今駐董格淖爾脱兒哈火魯罕，水草皆足矣。父王罕！昔汝叔古兒堪責汝，謂『我兄忽兒察忽思不亦魯黑罕之位，不我與，而汝自據之。汝又殺台帖木兒太石、不花帖木兒二弟』。古兒堪乃逐汝至哈剌温哈卜察，汝僅有數人相從。斯時救汝者何人？乃我父也。汝往哈剌不花，又往土拉壇秃朗古特，後由哈卜察爾而至古蘇兒淖爾，以遇汝叔古兒堪。其時古兒堪在忽爾奔塔剌速特，勢敗而遁，自此入合申不復返。我父奪古兒堪之國以復於汝，由是結爲按答，我遂尊汝爲父。此有德於汝者一也。再者，父王罕！汝避居於日入之地，隱没於中，汝弟札合敢不在察富古特之地，我舉帽招之，大聲呼之，以致彼來，彼欲來，而蔑兒乞迫之。我遣將往援，殺薛撒别乞、泰出勒，則我又以汝故而殺我兄弟二人。此有德於汝者二也。再者，父王罕！汝如雲中日影，緩緩而升；如火焰，緩緩而騰，以來就我。我不及半日，而使汝得食；不及一月，而使汝得衣。人問此何以故，汝宜告之曰：『在木里察克速兒，大掠蔑兒乞之輜重，悉以與汝，故不及半日而飢者飽，不及一月而裸者衣。』此有德於汝者三也。曩者蔑兒乞在不兀剌客額兒，我使人往覘脱黑脱阿虚實。汝知有機可乘，不告於我而自進兵，虜忽禿黑台哈敦、察勒渾哈敦並其子忽圖、赤老温，取其奥魯思，而無絲毫遺我。汝後與我共攻乃蠻，在拜答剌黑别勒赤兒之地，忽圖、赤老温率其部衆離汝而去，可克薛兀撒卜剌黑遂掠汝之奥魯思。我令博爾朮、木華黎、博兒忽、赤老温盡奪之歸，以致於汝。此有德於汝者四也。昔者我等在哈剌河濱與忽剌安必兒答禿兀特相近之卓兒格兒痕山，彼此明約，如有毒牙之蛇在我二人中經過，我二人必不爲所中傷，必以脣舌互相剖訴，未剖訴之先，不可遽離。今有人讒構，汝並未詢察，而即離我，何也？再者，父王罕，我如鷙鳥，自赤而古山飛越捕魚兒淖爾，擒灰色足之鶴，以致於汝。此鶴爲誰？朵兒奔、塔塔兒諸人是也。我又如海東青鶻，越古闌淖爾，擒藍色足之鶴以致於汝。此鶴爲誰？哈答斤、撒兒助特、弘吉拉特諸人是也。今汝乃仗彼以驚畏我乎？此有德於汝者五也。父王罕！汝之所以遇我者，何一能如我之遇汝？我爲汝子，曾未嫌所得之少而更欲其多者，嫌所得之惡而更欲其美者，譬如車有二輪，去其一則牛不能行；棄車於道，則車中之物將爲盜有；繫牛於車，則牛困守於此，將至餓斃；强欲其行而鞭箠之，徒使牛破額折項，跳躍力盡而已。以我二人方之，我非車之一輪乎？」

又使謂阿勒壇、火察兒曰：「汝二人疾惡我，將仍留我地上乎？抑埋我地下乎？我嘗告把兒壇把阿禿兒之子及薛撒别乞、泰出二人，斡難河地詎可無主，我勸其爲主而不從。我因汝火察兒爲捏坤太石之子，勸汝爲主又不從。汝等必以讓我，我由汝等推戴，故思保祖宗之土地，守先世之風俗，不使廢墜。我既爲主，則我之心必以俘掠之營帳、牛馬、男女丁口悉分於汝，郊原之獸圍之以與汝，山林之獸驅之以向汝也。今汝乃棄我，而從王罕。三河之地，我祖實興，慎毋令他人居之。」

又使告脱忽魯兒曰：「汝祖乃我祖俘爲奴僕，故我稱汝爲弟。汝父之祖塔塔爲扯勒黑領昆都邁乃所虜。塔塔生雪也哥，雪也哥生闊闊出黑兒思安，闊闊出黑兒思安生也該晃脱合兒，也該晃脱合兒生汝。汝思得我之基業，阿勒壇、火察兒必不汝與也。在昔王罕所飲之青馬乳，我以起早，亦得飲之。汝輩殆由是妒我。我今去矣，汝輩恣飲之，量汝能飲幾何也？」

又謂阿勒壇、火察兒曰：「汝二人今從我父王罕，毋有始無終，使人議汝向日所爲皆札兀特忽里之力也。今如有人以我故而痛我，將來亦必有人以汝故而痛汝。縱今歲不及汝等，明冬將及汝等矣。」

又告王罕曰：「請遣阿勒屯阿速黑、忽勒巴爾二人爲使，或一人來。昔者戰時木華黎忙納兒失銀鞍轡黑馬，請以歸我。桑昆按答當遣必勒格别乞、脱端二人來，或一人，札木合按答、哈赤温、阿赤黑失侖、阿剌不花帶、阿勒壇、火察兒亦各遣二人，否則遣一人。使人之來，可在捕魚兒淖爾遇我。如我他適，則可在哈潑哈兒哈答兒罕之路尋我。」

使者既致各詞，王罕曰：「彼言誠有理，惟我子桑昆有以答之。」桑昆曰：「彼稱我父爲好殺人之額不干，詈我爲脱黑脱阿師巫，撒兒塔黑臣之羊銜尾而行。今日不能遣使，惟有一戰。我勝則併彼，彼勝則併我耳。」即令必勒克别乞、脱端建旗鳴鼓，秣馬以待。

太祖既遣使，遂率部衆掠弘吉拉特而至巴泐渚納。王罕亦徙帳於喀爾特庫而格阿特之地。有答力台斡赤斤、阿勒壇者温、火察兒别乞、札木合、忽勒巴里、蘇克該、脱忽魯兒、圖海忽剌海、忽都呼特謀殺王罕。事覺，王罕先捕之。於是答力台、斡赤斤、忽勒巴里與撒哈夷特部、呼真部俱降於太祖。阿勒壇者温、火察兒别乞、忽都呼特、札木合奔乃蠻。

是年秋，太祖自巴泐渚納誓師，將自斡難河以攻王罕。哈里兀答兒、察兀兒罕本在哈薩兒左右，太祖使往紿王罕，僞言哈薩兒欲降。王罕信之，遣亦秃兒干盛血於牛角，往與之盟。三人行至中途，太祖兵亦至。哈里兀答兒紿亦秃兒干下馬，執獻太祖。太祖付哈薩兒殺之。即日夜兼進，至徹徹兒温都爾，出不意攻之，盡俘其衆。王罕方卓金帳，酺馬湩高會，與桑昆率數騎突圍走，僅以身免。行至中途，王罕曰：「不應與離之人，我自離之。

今遘此厄，皆我一人之罪也。」至乃蠻界之揑坤烏孫，爲守界將火力速八赤、騰喀沙兒所殺，送其首於太陽罕。

桑昆亡去，經亦即納城，入波魯土伯特，日剽掠以自給。部人逐之，逃於兀丹、乞思合兒近地曰苦先古察兒喀思每，爲哈剌赤部酋克力赤哈剌獲而殺之。桑昆本以父功，金人授爲本部詳穩官，語譌爲桑昆。

王罕二子：長桑昆，次艾忽。艾忽子薩里哲。艾忽二女，嫁於皇孫旭烈兀。薩里哲女，嫁於諸王阿魯渾。

王罕弟札合敢不，幼時嘗爲唐古特所虜，唐古特語謂雄强曰贊，丈夫曰普，故稱君爲贊普，語譌爲札合敢不。札合敢不受唐古特封，而有是稱，人遂呼以爲名。太祖平乃蠻，札合敢不獻二女以降。太祖納其長女，以次女賜少子拖雷，即莊聖皇后也。札合敢不既降，以外戚之恩得自領部曲。已而叛去，朮赤台以計誘執之。

乃蠻部，遼時始著，耶律太石西奔，自乃蠻抵畏吾兒，即此部也。其部初居於古謙河之傍，後益强盛，拓地至烏隴古河。乃蠻譯義爲八，所據之地：一阿而泰山，一喀喇和林山，一哀略以賽拉斯山，一阿而帖石湖，一阿而帖石河，一阿而帖石河與乞里吉思中間之地，一起夕耳塔賓山，一烏隴古河。故稱其部曰乃蠻。其北境爲乞里吉思，東爲克烈，南爲回紇，西爲康里。

其酋曰亦難察貝而喀布庫罕，以兵力雄長漠北。客烈亦王罕之弟額而格合剌來奔，亦難察爲出兵伐王罕，大破之，王罕奔西遼。亦難察卒，二子，一曰泰赤布喀，一曰古出古敦不月魯克。初，亦難察無子，禱於神而生泰赤布喀。亦難察嫌其闇弱，謂不能保其部衆，及卒，泰赤布喀與不月魯克以争父妾相仇，不月魯克北徙於起夕耳塔賓山。泰赤布喀居其父舊地，後受封於金爲大王。蒙古語謂大王爲太陽，故稱爲太陽罕。

太祖與王罕知其兄弟有釁，乘機攻不月魯克至忽木升古兒、烏瀧古河，不月魯克之將也迪土卜魯黑率百騎偵敵，馬靷斷，爲太祖兵所執。進至乞濕泐巴失之野，不月魯克拒戰，大敗，奔於謙謙州。其驍將撒卜剌黑稱曰可克薛兀，譯言老病人也，以兵援之，遇於拜答剌黑巴勒赤列之地，戰一日，無勝負。王罕夜引去，太祖亦退。可克薛兀追王罕至伊庫魯阿而台之地，王罕弟札合敢不殿後〔二〕，爲所襲，輜重、妻子皆失。别遣一軍至帖列格秃阿馬撒剌，掠王罕部衆。桑昆以中軍追之，又爲所敗，流矢中桑昆馬胯。桑昆墜馬，幾被執。太祖使博爾朮等救之，可克薛兀始敗去。

金泰和二年，不月魯克與蔑兒乞、斡亦剌、泰亦兀赤、朵兒邊、塔塔兒、合塔斤、撒勒只兀特諸部立札木合爲罕，合兵攻太祖。太祖與王罕自兀而庫夷河至喀剌温赤敦山，不月魯克等從之，其部將能以術致風雨，欲順風擊我。忽風反，大雨雪，人馬多凍死，遂大敗而返。

又二年，太祖襲破王罕，王罕走至乃蠻界之揑坤烏孫，爲守將火力速八赤、騰喀沙兒所殺，白其事於太陽罕。太陽罕後母古兒別速，又爲太陽罕可敦，聞之曰：「脱斡鄰勒是東鄰老王罕，取彼頭來視之，若信，當祭以禮。」頭至，置白氈上。乃蠻人有識之者，果王罕也。乃陳樂以祭之，其頭忽有笑容。太陽罕以爲不祥，蹴而碎之。可克薛兀退謂諸將曰：「割死王罕之頭而蹴之，非義也。況近日狗吠聲甚惡，事其殆乎？昔王罕嘗指古兒別速言：『此婦人年少，吾老且死，泰赤布喀柔軟，他日恐不能保我部衆。』今古兒别速用法嚴，而我太陽罕顧性懦，舍飛獵外無他長。吾亡無日矣。」

太陽罕忌太祖勢日强，欲用兵於蒙古。可克薛兀諫，不聽。乃使其部將卓忽難告汪古部長曰：「我聞有北邊林木中之主，欲辦大事。我知天上惟一日一月，地下亦不得有兩主。請汝助我爲右手，我將奪其弓矢。」汪古部長遣使告於太祖，太祖議先攻之。

泰和五年春，會諸將於迭滅該河，衆以方春馬瘦，俟馬肥而後進。別勒古台請先發以制之，太祖從其言。進兵至乃蠻境外之哈剌河，乃蠻兵不至，不得戰。

秋，再議進兵，以忽必來、哲別爲前鋒。時太陽罕亦遣兵爲前鋒，而自與蔑兒乞酋脱黑脱阿、客烈亦酋阿鄰太石、衛拉特酋忽都哈別乞、札只剌酋札木合及朵兒奔、塔塔兒、哈答斤、撒兒助等部連合駐於阿勒台河、杭海山之間。

太祖營有白馬，鞍翻而逸，突入乃蠻軍中，乃蠻皆謂蒙古馬瘦。太祖進至撒阿里客額兒之地，部將朵歹言於太祖曰：「吾兵少。至夜，請使人各燃火五處爲疑兵，以張聲勢。」太祖從之。乃蠻哨望者果疑蒙古兵大至，走告太陽罕。

太陽罕與諸將計曰：「蒙古馬雖瘦，然戰士衆，亦不易敵。今我退兵，彼必尾追，則馬力愈乏，我還而擊之，可以得志。」太陽罕子古出魯克聞之，恚甚，曰：「吾父何畏葸如婦人！達達種人吾知其數，大半從札木合在此，彼從何處增兵？吾父生長宫中，雖孕婦更衣、童牛齧草之地，身所不至，故懼爲此言耳。」其將火力速八赤亦曰：「汝父亦難察從不以人背馬尾嚮敵，汝恇怯如此，曷不使汝婦古兒別速來乎？惜可克薛兀老，吾兵紀律不嚴，得毋蒙古人應運將興耶？」言畢歎息而出。太陽罕大怒曰：「人各有一死，七尺之軀辛苦相等。汝輩言既如此，吾前迎敵可也。」遂決戰，渡斡兒洹河至納忽嶺東崖察乞兒馬兀惕之地。

太陽罕與札木合登高瞭敵，見太祖軍容嚴整，有懼色，退至山上陳兵自衛。札木合謂其左右曰：「乃蠻平日臨敵，自謂如宰小牛羊，自頭至足不留皮革。汝等今視其能否？」遂率所部先遁。是日戰至晡，乃蠻兵大潰。太陽罕受重傷，卧於地。火力速八赤曰：「今我等尚在山半，不如下山爲再戰之計。」太陽罕不應。火力速八赤曰：「汝婦古兒別速已盛飾待汝得勝而回，汝盍速起？」亦不應。火力速八赤乃謂其部將十人曰：「彼如有絲毫氣力，必不如此。我等與其視彼死，不如使彼視我等之死。」遂與諸將下山力戰。太祖欲生致之，而不從，皆死。太祖歎息曰：「使吾麾下將士能如此，吾復何憂！」太陽罕既死，餘衆夜走納忽嶺，墜死厓谷者無算。太祖獲古兒別速，謂之曰：「汝謂蒙古人歹氣息，今日何故至此？」遂納之。朵兒奔、塔塔兒、哈答斤、撒兒助四部悉降。古出魯克奔於不月魯克。

太祖元年，親征不月魯克。不月魯克方獵於兀魯黑塔山，太祖兵奄至，殺之。古出魯克與脱黑脱阿奔也兒的石河。

三年，太祖以衛拉特降酋忽都哈別乞爲鄉導，至也兒的石河，陣斬脱黑脱阿。古出魯克復奔西遼。

是時，西遼古兒罕爲直魯古。古出魯克至西遼，將謁古兒罕，慮有變，令從者僞爲己入謁，自立於門外俟之。適古兒罕之女格兒八速自外至，見其狀貌，偉之。後詢得其實，乃以女晃忽妻古出魯克。晃忽年十五，性慧黠。以古兒罕喜諛，使古出魯克迎合其意，古兒罕遂以國事任之。古出魯克聞其父潰卒多藏匿於舊地，欲糾合部衆，以奪古兒罕之國，乃言於古兒罕曰：「蒙古方有事於乞觧，不暇西顧。若我往葉密里、哈押立克、别失八里，招集潰卒，衆必響應，可藉其力以衛本國。」古兒罕從之。古出魯克既東，乃鸞舊衆果聞命附從。又遇貨勒自彌使者，約東西夾攻古兒罕。西軍勝，則拓地至阿力麻里、和闐、喀什噶爾；東軍勝，則拓地至費那克特河。議定，古出魯克即至鄂思懇，奪西遼之庫藏，進攻八剌沙衮。古兒罕自出禦之，古出魯克敗退。而貨勒自彌之兵已至塔剌思，擒古兒罕之將塔尼古。八剌沙衮城守，鄂思懇潰卒以象毀門而入，大掠三日。古出魯克乘機再進，古兒罕戰敗，生獲之。奉古兒罕爲太上皇，篡其國而自立。越二年，古兒罕以憂卒。

古出魯克既篡立，又納西遼前宰相之女爲妃，貌甚美，與正妃晃忽同信佛教。契丹本舉國事佛，及耶律大石西遷，其地盛行回回教。大石聽其信仰，不之禁，故上下相安。古出魯克用其妃之言，定佛法爲國教。諭其民奉佛，不得奉謨罕默德。自至和闐，招集天方教士辨論教理。有教士曰阿拉哀丁，與古出魯克往復駁難，古出魯克慚怒，詈而縛之，釘其手足於門。又賦斂苛重，每一鄉長家置一卒監之。於是民心瓦解，惟望蒙古兵速至。

太祖亦聞之，使哲别伐古出魯克。哲别入西遼境，諭民各奉舊教勿更易，各鄉長皆殺監卒應之。古出魯克在喀什噶爾，兵未至，先遁。哲别追及於撒里黑庫爾，古出魯克匿於葦拉特尼之山谷。哲别遇牧羊人，詢知古出魯克蹤跡，獲而殺之。古出魯克自太祖三年奔西遼，六年篡直魯古，十四年爲哲别所殺，距太陽罕之死已十有一年。

古出魯克有子敞温，走死。敞温子抄思幼，從母康里氏間行歸太祖，給事中宫。年二十五，出從征伐。破代、石二州，不避矢石。太宗四年，從皇弟拖雷敗金師於鈞州之三峰山。論功，賜湯陰黄招撫等百十有七户，不受；復賜俘口五十、宅一區，黄金盤帶、酒壺、盃、盂各一，再辭，不許，乃受之。擢副萬户，與忽都虎留撫河南，尋移隨州。九年，簽西京、大名、濱、棣、懷、孟、真定、河間、邢、洺、磁、威、新、衛、保等路軍，得四千有六十餘人，以抄思統之。移鎮潁州，卒。子别的因，襁褓時鞠於祖母康里氏，留和林。稍長，給事乞兒吉思皇后。父卒，母張氏迎别的因南來。張賢明，嘗從容訓之曰：「人之所以成立者，知恐懼，知羞恥，知艱難，否則禽獸而已。」

憲宗四年，以别的因襲父職副萬户，鎮隨、潁二州。别的因身長七尺，多力，尤精騎射，士卒畏服之。

中統四年，入覲，賜金符，爲壽、潁二州屯田達魯花赤。時州境有虎食人，别的因縛羊置檻中，誘虎殺之。至元十三年，授信陽府達魯花赤。信陽亦多虎，別的因加馬踢鞍上出獵，命左右燔山，虎出走，別的因擲以踢，虎搏踢，據地而吼，還馬射之，立斃。十六年，進常德路副達魯花赤。會同知李明秀作亂，別的因單騎往諭之降。事聞朝廷，誅明秀。三十二年，進池州路達魯花赤。大德十一年，遷台州路。卒，年八十一。

子三人：不花，僉嶺南廣西道肅政廉訪司事；文圭，有隱德，贈秘書著作郎；延壽，湯陰縣達魯花赤。孫可恭，曾孫與權，皆進士。

史臣曰：王罕猜忌失衆，賴烈祖父子，亡而復存，乃聽讒子之言，辜恩負德。太陽罕懦而無謀，橫挑强敵。考其禍敗之由，皆不量智力，輕於一舉，身隕國滅，同趨覆轍，愚莫甚焉。古出魯克乘機篡奪，民心未附，乃强其所不從，而淫刑以逼之，淵魚叢爵，徒爲吊伐之資而已。

【校勘記】

〔一〕「默而忽斯」，上文作「默爾忽斯」。

〔二〕「札合敢不」，原作「札合敢卜」，據上文及本卷目録改。

新元史卷之一百十九　列傳第十六

木華黎上孛魯　塔思　霸都魯　安童　兀都帶　拜住

木華黎，札益忒札剌兒氏。祖帖列格禿伯顏，父孔温窟洼。太祖征主兒乞，師還，帖列格禿伯顏使孔温窟洼率木華黎與其弟不合，謁太祖於行在，自是遂留事左右。孔温窟洼從太祖征蔑兒乞、乃蠻等部，數有功。太祖與乃蠻戰，失利，率七騎走，饑不得食，孔温窟洼獲一橐駝，殺之，炙其肉以獻。追騎至，太祖馬已僨，孔温窟洼以己馬授太祖，身當追騎，死之。後追贈推忠效節保大佐運功臣、太師、開府儀同三司、上柱國、魯國王，謚忠宣。

孔温窟洼五子，木華黎其第三子也。生時有白氣出帳中，神巫異之曰："此非常兒也。"及長，身長七尺，虬鬚黑面，沈毅多智略，猿臂善射。

太祖征塔塔兒，失道，不知牙帳所在，夜卧澤中。大雨雪，木華黎與博爾朮張氈裘，蔽太祖，通夕侍立，足跡不移。一日，太祖從十餘騎行山谷，顧謂木華黎曰："儻遇賊，奈何？"對曰："願獨當之。"已而賊果自林中突出，矢如雨集。木華黎引滿向賊，三發殪三人。賊問：「爾何人？」曰：「我木華黎也。」徐解馬韉，捍太祖出谷中，賊亦引去。

王罕爲乃蠻所敗，乞援於太祖曰：「聞汝有四良將，能使助我否？」時木華黎與博爾朮、博爾忽、赤老温俱以忠勇，號掇里班屈律，譯言四駿馬也。太祖乃遣木華黎等援之，與乃蠻戰於按臺山，大敗之，返其所掠於王罕。

既而王罕與太祖有隙，從太祖禦王罕於合剌合勒，又從太祖襲王罕，兼程至徹徹兒温都爾，夜斫其營，大破之。王罕走死，諸部皆聞風款服。

太祖即位，以木華黎爲左萬户，東至合剌温山悉隸之，子孫世襲勿替。是時封功臣九十餘人爲千户，惟木華黎與博爾朮爲左、右萬户，位諸將之上。太祖嘗從容語之曰：「吾有汝二人，猶車之兩轅、身之兩臂也。」

六年，從太祖伐金，渡漠而南。金主使其將獨吉思忠將兵築烏沙堡，欲以逼我。木華黎襲敗之，思忠遁走，金將郭寶玉來降，從太祖克西京及昌、桓、撫等州。金兵號四十萬，陣野狐嶺北，木華黎進曰：「彼衆我寡，弗致死，未易破之。」遂率敢死士，大呼陷陣。太祖麾諸軍繼進，大敗之。追至澮河堡，又敗之，僵尸百里。是役也，金人之精鋭殲焉，其後遂不能復振。

七年，從太祖攻德興府。八年，從入紫荆關，敗金兵於五回嶺，拔涿、易等州。是時三路伐金，太祖與睿宗爲中路，分遣木華黎拔益都、濱、棣等州縣，又攻拔密州，屠之。還次霸州，史天倪、蕭勃迭兒來降，承制授天倪萬户，勃迭兒千户。

九年，從圍中都，金主珣請和。太祖北還，命木華黎統諸軍取遼西，高州守將盧琮、金朴以城降。初，高州富庶，寨將攸興哥屢抗我軍，木華黎下令，能斬攸興哥首以獻，則城人皆免死。興哥挺身自歸，諸將欲殺之，木華黎曰：「壯士也，留麾下爲吾用。」後以功，太祖賜名攸哈喇拔都。

十年，進圍北京。金守將奥屯襄率衆二十萬來拒，逆戰破之，斬首八萬餘級。城中食盡，其裨將完顔習烈、高德玉等殺奥屯襄，推寅達虎爲帥，以城降。木華黎怒其降遲，欲坑之。部將石抹也先進曰：「北京爲遼西重鎮，今坑其衆，後豈有降者乎？」從之。承制以寅達虎爲北京留守，以吾也而權兵馬都元帥，撫定其地。又遣高德玉、劉蒲速窩兒招諭興中府。同知兀里卜不從，殺蒲速窩兒，德玉走免。已而城中殺兀里卜，推石天應爲帥，以城降。承制授天應爲興中府尹，兼兵馬都提控。

錦州張鯨聚衆十餘萬，殺節度使，自稱臨海郡王，亦來降。承制以鯨總北京十提控兵，使從脱欒扯兒必南征，攻略未附州縣。鯨懷反側，木華黎覺之，以石抹也先監其軍。鯨稱疾逗遛不進，也先執送行在，誅之。鯨弟致據錦州叛，陷平、灤、瑞、利、義、懿、廣寧等府州。木華黎率蒙古不花等討之。進至紅羅山，其將杜秀迎降，承制以秀爲錦州節度使，又遣史進道攻廣寧府，拔之。

十一年，致陷興中府。木華黎使吾也而等先攻溜石山，諭之曰：「今急攻，賊必赴援，我截其歸路，致可擒也。」又遣蒙古不花屯永德縣以邀之。致果遣鯨子東平將騎八千、步兵三萬，援溜石山。木華黎引兵抵神水縣東，與蒙古不花前後夾擊。選善射者數千人，令曰：「賊步兵無甲，疾射之。」又麾騎兵突陣，賊大敗，陣斬東平及士卒萬三千餘級。拔開義縣，進圍錦州。致遣張太平、高益出戰，又敗之，斬首三千餘級。圍數月，高益縛致出降，伏誅。廣寧劉炎、懿州田和尚亦來降，木華黎曰：「此叛賊，不殺之無以懲後。」遂盡戮其衆。進拔復州及化城縣，斬完顏衆家奴。咸平守將蒲鮮萬奴等遁入海島，遼東、西皆平。

十二年春，覲太祖於土拉河。秋八月，詔封太師、國王、都行省承制行事。木華黎在金人境，金人咸呼爲國王。太祖聞之曰：「此嘉兆也。」至是遂封國王，賜誓券、黄金印曰：「子孫傳國，世世不絶。」以汪古特萬人、兀魯特四千人爲木華黎麾下親軍。亦乞剌思人二千，孛徒古兒干統之；忙兀特人一千，木勒格哈兒札統之；翁吉剌特人三千，阿勒赤諾延統之；札剌亦兒人二千，木華黎弟帶孫統之；又契丹、女真兵，吾也而與蒙古不花統之。皆受木華黎節制。諭曰：「太行之北，朕自經略；太行以南，卿其勉之。」賜大駕所建九斿大旗，仍諭諸將曰：「木華黎建此旗以號令諸將，猶朕之號令也。」乃建行省於中都，以略中原。

進拔遂城縣及蠡州。蠡州力屈始降，大將石抹也先攻城，中炮死，木華黎欲屠之。蔚州人趙瑨從軍，爲署百户，泣請曰：「母與兄在城中，乞以身贖一城之命。」木華黎義而免之。冬，攻拔大名府，復定益都、淄、登、萊、濰、密等州縣。

十三年，自西京踰大和嶺入河東，攻太原、忻、代、澤、潞、汾、霍等府州，悉降之。遂拔平陽府，以拓拔按札兒統蒙古軍守之，又以義州監軍李延楨之弟守忠權河東南路元帥府事。十四年，命蕭勃迭兒等攻嵜嵐州火山軍，谷里夾打攻石、隰、絳三州，皆拔之。

十五年，木華黎以河東已下，復北徇燕、趙，至滿城縣。使蒙古不花將輕騎三千出倒馬關，遇金將武仙遣葛鐵槍攻台州，不花敗之，武仙以真定降，承制以仙權知河北西路兵馬事。史天倪進言曰：「今中原粗定，而兵猶抄掠，非王者弔民伐罪之事也。」木華黎曰：「善。」下令禁剽掠，所獲老稚皆縱還鄉里，軍中肅然，民大悦。進至滏陽，金邢州守將武貴迎降。遣蒙古不花分兵略定懷、孟等州。木華黎自以輕騎至濟南府，嚴實籍所隸相、魏、磁、洺等州户三十萬詣軍門降。

時金兵屯黄陵岡，號二十萬，遣步卒二萬來襲。木華黎以五百人擊走之，遂進薄黄陵岡。金兵陣河南，示以必死。木華黎令騎卒下馬，以短兵接戰，大敗之，溺死者衆。復北攻衛州，嚴實率所部先登拔之。又拔單州，圍東平府。承制以實權山東西路行省事，戒之曰：「東平糧盡，其將必棄城走，汝即入城安輯之，慎勿暴苦郡縣。」留梭魯忽秃以蒙古兵三千守之。十六年四月，東平糧盡，其行省蒙古綱、監軍王廷玉率衆趨邳州，梭魯忽秃邀擊之，斬首七千級。

先是，帶孫攻洺州不下。至是，遣石天應拔之。宋將石珪來降，承制以珪爲濟、兗、單三州都總管，賚以繡衣、玉帶。張林來降〔一〕，承制以林爲行山東東路益都、滄、景、濱、棣等州都元帥〔二〕。金將鄭遵亦以棗鄉、蓨縣降，升爲完州，承制以遵爲節度使，行元帥府事。

木華黎遂振旅北還，監國公主遣使來迎，以郊勞之禮待木華黎。初，木華黎受專征之命，攻拔七十餘城來告捷，且問旋師之期。太祖諭以盡取金人之地而後返。使者回報，木華黎問：「上意何如？」使者曰：「惟伸拇指，以獎大王而已。」木華黎又問：「果爲吾否？」使者曰：「然。」木華黎太息曰：「上眷吾如此，吾效死宜矣。」是年，木華黎由東勝州渡河引兵而西，夏主聞之懼，遣其臣答海監府等宴木華黎於河南，且遣塔海甘卜將兵五萬屬焉。木華黎乃引兵東入葭州，金將王公佐迎降，以石天應權行臺兵馬都元帥守葭州，而自將攻綏德。夏主復遣其臣述僕率兵會之，述僕問木華黎相見之禮，木華黎曰：「汝見夏主之禮即是也。」述僕曰：「未受主命，不敢拜。」乃引去。及木華黎進逼延安，述僕始贄馬而拜。木華黎攻拔馬蹄寨，距延安三十里。金延安守將合達率兵三萬，陣於城東。蒙古不花輕騎覘之，馳報曰：「彼見我兵少，輕我，當佯敗以誘之，可以取勝。」從之。夜半，將士亟進，伏於城東十五里兩谷中。次日，蒙古不花望見金人，即棄旗鼓佯走。金人果追之，伏發，萬矢雨下，金人大敗，斬首七千餘級，獲馬八百匹。合達走入延安，堅壁不出。木華黎知城不易拔，乃南徇洛川，拔鄜州，獲金將完顏六斤、紇石烈鶴壽、蒲察婁室等。進至坊州，聞金復取隰州，木華黎遂自丹州渡河，攻隰州，拔之。獲其守將軒成，以田雄權元帥府事。又攻拔代州，斬其守將奥敦醜和尚。

十七年，命蒙古不花引兵出秦隴，以張聲勢。自率大兵道雲中，攻拔孟州四蹄寨、晉陽縣義和寨，進拔三清巖及霍州山堡。金將胡天作拒守青龍堡，金主復命其將張開、郭文振等援之，次彈平寨東三十里，不敢進。其裨將定住、提控王和執胡天作以降，遷天作於平陽。其後定住譖天作於郡王帶孫，殺之。

八月，有星晝見，術士喬静真曰：「觀天象，未可進兵。」木華黎曰：「上命我平定中原，今關中、河南均未下，若因天象而不進兵，天下何時定耶？」冬十月，連拔榮州胡平堡、吉州牛心寨，遂進攻河中府。金將侯小叔嬰城固守。會小叔出迎樞密院官，大軍乘之而入，小叔奔中條山。木華黎召石天應曰：「河中吾要害地，非君不能守。」乃以天應權河東南北路關西陝右行臺，平陽守將李守忠、太原守將攸哈喇拔都、隰州守將田雄，並受天應節制。天應造浮橋以濟師，木華黎乃渡河，拔同州、蒲城縣，徑趨長安。金將合達擁兵二十萬堅守不下，命兀胡、太不花與合達相持。又遣按赤將兵塞潼關，而自率大軍西圍鳳翔府，月餘又不下。木華黎謂諸將曰：「吾奉命征討，不數年取遼東、西及山東、河北，不勞餘力。前攻延安，今攻鳳翔，皆不克，豈吾命當盡耶？」乃解圍循渭水而南，遣蒙古不花出牛嶺關，徇鳳州。

時侯小叔伺我軍既西，率輕騎襲河中府，石天應戰死。小叔入城，即燒毀浮橋，以斷援兵。會先鋒元帥按察兒自平陽赴援，急攻之，復克河中。木華黎乃以天應子斡可爲河中守將，仍督造浮橋。

十八年，師還，浮橋未就。木華黎顧謂諸將曰：「橋工未畢，豈可坐待？」復攻拔河西十餘堡。三月，渡河至聞喜縣，疾篤，召其弟帶孫，謂曰：「我爲國家佐成大業，東征西討垂四十年，所恨者南京未下耳。汝其勉之。」卒，年五十四。後太祖親攻鳳翔，謂諸將曰：「使木華黎在，朕不至此矣。」至治元年，贈體仁開國輔世佐命功臣、太師、開府儀同三司、上柱國、魯國王，謚忠武。子孛魯。

史臣曰：木華黎經略中原，收金之降將而用之。知人善任，有太祖之風。其爲功臣第一，宜哉！子孫繩繩，世挺賢哲。自古功臣之冑，永保富貴者有之矣，未有將相名臣如札剌兒氏之盛者也。

孛魯，通諸國語，善騎射。年二十七，覲太祖於行在。會遭父喪，東歸嗣國王。時西夏主李德旺與金連和，密詔孛魯討之。太祖十九年九月，克銀州，斬首數萬級，獲生口、馬駝、牛羊數十萬，俘監府塔海。

明年春，太祖班師至自西域，孛魯入朝和林。同知真定府事武仙殺都元帥史天倪，孛魯承制命天倪弟天澤代領帥府事。

二十一年，宋將李全陷益都，執元帥張林送楚州。九月，郡王帶孫帥兵圍全於益都。十二月，孛魯以大軍繼之，先遣李喜孫招諭，全欲降，部將田世榮等不從，殺喜孫。二十二年三月，全突圍走，邀擊敗之，全仍入保城。四月，城中食盡，全乃降。諸將皆曰：「全勢窮而降，非心服，不誅且爲後患。」孛魯曰：「誅一人易耳，山東諸城未下者多。全素得人心，殺之不足立威，徒失民望。」乃表全爲山東淮南楚州行省，以全部將鄭衍德、田世榮副之。郡縣果聞風款附。

時滕州尚爲金守，諸將以盛暑，欲緩進攻。孛魯曰：「主上親征西域數年，未聞當暑不戰，我等敢自逸乎？」促進兵。金兵屢戰皆北，開門出降。以州屬石天禄。分命先鋒元帥蕭乃台屯濟、兖，闊闊不花屯濰、沂、莒，以備宋；按札兒屯河北，以備金。

九月，師還，至燕京，獵於昌平，民持牛酒以獻，卻之。及去，厚賜館人。聞太祖崩，奔喪漠北。明年三月，卒於雁山，年三十有二。至治二年，贈純誠開濟保德輔運功臣，謚忠定，其餘官爵如其父。六子：長塔思，次速渾察，次伯亦難，次野蔑干，次野不干，次阿里乞失。

塔思，一名查剌温。木華黎自幼器之。年十八，襲父孛魯爵，鎮西京。

武仙圍潞州，太宗命塔思救之。仙聞之，退軍十餘里。時大兵未至，塔思帥十餘騎覘敵形勢，仙疑有伏，不敢犯。塔思曰：「日暮矣，待明旦擊之。」是夜，金將布哈來襲，我師不利，退守沁南。敵攻陷潞州，守將任志死之。太宗遣萬户額勒知吉歹與塔思復取潞州，仙宵遁，邀擊之，斬首七千餘級。

太宗二年，伐金，將西攻鳳翔，命塔思扼守潼關。

三年十二月，帝攻河中府，克之。金簽樞草火謌可遁，爲塔思所追斬。

四年春，皇弟拖雷與金兵相拒於鄧州，太宗命塔思從親王阿勒赤歹、口溫不花渡河以爲聲援。至三峰山，與拖雷兵合，大敗金兵。事具《拖雷傳》。四月，車駕北還，留塔思與忽都虎略地河南。金陳州防禦使兀林答阿魯兀剌守邳州，大軍攻之不下。塔思臨城，以國語諭之曰：「河南、河北皆我家所有，汝邳州不過一掌大地，城破之日，男女齠齔不留，徒死何益？」阿魯兀剌遂以城降。時太宗以攻汴事委速不台，塔思請曰：「臣之祖父，累著勳伐。自臣襲爵，曾無寸效，往歲潞州失利，罪當萬死。願分攻汴城一隅，以報陛下。」帝命卜之，不利，乃止。

五年九月，從皇子貴由征遼東，禽蒲鮮萬奴。

明年秋七月，塔思入朝和林。時諸王百官大會於八里里答蘭答八思之地，太宗曰：「先帝創業垂四十年，今河西、女真、高麗、回鶻諸國皆已臣附，惟宋人尚倔强不服。朕欲躬行天討，卿等以爲何如？」塔思對曰：「臣不逮先臣武，然杖國威靈以行天討，汛埽江淮，歸我版籍，臣敢以死自力，不勞乘輿踐卑濕之地。」帝說，賜黄金甲、玻璃帶及良弓二十，命與皇子闊出總軍南伐。

七年冬，拔棗陽。闊出別徇襄、鄧，塔思攻郢。郢瀕漢江，城堅固且多戰艦。塔思結筏，命劉拔都兒將死士五百，乘以進攻。自引騎兵沿岸迎射之，宋兵溺死過半，餘入城固守不下。俘生口、馬牛數萬而還。

八年十月，復徇蘄、黄諸州。蘄守將來犒軍，遂去之。進拔符離、六安焦家寨。是歲，受撥東平歲賜五户絲三萬九千有十九户。

九年，至汴京。守臣劉甫置酒大慶殿，塔思曰：「此故金主所居，我，人臣也，豈可處此？」遂移燕甫家。是年十月，復與口温不花攻光州，守將黄舜卿降。口温不花略黄州，塔思攻大蘇山，多所斬獲。

十年正月，至安慶。次北峽關，宋汪統制帥兵三千降，遷之尉氏。三月，入朝和林。九月，太宗宴羣臣於萬安宫，塔思大醉。帝語羣臣曰：「塔思神已逝矣，其能久乎？」十二月，還西京。明年三月，卒，年二十有八。

二子：碩篤兒、霸都魯，皆幼；弟速渾察襲國王。碩篤兒既長，詔别賜民三千户爲食邑，得建國王旗幟，降五品印一、七品印二，置官屬如王府故事。碩篤兒子忽都華，孫忽都帖木兒，曾孫寶哥，玄孫道童，以次襲。

霸都魯，從世祖伐宋，渡江圍鄂，命以舟師趣岳州，遇宋將吕文德自重慶赴援，敗之。會憲宗崩，世祖以霸都魯總軍留戍，輕騎先還。既即位，定都燕京，曰：「朕居此以臨天下，用霸都魯之言也。」先是，世祖在潛邸，嘗從容與霸都魯論天下形勢，曰：「今中原稍定，主上仍都和林，居回鶻故地，以休兵息民何如？」對曰：「帝王必宅中以撫四方，朝覲會同，道里惟均。中都負山襟海，南俯江淮，北連朔漠，右挾韓趙，左控齊魯。大王必欲佐天子大一統，非都燕不可。」及是定都，故有此諭焉。

中統二年，卒於軍。大德八年，贈推誠宣力翊衛功臣，追封東平王，謚武靖，餘官如祖父。妻帖木倫，弘吉剌氏，世祖察必皇后同母女兄也。四子：長安童，次定童，次霸虎帶，次和童，襲國王。

安童，中統初，世祖召入長宿衛，年方十三，位在百寮上。母弘吉剌氏，通籍禁中。世祖一日見之，問及安童，對曰：「安童雖幼，公輔器也。」世祖曰：「何以知之？」對曰：「每退朝必與老成人語，未嘗接一年少，是以知之。」世祖悦。

四年，阿里不哥降，執其黨千餘人，將置之法。安童侍側，諫曰：「人各爲其主，陛下甫定大難，遽以私憾殺人，何以安反側？」帝驚曰：「卿年少，何從得老成語？此意正與朕合。」由是深重之。

至元二年秋八月，拜光禄大夫、中書右丞相，增食邑至四千户。辭曰：「今三方雖定，江南未附，臣以年少，謬膺重任，恐四方有輕朝廷心。」帝動容有間，曰：「朕思之熟矣，無以逾卿。」冬十月，召許衡至，令入省議事，衡以疾辭。安童親候之，與語良久，既還，累日念之不釋。三年，帝諭衡曰：「安童尚幼，未更事，善輔導之。汝有嘉謨，當先告安童，使達於朕。」衡對曰：「安童聰敏，且有執守，告以古人所言，悉能領解，臣不敢不盡心。但慮中有人間之，則難行；外用勢力納入其中，則難行。臣入省之日淺，所見如此。」帝召安童，以衡言告之，且加慰勉焉。四年三月，安童奏：「宜令儒臣姚樞等入省議事。」帝從之。

五年，廷臣密議立尚書省，以阿合馬領之，乃先奏「安童宜位三公」。事下諸儒議，商挺言曰：「安童，國之柱石，若爲三公，是崇以虛名而實奪之權也，不可。」衆曰然，事遂罷。七年四月，奏曰：「臣近言：『尚書省、樞密院各令奏事，並如常制；其大政，從臣等議定，然後上聞。』既得旨矣，今尚書省一切徑奏，違前旨。」帝曰：「豈阿合馬以朕頗信之，故爾專權耶？不與卿議，非是。」敕如前旨。

八年，陝西省臣也速迭兒建言：「比因饑饉，盜賊滋横，若不顯戮一二，無以示懲。」敕中書詳議。安童奏曰：「强、竊均死，恐非所宜。罪至死者，宜仍舊待報。」

十年春三月，奏以玉册、玉寶上皇后弘吉剌氏，以玉册、金寶立燕王爲皇太子，兼中書令，判樞密院事。冬十月，帝諭安童及伯顔等曰：「近史天澤、姚樞纂定《新格》，朕已親覽，皆可行。汝等豈無一二可增減者，亦當一一留心參考。」時天下待報死囚五十人，安童奏其中十三人因鬥毆殺人，餘無可疑。於是詔以所奏十三人免死從軍。十一年，奏阿合馬蠹國害民數事，又奏各部與大都路官多非其人，乞加黜汰。並從之。

十二年七月，詔以行中書省樞密院事，從北平王那木罕出鎮北邊，以阿合馬之讒也。初，北平王奉命駐北邊，禦叛王海都，河平王昔里吉、諸王藥木忽兒、撒里蠻、脱黑帖木兒各率所部以從。至是，復命安童輔之，遣昔班使於海都，諭使罷兵入朝。適安童襲破叛王禾忽部曲，獲其輜重，海都懼而遁，謂昔班：「汝歸以安童之事告，非我不欲降也。」海都狡譎，蓋籍此事以歸過朝廷云。十三年十一月，安童飲諸王酒，不及脱黑帖木兒。脱黑帖木以爲輕己，怒，與藥木忽兒等劫北平王以叛，械繫安童。事具《那木罕傳》。

二十一年三月，始從王歸，待罪闕下。帝召見，慰勞之。頓首謝曰：「臣奉使無狀，有累聖德。」遂留寢殿，語至四鼓乃出。冬十一月，和禮霍孫罷。復拜中書右丞相，加金紫光禄大夫。二十二年，右丞盧世榮以罪誅，詔與諸儒條其所用人及所爲事，悉罷之。

二十三年夏，中書奏擬漕司諸官姓名，帝曰：「如平章、右丞等，朕當親擇，餘皆卿等職也。」安童奏曰：「比聞聖意欲倚近侍爲耳目，臣猥承任使，若所行非法，從其舉奏，罪之輕重，陛下裁處。今近臣乃伺隙援引非類，曰某居某官、某居某職，以奏目付中書施行。臣謂銓選之法，自有定制，其尤無事例者，臣常廢格不行。慮其黨有短臣者，幸陛下詳察。」帝曰：「卿言是也。今後若此者勿行，其妄奏者，即入言之。」

二十四年，宗王乃顏叛，世祖親討平之。宗室詿誤者，命安童按問，多所平反。嘗退朝，自左掖門出，諸免死者爭迎謝，或執轡扶之上馬，安童毅然不顧。有乘間言於帝曰：「諸王雖有罪，皆帝室近親；丞相雖尊，人臣也。何悖慢如此？」帝良久曰：「汝等小人，豈知安童之意？特辱之使改過耳。」是年，復立尚書省，安童切諫曰：「臣力不能回天，乞不用桑哥，別相賢者，猶不至虐民誤國。」不聽。二十五年，見天下大權盡歸尚書，屢求退，不許。二十六年，罷相，仍領宿衛事。

先是，北安王遣使祠岳瀆，時桑哥領功德使，給驛傳。及桑哥平章尚書省事，忌安童，誣奏北安王以皇子僭祀岳瀆，安童知之不以聞，指參知政事呂哈剌爲證。世祖召問之，對曰：「時桑哥主祠祭，北安王使者實與臣往來，安童未嘗知其事也。」桑哥不能對。

安童天姿厚重，人莫能測。公退即引諸儒講經史，孜孜忘倦，二十餘年未嘗一日稍輟。所居堂廡卑陋，或請建東西室，安童曰：「屋可以蔽風雨足矣，置田宅以資不肖子弟，吾不爲也。」聞者嘆服。

三十年正月，卒，年四十九。雨木冰三日，世祖震悼，曰：「人言丞相病，朕固弗信，果喪予良弼。」詔大臣監護喪事。大德七年，贈推忠同德翊運功臣、太師、開府儀同三司、上柱國、東平王，謚忠憲。碑曰《開國元勳命世大臣之碑》。後加贈推忠守正同德翊運功臣，進封魯王。後至元二年，又贈推忠佐運開國元勳，於所封地建祠，官爲致祭。

初，安童過雲州，聞道士祁志誠名，屏騎從見之，志誠語以修身治世之要。及復拜右丞相，力辭，帝不允，乃往決於志誠。志誠曰：「昔與公同相者何人？今同列何人？」安童悟，見帝辭曰：「臣前爲相，年尚少，幸不僨陛下事者，以執政皆臣師友。今事臣者，序進與臣同列，臣爲政能加於昔乎？」帝曰：「誰爲卿言此？」安童以志誠對，帝稱歎久之。故安童再相，屢求去，其聲譽亦遜於前云。子兀都帶。

史臣曰：世祖武功文德自比唐太宗，安童爲相，庶幾房、魏。觀其尊崇儒術，汲引老成，君臣一德，信無愧於貞觀之治矣。乃爲姦人讒構，未竟所施，惜哉！

兀都帶，器度弘達，世祖時襲長宿衛。父歿，凡賜賻之物，一無所受，以素車樸馬歸葬祗蘭秃先塋。事母以孝聞。成宗即位，拜銀青榮禄大夫、大司徒，領太常寺事。常侍掖庭，贊畫大政，帝及中宮咸以家人禮待之。

大德六年正月，卒，年三十一。至大二年，贈輸誠保德翊運功臣、太師、開府儀同三司、上柱國、東平王，謚忠簡。加贈宣力迪慶保德翊運功臣，進封兖王，餘如故。子拜住。

拜住，五歲而孤，其母怯烈氏撫之成人。至大二年，襲爲怯薛官。延祐二年，拜資善大夫、太常禮儀院使。年甫二十，吏就第白事，適拜住閲雜戲，出稍遲，怯烈氏厲色責之。後爲宰相，侍英宗内宴，英宗素知其不飲，强以酒。及歸，怯烈氏戒之曰：「天子試汝酒量，汝當謹敕勿湎於酒，以負上恩。」拜住之賢，皆其母教之也。太常事簡，拜住退食後，輒延儒者咨訪古今，竟日無惰容。嘗曰：「吏事可習而能，至於學問乃宰相之資，非受教於儒者不可。」

四年，進榮禄大夫、大司徒。五年，進金紫光禄大夫。六年，加開府儀同三司，餘並如故。英宗在東宫，聞其賢，遣使召之。拜住謂使者曰：「嫌疑之際，君子所慎。我爲天子近臣，而私與東宫來往，我固得罪，亦非東宫之福。」竟不往。

英宗即位，拜中書平章政事。會諸侯王於大明殿，詔讀太祖《金匱寶訓》，拜住音吐明暢，莫不竦聽。夏五月，宣徽使失列門與中書平章政事黑驢等謀逆，英宗御穆清閣，命拜住率衛士擒斬之，其黨與皆伏誅。

進拜中書左丞相。自世祖建太廟，至是四十年，未舉時享之禮。拜住奏曰：「古云禮樂百年而後興。郊廟祭享，此其時矣。」英宗曰：「朕能行之。」敕有司上親享太廟禮儀。七年冬十月，有事於太廟。至治元年春正月孟享，始備法駕，設黃麾大仗，英宗服衮冕〔三〕，出崇天門，拜住攝太尉以從。禮畢，拜住率百僚稱賀於大明殿，賜金帛有差。又奏建太廟前殿，議禘祫配享等禮。

時國喪未除，元夕，英宗欲宴於禁中，張燈爲鰲山。參議張養浩疏諫，拜住袖其疏入告，英宗立止之，仍賜養浩帛，以旌其直。三月，從幸上都，次察罕淖爾。英宗以行宫庳隘，欲廣之。拜住奏曰：「此地苦寒，入夏始種黍粟，今興土木之工，恐奪農時。且陛下初登大寶，宜勤求民瘼，營造非所亟也。」英宗亦從之。英宗嘗謂拜住曰：「朕委卿大任，卿宜念先世勳德，盡心國事。」拜住頓首曰：「臣有所畏者三：畏辱祖宗；畏天下事大，識見小；畏年少不克負荷，無以報稱。惟陛下時加訓飭，幸甚！」

延祐間，朔漠大風雪，駝馬盡死，流民多鬻子女。拜住請立宗仁侍衛司以收養之，英宗即以拜住領宗仁蒙古侍衛親軍都指揮司事，賜三珠虎符。或言佛教可治天下，英宗以問，拜住對曰：「浮屠之法，自治可也，若治天下，舍仁義則綱紀亂矣。」英宗又問拜住曰：「今有如唐魏徵之敢諫者乎？」對曰：「槃圜則水圜，盂方則水方。有唐太宗納諫之君，則有魏徵敢諫之臣。」英宗並嘉納之。英宗性剛明，委任拜住，事無大小，咸咨訪之。一日，侍坐便殿，拜住信手拈筆作古錢形，而以朱筆分爲肉好。英宗覽之，大悦，書皮日休詩「我愛房與杜，魁然真宰輔。黄閣三十年，清風一萬古」於其側，以房、杜期拜住焉。

然拜住與鐵木迭兒並相，鐵木迭兒貪而譎險，其黨與布列左右，拜住不能聲其惡而去之。至鐵木迭兒已死，罪狀明白，英宗果於刑戮，姦黨畏誅，煽構逆謀，而拜住以宰相兼宿衛大臣猶莫之知也，卒致英宗見弑，拜住亦不免於難，君子惜之。

初，鐵木迭兒惡平章政事王毅、右丞高昉，因大都諸倉糧儲虧短，欲奏誅之。拜住密爲營救，二人皆獲免。鐵木迭兒復引參知政事張思明爲左丞，思明與鐵木迭兒比以傾拜住。二年，英宗賜安童碑，詔拜住立於良鄉。鐵木迭兒久稱疾，聞拜住行，將起視事，入朝至宫門。英宗遣速速勞以酒，諭使明年入朝，鐵木迭兒怏怏而返。未幾，拜住復從幸上都，奏召張思明至，數其罪，杖而罷之。鐵木迭兒旋病死，拜住遂代爲右丞相。

先是，司徒劉夔買失業民田，賂宣政使八剌吉思矯詔出庫鈔六百五十萬貫售爲寺僧廪田，其實抵空券於寺僧而已，鐵木迭兒及鐵失等均取賂焉。真人蔡道泰殺人，又賂鐵木迭兒，俾有司平反其獄。拜住舉奏二事，命御史鞫之，盡得其實。八剌吉思、劉夔、蔡道泰先後皆坐死，特宥鐵失不問。

三年夏五月，又奪鐵木迭兒官謚，仆其碑，鐵失等始懼。英宗在上都，夜不寐，命作佛事，拜住以國用不足諫止之。鐵失等復誘羣僧言：「國有災阨，非作佛事及大赦天下無以禳之。」拜住叱曰：「爾等不過圖得金帛，又欲庇罪人耶？」姦黨知必不免，益萌逆志。八月，晉王獵於圖喇之地，鐵失遣斡羅思告曰：「我與赤斤鐵木兒、也先帖木兒、失秃兒謀已定，事成迎立大王。」又令斡羅思以其事告晉王内史倒剌沙。晉王命囚斡羅思，遣使赴上都告變。未至，車駕南還，次南坡，鐵失、也先帖木兒、失秃兒與前中書平章政事赤斤鐵木兒、前雲南行省平章政事完者、鐵木迭兒之子前治書侍御史鎖南、鐵失之弟宣徽使鎖南、典瑞院使托火赤、樞密院副使阿散、簽書樞密院事章台、衛士秃滿及諸王按梯不花、博羅、伊魯帖木兒、曲吕不花、兀魯思不花等，以鐵失所領阿速兵爲外應，殺拜住，遂弑英宗於行幄。

晉王即位，鐵失等伏誅。詔有司備儀衛，百官前導，輿拜住畫相於法雲寺，大作佛事，觀者數萬，有歎息泣下者。

拜住端亮有祖風，初拜左丞相，近侍傳旨以姓名注選者六七百人，拜住奏閣之，除授依選格次第，姦吏束手。尤懲貪墨，按治不少貸。英宗嘗語左右：「汝輩慎之，苟罹國法，朕雖貰汝，拜住不汝恕也。」及進右丞相，英宗遂不置左相，使拜住獨任大政。拜住首薦張珪爲平章政事，又薦侍講學士趙居信、直學士吴澄，請不次用之。英宗以居信爲翰林學士承旨，澄爲翰林學士。自延祐末，水旱相仍，民不聊生，拜住振立紀綱，修舉廢墜，輕徭薄賦，以休息百姓，海内宴然，稱爲良相云。

泰定初，中書奏拜住盡忠效節，殞於羣凶，乞賜褒崇，以光後世。詔贈清忠一德功臣、太師、開府儀同三司、上柱國，追封東平王，謚忠獻。至正初，改至仁孚道一德佐運功臣，進封鄆王，改謚文忠。

子答剌麻碩理，宗仁蒙古衛親軍都指揮使；因牙納失理，一名篤麟帖木兒，宗仁衛親軍都指揮使、大宗正府札魯忽赤、宣徽使、知樞密院事。

史臣曰：《春秋》宋督弒其君與夷及其大夫孔父。穀梁子曰：「督欲弒而恐不立，於是先殺孔父，孔父閑也。」是故鐵失欲弒英宗而恐不立，則先殺拜住，拜住閑也。比事而觀之，如拜住之危身奉上，洵無愧於孔父者哉！

【校勘記】

〔一〕「張林」，《宋史》卷四七本紀第四十七《瀛國公》等同，《元史》卷一本紀第一《太祖》等作「張琳」。

〔二〕「棣」，原作「隸」，據本書卷三《太祖本紀下》及《元史》卷一一九列傳第六《木華黎傳》改。

〔三〕「衮冕」，原作「兖冕」，據文意改。

新元史卷之一百二十　列傳第十七

木華黎下　速渾察　乃燕　碩德　別里哥帖木兒　相威　撒蠻　脱脱　朵兒只　朵兒直班　乃蠻台　帶孫　忽圖魯　塔塔兒台

速渾察，從太宗伐金，又從皇子闊出伐宋，攻棗陽，入郢州。太宗十一年，襲兄爵，駐於桓州西阿兒查禿之地，總燕京行省蒙古、漢軍。凡他行省事，必先取決可否，而後上聞。賞罰明信，人莫敢犯。太宗嘗遣使至其部，見紀綱整肅，還朝具以上聞。帝曰：「真木華黎家兒也。」速渾察嚴重有威，諸王使者入見，皆倉遽失辭。左右或請待以寬恕，速渾察曰：「爾言誠是也，然爲政寬猛，各視乎時。今中原初附，民心未安，萬一守土吏弛縱，反側復生，悔之何及？」未幾卒。延祐三年，贈宣忠同德翊運功臣，追封東平郡王，謚忠宣，餘官如祖父。又進封魯國王，改謚忠烈。

四子：曰忽林池，曰乃燕，曰相威，曰撒蠻。

憲宗以速渾察仲子乃燕好學，有賢名，命襲爵國王。辭曰：「臣有兄忽林池當襲。」憲宗曰：「汝兄柔弱，恐不勝任，且汝父亦以仲子襲爵。」忽林池亦固讓。乃燕頓首涕泣，力辭，不得命，則曰：「王爵必不敢受，上不以臣爲不肖，請代兄行軍國之事。」於是忽林池襲國王，事無巨細，必與乃燕謀，剖決精當，事無壅滯。

世祖在潛邸，常與論事。乃燕援據典要，世祖嘉之，因賜號曰薛禪。乃燕小心謹畏，每誨羣從子弟曰：「先王百戰，以啟藩封，子孫何功德而坐享之？常恐不堪福禄，墮先王之業，矧驕佚乎？汝曹戒之。」及卒，世祖悲悼。至元八年，贈中奉大夫、遼東等處行中書省參知政事、護軍，追封魯郡公。

二子：曰碩德，曰伯顔察兒。

碩德，中統初自西臺入宿衛，奏對稱旨。世祖謂左右曰：「碩德通敏如此，乃燕有子矣。」命典朝儀。凡宗室外戚之訟弗決者，使讞之，咸服其公允。帝嘗問安童：「卿族人可繼卿者爲誰？」對曰：「性行淳雅，智辯明哲，無踰碩德。」帝韙之。會初設通政院，命以嘉議大夫、同知院事。

碩德奏：「遼東韓拙、吉烈滅二部數入寇，宜遣近臣諭之。」帝難其人，執政請即使碩德往。召問之，對曰：「先臣從太祖定天下，不避萬死，以身殉國。陛下不以臣年少愚戇，俾效犬馬之力，臣請行。」帝悦，賜御鞍對衣以遣之。女真舊土有水達達萬户府，兵、民乏食，請賑，有司格其事不下，訴於碩德。命覈有司之侵匿者，給之，全活甚衆。征東元帥府道沮洳，夏行舟，冬以犬駕杷駛冰上，碩德相山川形勢，除道以通往來，人便之。韓拙、吉烈滅二部居海島，碩德檄諸萬户，據其險要，遣人至島中招諭之。於是脅從者悉降，僅戮賊首數人，餘無所問。帝大悦，賜玉笠頂、連珠束帶。

未幾，西北諸王有異志，帝召諭碩德曰：「卿雖勞，然非卿無可爲朕使者。」碩德頓首受命。及至，宣布太祖聖訓及朝廷之德意，諸王皆嘆服曰：「真天使也！」復命，奏西事甚悉。帝謂左右曰：「汝輩如出使，當以此人爲法。」賜珠質孫衣以旌之。俄以疾卒。贈推忠宣惠寧遠功臣、嶺北行省中書右丞，追封魯郡公，謚忠敏。子別里哥帖木兒。

別里哥帖木兒，早孤，其母弘吉剌氏以國書授之。性至孝，母疾，成宗遣尚醫診視，或言有刲股療疾者，別里哥帖木兒聞之，即刲肉以進，疾遂愈。

仁宗即位，擢僉通政院事。帝嘗問周文王之父子及周之所以興，別里哥帖木兒奏對甚詳。帝賜以卮酒，奬諭之曰：「卿，蒙古人中儒者也。」延祐四年卒，年三十三，贈河南行省中書平章政事，追封魯國公。子朶爾直班〔一〕。

相威，性厚重，喜延士大夫，聽其讀書，至忠臣、良將，必撫案稱快。

至元十一年，從伐宋。由正陽取安豐，渡江東下，會伯顔兵於潤州，分三道並進。相威將左軍，申明約束，江陰、華亭、澉浦、上海諸城，悉望風款附。又與阿朮合兵攻揚州。

十三年，入覲。時海都有異志，授相威征西都元帥，使鎮西邊。

十四年，置行御史臺於揚州，召拜行臺御史大夫。上言：「陛下以臣爲耳目，臣以監察御史、按察使爲耳目。非其人，則臣之耳目先自閉塞，下情何以上達？」帝然之，命慎選監察御史、按察使。每除目至，必集臺中僚屬議可否，不協公論者即罷去。相威又奏便民十五事，如：並行省，汰冗官，鈐鎮兵，業流民，録故官，禁饋遺，浙鹽運司隷於行省，行大司農營田司並於宣慰司，理訟分南北，公田召佃減租，革亡宋公吏之弊。皆當時要政，並見施行。先是，行省平章阿理伯言：「有罪者，乞與臺臣同問。」相威奏：「行省斷罪，以意出入，行臺何由舉正？宜從行省問訖，然後體察爲宜。」從之。浙東盜起，宣慰使昔里伯之弟阿速與王權府等縱兵俘掠平民，相威遣御史商琥閲治，得釋者以數千計。奏執昔里伯，治其罪。尋又敕相威檢覈阿里海牙、忽都帖木兒等俘丁三萬二千餘人，盡釋之。

十六年，入覲。會河南行省左丞崔斌劾平章阿合馬不法事，帝使相威與樞密副使博羅至大都鞫之。阿合馬稱疾不出。博羅欲還，相威厲聲曰：「吾奉旨來，若敢抗旨耶？」令輿疾對簿，首責數事，皆引伏。既而詔釋阿合馬不問，仍褒諭相威，使還行臺。

大軍征日本失利，帝震怒，命阿塔海依舊爲征東行省丞相，議再舉，廷臣無敢諫者。相威奏言：「倭不奉職貢，可伐而不可恕，可緩而不可急。向者師行期迫，戰艦不堅，前車已覆，後宜改轍。爲今之計，惟有修戰艦，練士卒，整兵耀武，使彼聞之，亟圖禦備。需以歲月，彼必怠玩，出其不意，乘風疾往，可一舉而平也。」帝意釋，兵遂不出。

二十年，以疾請入覲，進翻譯《資治通鑑》，帝賜皇太子，俾經筵進講。未幾，拜江淮行省左丞相。行至蠡州而卒，年四十有四。

子牙老瓦丁，行臺御史大夫。孫脱歡，集賢大學士。

撒蠻，自襁褓時世祖撫育之如己子。同舟濟江，慮其有失，繫之御榻。年十餘，侍左右。世祖嘗詔之曰：「男女異路，古制也，况掖庭乎？禮不可廢，汝其司之。」既而近臣孛羅銜命出，行失次，撒蠻執而拘之。世祖怪孛羅久不復命，詢得其故，命釋之。撒蠻曰：「令自陛下出，陛下自違之，他日何以責臣下？」世祖謝之，由是有大任之意。會以疾卒，年僅十七。子脱脱。

脱脱，少孤，其母孛羅海教之。稍長，直宿衛，復受教於世祖，尤以嗜酒爲戒。既冠，儀觀甚偉。

從駕征乃顔。王師既陳，旌旗蔽野。鼓未作，諜報賊至。脱脱即環甲，帥家僮數十人馳突而前，賊衆披靡。帝駐蹕山顛，望見之，亟遣使召還，勞之曰：「卿勿輕進，此寇易禽也。」視其刀已折，馬亦中箭矣。顧謂近臣曰：「撒蠻不幸早死，脱脱幼，朕撫而教之，常恐其不成立。今若此，撒蠻有子矣。」親解佩刀及御馬賜之。仍從皇孫鐵穆耳討乃顔餘黨哈丹，馬陷於淖，哈丹兵卻而復進，脱脱弟阿剌瓦丁揮戈擊賊，脱脱乃免。

自以受帝命戒酒，而未能遽絶，及宫車宴駕，即屏杯勺，命家人勿以酒進。成宗聞而善之，曰：「札剌兒氏如脱脱者無幾，真可大用也。」加資德大夫，由宿衛長出爲上都留守。入爲通政院使、虎賁衛親軍都指揮使。

大德三年，朝議江浙地大人衆，非世臣有重望者不足以鎮之。進榮禄大夫，拜江浙等處行中書省平章政事。瀕行，命中書祖道都門外。始至，嚴飭左右，咨訪掾屬。時朱清、張瑄所行多不法，慮事發覺，預以黄金五十兩、珠三囊交驩脱脱。脱脱大怒，繫其使以聞。

成宗悦，賜黄金五十兩。十一年，卒於位，年四十四。子朵兒只。

朵兒只，生一歲而孤。稍長，事母至孝，喜讀書。至治二年，授中奉大夫、集賢學士。時年未及冠，同官如郭貫、趙世延、鄧文原諸老宿皆重之。

天曆元年，朵羅台國王以起兵應上都，爲文宗所殺。二年，詔以朵兒只襲國王。後至元四年，朵羅台弟乃蠻台謂國王己所當襲，愬於朝。丞相伯顔妻欲得朵兒只大珠環，價直萬六千錠。朵兒只不與，慨然曰：「王位我祖宗所傳，不宜從人求買。」於是乃蠻台以賂得爲國王，而除朵兒只遼陽行省左丞相。

六年，遷河南行省。先是，河南盜殺行省官，以詿誤逮繫者數百人。朵兒只至，知其冤，欲釋之。而平章政事納麟乃元問官，執不從，又劾朵兒只庇罪人。朵兒只聞之，不與辨。

至正四年，遷江浙行省左丞相。汀州寇發，朵兒只遣將士招捕之，威信所及，數月即平。賜九龍衣、上尊酒。居二年，境内宴然。杭人請建生祠，如前丞相故事，朵兒只辭之曰：「昔我父爲平章，我實生於此地，宜爾父老有愛於我。然今天下承平，我叨居相位，唯知謹守法度，不辱先人足矣，何用虚名爲？」

七年，召拜御史大夫。秋，拜中書左丞相。冬，遷右丞相、監修國史。而太平爲左丞相。郯王産没官，朶兒只使掾史簿録之。明日，掾史復命。韓嘉訥爲平章政事，不知出丞相命，變色叱之曰：「公事宜自下而上，何竟白丞相？」令客省使扶之出。朶兒只不爲動，人咸服其量。九年，罷相，復爲國王，就國遼陽。

十四年，詔脱脱總兵南討。中書參議龔伯璲建言：「宜分遣宗王及異姓王俱出軍。」吴王朶兒赤厚賂伯璲，獲免。朶兒只獨曰：「吾國家世臣，天下有事，正效命之秋，豈暇與小人通賄賂哉？」即率所部，聽脱脱節制。脱脱遣朶兒只攻六合，拔之。既而詔削脱脱爵，罷其兵權。朶兒只以本部兵守揚州。十五年卒於軍，年五十二。

初，朶兒只爲集賢學士，從丞相拜住在上都。南坡之變，拜住遇害。鐵失、赤斤鐵木兒等並欲殺朶兒只，其從子朶兒直班方八歲，走詣怯薛官失都兒求免，故朶兒只得免於難。朶兒只爲相，務持大體，而太平則兼理庶務，趨附者衆。朶兒只處之淡然，中外皆號爲賢相云。

二子：朶兒帖木兒，翰林學士；俺木哥失里，襲國王。

朶兒直班，字惟中。父別理哥帖木兒。朶兒直班甫晬而孤，育於從祖母。拜住，從父也，請於仁宗，降璽書護其家。稍長，好讀書。年十四，入見文宗，適將幸上都，親閲御衣，命録於簿，顧左右無能書漢字者，朵兒直班引筆書之。文宗喜曰：「世臣之家乃能知學，豈易得哉！」命爲尚衣奉御，尋授工部郎中。

元統元年，擢監察御史。首上疏，請親祀宗廟，赦命不宜數。又陳時政五事：一曰：「太史言三月癸卯望月食既，四月戊午朔，日又食。皇上宜奮乾綱，修刑政，疏遠邪佞，顓任忠良，庶可消弭災變。」二曰：「親祀郊廟。」三曰：「博選勳舊世臣之子，端謹正直者，前後輔導，使嬉戲之事不接於目，俚俗之言不及於耳，則聖德日新。」四曰：「公賞罰，則民心服。」五曰：「弭盜賊，振饑民。」又條陳九事上之。一曰：「比日倖門漸啟，刑罰漸差，無功者覬覦希賞，有罪者僥倖求免。恐刑政漸隳，紀綱漸紊，勞臣何以示勸，姦臣無所警懼。」二曰：「天下之財皆出於民，民竭其力以佐公上，而用猶不足，則嗟怨之氣上干陰陽之和，水旱災變所由生也。宜顓命中書省官二員督責户部詳定減省，罷不急之工役，止無名之賞賜。」三曰：「禁中常作佛事，權宜停止。」四曰：「官府日增，選法愈敝，宜省冗員。」五曰：「均公田。」六曰：「鑄錢幣。」七曰：「罷山東田賦總管府。」八曰：「蠲河南自實田糧。」九曰：「禁取姬妾於海外。」

正月元日，朝賀大明殿，朵兒直班當糾正班次，即上言：「百官踰越班制者，宜同失儀論，以懲不恪。」先是，教坊官位在百官後，御史大夫撒迪傳旨使入正班，朵兒直班執不可。撒迪曰：「御史不奉詔耶？」朵兒直班曰：「事不可行，大夫覆奏可也。」西僧爲佛事内廷，醉酒失火，朵兒直班劾其不守戒律，延燒宫殿。撒迪傳旨免其罪，朵兒直班又執不可，一日間傳旨者八，乃已。

丞相伯顔、御史大夫唐其勢二家奴怙勢爲民害，朵兒直班巡歷至漷州，悉捕其人致於法，民大悦。及還，唐其勢怒曰：「御史不禮我已甚，辱我家人，我何面目見人耶？」答曰：「朵兒直班知奉法，他不知也。」唐其勢從子馬馬沙爲欽察親軍指揮使，恣横不法，朵兒直班劾奏之。馬馬沙怒，欲使其黨刺殺朵兒直班，會唐其勢伏誅，事乃已。遷太府監，改奎章閣學士院供奉學士，進承制學士，皆兼經筵官，又遷侍書學士、同知經筵事。朵兒直班年甫弱冠，又世家子，獨以經術侍帝左右，世以爲盛事。

至正元年，罷學士院，除翰林學士，進資善大夫。於是經筵亦歸翰林，仍命朵兒直班知經筵事。時巎巎以翰林學士承旨直經筵，在上前敷陳經義，朵兒直班則爲翻譯，曲盡其意，多所啟沃，禁中語秘不傳。俄遷大宗正府也可札魯火赤，讞獄，引諭律令，曲當事情。有同僚年老者，嘆曰：「吾居是官四十年，見公論事，殆神人也。」宗王有殺其大母者，朵兒直班與同僚拔實力請於朝正其罪，時相難之。出爲淮東肅政廉訪使，遷江南行臺治書侍御史，未行，又遷江西行省左丞，以疾不赴，起爲資正院使。

五年，拜中書參知政事、同知經筵事，提調宣文閣。纂集《至正條格》，朵兒直班謂是書上有祖宗制誥，安得獨稱今日年號？又律中條格乃其一門耳，安獨以爲書名？時相不能從，惟除制誥而已。有以善音樂得幸者，敕用爲崇文監丞。朵兒直班它擬一人以聞。帝怒曰：「選法盡由中書省耶？」朵兒直班頓首曰：「用倖人居清選，臣恐後世議陛下。今選它人，臣之罪也，省臣無與焉。」帝悦，遷右丞。尋拜御史中丞。監察御史劾奏別兒怯不花，章甫上，黜御史大夫懿憐真班爲江浙行省平章政事。朵兒直班曰：「若此，則臺綱安在？」乃再上章劾奏，並留懿憐真班，不允。臺臣皆上印綬辭職。帝諭朵兒直班曰：「汝毋辭。」對曰：「憲綱隳矣，臣安得獨留？」帝爲之出涕。朵兒直班即杜門待罪。

尋出爲遼陽行省平章政事，階榮禄大夫。至官，詢民疾苦，知米粟、羊豕、薪炭等皆鄉民販負入城，貴室僮奴、官府隸卒争强賈之，僅酬其半直。又其俗編柳爲斗，大小不一，豪賈猾儈得以高下其手，民咸病之。即飭有司厲防禁，齊稱量，諸物畢集而價自平。又存恤孤寡，平準錢法，清銓選，汰胥吏，慎句稽，興廢墜，巨細畢舉。召爲太常禮儀院使，俄還中政使，又遷資正使。

會盜起河南，帝憂之。十一年，拜中書平章政事，階光禄大夫。首言：「治國之道，綱常爲重。前西臺御史張桓伏節死義，不污於寇，宜首旌之，以勸來者。」又言：「宜守荆襄、湖廣以絶後患。」又數論：「祖宗用兵，不專於殺人。今倡亂者止數人，乃盡坐中華之民爲畔逆，豈足以服人心？」其言頗迕丞相脱脱意。時脱脱倚信左司郎中汝中柏、員外郎伯帖木兒，兩人因擅權用事。朶兒直班正色立朝，無所附麗。是年，出爲陝西行臺御史大夫。省、臺素以舉措爲嫌，不覿面論事。朶兒直班曰：「多事如此，惡得以常例論？」乃與行省平章朶朶五日一會集。尋命與朶朶便宜討賊，即督諸軍復商州。修築奉元城。募民爲兵，出庫所藏銀爲大錢，射而中的者賞之，由是人人皆奮。金、商義兵以獸皮爲矢房，狀如瓠，號毛葫蘆軍。列其功以聞，賜敕書褒獎之。金州由興元、鳳翔達奉元，道里迴遠，乃開義谷，置七驛，人便之。

十二年，御史大夫也先帖木兒敗於河南，西臺御史蒙古魯海牙、范文等十二人劾奏之。朶兒直班當署字，顧謂左右曰：「吾其爲平章湖廣矣。」未幾命下，果然。也先帖木兒者，脱脱之弟。章既上，脱脱怒，故左遷朶兒直班，而御史十二人皆見黜。是時湖廣行省權治澧州，以江淮道梗，從間道至重慶，以達澧州。既至，人心始定。汝中柏、伯帖木兒言於脱脱曰：「不殺朶兒直班，則丞相終不安。」乃命朶兒直班專供軍食。右丞伯顔不花承風旨，數侵辱之。朶兒直班不爲動。會官軍復武昌，至蘄、黄。伯顔不花欲誣以轉運失期，達剌罕軍帥王不花奮然曰：「平章坐不重茵，食無珍味，爲我曹供軍食。今百需立辦，猶欲誣之，是無人心也。」伯顔不花意沮。朶兒直班素有風疾，未幾卒於黄州蘭溪驛，年四十。

朶兒直班在經筵，開陳大義，采前哲遺言，各以類次，爲書凡四卷：一曰《學本》，二曰《君道》，三曰《臣職》，四曰《國政》。明道、厚倫、制行、稽古、游藝五者，《學本》之目。敬天、愛民、知人、納諫、治内五者，《君道》之目。宰輔、臺察、守令、將帥、詟御五者，《臣職》之目。興學、訓農、理財、審刑、議兵五者，《國政》之目。帝覽而善之，賜名曰《治原通訓》，藏於宣文閣。二子，鐵固思帖木而、篤堅帖木而。

乃蠻台，阿里乞失之孫，忽速忽爾之子也。阿里乞失，追封嗣莒王，謚忠惠。忽速忽爾嗣國王，卒，追封冀王，子朶羅台嗣國王。天曆元年，燕鐵木兒立文宗於大都，朶羅台奉上都之命討之，進至古北口，戰失利，後爲文宗所殺。二年，命朶兒只襲國王。

乃蠻台，朶羅台弟也。大德五年，奉命征海都、篤哇，以功賜貂裘、白金，授宣徽院使，階榮禄大夫。延祐七年，拜嶺北行省右丞。舊制，募民中糧以餉邊。是歲，中者三十萬石，用事者挾私爲市，減其數爲十萬，民進退失措。乃蠻台請於朝，凡所輸者悉受之，爲明年之數，民感其德。

至治二年，改甘肅行省平章政事，佩金虎符。甘肅歲糴糧於蘭州，多至二萬石，距寧夏各千餘里至甘州，自甘州千餘里始達亦集乃路，而寧夏距亦集乃僅千里。乃蠻台令輓者自寧夏徑趨亦集乃，歲省費六十萬緡。

天曆二年，遷陝西行省平章政事。關中大饑，詔募民入粟，賞以官。四方富民應命輸粟，露積關下。初，河南饑，告糴陝西，而陝西民遏其糴。至是關吏乃河南人，修宿怨，留粟使不得入。乃蠻台杖關吏而入其粟。既而粟雖多，貧民無鈔以糴。乃蠻台取官庫未燬昏鈔，得五百萬緡，識以省印，畀民糴粟，俟官給賑饑鈔，如數易之，民賴以濟。拜西行臺御史大夫，賜金幣、服玩。奉命送太宗舊鑄「皇兄之寶」於察合台後王燕只哥觧，乃蠻台素嚴重，至其境，禮貌益尊。

至順元年，遷上都留守，佩元降虎符，虎賁親軍都指揮使，進開府儀同三司，知嶺北行樞密院事，封宣寧郡王，賜金印。尋出鎮北邊。國初，諸軍置萬户、千户、百户，金、銀符未備，惟加槍纓以示等威。至是，乃蠻台爲請於朝，皆綰符。後至元三年，詔乃蠻台襲國王，賜珠絡半臂並海東名鷹、西域文豹。六年，拜嶺北行省左丞相，仍前國王、知行樞密院事。

至正二年，遷遼陽行省左丞相，以年踰六十，上疏辭職。詔以麥四百石、馬二百匹、羊五百頭給其軍士之貧乏者。八年，卒。贈攄忠宣惠綏遠輔治功臣、太師、開府儀同三司、上柱國，追封魯王，謚忠穆。

乃蠻台身長七尺，性明果善斷，射能貫札，歷官亦有名迹。惟賂伯顔，奪朵兒只國王位，爲時論所少云。

子二：長野仙溥化，入宿衛，掌速古兒赤，特授朝列大夫、給事中，拜監察御史，除河西廉訪副使、淮西宣慰副使，累遷中書參知政事，拜御史中丞，改中書右丞。次晃忽而不花。

帶孫，木華黎弟。孔温窟洼五子：長、次失名；第三子爲木華黎；第四子爲不合，以佐命功封千户；第五子爲帶孫，封東阿郡王。卒，長子秃馬台嗣。卒，弟荼合台嗣。秃馬台二子：曰札爾忽，曰忽圖魯。

忽圖魯從憲宗伐蜀，攻嘉定諸城，降之，賜金符。再統蒙古軍五部，共萬人。至元五年，召還。札爾忽以征南萬户從丞相伯顔伐宋，戰没。伯顔奏以忽圖魯襲萬户，定未下州郡，鎮揚州。十五年，以昭勇大將軍兼揚州路達魯花赤，降浙東賊楊震龍，監真定、河南二路上萬户府。兄子舒温直長，以兄爵讓還之。江南行臺薦其行義，除福建閩海道肅政廉訪使。

元貞初，八番蠻叛，以忽圖魯爲宣慰使都元帥，進鎮國上將軍。建議立宣撫司，以招徠之。戈布、喇台、乞即、落東等番，恃險不服，討之。部落降者三千户。未幾，平連思、婁浴、暮梅、求那諸蠻，皆降。明年，八番蠻酋羅陳、羅何、羅廉部五千户降，忽圖魯率以入覲。成宗大悦，賜金織衣。

大德五年，遷廣西兩江道宣慰使都元帥，誅叛酋易奚晚、高仙道等，遂深入左右江溪洞。明年，地州酋羅光殿、天州酋羅仲憲各率所部降，得三萬四千户。七年，移浙東道，爲政寬簡，吏民愛之。八年，丁母憂歸。十年，卒，年六十四。

子曰佛寶，寧國路總管；曰按壇不花；曰安僧，歷八番、淮東、福建三道宣慰使，告歸養母，天曆初起爲淮東宣慰使；曰博羅，兵部尚書。

塔塔兒台，帶孫郡王之後。父曰忙哥，從憲宗入蜀，攻合州。憲宗崩，塔塔兒台護喪北歸。會阿里不哥僭立，留不遣，乘間脱去，追騎執以北還，將殺之。親王阿速歹、玉龍答失曰：「塔塔兒台乃太師國王之親族，不可殺也。」遂免。至元元年，從阿速歹入朝，授懷遠大將軍，佩金虎符，世襲東平達魯花赤。命宿衛士四十人，給驛送之官。爲政鎮静不擾，鄆人安之。卒，年四十有二。

四子：只必，至元十四年襲職，階少中大夫。嘗出家。藏書二千餘卷，置東平廟學，使學徒講肄。尋進嘉議大夫、江南湖北道提刑按察使，改浙西。大德八年，入覲。明年春，卒，年五十有一。只必除按察使，弟秃不申襲東平達魯花赤。秃不申知民疾苦，歲饑，請於朝發廩以振。加太中大夫。士民刻石，紀其政績。卒，年五十有一。五子：曰不老赤，曰塔實脱因，曰阿魯灰，曰完者不花，曰留住馬。皆以次襲職。

【校勘記】

〔一〕「朵爾直班」，本卷目録及下文均作「朵兒直班」。

新元史卷之一百二十一　列傳第十八

博爾朮 玉昔帖木兒　阿魯圖　紐的該　博爾忽 布而古兒　月赤察兒　塔剌海　伵頭　塔察兒　密里察而　宋都台　伯里閣不花　赤老温 察剌　脱帖穆兒　月魯不花　阿剌罕　健都班

博爾朮，阿魯剌特氏。與太祖同出於海都。海都三子，長曰伯升忽兒多黑申，太祖六世祖也；次曰察剌孩領忽，泰亦赤兀之祖也；次曰抄直斡兒帖該，生六子，其第三子曰阿魯剌特，子孫以其名爲氏，博爾朮之祖也。父納忽，以財雄於部中，人呼爲納忽伯顔。

太祖微時，要兒斤部人盜太祖慘白色騸馬八匹去，太祖自追之，見道傍馬羣中一少年挏馬，問盜馬者蹤跡。少年曰：「今晨日未出，有人驅馬八匹過此，其毛色與公言合。」即以良馬授太祖，自騎一馬與太祖同往，告太祖曰：「我父納忽伯顔，我博爾朮也。」及至盜馬家，與太祖疾驅所失馬而返。盜衆來追，一人掣馬竿居前。博爾朮言：「將弧矢來，吾爲公返鬬。」太祖謝曰：「恐以吾事傷汝，吾自當之。」遂彎弓注矢以向盜，盜手竿而立，相持至日暮，羣盜趑趄，竟不敢前，遂奪馬而返。時博爾朮甫十三歲。太祖欲分馬與之，博爾朮固辭。至其家，宰羊烹之，盛以革囊，贈太祖爲行糧。太祖歸，乃使別勒古台邀之。博爾朮不告於父而從太祖，自是遂留事左右。

太祖稱汗，命博爾朮長衆怯薛，仍以其弟斡歌連扯兒必爲宿衛。時諸部未平，博爾朮警夜，太祖寢必安枕。或與太祖論事，恒達旦不寐，君臣之分益密。

王罕子桑昆，爲乃蠻驍將可克薛兀撒卜剌黑所襲敗，輜重盡失，王罕乞援於太祖，且曰：「請以四良將助我。」太祖遣博爾朮與木華黎等援之。博爾朮乞太祖良馬曰赤乞布拉，太祖戒之曰：「是不可鞭，欲疾馳，以鞭拂其鬣可也。」比至，桑昆已爲乃蠻將所敗，失馬。博爾朮以己馬授之，而自乘赤乞布拉，鞭之不進，忽憶太祖言，橫鞭拂鬣，即疾馳如電。大敗乃蠻，盡返所奪於王罕。王罕大悦，又召博爾朮往，時博爾朮方宿衛行營，以弓箭付人，自謁王罕。王罕餽以衣一襲、金樽十，博爾朮受之。歸見太祖，自請擅離宿衛之罪，太祖使受王罕之餽，且獎其謹敕焉。

壬戌，從征塔塔兒，戰於答蘭揑木兒格思，下令跬步勿退。博爾朮縶馬腰間，跽而引弓，分寸不離故處，太祖稱其膽勇。太祖中流矢墜馬，博爾朮擁太祖累騎而行。夜卧澤中，遇大雪，博爾朮與木華黎以氈裘覆太祖，燒石温其凝血，竟夕植立不移。又嘗失利，與大軍相失，獨博爾朮與博爾忽從。太祖饑，博爾朮以帶鉤釣大魚，烹以進。太祖歎息曰：

「吾異日當有以報汝也！」

其後太祖與王罕戰於合剌合勒只惕沙陀。翼日，簡閲將士，失太宗、博爾朮、博爾忽三人。又一日，博爾朮始至，太祖曰：「博爾朮無恙，天贊我也。」博爾朮曰：「向者之戰，臣馬傷於矢，奪敵馬始免於難。」未幾，博爾忽與太宗亦至。博爾朮曰：「中道見敵塵高起，向卯危温都兒前忽剌安不魯合惕去矣。」太祖乃率諸將徙帳於答蘭揑木兒格思。

太祖即位，大封功臣，授博爾朮右翼萬户，屬地西至阿爾泰山，與木華黎同爲元功，位在諸將上。初，太祖叔父答阿兒台降於王罕，至是太祖欲誅之，博爾朮力諫，始宥其罪。皇子察闊台分封西域，敕從博爾朮受教，博爾朮教以：「涉歷險阻，必擇善地居之，勿任意留頓。」太祖聞之，謂察闊台曰：「吾之教汝，亦不踰此矣。」博爾朮以舊恩宿衛，未嘗獨將，故無方面之功。然太祖親征，無役不從，爲太祖所倚重。及卒，太祖痛惜之。

子孛鑾台，太宗賜廣平路一萬七千三百户爲食邑，從憲宗伐蜀。大德五年，追贈博爾朮推忠協謀佐運功臣、太師、開府儀同三司，封廣平王，謚武忠；孛鑾台推誠宣力保順功臣、太師、開府儀同三司、廣平王，謚忠定。孛鑾台子玉昔帖木兒。

玉昔帖木兒，弱冠襲萬户，器量弘達，莫測其際。世祖聞其賢，驛召赴闕，解御服銀貂賜之，並賜號月呂魯那顔，譯言能官也。國制重内膳之選，特命玉昔帖木兒領其事。侍宴内廷，玉昔帖木兒行酒，詔諸妃皆爲答禮。

至元十年，拜御史大夫。江南既定，益封功臣，賜全州清湘縣户爲分地。時阿合馬用事，併省内外諸司，援金制，併各道提刑按察司入轉運司。監察御史姚天福謂玉昔帖木兒曰：「按察司之設，所以廣視聽，備非常，慮至深遠，不但繩有司而已，不宜罷。」玉昔帖木兒駭然曰：「微公言，幾失之。」夜入世祖卧内，白其事。世祖大悟，復立諸道提刑按察司。二十二年，中書省臣請以玉昔帖木兒爲左丞相，御史中丞撒里蠻爲御史大夫。世祖曰：「此事朕當思之。」帝以風憲之長，難於得人，故獨任玉昔帖木兒幾二十年，不以爲相也。

二十四年，乃顔反。世祖親征，分二軍：蒙古兵以玉昔帖木兒統之，漢兵以李庭統之。戰於遼河，蒙古騎兵三十營，間以漢兵步隊，進退與騎兵共騎一馬，見敵則下騎先進。自晨至午，大破其衆，獲乃顔。詔還乘輿槖駝百蹄賜之，玉昔帖木兒謝曰：「天威所臨，風行草偃，臣何力之有？」車駕還上都，命皇孫帖木兒與玉昔帖木兒剿乃顔餘黨，執其酋金家奴以獻，戮同惡數十人於軍前。

二十五年，哈丹秃魯干復叛。命玉昔帖木兒及李庭等討之，敗其衆於也烈河，哈丹秃魯干遁。時已隆冬，聲言俟明年進兵，乃倍道兼行，過黑龍江，擣其巢穴，斬馘無算，哈丹禿魯干走高麗。詔賜内庭七寶帶以旌之，加太傅開府儀同三司，移駐杭愛山，以禦北邊。二十九年，加録軍國重事知樞密院事，特賜步輦入禁中。位望之崇，廷臣無出其右者。

三十年，成宗撫軍北邊，以玉昔帖木兒輔之，請授皇太子玉璽，從之。

三十一年，世祖崩，成宗奔喪至上都，諸王咸會。玉昔帖木兒謂晉王甘麻剌曰：「大行賓天已踰三月，神器不可久曠。皇太子玉璽已授於皇孫，王爲宗盟長，奚俟而不言？」甘剌麻曰：「皇帝踐祚，臣請北面事之。」於是宗王、大臣合辭勸進。玉昔帖木兒曰：「大事已定，吾死無憾矣。」成宗即位，進秩太師，賜尚方玉帶寶服，還鎮北庭。

元貞元年冬，入朝。兩宫賜宴如家人禮，賜其夫人禿忽魯質孫服及他珍寶。十一月，卒，年五十四。大德五年，贈宣忠同德弼亮功臣，依前太傅、開府儀同三司、録軍國重事、御史大夫，追封廣平王，謚貞憲。

三子：曰木剌忽，襲封萬户；次脱憐；次土土哈，襲封廣平王。延祐六年，土土哈由中丞拜御史大夫，仁宗諭之曰：「御史大夫職任至重，以卿勳舊之裔，故特授此官。卿當思祖父忠勤，仍以古名臣爲法。」延祐七年五月，英宗即位，有告土土哈謀廢立，坐誅，並籍其家。六月，收土土哈廣平王印，詔木剌忽襲王封。天曆二年，以木剌忽附上都，毁其廣平王印，以哈班襲廣平王。哈班，脱憐子也。哈班卒，木剌忽子阿魯圖襲。

阿魯圖，由經正監襲爲怯薛官，拜翰林學士承旨，遷知樞密院事。至元三年，襲封廣平王。

至元四年，脱脱罷相，帝問誰可代者，脱脱薦阿魯圖。五月，拜中書右丞相、監修國史，並録軍國重事。時修遼、金、宋三史，阿魯圖代脱脱爲總裁。書成，與平章政事帖木兒達識、太平奏上之，鼓吹導從，進至宣文閣。帝具禮服迎之，因謂羣臣曰：「史既成書，前人善者可以爲法，惡者可以爲戒，非獨爲君者當然，人臣亦宜知之。」阿魯圖頓首謝。

右司郎中陳思謙條時政得失，阿魯圖曰：「左右司之職，所以贊助宰相。郎中與我輩共議，自可見諸行事，何必别爲文字自有所陳耶？郎中若居他官，可以建言，今居左右司而建言，將置我輩於何地耶？」思謙愧服。一日，與同僚議除刑部尚書，宰執有所舉，或難之曰：「此人柔軟，非刑部所宜。」阿魯圖曰：「今選儈子耶？若選儈子，須强壯。尚書詳讞刑獄，不枉人壞法，即是好官，何用强壯者？」其議論知大體多如此。

先是，左丞相别兒怯不花欲與阿魯圖陷脱脱。阿魯圖曰：「我等豈必久居此位，當有罷退之日，人將謂我何？」别兒怯不花屢以爲言，終不從。六年，别兒怯不花乃諷御史劾奏阿魯圖不稱職，阿魯圖即避於城外。親舊皆爲不平，請阿魯圖見上自陳，辨其是非。阿魯圖曰：「我功臣世裔，豈以丞相爲難得耶？但上命我，不敢辭；今御史劾我，我宜自去。且御史臺世祖所設置者，我抗御史，即與世祖抗矣。」阿魯圖遂罷去。十一年，復拜爲太傅，出守和林，卒。

紐的該，博爾朮四世孫，佚其祖父名。早入宿衛，累遷同知樞密院事。既而坐事罷官。後至元五年，奉使宣撫達達諸部，摘發有司不公不法者三十餘事，擢知嶺北行樞密院事。

十五年，召拜中書平章政事，遷知樞密院事。十七年，詔紐的該討山東諸賊，旋加太尉，總山東諸軍，守東昌。十八年，田豐再陷濟寧，進逼東昌。紐的該棄城走，退屯柏鄉。俄召還京師，拜中書添設左丞相，與太平同居相位。

紐的該有識量。張士誠降，紐的該處置江南諸事，咸得要領，士誠大服。已而罷知樞密院事，卧病，謂其所知曰：「太平真宰相才，我病固不起，太平又不能久於其位，可歎也！」二十年，卒。

初，皇太子決意罷太平政事，紐的該聞之曰：「善人，國之紀也，苟去之，國將何賴？」數於帝前左右太平，故皇太子之志不獲逞。紐的該卒，皇太子竟逼令太平自殺。

博爾忽，許兀慎氏。太祖討主兒乞部，博爾忽尚幼，爲部將者卜客所掠，歸於訶額侖太后，撫以爲子。既壯，有智勇，與木華黎、博爾朮、赤老温齊名。又與汪古兒同典御膳。太祖與王罕戰失利，太宗陷陣，博爾忽從之。太宗項中矢，創甚，博爾忽吮其血，與太宗共騎而返。太祖甚感之。

初，太祖滅蔑兒乞，其部人曰合兒吉勒失剌逸去。已而至訶額侖太后帳，詭言乞食。拖雷方五歲，爲合兒吉勒失剌所持，拔刀欲殺之。博爾忽妻阿勒塔泥急出，提其髮，刀墜於地，哲台、者勒蔑在帳外宰牛，聞阿勒塔泥呼，即入殺合兒吉勒失剌。論功，阿勒塔泥第一，哲台、者勒蔑次之。

及太祖即位，授博爾忽第一千户，且曰：「博爾忽侍我左右，雖戰事危急，或暮夜雨雪之時，必供我飲食，不使我空宿。其赦罪九次，以爲恩賞。」

太祖十二年，秃馬惕復叛。太祖遣納牙阿與朵兒伯朵黑申討之，納牙阿以病不行，太祖躊躇良久，乃改命博爾忽。秃馬惕部衆素强，又道險，林木茂密，難於用兵，諸將皆憚往。博爾忽問使者：「此上意，抑他人所舉？」使者曰：「上意也。」博爾忽曰：「如是，我必往，妻子惟上憐之。」時秃馬惕酋都秃勒莎額里已死，其妻勃脱灰兒塔渾將其衆拒險以守，聞博爾忽將兵至，使人伏於林中，狙擊之。會日暮，博爾忽從左右三人離大軍前行，伏發，遂爲所害。

博爾忽族人布而古兒，勇敢亞於博爾忽，累擢萬户，隸博爾忽，將右翼。太祖最愛之，與博爾忽同時戰殁。太祖聞博爾忽死，議親征。木華黎、博爾朮力諫乃止。復遣朵兒伯朵黑申討平之，以秃馬惕民百户賜博爾忽家爲奴。後又以淇州爲博爾忽食邑，復增賜沅州六千户。贈推忠佐命著節功臣、太師、上柱國、開府儀同三司，追封淇陽王。

二子：長脱歡，次塔察兒。脱歡與父同時封千户，扈憲宗親征，屢有功。以蜀地暑濕，勸憲宗還軍，不從，憲宗遂崩於合州。女烏式真爲世祖皇后。脱歡子失里門，從世祖征雲南，亦陣殁。失里門子月赤察兒。

月赤察兒，六歲而孤。事母石氏，以孝聞。世祖知其賢，且憫失里門死王事，年十六，召見，奏對稱旨。世祖歎曰：「失里門有子矣。」即命領四怯薛。至元十七年，長一怯薛。明年，代線真爲宣徽使，兼領尚膳院、光禄寺。

二十六年，世祖親征海都。月赤察兒奏曰：「丞相安童、伯顔，御史大夫月吕魯，皆受命征討，臣不可以後之。」世祖曰：「汝親佩櫜鞬爲宿衛近臣，功自不小，何必以先登陷陣爲能繼祖父耶？」

二十八年，桑哥既立尚書省，殺異己者，箝天下之口，紀綱大紊，平章政事也速答兒潛以其事白月赤察兒奏劾之。既而言者益衆，桑哥遂伏誅。以首發大奸，賜没入桑哥黄金四百兩、白金三千五百及水田、水磑、别墅。

是年，世祖令四怯薛人及諸府人鑿渠，西導白浮諸水，經都城中，東入潞河，以達糧艘。度其長闊，畫地分賦之。月赤察兒率其屬著役者服，操畚插，以爲衆先。渠成，賜名通惠河。世祖語左右曰：「此渠非月赤察兒，不能速成如此。」

成宗即位，加開府儀同三司、太保、録軍國重事，兼知樞密、宣徽院事。大德元年，拜太師。

初，叛王海都、篤哇據金山南北，再世爲邊患。常屯戍重兵，以防侵軼。五年，朝議以諸將紀律不嚴，命月赤察兒副晉王統防軍。是年，海都、篤哇入寇。八月朔，戰於鐵堅古山。未幾，海都悉衆至，戰於合剌合塔，我軍失利。次日，復戰。我軍分五隊，月赤察兒自將一隊，率麾下力拒之，海都始卻。後海都死，篤哇請降。時武宗亦在軍中，月赤察兒遣使與武宗及諸王將帥議曰：「篤哇降，爲我大利。若待上命，往返閲兩月，恐失事機。篤哇妻，我弟馬兀合剌之妹，宜遣馬兀合剌報之。」衆以爲然。既遣使，始以其事聞。成宗嘉獎之，不責其專擅之罪。即而馬兀合剌復命，篤哇遂降。

叛王滅里帖木兒屯於金山，武宗出其不意先踰金山待之，月赤察兒以諸軍繼進，滅里帖木兒亦降。是時，海都子察八兒與叛王秃苦滅俱奔於篤哇。至大元年，月赤察兒奏曰：「諸王秃苦滅本懷攜貳，而察八兒游兵近境，素無悛心，倘合謀致死，恐爲國患。臣以爲昔者篤哇首請降附，雖死，宜遣使安撫其子寬徹，使不我異。又諸部降人宜處於金山之南，吾軍屯田於金山之北，就彼有謀，吾已搗其腹心。」奏入，命月赤察兒移軍於阿答罕三撒海之地。其後察八兒、秃苦滅合謀攻怯伯，爲所敗，進退失據，果相率來降，於是北邊始定。怯伯，寬徹弟，篤哇之次子也。

武宗立和林等處行省，以月赤察兒爲右丞相，依前太師、録軍國重事，封淇陽王。四年，月赤察兒入朝，武宗宴於大明殿，眷禮優渥。尋以疾卒，年六十有三。贈宣忠安遠佐運弼亮功臣，謚忠武。

初，世祖以湖廣行省延袤數千里，内包番洞，外接安南，非賢能不足以鎮撫之。月赤察兒舉哈剌哈孫爲湖廣平章政事，凡八年，蠻夷服其威德，入爲丞相，天下稱賢。世以月赤察兒有知人之鑒。

七子：長塔剌海，次馬剌，次佩頭，次也先帖木兒，次奴剌丁，次伯都，次也遜真。

塔剌海，少侍皇太子真金於東宮。後佩虎符，爲左都威衛使，兼宣徽、徽政二使。武宗即位，五月，詔塔剌海曰：「卿事裕宗皇帝、裕聖皇后，爲善則多，不善則不聞也。卿其相朕。」塔剌海奏：「中書大政所出，臣未嘗學問，且樞密、宣徽、徽政三使所領已繁，又長怯薛，春秋巵蹕獮狩，誠不敢舍是以姦大政。」固辭，不許，遂拜中書左丞相。

成宗時，嘗賜塔剌海江南田六千畝，武宗又加賜田千畝。辭曰：「萬畝之田，歲入萬石。臣待罪宰相，先規私利，人謂臣何？請入米萬石於官，以蘇江南百姓之困。」武宗嘉許之。進位太保、録軍國重事，兼太子太師，又進階開府儀同三司，未幾遷右丞相、監修國史。

武宗嘗手授太尉印於塔剌海，辭曰：「世祖未嘗以此官授人，臣請固辭。」許之。至大元年，加領中政使。是年四月，從幸上都，卒於懷來。贈智威懷忠昭德佐治功臣，追封淇陽王，謚輝武，改謚惠穆。塔剌海與父月赤察兒並爲宰相，月赤察兒封淇陽王，亦追封塔剌海淇陽王云。

馬剌，由内供奉爲大宗正府也可札魯忽赤。武宗時，奏曰：「臣家以武顯，臣方壯，不效命於仇敵，臣實愧赧。」武宗大悦，遥授左丞相，行大宗正府也可札魯忽赤，統嶺北防軍，卒。

馬剌子完者帖木兒，御史大夫、太保，嗣淇陽王。後至元元年，監察御史言：「完者帖木兒乃賊臣也先帖木兒骨肉之親，不宜居大位。」詔安置完者帖木兒於廣海。

佩頭，又名脱兒赤顔。年六歲，裕聖皇后命侍武宗。武宗撫軍北邊，以佩頭領仁宗府四怯薛、大官服奉御。是年，授宣徽使，復加儀同三司、右丞相，賜江南田萬畝，辭不受。至大元年，拜太師，兼前衛親軍都指揮使。十一月，武宗面諭曰：「公祖父宣力王家，公之輔朕，克謙克謹，翼翼小心。今旌德録功，爵公爲郡王，已敕主者施行。」佩頭固辭，乃賜海青、白鶻、文豹。二年，兼知樞密院事。三年，加録軍國重事，又命爲尚書省左丞相，佩頭又辭。上鑒其誠，聽焉。皇慶元年，命佩父印，嗣淇陽王，仍開府儀同三司。佩頭緣潛邸舊恩，富貴震一時，雖無當時之譽，然謙謹自守，爲朝廷所倚信。卒，弟也先帖木兒嗣淇陽王，累官知樞密院事。鐵失弑英宗，也先帖木兒預其謀。泰定帝即位，伏誅。

塔察兒，一名倴盞，驍勇善戰，幼直宿衛。

大兵略定燕、趙，命爲燕南斷事官。睿宗監國，以燕京盜賊横行，有司不能禁，遣塔察兒與耶律楚材窮治其事，誅首惡十六人，民始安堵。

太宗三年，拜行省兵馬都元帥，分宿衛及諸王、駙馬親軍，使塔察兒統之。自河中府渡河伐金，克潼關，取陝西。四年春，金西安節度使趙偉降。進克洛陽，金留守撒合輦投水死，珫瑁寨任元帥等皆率衆迎降。時睿宗已敗金兵於三峰山，詔塔察兒會諸將圍汴京。塔察兒與金兵戰於南薰門外，敗之。

金主奔歸德，遂之蔡州。塔察兒復率師圍蔡，築長圍困之。宋將孟珙以兵來會。蔡倚柴潭爲固，珙決潭入汝，大兵亦決練江以洩潭水。冬十二月，墮其外城，復破其西城。塔察兒按兵緩進，欲生致金主。五年正月，金主自縊，其左右焚之，奉御絳山請瘞其遺骨，塔察兒義而許之。

蔡州平，塔察兒奏：「金人既滅，宋或迫我，何以抵禦？請亘大河南北，東自曹、濮，西抵秦、隴，分兵鎮戍，以遏宋寇。」詔從之。由是京兆、鳳翔等路次第撫定。

六年秋，宋人入寇，詔塔察兒率所部南征。八年春，宋息州守將崔太尉來降，光、息諸州悉定。詔以息州及璹瑁寨户口賜塔察兒爲農田養老户。九年，圍宋壽州，卒於軍。

子别里虎台，憲宗二年，授行省兵馬都元帥，率蒙古四萬户及諸翼漢軍，收淮南未附州縣。七年，從諸王塔察兒攻樊城，戰歿。長子密里察而，次宋都台。

密里察而，事世祖於潛邸。中統元年，授大河以南統軍。五年，授保甲丁壯射生軍達魯花赤。至元四年，襲蒙古軍萬户，從攻樊城，卒。泰定元年，贈明威將軍、洪澤屯田萬户府達魯花赤，追封平陽郡侯。長子阿魯灰，次伯里閣不花。

宋都台，襲兄職，從取襄、樊。十一年，從平鄂、岳等州，授昭毅上將軍。又攻拔歸、峽等州，進克江陵，以兵鎮潭州。十二年，克江州，授都元帥，佩虎符，兼領江東西大都督。進克南昌，獲宋將萬將軍。次塔水，又獲宋驍將熊飛。龍興守將劉槃以城降。宋都台綏輯降衆，秋豪無犯。南康、吉、贛、袁、瑞、臨、撫等州，次第皆平。十三年，宋都台奏言：「江西雖附，閩、廣諸郡尚阻兵，乞增兵進討。」詔以襄、漢兵四千，又益以安慶、蘄、黄等路戍兵，使宋都台統之。是年，卒於廣東。

阿魯灰襲領其軍，至元十八年授江西道都元帥，卒。

伯里閣不花，十九年襲都元帥。峒獠董輝等叛，討平之，授昭勇大將軍、蒙古軍萬户，賜三珠虎符。三十年，以蒙古軍戍湖廣，從平章劉國傑討叛寇，所至有功。元貞三年，率蒙古軍二千人扈從上都，加鎮國上將軍，賜弓、刀、鞍、轡。大德三年，從武宗北伐，詔以所部屯田稱海。六年，授河南淮北蒙古軍都萬户府副都萬户，仍屯田。九年，以北庭寧謐，詔有司資送伯里閣不花還河南。延祐元年，卒。泰定元年，贈輔國上將軍、樞密副使、護軍，追封雲中郡公，謚襄懋。

子昔里伯吉，襲明威將軍、河南淮北蒙古軍都萬户府副都萬户，累進昭毅大將軍。性簡重，善撫士卒。卒，子八撒兒襲。

赤老温，速勒都孫氏。父鎖兒罕失剌，本泰亦兀赤部下人。太祖爲泰亦兀赤酋塔兒忽台所執，命荷校徇軍中。一夕，塔兒忽台等宴於斡難河上，使一童子監視太祖。太祖擊童子眩仆，涌水而逸。比童子甦，大呼荷校者脱走，泰亦赤兀人分道追之。鎖兒罕失剌見太祖仰面卧水中，即語太祖：「汝慎自匿，吾不以告人也。」既搜太祖不獲，鎖兒罕失剌言於衆曰：「是荷校者焉往？明日再緝可也。」衆散去，鎖兒罕失剌復至太祖卧處，囑太祖亟逃。太祖私念曩傳宿鎖兒罕失剌家，其子赤老温、沈伯俱憐我，夜脱我校，盍往投之？昧爽，入門。鎖兒罕失剌大驚，赤老温兄弟曰：「鸇驅雀，叢草猶能蔽之。彼窘而投我，而不之救，可乎？」乃脱太祖校，匿於羊毛車中，使其妹合答安守之。泰亦兀赤人大索部中，次第至鎖兒罕失剌家，見羊毛車，欲搜之。鎖兒罕失剌曰：「酷暑如此，羊毛中有人，安能禁受？」搜者始去。鎖兒罕失剌贈太祖栗色馬、火鐮、弓矢，又煮羊羔，盛之革囊，佐以馬乳，爲途中之食。太祖始得歸。

及太祖敗泰亦兀赤於斡難河嶺上，有一婦人大哭，呼：「帖木真救我！」太祖使問之，自言爲合答安，其夫爲兵所執，將見殺，故呼帖木真救之。太祖馳往，已無及。遂延見合答安，納之。又明日，鎖兒罕失剌亦至。太祖詰其來遲，對曰：「吾歸心已久，但恐早來，妻子爲泰亦兀赤所殺耳。」

太祖即位，大封功臣，鎖兒罕失剌言，願得薛涼格河邊牧地，太祖從之，並賜號答剌罕，子孫世爲豁兒赤，與大宴禮，赦罪九次。赤老温、沈伯並爲千户。

赤老温與木華黎、博爾朮、博爾忽齊名。一日，與敵戰，墜馬。敵將欲刺之，赤老温騰起，反刺殺敵將。太祖大悦。後從太祖平泰亦兀赤，以槍擲塔兒忽台，中之，遂爲赤老温所殺。沈伯率右翼兵討蔑兒乞酋帶亦兒兀孫，亦有功。

赤老温早卒。二子：曰納圖兒，曰阿剌罕。

納圖兒，御位下必闍赤。從伐金，數有功。後從攻西夏，戰殁。

子察剌，從太祖征西域，以功授業里城子達魯花赤。後事太宗於潛邸，從太宗經略中原，賜金符，改授隨州軍民達魯花赤，卒。

子忽納，襲父職。以隨州孤絶，改治南陽府之昆陽。至元十三年，以管軍萬户從大軍伐宋渡江，後加金虎符，授湖廣行省樞密院判官。宋平，擢江西湖東道肅政廉訪使，卒。忽納有惠政，民繪象祠之。贈通議大夫、僉樞密院事、上輕車都尉，追封陳留郡公，謚景桓。子式列烏臺，次脱帖穆兒。

脱帖穆兒，字可與。以勳家子入直宿衛。大德十年，用臺臣薦，佩金符，爲武德將軍、東平管軍上千户所達魯花赤。泰定三年，移鎮紹興，攝軍民萬户府事。宋郡人蔡定父坐事繫獄，定乞以身代，不許，乃自沈於江。郡守爲出其父，立廟卧龍山之陽，請敕額曰「愍孝祠」。歲久，居民侵其地，官不問。脱帖穆兒謂守令曰：「承宣風教，郡縣責也。」即日使歸其侵地，廟復立。大軍伐宋，至天台，民婦王氏爲兵所獲，至清風嶺，齧指血題詩石上，投厓死。脱帖穆兒移文郡縣，立祠祀之。禮部侍郎泰不花出守紹興，行鄉飲酒禮，迎脱帖穆兒涖其事。脱帖穆兒有威儀，人望而敬之。至正四年卒，年八十四。

五子：曰大都，襲東平上千户所達魯花赤；曰哈剌；曰月魯不花；曰篤列圖，至正五年進士，衡州路衡陽縣丞；曰王者不花。

月魯不花，字彦明。未冠，受學於紹興韓性。爲文援筆立就，中江浙省試右榜第一。元統元年，成進士，授台州路録事司達魯花赤。州無學，月魯不花首建孔子廟，延名儒以教學者，士論翕然。丁憂歸，服除，授行都水監經歷。尋擢廣東道廉訪司經歷，召爲行水監丞，改集賢待制，遷吏部員外郎。奉使江浙，糴穀二十四萬石，第户産高下，以爲糴之多寡，事立辦。既而軍餉絀，又奉命糴於江浙，召父老以大義諭之。民聞月魯不花至，皆從命，不踰月而兵食足。

至正十三年〔一〕，丞相脱脱南征，以月魯不花督餽餉，擢吏部郎中。尋拜監察御史，奏言：「天子宜躬祀南郊，殷祭太室。」又言：「皇太子天下之本，宜簡老成爲輔導，以成其德。」帝並嘉納之。再擢吏部侍郎。時廷議欲設局長蘆，造海船三百艘。月魯不花言其不便，事獲寢，然忤執政意，左遷工部侍郎。會重選守令，出爲保定路達魯花赤。保定歲輸糧於新鄉，民苦之。月魯不花請改輸於京倉，著爲令。俄拜吏部尚書，父老數百人詣闕乞留監郡，以蘇凋瘵。詔以尚書仍知保定路事。

十七年，賊渡河，月魯不花修城浚壕，以備戰守。奏請五省八衛兵出戍外鎮者，宜留護本部。詔允之。遂兼統黑軍及團結西山八十二寨民兵，聲勢大振。賊再犯保定，皆不利，退走。進中奉大夫，賚上尊四、馬百匹。頃之，召還爲詳定使。月魯不花去一月，保定竟陷於賊。改大都路達魯花赤。執政以耶律楚材墓地給番僧，月魯不花持之，卒弗與。轉吏部尚書。初，永平賊程思忠據府城，其黨雷帖木兒僞降，事覺，爲官軍所殺。至是，詔月魯不花招撫思忠，衆皆危之。月魯不花毅然曰：「臣死君命，分也。奈何先計禍福？」竟入城諭賊，思忠感泣納降。還，拜翰林侍讀學士。俄復授大都達魯花赤。召見宣文閣，帝與皇后、皇太子皆遣使賜内醖。

進資善大夫，拜江南行臺御史中丞。陛辭，帝御嘉禧殿慰勞之，賜上尊、金、幣。皇太子亦書「成德誠明」四字賜之。江南道梗，月魯不花航海赴紹興。頃之，進一品階，改浙西肅政廉訪使。已而張士誠據杭州，月魯不花謂其姪同壽曰：「吾家世受國恩，恨不能殺賊以圖報，乃與賊同處耶？」使同壽具舟載其孥，而自匿櫃中，以藁秸蔽之，脱走至慶元。士誠知之，遣鐵騎百餘追至曹娥江，不及而返。

俄改山南道肅政廉訪使，浮海北行，至鐵山，遇倭船甚衆。賊登舟，攫月魯不花，令拜伏。罵曰：「吾國家大臣，寧爲賊拜乎？」遂遇害。家奴那海乘間刺賊首，殺之，與月魯不花次子樞密院判官老哥、兄子百家奴俱死。事聞，贈推忠宣武正憲徇義功臣、金紫光禄大夫、福建行省平章政事、上柱國、鄧國公，謚忠肅。

阿剌罕，赤老温第二子也。以恭謹事太祖。太祖嘗被創甚，阿剌罕療之七日而愈。子鎖兀都，太宗命侍闊端太子於河西。其妻爲只必帖木兒王保母。

鎖兀都一子曰唐台觯，領王府怯薛官及所屬民匠户。

唐台觯諸子，知名者曰健都班，領王府怯薛，管軍民諸色人匠。至順二年，授永昌路總管。泰定二年，遷本路達魯花赤，階中順大夫。又遷王府中尉。天曆二年，只必帖木兒入覲，薦其從臣五十人爲宿衛，以健都班爲第一。奏對稱旨，拜同僉太常禮儀院。俄遷監察御史、中書省左司員外郎，累擢治書侍御史。卒。

史臣曰：太祖困約時，博爾朮獨慕義相從，赤老温則冒死以救之，博爾忽受命討賊，捐軀脰而不悔，咸有國士之風。玉昔帖木兒、月赤察兒出入將相，爲時名臣。月魯不花尤以節義顯。《春秋》之法，善善及子孫。賢者之宜有後，諒矣哉！

【校勘記】

〔一〕「至正」，原作「至元」，按本書卷二一五《惠宗本紀三》「右丞相脱脱請親討徐州賊」在至正十二年，據改。

新元史卷之一百二十二　列傳第十九

速不台　兀良合台　阿朮　卜憐吉歹　也速䚟兒

速不台，兀良合氏。兀良合爲塔立斤八族之一。蒙古俗，聞雷匿不敢出。兀良合人聞雷則大呼與雷聲相應，故人尤驍悍。

速不台遠祖捏里必，獵於斡難河上，遇敦必乃汗，因相結爲按答。捏里必生孛忽都，衆目爲折里麻，譯語有知略人也。孛忽都孫合赤温，生哈班、哈不里。哈班二子：長忽魯渾，次速不台，俱善騎射。太祖在巴勒渚納，哈班驅羣羊以獻，遇盜被執。忽魯渾兄弟繼至，以槍刺一人殺之，餘黨逸去，遂免父難。忽魯渾以百户從太祖，與乃蠻戰於闊亦田之野，遇大風雪，忽魯渾乘風射之，敵敗走。

速不台以質子事太祖，亦爲百户。太祖即位，擢千户。七年，從太祖伐金，攻桓州，先登，拔其城，賜金帛一車。

十一年，太祖以蔑兒乞乘我伐金收合餘燼，會諸將於和林，問：「誰能爲我征蔑兒乞者？」速不台請行，太祖壯而許之。山路險峻，命裹鐵於車輪，以防摧壞。速不台選裨將阿里出領百人先行，覘蔑兒乞之虛實，戒之曰：「汝止宿必載嬰兒具以行，去則遺之，使若挈家而逃者。」蔑兒乞見之，果以爲逃人，不設備。十三年，速不台進至吹河，大破之，盡殲其衆。

十四年，太祖親征西域，命速不台與者別各率萬人，追西域主阿剌哀丁，戒以「遇彼軍多，則不與戰，而俟後軍。彼逃，則亟追勿舍。所過城堡降者，勿殺掠。不降則攻下之，取其民爲奴。不易攻，則捨去，毋頓兵堅城下」。時西域主棄撒馬爾罕遠遁，速不台、者別渡阿母河，分路追之。西域主逃入裏海島中，未幾病死，盡獲其珍寶以獻。事具《西域傳》。太祖曰：「速不台枕戈血戰，爲我家宣勞，朕甚嘉之。」賜以大珠、銀甕。速不台與者別遂入其西北諸部，諸酋皆望風納款。

西域軍事略定，十六年，太祖命速不台與者別進討奇卜察克，循裏海之西入高喀斯山，大破奇卜察克之衆，殺其部酋之弟玉兒格，其子塔阿兒匿於林中，爲奴所告，執而殺之。速不台縱奴爲民，還以聞，太祖曰：「奴不忠於主，肯忠事他人？」並戮之。奇卜察克酋遁入斡羅斯境，速不台、者別引兵至喀勒吉河，與斡羅斯戰於孩兒桑之地，斬獲無算。速不台奏以蔑兒乞、乃蠻、怯烈、康鄰、奇卜察克諸部千户，通立一軍，從之。初，太祖命速不台、者别以三年爲期，由奇卜察克返至蒙古地，與太祖相見。至是二將凱旋，遵太祖之命而返。

十九年，太祖親征西夏，以速不台比年在外，恐其父母思之，遣歸省。速不台奏願從西征，太祖命度大磧以往。二十一年，破撒里畏兀、特勒、赤閔等部，及德順、鎮戎、蘭、會、洮、河諸州，得牝馬五千匹，悉獻於朝。二十二年，聞太祖崩，乃還。

太宗即位，尚秃滅干公主。從太宗伐金，圍慶陽。我軍及金人戰於大昌原，敗績。命速不台援之。二年，速不台與金將完顔彝戰於倒回谷，又失利，爲太宗所責。睿宗曰：「兵家勝負不常，宜令速不台立功自效。」遂命引兵從睿宗南伐。

三年冬，出牛頭關，遇金將合達率步、騎十五萬赴援。睿宗問以方略，速不台曰：「城居之人，不耐勞苦。數挑戰以勞之，乃可勝也。」睿宗從之。明年正月，大敗金人於三峰山，合達走鈞州，追獲之。合達問：「速不台安在？願識其人。」速不台出曰：「汝須臾人耳，識我何爲？」合達曰：「人臣各爲其主，我聞卿勇蓋諸將，故欲見之。」其爲敵國畏服如此。

三月，從太宗至汴。金人議守汴之策，舍裏城而守外城。外城，周世宗所築，堅不可攻。速不台以步、騎四萬圍之，又徵沿河州縣兵四萬，募新兵二萬，共十萬人，分屯百二十里之内。大治攻具，驅降人負薪填壍，彀强弩百張，攻城四隅，仍編竹絡盛石投之，未幾積石高與城等。守者亦仿製竹絡，盛所投之石還擊之，復以鐵罐盛火藥擲於下，爆發，聲聞數十里，名曰震天雷，迸裂百步外。我軍冒牛皮至城下，穴隧道。城人縛震天雷於鐵絙，縋擊之；又製噴火筒箭，激射十餘步。我軍惟畏此二器。攻十有六日，城不下，乃許金人和，納其質曹王譌可。

四月，車駕北還，留速不台統所部兵鎮河南。速不台謬爲好語曰：「兩國已講好，尚相攻耶？」金人就應之，出酒炙犒師，且賂以金幣。乃退駐汝州，託言避暑，掠其糧餉，俟饑疲自潰。已而金飛虎衛士殺使臣唐慶等三十餘人，和議中敗。速不台復帥師圍汴，金主棄汴北走。明年正月，追敗之於黄龍崗，金主南走歸德。未幾，又走蔡州。金崔立以汴降，速不台殺金荆、益二王及宗室近屬，俘其后妃、寶器，獻於行在。

七年，太宗以奇卜察克、斡羅斯諸部未定，命諸王拔都討之，而以速不台爲副。八年，速不台首入布而嘎爾部，太祖時其部降而復叛，至是悉平之。九年，入奇卜察克。奇卜察克別部酋八赤蠻數抗命，太宗遣速不台出師，即曰：「聞八赤蠻有膽勇，速不台可以當之。」至是八赤蠻聞速不台至，大懼，遁入裏海。速不台俘其妻子以獻。十年，復從拔都入斡羅斯，悉取斡羅斯南北諸部。事具《拔都傳》。

當拔都攻斡羅斯之屬國馬札兒部，速不台與諸王五道分進。馬札兒酋貝拉軍勢盛，拔都退渡漷寧河，與貝拉夾水相持。上游水淺易涉，復有橋，下游水深。速不台欲結栰潛渡，繞出敵後。諸王先濟，拔都軍争橋，反爲敵乘，没甲士三十人並麾下將八哈秃。既濟，諸王又以敵衆，欲要速不台返。速不台曰：「王自返，我不至杜惱河馬札剌城，不返也。」乃進至馬札剌城，諸王繼至，遂攻拔之。拔都與諸王言曰：「漷寧河之戰，速不台救遲，殺我八哈秃。」速不台曰：「諸王惟知上游水淺，且有橋，遂渡而與戰，不知我於下游結栰未成。今但言我遲，當思其故。」於是拔都亦悟。後大會，飲以馬乳及蒲桃酒；言征貝拉時事，推功於速不台。拔都與諸王飲酒，先酌，諸王怒，拔都馳奏其事。時定宗先歸，太宗切責之，謂諸王得有斡羅斯部衆，實速不台之力云。

太宗崩，諸王會於也只里河，拔都欲不往。速不台曰：「大王於族屬爲兄，安得不往？」拔都卒不從其言。定宗即位，速不台俟朝會畢，遂請老，家於秃剌河上。定宗三年，卒，年七十有三。至大三年，贈效忠宣力佐命功臣、開府儀同三司、上柱國，追封河南王，謚忠武。子兀良合台。

兀良合台，太祖時以功臣子，命監護皇孫蒙哥。後掌憲宗潛邸宿衛。太宗五年，從定宗擒布希萬奴於遼東。又從諸王征奇卜察克、斡羅斯、孛烈兒諸部。定宗元年，又從拔都討孛烈兒乃、捏迷思部，平之。定宗崩，拔都與諸王、大將會於阿勒塔克之地，定議立憲宗。定宗皇后遣使告拔都，宜更議。兀良合台對曰：「議已定，不能復變。」拔都曰：「兀良合台言是也。」憲宗遂即大位。

憲宗二年，命世祖討西南夷諸部，以兀良合台總軍事。三年，世祖師次塔拉，分三道而進。兀良合台由西道踰宴當嶺，入雲南境，分兵攻白蠻察罕章諸寨，皆下之。至阿塔剌所居半空和寨，倚山帶江，地勢峻險，兀良合台立礮攻之。阿塔剌自將來拒，兀良合台遣其子阿朮逆擊之，阿塔剌敗遁，並其弟阿叔城俱拔之。

是年十二月，世祖入大理都城，國王段興智迎降，獲大理將高祥於姚州，留兀良合台攻諸蠻之未下者，遂班師。四年，兀良合台攻烏蠻，次羅部府，敗蠻酋高華，進至押赤城〔一〕。城三面瀕滇池，兀良合台以礮攻其北門，又縱火焚之，皆不克，乃鳴鉦鼓震之，使不知所爲。凡七日，伺其惰，阿朮乘堙而入，遂克之。餘衆依阻山谷，命諸將掩捕之。圍合，阿朮引善射者三百騎四面蹙之，兀良合台先登陷陣，盡殲其衆。又攻拔纖寨，至乾德格城，環城立礮，以草填其塹而渡，阿朮率所部搏戰城上，克之。

五年，攻不花合因、阿合阿因諸城，又攻赤秃哥寨及魯魯斯國塔渾城、忽蘭城，皆克之。魯魯斯國請降。阿伯國有勝兵四萬，負固不下。阿朮突其城而入，乃舉國請降。又攻拔阿魯山寨及阿魯城，遇赤禿哥軍於合打台山，大敗之，殺獲幾盡。凡平大理五城、八府、四郡，及烏、白蠻三十七部。

六年，征白蠻波麗部，其酋細蹉甫降，與段興智同時入覲，雲南平。詔以便宜取道，與鐵哥帶兒兵合，遂自烏蒙趨瀘江，破禿剌蠻三城，擊敗宋兵，奪其船二百艘於馬湖江，通道於嘉定、重慶，抵合州。

七年，獻夷捷於朝，請依漢故事，以西南夷爲郡縣，從之。賜其軍銀五千兩、彩幣二萬四千匹，授銀印，進都元帥，還鎮大理。

秋九月，遣使招降交趾，不報，遂伐之。其國主陳日煚，隔洮江，列象騎以拒。兀良合台分兵爲三隊濟江，部將徹徹都從下游先濟，兀良合台居中，駙馬懷都與阿朮殿後。仍授徹徹都方略曰：「汝既濟，勿與之戰，蠻必逆我。俟其濟江，我使懷都邀之，汝奪其船。蠻敗而反走，無船以濟，必爲我擒。」徹徹都違命，登岸即縱兵擊之，日煚雖大敗，得乘舟逸去。兀良合台怒曰：「先鋒違我節制，國有常刑。」徹徹都懼，飲藥死。兀良合台入交趾，日煚遁海島。得前所遣使者於獄，以破竹鉗其體入膚，一使死焉。兀良合台怒，屠城人以報之。越七日，日煚請內附，乃大饗將士而還。

是年，憲宗大舉伐宋。八年，侵宋播州，士卒遇炎瘴多病，兀良合台亦病，遂失利。詔兀良合台還軍趨長沙。兀良合台率騎三千，蠻僰萬人，拔橫山寨，入老蒼關，徇宋内地。宋將以兵六萬來拒，遣阿术自間道襲敗之。自貴州入静江府，連克辰、沅二州，直抵潭州。宋將向士壁固守不下。世祖遣鐵邁赤迎兀良合台於岳州，乃解圍引軍而北。作浮橋於鄂州之新生州，以濟師。宋將夏貴率舟師斷我浮橋，進至白鹿磯，又獲我殿兵七百人。兀良合台力戰，始渡江，與世祖軍合。

世祖中統元年夏四月，兀良合台至上都。至元九年，卒，年七十二。追封河南王，謚武毅。子阿术。

初，兀良合台事憲宗於潛邸，及拔都議立憲宗，兀良合台實助之。世祖即位，憲宗諸子從阿里不哥於和林，兀良合台爲憲宗舊臣，世祖疑而忌之。故討阿里不哥，兀良合台以宿將，獨擯而不用焉。

阿术，有智略，臨陣勇決。從兀良合台征西南夷，率精兵爲候騎，所向有功。平大理、烏白等蠻，及伐安南，阿术出奇制勝，尤爲諸將推服。兀良合台駐軍押赤城，奉命會師於鄂州。瀕行，阿术戰馬五十匹爲禿剌蠻所掠，偵之，有三蠻寨，匿馬山顛。阿术率健士攀厓而上，生獲蠻酋，盡得前後所盜馬一千七百匹，乃屠押赤城而去。憲宗勞之曰：「阿术未有名位，挺身許國，特賜黄金三百兩，以勉將來。」

中統三年，從諸王拜出、帖哥征李璮有功。九月，授征南都元帥，治兵於汴。至元元年八月，略地兩淮，軍聲大振。

四年八月，侵宋襄陽，取仙人、鐵城等栅，俘生口五萬。軍還，宋兵邀於襄樊。阿朮乃自安陽灘濟江，留精騎五千陣牛心嶺，復立虚寨，然火爲疑兵。夜半，敵果至，斬首萬餘級。初，阿朮過襄陽，駐馬虎頭山，指漢東白河口曰：「若築壘於此，襄陽糧道可斷也。」五年，遂築鹿門、新城等堡，又築臺漢水中，與夾江堡相應。自是宋兵援襄者不能進。

六年七月，大霖雨，漢水溢，宋將夏貴、范文虎相繼率兵來援，復分兵出入兩岸林谷間。阿朮謂諸將曰：「此張虚形，不可與戰，宜整舟師備新堡。」諸將從之。明日，宋兵果趨新堡，大破之，獲戰船百餘艘。於是分水軍築圍城，以逼襄陽。文虎復率舟師來救，來興國又以舟師侵百丈山，前後邀擊於湍灘，俱敗之。

九年三月，破樊城外郛，增築重圍以困之。宋裨將張貴裝軍衣百船，自上流入襄陽，阿朮要擊之，貴僅得入城。九月，貴乘輪船順流東走，阿朮與元帥劉整分泊戰船以待，燃薪兩岸如晝，阿朮追戰至櫃門關，擒貴，餘衆盡死。加同平章事。先是，宋兵植木江中，聯以鐵鎖，中設浮梁以通襄樊援兵，樊城恃此爲固。至是，阿朮以機鋸斷木，以斧斷鎖，焚其橋，襄兵不能援。十年，遂拔樊城，襄陽守將吕文煥懼而出降。

是年七月，奉命略淮東。抵揚州城下，守將千騎出戰。阿朮伏兵道左，佯北。宋兵逐之，伏發，擒其騎將王都統。

十一年正月，入覲，與參政阿里海牙奏請伐宋。帝命政府議，久不決。阿朮進曰：「臣久在行間，備見宋兵弱於往昔，失今不取，時不再來。」帝乃從其議，詔益兵十萬，與丞相伯顔、參政阿里海牙等同伐宋。三月，進平章政事。

秋九月，師次郢之鹽山，得俘民言：「宋沿江九郡精鋭，盡聚郢州東、西兩城，今舟師出其間，騎兵不得護岸，此危道也。不若取黄家灣堡，東有河口，可拖船入湖，轉入江中爲便。」從之。遂舍郢州而去，行大澤中，忽宋兵千騎突至。時從騎纔數十人，阿朮即奮槊馳擊，所向畏避，追斬五百餘級，生擒其將趙文義、范興。進攻沙洋、新城，拔之。次復州，守將翟貴迎降。

時夏貴鎖大艦扼江口，兩岸備禦堅嚴。阿朮用裨將馬福計，回舟淪河口，穿湖中，從陽羅堡西沙蕪口入大江。十二月，軍至陽羅堡，攻之不克。阿朮謂伯顔曰：「攻城，下策也。若分軍船之半，循岸西上，對青山磯止泊，伺隙擣虚，可以得志。」從之。明日，阿朮遥見南岸沙洲，即率衆趨之，載馬後隨。宋將程鵬飛來拒，大戰中流，鵬飛敗走。諸軍抵沙洲，攀岸步鬬，開而復合者數四，敵小卻，出馬於岸上騎之，宋兵大敗，追擊至鄂東門而還。夏貴聞阿朮飛渡，大驚，引麾下兵三百艘先遁，餘皆潰走，遂拔陽羅堡，盡得其軍實。

伯顏議師所向，或欲先取蘄、黄，阿朮曰：「若赴下流，退無所據，上取鄂、漢，雖遲旬日，可以萬全。」乃水陸並趨鄂、漢，焚其船三千艘，煙焰漲天，漢陽、鄂州大恐，相繼降。

十二年正月，黄、蘄二州降。阿朮率舟師趨安慶，范文虎迎降。繼下池州。宋丞相賈似道擁重兵拒蕪湖，遣宋京來請和。伯顏謂阿朮曰：「有詔令我軍駐守，何如？」阿朮曰：「若釋似道不擊，恐已降州郡今夏難守，且宋無信，方遣使請和，而又射我軍船，執我邏騎。今日惟當進兵，事若有失，罪歸於我。」二月辛酉，師次丁家洲，與宋前鋒孫虎臣對陣。夏貴以戰艦二千五百艘横亘江中，似道將兵殿其後。時伯顏已遣騎兵夾岸而進，兩岸樹礮，擊其中堅，宋軍陣動，阿朮挺身登舟，手自持柂，突入敵陣，諸軍繼進，宋兵遂大潰。似道東走揚州。

四月，命阿朮分兵圍揚州。庚申，次真州，敗宋兵於珠金砂，斬首二千餘級。既抵揚州，乃造樓櫓戰具於瓜洲，漕粟於真州，樹栅以斷其糧道。宋都統姜才領步騎二萬來攻栅，敵軍夾河爲陣，阿朮麾騎士渡河擊之，戰數合，堅不能卻。衆軍佯北，才逐之，我軍回擊，萬矢雨集，才軍不能支，擒其副將張林，斬首萬八千級。

七月庚午，宋將張世傑、孫虎臣以舟師萬艘駐焦山東，每十船爲一舫，聯以鐵鎖，以示必死。阿术登石公山，望之，舳艫連接，旌旗蔽江，曰：「可燒而走也。」遂選强健善射者千人，載以巨艦，分兩翼夾射，阿术居中，合兵而進，以火矢燒其蓬檣，煙焰漲天。宋兵既碇舟死戰，至是欲走不能，前軍争赴水死，後軍散走。追至圌山，獲黄鵠白鷂船七百餘艘，自是宋人不復能軍。

十月，詔拜中書左丞相，仍諭之曰：「淮南重地，李庭芝狡詐，須卿守之。」時諸軍進取臨安，阿术駐兵瓜洲，以絶揚州之援。伯顔兵不血刃而入臨安，以得阿术控制之力也。

十三年二月，夏貴舉淮西諸城來附。阿术謂諸將曰：「今宋已亡，獨庭芝未下，以外助猶多故也。若絶其聲援，塞其糧道，尚恐東走通、泰，逃命江海。」乃栅揚之西北丁村，以斷高郵、寶應之餽運，貯粟灣頭堡，以備捍禦；留屯新城，以逼泰州。又遣千户伯顔察兒率甲騎三百助灣頭兵勢，且戒之曰：「庭芝水路既絶，必從陸出，宜謹備之。如丁村烽起，當首尾相應，斷其歸路。」六月甲戌，姜才知高郵米運將至，果夜出步騎五千犯丁村栅。至曉，伯顔察兒來援，所將皆阿术麾下精兵，旗幟畫雙赤月。衆軍望其塵，連呼曰：「丞相來矣。」宋軍敗遁，才脱身走，殺其騎兵四百，步卒免者不滿百人。壬辰，李庭芝以朱焕守揚州，挾姜才東走。阿术率兵追襲，殺步卒千人，庭芝僅入泰州，遂築壘以守之。七月乙巳，朱焕以揚州降。乙卯，泰州守將孫貴，胡惟孝等開北門納降，執李庭芝、姜才，斬於揚州市。阿朮申嚴士卒，禁暴掠。有武衛軍校掠民二馬，即斬以徇。兩淮悉平，得府二、州二十二、軍四、縣六十七。九月辛酉，入見世祖於大明殿，陳宋俘，第功行賞，實封泰興縣二千户。

尋受命討叛王昔剌木等。十七年，卒於別失八里軍中，年五十四。贈開府儀同三司、太尉、并國公，謚武宣。加贈推誠宣力保大功臣、上柱國，追封河南王，改謚武定。子卜憐吉歹。

卜憐吉歹，至元二十七年爲江浙行省平章政事。婺州賊葉萬五寇武義縣，卜憐吉歹將兵討平之。十一月，改江淮行省平章政事。二十八年，奏言：「福建盜賊已平，惟浙東一道地極邊，惡賊所巢穴。今復還三萬户，以合剌帶一軍戍明、台，亦怯烈一軍戍温、處，札忽帶一軍戍紹興、婺州。其寧國、徽州，初用土兵，後皆與賊通。今以高郵、泰州兩萬户戍漢陽者易地戍之。揚州、建康、鎮江三城跨據大江，人民繁會，置七萬户府。杭州行省諸司府庫所在，置四萬户府。擇瀕海沿江要害二十二所，分兵閲習水戰，伺察盜賊。錢塘控扼海口，僅置戰船二十艘，故海賊屢出奪船，請增置戰船百艘、海船二十艘。」世祖俱從之。

遷河南行省左丞相。延祐元年，封河南王。

卜憐吉歹性寬恕。一日，掾吏田榮甫抱文牘請印，卜憐吉歹命取印至，榮甫誤觸之墜地，印朱濺卜憐吉歹新衣，卜憐吉歹色不少動。又郊行，左右捧笠侍，風吹笠墜，碎御賜玉頂，卜憐吉歹笑曰：「是有數也。」諭使勿懼。論者擬之後漢劉寬云。

子童童，中奉大夫、集賢侍講學士，累官江浙平章政事。

也速䚟兒，本名帖木兒，避成宗諱改名。忽魯渾之孫，大宗正札魯忽赤哈丹子也。雄毅有謀略，讀書能知大意。幼事世祖於潛邸。

阿朮伐宋，言於帝，以也速䚟兒爲副，從阿朮攻拔襄、樊。至元十一年，伯顔與阿朮會於襄陽，分三道並進。阿朮由中道將渡江，也速䚟兒獻擣虛之計，夜半絶江徑濟。黎明，與宋將夏貴戰於陽羅堡，敗之，遂入鄂州。宋都督賈似道與大軍相拒於丁家洲，其前鋒孫虎臣來逆戰。也速䚟兒乘高望之，見其陣勢首尾橫決，以戰艦衝之。似道先遁，其衆一時俱潰。十二年，阿朮攻揚州，使也速䚟兒與宋將戰於揚子橋，出奇兵斷真州運道。宋將張世傑以舟師屯揚子江中流。從阿朮擊之，以火箭燒其船篷，大敗世傑於焦山下。宋平，授行中書省斷事官，階懷遠大將軍。十五年，進昭勇大將軍。

十六年，除淮東道宣慰使，遷鎮國上將軍。奉中書省檄奏報邊事，也速觪兒入對便殿，出奏牘於懷中〔二〕。帝召近臣進讀，適左右無其人，也速觪兒奏：「臣亦粗知翰墨。」乃誦其文，而以國語譯之，敷陳明暢。帝説，使縱横行殿中以察之，命參知中書省事。二十二年，安童自北庭歸，奏：「也速觪兒蒙古人，又通習漢文。久淹下位，宜加擢用。」帝問：「居其上者誰也？」對曰：「參政郭佑，參議秃魯花、拜降。」即日擢中奉大夫、中書參知政事，位郭佑上。仍敕之曰：「自今事皆責成於汝。」二十三年，進資德大夫、中書左丞。二十四年，拜榮禄大夫、尚書省平章政事。從討乃顔，復與諸將禽其將金家奴、塔不觪等。帝以也速觪兒家貧，賜鈔五千錠。

二十七年，武平地震，姦人乘災異相扇誘，有宗王三人皆爲所誑。帝慮乃顔餘黨復爲亂，遣也速觪兒率兵五百人鎮撫之。以便宜蠲田租，弛商税，運米萬石以賑民災，鞫三宗王，諭以禍福輕重，皆引伏。事聞，帝甚韙之。自遼陽行省至上都，道路回遠，也速觪兒奏請從高州以北開新道，裁舊驛五，其三備他驛物力之乏絶，其二隸於虎賁司，給田宅爲屯户。公私便之。

是時，桑哥秉政久，恣爲貪虐。也速觪兒劾其姦，帝始悟。後完澤等復相，繼言之，桑哥竟伏誅。未幾，拜江浙行省平章政事。大德二年卒，年四十五。也速觪兒喜薦士，凡所甄拔，多至通顯。至正八年，贈推忠宣力守正佐理功臣、太傅、開府儀同三司、上柱國，追封安慶王，謚武襄。

三子：忽速觧，江浙行省平章政事；探進，御史中丞；木八剌沙，南陽府達魯花赤。孫：脱因納，陝西行臺御史大夫；紐兒該，同知都護府事；古納剌，上都留守。

史臣曰：速不台與者勒蔑、忽必來、者别齊名，太祖擬之四獵犬，常爲軍鋒。者勒蔑等前卒，獨速不台歷事三朝，年踰耆艾，子孫俱爲名將，至其曾孫遂啟王封。乃知道家三世之忌，非古今通論也。

【校勘記】

〔一〕「押赤」，原倒作「赤押」。《元史》卷一二一列傳第八《速不台傳》作「押赤」，蘇天爵《國朝文類》卷四一、萬曆《雲南通志》卷九、正德《雲南通志》卷一七、天啟《滇志》卷一〇同。下文作「押赤」不誤，據改。本書《憲宗本紀》作「赤押」亦誤。

〔二〕「奏牘」，原作「奏讀」，據文意改。

新元史卷之一百二十三　列傳第二十

者勒蔑也孫帖額　忽必來　者别

者勒蔑，兀良合氏。父札兒赤兀歹，與烈祖有舊。太祖初生，札兒赤兀歹以貂鼠裹袱獻。時者勒蔑亦在襁褓，言於烈祖，請俟長大爲太祖服役。及太祖娶光獻皇后，往見王罕於土兀剌河，歸至不兒罕山，札兒赤兀歹率者勒蔑來附。者勒蔑與博爾朮及太祖弟别勒古台從太祖避蔑兒乞之難，扞禦甚力。後者勒蔑之弟察兀兒罕亦慕義歸於太祖。

太祖稱汗，命者勒蔑與博爾朮爲衆怯薛長。太祖與泰亦兀赤戰於斡難河，頸瘡甚，者勒蔑吮其血，至夜半，太祖始蘇，渴索飲。者勒蔑裸入敵營，挈一桶酪返，來往無覺者。調酪飲太祖，遂愈。太祖問：「何爲裸入敵營？」者勒蔑曰：「我如被擒，便謂本欲來降，事覺，解衣就戮，乘間得脱走。彼必信我言而用我，可以盜馬馳歸。」太祖嘉歎之。自是人稱爲者勒蔑烏該。烏該者，譯言大膽賊也。及王罕來襲，太祖分軍於卯温都赤山，以者勒蔑爲前鋒，敗之。太祖攻乃蠻太陽罕，以者勒蔑與者别、忽必來、速不台爲前鋒，一戰擒之。

太祖即皇帝位，大封功臣，授者勒蔑千户，赦罪九次。其子也孫帖額爲豁兒赤千人之長。者勒蔑弟察兀兒孩亦授千户，太祖使爲哈薩兒使者，僞請降於王罕。事具《王罕傳》。者勒蔑與者别、忽必來、速不台同以驍悍名，又歸附獨早，以先卒，故功名不及者别、速不台之著。

也孫帖額以附諸王爲亂，爲憲宗所誅。太祖嘗謂：「諸將之勇，無過也孫帖額，終日戰而不疲，不飲不食而不饑渴。然不可使爲將，以其視人猶己，士卒疲矣，饑渴矣，而彼不知也。故爲將必知己之疲、己之饑渴，而後能推之於人云。」

忽必來，巴魯剌思氏，與族人忽都思同侍太祖左右，又與太祖弟合撒兒同爲佩刀宿衛。太祖伐四種塔塔兒，誓師破敵勿掠棄物，俟軍事畢散之。及戰勝，阿勒壇、火察兒、答里台三人背約，帝怒，使忽必來與者别盡奪所獲，分於軍士，於是一軍肅然。太祖伐乃蠻，遣忽必來與者别爲前鋒，至撒阿里客額兒，遇乃蠻哨探，游騎往來相逐。我隊中羸馬有逸入敵營者，太陽罕信爲蒙古馬瘦，利速戰，遂進兵，爲太祖所禽。事具《乃蠻傳》。

太祖踐尊位，謂忽必來曰：「凡剛硬不服之種族，汝皆服之。汝與者勒蔑、者別、速不台四人，如我之猛犬，臨陣以汝四人爲前鋒。博爾朮、木華黎、博爾忽、赤老温隨我，主兒扯歹、亦勒答兒立我前，使我心安。以後軍事汝皆長之。」又曰：「别都温性執拗，汝怒之，吾亦知之，故不令其管兵。今試與汝同爲千户，視其後效何如。」其見倚重如此。六年，命忽必來征合兒魯兀惕部，降其部長阿兒思蘭。未幾卒。

者別，别速特氏。托邁力汗第九子欽達台之後也。國語九爲伊蘇，又轉爲别速。别速特人素附泰亦兀赤，與太祖交惡。太祖敗泰亦兀赤等於闊亦田之野，别速特部衆潰散，者别匿於林藪。太祖出獵見之，令博爾朮追捕，乘太祖戰馬而往，馬口色白，國語名爲「察罕忽失文秣驪」。博爾朮射者别不中，者别射其馬殪之，遂逸去。後與鎖兒罕失剌來降。太祖問：「闊亦田之戰，自嶺上射斷我馬項骨者爲誰？」者别曰：「我也。若賜死止污一掌地，若赦其罪，願效命以報。」太祖嘉其不欺，遂赦而用之。先爲什長，洊擢爲千户。

太祖即位五年，金人築烏沙堡，命者别襲殺其衆。六年，太祖自將伐金，以者别與亦古捏克爲前鋒，拔烏沙堡、烏月營。至居庸關，金人守禦甚固，者别回軍誘敵，金人悉出追之，大敗。者別遂入居庸，抵中都城下。復攻東京，不拔，夜引去。時已歲除，金人謂大軍已退，不設備。逾數日，者別倍道疾趨，突入其城，大掠而還。八年，金兵復守居庸，仍爲者別所取。

十一年，太祖北還，時古出魯克盜據西遼，命者別征之。明年，師至垂河，所過城邑望風降附，古出魯克西奔。又明年，者別使曷思麥里踰葱嶺追之，及諸撒里黑昆，斬其首以徇諸部。軍中獲馬千匹，皆口白色者，歸獻於太祖曰：「臣請償昔者射斃之馬。」十四年，太祖親征西域，以者別爲前鋒，速不台爲者別後援，脱忽察兒又爲速不台後援，追西域主阿拉哀丁。西域主竄海島而死，俘其母、妻及珍寶以獻。復攻下西域各城，入其西北鄰部曰阿特耳佩占，曰角兒只，曰失兒灣，皆望風款服。

十六年，西域略定。太祖復命者別與速不台進軍裏海之西，以討奇卜察克。軍入高喀斯山，奇卜察克、阿速、撒耳柯思等部據險邀之。者別以衆寡不敵，乃甘言誘奇卜察克謂：「我等皆同類，無相害意，何必助他族以傷同類？」奇卜察克信其言而退。者別引軍出險，敗阿速等部，急追奇卜察克，縱兵奮擊，殺其霍灘之弟玉兒格及其子塔阿兒，告捷於太子朮赤，請濟師。時朮赤駐軍於裏海東，分兵助之。十七年冬，新軍至，乘冰合，渡浮而嘎河，遂下阿斯塔拉干城。遇奇卜察克兵，又敗之。軍分爲二，俱引而西：一軍追敗兵過端河；一軍至阿索富海之東南，平撒耳柯思、阿速等部。遂自阿索富海履冰以至黑海，入克勒姆之地。兩軍復合。

霍灘遁入斡羅斯境，乞援於其婿哈力赤王穆斯提斯拉甫。哈力赤王集斡羅斯南部諸王於計掖甫，議出境迎擊。者別、速不台遣使十人來告：「蒙古所討者奇卜察克，與斡羅斯無釁，必不相犯。奇卜察克素與貴國構兵，盍助我以攻仇敵？」斡羅斯諸王謂：「先以此言餌奇卜察克，今復餌我，不可信。」執十人殺之。者別、速不台復遣使謂：「殺我行人，曲在汝。天奪汝魄，自取滅亡。請一戰以決勝負。」庫灘又欲殺之，斡羅斯人釋之，約戰期。哈力赤王先以萬騎東渡帖尼博耳河，敗前鋒裨將哈馬貝，獲而殺之。諸王皆引兵從之，至喀勒吉河，與大軍遇。時斡羅斯軍分屯南北，南軍爲計掖甫、扯耳尼哥等部，北軍爲哈力赤等部及奇卜察克之兵。哈力赤王輕敵，獨率北軍渡河，戰於孩兒桑之地，勝負未決，奇卜察克兵先遁，我軍乘之，斡羅斯兵大潰。哈力赤王走渡河，即沈其舟，後至者不得渡，悉爲我軍所殺。南軍不知北軍之戰，亦不知其敗，我軍猝至，圍其壘，三日不下，誘令納賄行成，俟其出，疾攻之，斬馘無算。我軍西至帖尼博河，北至扯耳尼可城及諸拂敦羅特城、夕尼斯克城而止。捷書至太祖行在，詔以馬十萬匹犒師，封朮赤於奇卜察克，以轄西北諸部。十九年，朮赤西行，者別與速不台歸朮赤部兵，自率所部東返，中道卒。

初，者别名只兒豁忽阿歹，太祖以其射斃戰馬，賜名者别，國語梅針箭也。子忽生孫，爲千户。忽生孫子哈拉，從旭烈兀入西域。者别弟蒙都薩注兒，侍拖雷左右。其子烏勒思，亦入西域。者别後在西域者甚衆。

史臣曰：者勒蔑、忽必來、者别，所謂熊羆之士，不二心之臣也。者勒蔑屢拯太祖於患難，忽必來之勇素爲太祖所知，其視者别奮自降虜者蓋不侔矣，然其功名反出者勒蔑、忽必來之右。吾益歎太祖棄仇讎、任智勇，其雄略爲不可及也。

新元史卷之一百二十四　列傳第二十一

术赤台怯台　哈答　畏答兒博羅歡　伯都

术赤台，兀魯特氏。其先納臣拔都，太祖八世祖蔑年土敦第七子也，生二子：長曰兀魯特，次曰忙兀特，子孫遂以名爲氏。术赤台爲兀魯特之六世孫。兀魯特與忙兀特、札剌兒、弘吉剌、亦乞列思，歸附太祖最早，號爲五投下。

术赤台有膽略，勇冠一時。始附札木合，後見札木合殘暴，與忙兀特部長畏答兒各率所部歸於太祖。

王罕襲太祖於卯温都兒山，太祖倉卒聞變，陣於合剌合勒只沙陀。王罕問札木合：「帖木真部下諸將，勇敢者爲誰？」札木合曰：「兀魯特、忙兀特二部人健鬬，兀魯特花纛，忙兀特黑纛，當者慎之。」於是王罕使其驍將合答黑失當二部，而以阿赤黑失倫、豁里失列門繼之。是時王罕之衆數倍於我，其子桑昆有智勇，人畏之。將戰，諸將見衆寡不敵，言於太祖，請使术赤台爲前鋒，太祖從之。畏答兒亦願爲前鋒，遂各率所部以進，敗合答黑失等。阿赤黑失倫以土棉秃别干之衆援之，刺畏答兒墮馬，忙兀特人還救之。朮赤台率兀魯特一軍轉戰而前，連敗土棉秃别干、斡欒董、合亦特及豁里失烈門所領護衛千人，直入王罕中軍。桑昆見事亟，親來搏戰，朮赤台射中其頰。桑昆創甚，王罕始斂兵而退。是役也，微朮赤台力戰，幾敗。

王罕已退，太祖引軍至答蘭捏木兒格，僅有二千六百騎。太祖自將其半循合泐合水西岸，朮赤台與畏答兒將其半循東岸而行。使朮赤台説弘吉剌部，降之。太祖遂駐於董嘎淖爾、脱兒哈火魯罕。後太祖襲王罕於徹徹兒温都爾，復以朮赤台與阿兒孩合撒兒爲前鋒，晝夜兼行，出其不意攻之。王罕父子方酗馬湩於金帳，不設備，其部衆悉爲太祖所俘，王罕父子走死。又從太祖伐乃蠻，朮赤台爲第二軍隊。乃蠻平，王罕之弟札合敢不降而復叛，朮赤台以計誘執之。太祖嘗諭之曰：「朕望朮赤台如高山前之日影。」其見重如此。

太祖稱尊號，授千户，命統兀魯特部，世世勿替，又賜宫嬪亦巴合以賞其功，即札合敢不之女也。仍命亦巴合位下之歲賜，依舊給之。太祖謂亦巴合曰：「昔汝父媵汝二百人，且使阿失黑帖木兒、阿勒赤黑二人爲汝主膳。今以其半從汝往兀魯特氏，留阿失黑帖木兒及其餘百人爲記念。」或云太祖一日得惡夢，不懌，遂以亦巴合賜朮赤台云。

十一年，朮赤台與合撒兒、脱侖徇女真故地，攻大寧城，克之。後卒。弟察乃，亦封千户，爲怯薛長，領侍衛千人。

朮赤台子怯台，有材武，與父同時封千户。從太祖伐金，與弘吉剌人薄察別將疑兵屯居庸北口。者別繞攻南口，克之，遂入居庸。及攻中都，怯台與哈台將三千騎駐近郊，以斷援兵之路。怯台以父佐命功封郡王。

二子：曰端真，曰哈答。

怯台卒，端真嗣封。太宗八年，賜端真德州二萬户爲食邑。至元十八年，又增二萬一千户，肇慶路連州及德州屬邑俱隸焉。

世祖討阿里不哥，哈答與畏答兒之曾孫忽都忽跪言：「臣祖父幸在先朝屢立戰功，今北討，臣等又幸少壯，願如祖父以力戰自效。」世祖允之。從諸王合丹、駙馬納陳爲右翼，戰於昔木土，又戰於失烈延塔兀之地，以功賜黄金，將士受賞有差。李璮叛，世祖遣諸王哈必赤等討之，哈答亦在軍中。

哈答三子：曰脱歡，曰慶童，曰亦憐真班。

脱歡，從諸王徹徹討弘吉剌叛者只兒瓦台，獲之。又從破昔里吉、藥木忽兒於野孫河。

世祖征乃顔，慶童扈從，力疾以戰，卒於軍中。二子：曰塔失帖木兒，曰朵來。塔失帖木兒一子，曰匣剌不花。

自怯台以下，凡九人，皆襲爵，加封號爲德清郡王。

畏答兒，忙兀特氏。納臣拔都次子忙兀特六世孫也，與兄畏翼俱事太祖。時泰亦赤兀赤部落强盛，與太祖有隙，畏翼率其衆叛附泰亦赤兀。畏答兒力勸之，不聽；追之，又不肯還；畏答兒乃還事太祖。太祖曰：「汝兄去，汝何爲獨留？」畏答兒無以自明，取矢折而誓之。太祖遂與畏答兒約爲按答，又呼爲薛禪。

太祖拒王罕，慮衆寡不敵，先謂朮赤台曰：「伯父，欲使汝爲前鋒，何如？」朮赤台以鞭拂馬鬣，未及答。畏答兒自奮請行，謂：「我猶鑿，諸君猶斧；斧非鑿不入，我請先之。當出敵背，樹我幟於奎騰山上。不幸戰歿，有三子，惟上憐之。」遂怒馬陷陣，敗王罕驍將合答黑失。其後援阿赤黑失倫驟至，刺畏答兒墜馬。朮赤台繼進，大敗之。畏答兒創甚，太祖親爲傅藥，留宿帳中。後月餘，自合泐合水移營，資糧匱乏，畏答兒力疾出獵。太祖止之不可，遂創發而死。太祖痛惜之，葬於合泐合水上斡而訥兀山。太祖滅王罕，獲其將合答吉，使領只兒斤降衆百人，役屬於畏答兒妻子。

太祖即位，大封功臣，追封千户。又别封其子忙哥合勒札爲千户，命收集忙兀特族人之散亡者。太宗思其功，復以北方萬户封忙哥合勒札爲郡王。九年，大料漢民，分城邑以賜諸王貴戚，失吉忽都虎主其事，定畏答兒薛禪位下歲賜五户絲，授忙哥合勒札泰安州萬户。太宗訝其少，忽都虎對曰：「臣今差次，惟視舊數多寡，忙哥合勒札舊裁八百户。」太宗曰：「不然。畏答兒本户雖少，戰功則多，其增封爲二萬户，與十功臣皆異其籍。」朮赤台之孫端真爭曰：「忙哥合勒札舊兵不及臣家之半，今封户顧多於臣。」太宗曰：「汝忘爾先人横鞭馬鬣事耶〔一〕？」端真遂不敢言。

忙哥合勒札卒，孫只里瓦䚟、乞答䚟魯，曾孫忽都忽、兀乃忽里、哈赤，先後襲郡王。畏答兒曾孫博羅歡最知名。

博羅歡，畏答兒幼子醮木曷之孫，瑣魯火都之子也。年十六，爲本部札魯忽赤。中統初，從世祖討阿里不哥，以功賜馬四百匹，金帛稱是。尋詔入宿衛，諭近臣曰：「是勳閥諸孫，從其出入禁闥，無禁止之。」

李璮反，命將忙兀特一軍圍濟南，分兵略定益都、萊州。又奉詔讞獄燕南，以明允，賜衣一襲。至元八年，皇子雲南王忽哥赤爲省臣寶合丁毒殺，事聞，敕中書省擇治其獄者，凡奏四人，皆不稱旨。丞相線真舉博羅歡，且言：「設敗事，臣請從坐。」遂命之。博羅歡辭曰：「臣不敢愛死，但年少，且不知書。」乃以吏部尚書別帖木兒輔其行，謂博羅歡曰：「別帖木兒知書，可使主簿。責其事是否，一以委卿，他日慎無歸咎副使也。」且聞卿不善飲，彼土多瘴，宜少飲敵之。」未至四五驛，寶合丁迎，餽金六篋。博羅歡以雲南去朝廷遠，不安其心，將懼而生變，乃爲好語遣之。既至，盡以金歸行省，而竟其獄，論如法。歸報，世祖顧線真曰：「卿舉得人。」詔凡忙兀部事，無鉅細，悉統於博羅歡，如札剌亦兒事統於安童者比。授右衛親軍都指揮使，賜虎符，大都則專右衛，上都則兼總三衛。

十一年，授中書右丞。伐宋，分軍爲二，詔右受伯顏、阿朮節度，左受博羅歡節度。俄兼淮東都元帥，軍下邳，罷山東經略司，而以其軍隸之。博羅歡召諸將謀曰：「清河城小而固，與泗州、昭信、淮安相犄角，未易卒拔。海州、東海、石秋，至此數百里，守必懈。輕騎倍道襲之，其守將可擒也。」師至三城，果下，清河聞之亦降。及宋主奉表内附，淮東諸州猶城守。詔博羅歡進軍，拔淮安南堡，戰白馬湖，又戰寶應，釋高郵不攻，由西小河達漕河，據濤頭堡，斷通、泰援兵，遂拔揚州，淮東平。益封桂陽、德慶二萬一千户，賜西域藥及蒲桃酒、介胄、弓矢、鞍勒。

十四年，討只兒瓦台於應昌，敗之。賜玉鞶帶、幣帛，與博羅同署樞密院事。以中書右丞行省北京，未幾，召還。

時江南新附，尚多反側，詔募民能從征討者，使自爲一軍，其百户、千户惟聽本萬户節度，不役他軍，制命、符節，一與正同。博羅歡方寢疾，聞之，附樞密董文忠奏言："今疆土寖廣，勝兵百萬，指揮可集，何假無賴僥倖之徒？此曹一踐南土，肆爲貪虐，斬刈平民，姦其婦女，橐其貨財，賈怨益深，叛將滋衆。非便。"召輿疾入對，賜坐與語，帝悟。適常德人愬唐兀帶一軍殘暴其境，如博羅歡所策。敕斬以徇，凡所募軍皆罷。

帝以哈剌思、博羅思、斡兒洹、薛涼格四水上屯田軍與戍軍不相統屬，遣博羅歡往監之。十八年，又以右丞行省甘肅。時西北防軍仰哺於省者十數萬人，十石不能致一，米石百緡，博羅歡饋餉不絶，軍以無饑。

二十一年，拜龍虎衛上將軍、御史大夫、江南諸道行御史臺事。黄華反，徵内地兵進討，平之。賊多虜良民，博羅歡令監察御史、提刑按察司隨在檢察，遣還故土。以疾罷歸。

乃顔叛，帝將親征。博羅歡曰："昔太祖分封東諸侯王，其地與户，臣皆知之。以二十爲率，彼得其九，忙兀、兀魯、札剌亦兒、弘吉剌、亦乞列思五諸侯得其十一。宰較息秏，彼此宜同。然要其歸，五部之力終贏彼二。今但徵兵五部，自足當之，何煩乘輿？臣疾且愈，請事東征。」時帝計已決，賜博羅歡甲冑、弓矢、鞍勒，命督五諸侯兵從駕行。次撒里，秃魯叛黨塔不帶逼行在。會久雨，王師乏食，諸將請退。博羅歡曰：「兩陣之間，勿作事先。」已而彼軍先動，博羅歡悉衆乘之，轉戰二日，身中三矢，斬其駙馬忽倫，遂擒誅乃顔。既而哈丹復叛，詔與諸王乃蠻台討之。從三騎輕出，遇敵游兵，返走。抵絶澗，廣可二丈，深加廣之半。追兵垂及，博羅歡躍過，三騎皆没。未幾，哈丹自引去，斬其子老的於陣。往返凡四載，凱旋，俘其二妃。敕以一賜乃蠻台，一賜博羅歡。世祖陳金銀器於延春閣，召東征諸侯王、將帥分賜之，博羅歡辭。帝曰：「卿雖善讓，豈可聽徒手歸？」始拜受。

河南宣慰司改行中書省，拜平章政事。瀕行，賜以海東白鶻。尋有詔括馬毋及勳臣家。博羅歡曰：「吾家羣牧連坰，不出馬佐國，無以爲方三千里官民倡。」乃先入馬十有八匹。河流遷徙無常，民訟退灘，連歲不絶，或獻諸王求爲佃民自蔽。博羅歡奏正之，仍著爲令。

元貞二年，改陝西行省平章政事，未行，奉命仍留河南。尋入朝，奏忙兀一軍戍北，歲久衣敝，請以位下泰安州五户絲歲入一斤，積四千斤，輸内庫，易繒帛，分賚所部。從之，敕遞車送達軍中。陛辭，賜世祖所佩弓矢、鞶帶。中書平章剌真、宣政院使大食蠻合奏：「往年伐宋，分軍爲二，右屬伯顔、阿朮，左屬博羅歡。今伯顔、阿朮皆有田民，而博羅歡獨不及。」帝曰：「胡久不言？豈彼恥於自白邪？其於高郵州已籍之民賜五百户，以上中下率之，上一，而中下各二。並賜圈背銀椅。」

大德元年，叛王藥木忽兒、兀魯思不花來歸。博羅歡聞之，遣使馳奏曰：「諸王之叛，皆由其父。此輩幼弱，無所與知。今兹來歸，宜棄其前惡，以勸未至。」成宗深然之。改湖廣行省，賜鞍勒。行次汝寧，會並福建行省入江浙，在道授江浙行省平章政事，賜白玉帶。部民張四省，恃富陵轢府縣，肆爲姦利，自刻木牌，與交鈔雜行，又盜海隄石築其私居。博羅歡欲斬之，中書刑曹當以杖，然由是豪姓始畏法斂迹。大德四年卒，年六十有五。累贈推忠宣力贊運功臣、太師、開府儀同三司、上柱國，追封泰安王，謚武穆。

四子：渾都，山東宣慰使；次伯都；次也先帖木兒，河南行省參知政事；次博羅。

伯都，幼穎悟嗜學，不以家世自矜。大德五年，擢江東道廉訪副使。十年，改江南行臺侍御史。歲大饑，奏請以十道贓罰鈔賑之。入爲僉書樞密院事，領食兒別赤。至大二年，拜江南行臺御史大夫。四年，換陝西行臺，進階榮禄大夫，賜玉帶一、鈔五萬緡。

延祐元年，拜甘肅行省平章政事。時米價騰湧，陸輓每石費二百緡。伯都修除運道，省四百餘萬緡。詔賜名鷹、甲冑、弓矢及鈔五千緡以勞焉。四年，換江浙行省，入爲太子賓客。奏陳正心修身之道，帝嘉納之。復除江南行臺御史大夫，皇太后以東宮官留之。未幾，以目疾告歸，寓於高郵。

至治元年，起爲御史大夫，辭不拜。賜平章祿，養疾於家。敕内臣購空青於江南，治其疾。二年春，來朝，賜金文衣及藥。三年，賜鈔五萬緡及西域酒、藥，伯都辭，並歸平章祿於有司。

泰定元年，再徵入朝。卒，贈銀青榮祿大夫、江浙行省左丞相、上柱國，追封魯國公，謚元獻。朝廷知其貧，賻鈔二萬五千貫。御史臺又奏賻三萬五千貫，仍還其賜祿。伯都妻弘吉剌氏曰：「始吾夫仕於朝，不敢虚受廩禄。今没而受之，非吾夫意也。」卒辭之。子篤爾只，將作院判官。

史臣曰：太祖初興，兵力尚弱，是以十三翼之戰敗於札木合。朮赤台、畏答兒獨不論勝敗，誠心歸附，可謂有擇君之識矣。太祖拒王罕，朮赤台、畏答兒俱爲元功，不幸畏答兒以創死，人遂疑朮赤台遷延不進。夫勢有利鈍，知兵者當因其勢乘之，豈必以敢死爲勇決乎？太宗訾朮赤台横鞭馬鬣，非知兵者之言也。

【校勘記】

〔一〕「爾」，原作「而」，據文意改。

新元史卷之一百二十五　列傳第二十二

答阿里台　蒙力克脱欒　伯八兒　闊闊出　豁兒赤兀孫　察合安不洼　納牙阿

答阿里台斡赤斤，把兒壇之少子，太祖季父也。答阿里台始從泰亦赤兀中歸太祖，答闌捏木克格思之役，與阿勒壇、忽察兒違命掠塔塔兒所棄輜重，太祖奪其所獲，分給於衆。三人怨望，叛附王罕。及王罕敗亡，入乃蠻。乃蠻又滅，窮來歸命。太祖怒其反覆，密令誅之，毋使人見。博爾朮、木華黎、忽都虎諫曰：「骨肉相殘，如火自滅，額赤格之兄弟惟答阿里台在，寧忍廢絶？願以額赤格故，曲矜之。」太祖聞三人言，遂宥之。其後太祖以其子大納耶耶及從人二百付皇姪阿勒赤歹，其後人常在阿勒赤歹後王部下。太宗時，以寧海、登、萊三州爲答阿里台後人分地。至元九年八月，大納耶耶之子闊闊出請以三州自爲一路，與諸王比，歲賦惟入寧海，無輸益都。從之。答阿里台四世孫拔都兒，延祐五年封寧海王，賜金印。五世孫買奴，泰定三年正月壬子，封宣靖王，鎮益都。天曆二年，文宗即位，入覲，賜控鶴二十人。至順二年，置王傅等官，立宮相都總管府，給銀印。後至元二年，進封益王。至正十六年，毛貴陷益都，買奴遁走。

答阿里台又有後人曰布兒罕，從旭烈兀征西域，不敢與諸王子抗禮。旭烈兀謂王子年少，許布兒罕與之並坐。布兒罕之子曰庫魯克。又有布剌兒赤乞顏惕者，仕於阿魯渾，張大蓋，亦答阿里台後人。

蒙力克，晃豁壇氏。父察剌合。烈祖崩，太祖母子寡弱，部衆多叛附泰亦兀赤。察剌合勸沮之，脱朵延吉兒帖以槍刺察剌合背，不顧而去。察剌合創甚，太祖爲之涕泣。蒙力克與烈祖相親愛，烈祖臨崩，以家事託之，又使召太祖於弘吉剌氏。太祖稱之爲額赤格。後太祖與札木合戰於答蘭巴泐渚納，蒙力克率其七子先後來歸。癸亥，王罕子桑昆紿太祖議昏，太祖以十騎往，中道過蒙力克家，白其事。蒙力克勸太祖勿往，以方春馬瘦爲辭，太祖從之。太祖稱尊號，命蒙力克隅坐，論軍國重事，與其子脱欒並封千户。

脱欒，蒙力克長子也。太祖伐乃蠻，大搜軍實，以脱欒與朵歹、多豁勒忽、斡歌連、不只兒、速亦客秃六人，同爲扯兒必。後從皇弟合撒兒取金遼西諸州。又奉命督蒙古、契丹軍並張鯨所總北京十提控漢軍南征，鯨中道叛誅。脱欒仍帥諸軍進討，降真定，克大名，至東平阻水，大掠而還。從駕征西域，又從征西夏。

先是，太祖將征西域，徵兵西夏。西夏主李遵頊與廷臣議，其臣阿沙敢不大言謂使者曰：「汝主内度力不足，何以爲汗？」於是定議不助兵。使者歸報，太祖大怒，遂伐西夏，圍其都城。遵頊先使其子德旺居守，奔西涼。太祖解圍去，至是復征之。脱欒從駕至阿兒不台，地多野馬，因縱獵。太祖騎爲野馬驚突，墜而傷股，駐蹕搠斡兒合惕之地。是夕，帝不豫。翌日，也遂皇后以告扈駕諸王、百官，議進退之計。脱欒謂：「唐兀惕，城郭之國，其民土著，不能轉徙。今且退軍，須聖躬康復，再討之。」衆然其議。入奏，太祖謂：「唐兀見我退軍，必以我爲怯。不如於此養病，使人於唐兀，視彼如何復命，再爲進止。」遂遣使責西夏主之抗命。時遵頊已内禪德旺，德旺不承侵蒙古之言，阿沙敢不自承言之，因謂使者曰：「汝蒙古夙以善戰名，我今駐營賀蘭山，廣張天幕，饒有橐駝。汝與我戰，勝則取之。若願金銀、幣帛，請向中興、西涼自取可也。」使還以聞。太祖大怒曰：「彼如此狂言，我軍安可徑退？雖死必往證其言。」明年春，師入西夏，阿沙敢不走據山寨。我師仰攻破之，擒阿沙敢不，盡獲營帳、橐駝，殺其精壯，餘聽我軍俘得者自分之。是夏，太祖避暑察速禿山，分遣諸將取甘、肅、西涼等府州，進逼中興。是時李德旺已殂，從子睍嗣位，遣使乞降。

太祖令脱欒前往安撫。及西夏主朝行在，太祖已崩，遺詔秘不發喪，俟夏主來朝殺之，而滅其族。脱欒奉遺詔，手刃西夏主晛，盡殺其族人。以功賜西夏主行宫器皿。未幾卒。脱欒子伯八兒。

伯八兒，世祖即位，以舊臣子孫擢爲萬户，命戍欠欠州。至元十二年，諸王昔里吉、脱帖木兒叛，伯八兒以聞，且請討之。未得命，爲昔里吉、脱帖木兒所襲敗，死之。脱帖木兒虜其二子八剌、不蘭奚，分置左右歲餘，待之頗厚。八剌陰結脱帖木兒左右也伯秃，謀報父仇，後爲也伯秃家人泄其謀。八剌知事不成，率家族南奔。脱帖木兒遣騎追之，兄弟俱被執。脱帖木兒責之曰："「我待汝厚，汝反爲此耶？」八剌曰："「汝叛君之賊，害我父，掠我親屬。我誓將殺汝，以報君父之仇。今力窮就執，從汝所爲。」逼令跪，不屈。以鐵撾碎其膝，終不跪，與不蘭奚俱見殺。幼子阿都兀亦，官河北河南道肅政廉訪使。

闊闊出，蒙力克第四子也。爲巫，形如狂人，嘗隆冬裸行風雪中。好言休咎，往往奇中。蒙古人號爲帖卜騰格里，譯言天使也。

太祖滅王罕，闊闊出即以符命之説進，謂："「聞天語，將畀帖木真以天下，號曰成吉思。」丙寅，羣臣議上尊號，以爲札木合稱古兒罕，不踰時而敗，不祥，欲廢之而別擇美號。有請用闊闊出前説者，遂上尊號曰成吉思可汗。闊闊出即以符命被寵，又藉父勞，兄弟七人勢傾一時。

嘗撻合撒兒，合撒兒愬於太祖，太祖不問也。闊闊出復譖之曰：「長生天有命，帖木真、合撒兒迭爲百姓主，不除合撒兒，事未可知。」太祖惑其言，欲殺之，以太后救之獲免。事具《合撒兒傳》。

其後有九種言語之人，從闊闊出，聚於太祖羣牧場，帖木格斡赤斤屬人亦有往者。斡赤斤使部將莎豁兒往索逃人，反爲闊闊出所歐，且縛馬鞍於背，驅歸以辱之。明日，斡赤斤自往，闊闊出兄弟七人羣起欲歐之。斡赤斤懼不敵，婉詞遜謝。闊闊出使長跽帳後以示罰。

斡赤斤歸，憤甚。翌日，入謁太祖，卧未起。斡赤斤直趨榻前，奏其事，且大哭。太祖未及言，光獻皇后垂涕曰：「晃豁壇之子何爲者？曩既撻合撒兒，今又辱斡赤斤。可汗見在，彼尚任意陵踐諸弟。如不諱，其肯服汝弱小兒子約束耶？」語畢亦哭。於是太祖謂斡赤斤曰：「闊闊出今日來，任汝處之。」

斡赤斤乃選三力士以待。既而蒙力克率七子入見，闊闊出甫坐，斡赤斤與三力士搏闊闊出，顛而折其脊，棄於左厢車下。斡赤斤入奏：「闊闊出偃卧不肯起。」蒙力克知其已死，泣言：「我佐可汗創大業，相從至今。」辭未半，其六子攘袖塞户立，勢洶洶。太祖遽起曰：「辟我即出立帳外。」佩弓箭者趨而環侍。太祖命以青廬覆闊闊出尸，嚴其扃鐍。比三日，失尸所在。太祖曰：「闊闊出撻吾弟，又無端從而譖之。皇天震怒，俾死無歸骨地矣。」因切責蒙力克而釋之。自闊闊出死，蒙力克父子之勢遂衰。

豁兒赤兀孫，巴阿鄰氏。始屬札木合，而心歸太祖。及太祖與札木合分牧而西，豁兒赤兀孫夜與闊闊搠思舉族從之，謬言曰：「昔我始祖孛端察兒所掠兀良合真婦人，先後生札木合之祖暨吾祖，是二祖者異父而實同母，則我於札木合誠不當背之他適。顧昨者神明示我，見有慘白乳牛觸札木合牙帳，若車折去一角。其牛作人語曰：『札木合將我角來。』又見無角犍牛曳一大帳椗木，循帖木真所行轍跡而來，亦作人語曰：『長生天命帖木真爲衆達達主，我今載國往送之。』」部衆以老人言必不謬，往往忻動，争附太祖。豁兒赤兀孫謂太祖曰：「君他日得國，何以報我？」太祖曰：「汝言若徵，賜汝萬户。」曰：「萬户何足道？容我取部中美婦人三十爲妻；且我縱不擇而言，言必見聽。」

即而，部族果推太祖爲可汗，上成吉思尊號。乃敕豁兒赤兀孫娶三十妻。巴阿鄰部原有三千人，益之以迭該、阿失黑二人同管之阿答兒斤、赤那思、脱額列思、帖良古惕等四種民，以爲萬户。蒙古俗以别乞爲尊，别乞者服白衣，騎白馬，位在衆人上，歲時主議。太祖以其爲巴阿鄰氏之長子，復賜别乞之號。

既而豁兒赤兀孫以秃馬惕婦女最美，索取三十人，秃馬惕人執之以叛。太祖使斡亦剌部長忽都合别乞就近招撫，亦被執，復殺大將博爾忽。最後遣朵兒伯朵黑申討平之，盡取其民。釋豁兒赤兀孫、忽都合别乞以歸，竟賜秃馬惕婦女三十人，酬其夙願焉。

察合安不洼，捏古歹氏。早從太祖。札木合與太祖戰於巴泐渚納，我軍失利，察合安不洼殁於陣，札木合懸其首於馬尾而去。太祖即位，以其子納鄰脱斡鄰爲千户，受孤獨之賞。納鄰脱斡鄰言：「有弟捏古思散在各部落内，願收集其衆以覓之。」太祖許之，命其子孫世襲捏古歹千户。

納牙阿，巴阿鄰氏。與太祖有舊。父失兒古額禿爲巴阿鄰部長，屬於泰亦赤兀。太祖敗泰亦赤兀於答蘭巴泐渚納，失兒古額禿率二子阿剌黑、納牙阿，執泰亦兀赤酋塔兒忽台欲獻之。納牙阿曰：「塔兒忽台吾父子之主人，若執而獻之，帖木真將以叛上之罪先殺吾父子，不如縱之使去。」失兒古額禿從之。及歸於太祖，具言縱塔兒忽台事。太祖甚嘉之，謂納牙阿知義理，異日可任大事。

甲子，太祖滅乃蠻，蔑兒乞酋答亦兒兀孫懼，因納牙阿獻女請降，即忽蘭皇后也，以道阻留納牙阿營中三日。太祖疑納牙阿有私，欲嚴詰之，先詰忽蘭皇后。皇后曰：「嚮者之來，中道阻兵，遇納牙阿，云是可汗腹心大官。暫住其營三日以避亂，否則事不可測。如可汗加恩，有全受於父母之遺體在，不可誣也。」既而太祖納忽蘭皇后，果處女也。由是益重納牙阿。

及即位，以其父爲本部左千户，而授納牙阿中軍萬户，僅下木華黎一級。二年，禿馬惕叛，命納牙阿討之，納牙阿以病不行。太祖躊躕良久，改命博爾忽，竟戰歿。納牙阿子阿里黑巴罷。孫闊闊出，從旭烈兀，仕於西域。

新元史卷之一百二十六　列傳第二十三

忽都虎曲出　闊闊出　察罕木華黎　塔出　亦力撒合　立智理威　韓嘉訥

忽都虎失吉，塔塔兒氏。太祖征塔塔兒，虜其部衆，得一帶金鼻圈之小兒，歸於訶額倫太后。太后曰：「是必貴種。」遂養以爲子，賜名忽都虎。

十餘歲即善射。一日大雪，忽都虎見鹿羣，逐而射之，至夜未返。太祖問古出古兒，對以射鹿未返。太祖不信，欲鞭古出古兒。未幾，忽都虎至，云遇三十鹿，已射死二十七，皆在雪中。太祖大奇之。

太祖建號，命爲斷事官。凡經忽都虎科斷之事，書之册以爲律令，後世不得擅改。又以忽都虎爲太后養子，恩賞視諸弟，赦罪九次。

太祖十一年，取金中都，命忽都虎與翁古兒、阿兒海合撒兒往中都檢視府藏。金守藏官哈答、國和私獻金帛，翁古兒、阿兒海合撒兒受之，忽都虎獨不受，簿録府藏物，與哈答、國和俱詣行在。太祖問忽都虎：「哈答曾餽汝否？」對曰：「有之，特不敢受。」太祖問故，曰：「城未下，一絲一縷皆阿勒壇汗物。城下，則爲國家之物，豈敢私取？故不受。」太祖獎其知禮，厚賚之，而責翁古兒、阿兒海合撒兒。

十七年，太祖征西域，至塔力堪。西域主札拉勒丁在嘎自尼，蔑而甫酋汗蔑力克以兵四萬從之。太祖命忽都虎率謨喀哲、謨而哈爾、烏克兒古兒札、古都斯古兒札四將將兵三萬進討。初，汗蔑力克已降復叛，忽都虎不知也。迨汗蔑力克潛師會札拉勒丁，忽都虎始覺，夜半追及之。忽都虎持重，不敢夜戰，俟次日擊之。汗蔑力克乘夜疾引去。比曉，札拉勒丁亦至。先是，謨喀哲、謨而哈爾分兵圍斡里俺城，將下。札拉勒丁馳往救之，二將以衆寡不敵退，與忽都虎軍合。忽都虎仍前進，與札拉勒丁遇，交綏，無勝負。忽都虎令軍中縛氈象偶人列士卒後，以爲疑兵。次日又戰，敵望見偶人，果疑援至。札拉勒丁呼曰：「我衆彼寡，不足畏也。」張兩翼而進圍。既合，札拉勒丁使其衆下馬，以待戰酣，乃齊令上馬衝突。我軍大敗，兵士死傷者衆。敗奏至，太祖曰：「忽都虎素能戰，特狃於常勝，今有此敗，當益精細，增閱歷矣。」忽都虎見太祖，極論烏克兒古兒札、古都斯古兒札二將不曉兵機，臨敵無布置，以致覆敗。太祖自將攻札拉勒丁，至忽都虎戰處，問烏克兒二將列陣何地，札拉勒丁列陣何地，以二將擇地不善，切責之。

太宗即位，授中州斷事官。詔括户口，命忽都虎領其事。忽都虎括中州户，得一百四萬以上。七年，皇子闊出伐宋，以忽都虎副之，徇襄、鄧諸州，虜人民、牛馬數萬而還。

忽都虎年逾九十始卒。蒙古人祝福壽者，必曰「如忽都虎」云。國初設官至簡，總裁庶政，悉由斷事官，任用者必親貴大臣。忽都虎爲兩朝斷事官，恩眷尤渥。世祖問典兵治民之要，張德輝對曰：「使宗室之賢者如口温不花使典兵，勳舊如忽都虎者使主民，則天下均受其賜矣。」其爲人所推重如此。

初，訶額倫太后養子四人，曰忽都忽、博爾忽、曲出、闊闊出。或云忽都忽爲孛兒台皇后養子，稱太祖爲額怯，稱孛兒台爲賽因額格，坐次在太宗之上。博爾忽自有傳，曲出、闊闊出附著左方。

曲出，蔑兒乞氏。年五歲，太祖伐蔑兒乞得之，太后養以爲子。太祖即位，分太后及皇弟斡真處一萬户，委付四人，曲出居其一。後從太祖伐金，戰於居庸北口。曲出與拖雷横衝其陣，大敗金將亦列等，太祖厚賞之。

闊闊出，泰兀特氏。爲太后養子。後從札木合叛附客烈亦王罕。王罕敗，其子桑昆奔川勒地，無水。闊闊出與其妻從桑昆覓水，闊闊出竊桑昆馬而走，其妻曰：「桑昆父子以美衣食養汝，今汝棄之，不義孰甚？」留所齎金盂於道上，俾桑昆持以取飲。闊闊出來歸，太祖怒其反覆，戮闊闊出，而改嫁其妻。

察罕，初名益德，唐兀烏密氏。烏密即嵬名之異譯。西夏國族。或曰姓逸的氏，逸的又益德之異譯，以名爲氏也。父曲也怯律，其妾懷察罕未娠，不容於嫡，以配牧羊者。察罕稍長，其母以告，且曰：「嫡母有弟矣。」

察罕幼武勇，牧羊於野，植其杖，脱帽置杖端而拜。太祖出獵，見而問之。對曰：「二人行則年長者尊，獨行則帽尊，故致敬。且聞有貴人至，故先習禮儀。」太祖異其言，挈之歸，語光獻皇后曰：「今日得佳兒，可善視之。」命給事内廷。及長，賜姓蒙古，更名察罕，妻以宫人弘吉剌氏。

六年，從太祖伐金。金將定薛以重兵守野狐嶺。太祖使察罕覘虚實，還言彼馬足動，不足畏也。太祖遂鼓行而進，大破之。師還，以察罕爲御帳第一千户。七年，太祖圍西京，遣察罕攻奉聖州，拔之。十二年，復破金監軍瓜爾佳於霸州，金遣使求和，乃還。十六年，從太祖征西域，攻拔布哈爾、撒馬兒罕二城。西域主阿剌哀丁留兵扼鐵門關，不得進，察罕先驅開道，斬其將，餘衆悉降。二十一年，又從攻西夏，取甘、肅等州。察罕父曲也怯律爲夏守甘州，察罕射書招之，且求見其弟，遣使諭城中早降。會其副阿綽等三十六人襲殺曲也怯律父子，並殺使者，登陴拒守。城下，太祖欲盡坑之，察罕言百姓無罪，止戮三十六人。夏主堅守中興，太祖遣察罕入城，諭以禍福，夏主請降。太祖崩，諸將受太祖遺命，誘夏主至而殺之。又議屠中興，察罕力諫而止，全活無算。

太宗即位，從略河南北州縣，賜馬三百匹、珠衣、金帶、鞍勒。七年，皇子闊出與忽都虎伐宋，命察罕爲斥候。又從諸王口温不花南伐，克棗陽及光化軍。分遣察罕攻真州，宋知州邱岳拒之，以强弩射殺致師者，察罕遂引去。九年，復與口温不花克光州。十年，察罕圍廬州，欲造舟巢湖，以擾江淮。宋守將杜杲乘城力戰，又以舟師扼淮水口，我軍不得入，乃去廬州，攻拔天長縣及滁、泗等州。授馬步軍都元帥。

六皇后稱制二年，察罕奏令萬户張柔總諸軍，駐杞縣。初，河決西南，入陳留，分爲三道，杞縣居中潬。宋人恃舟楫之利，由亳、泗以窺汴、洛。柔築城，建浮橋，爲進戰退守之計，邊圉始固。四年，察罕率三萬騎與柔攻宋壽州，進攻揚州。宋將趙葵請和，遂班師。定宗即位，賜黑貂裘一、鑌鐵刀十。

憲宗即位，召見，累賜金綺、珠衣，命以都元帥領尚書省事，賜開封、歸德、河南、懷、孟、曹、濮、太原三千餘户爲食邑，及諸處草地一萬四千五百餘頃。五年，卒。贈推忠開濟翊運功臣、開府儀同三司、上柱國、太師，追封河南王，謚武宣。

察罕嘗脱靴藉草而寢，鴟鳴其旁，心惡之，擿以靴，有蛇自靴中墜出。歸，以其事聞太祖，太祖曰：「鴟，人所惡者，在爾則爲喜神，宜戒子孫勿食鴟。」察罕子十人，長木華黎。

木華黎，事憲宗，直宿衛。從攻釣魚山，以功授四斡耳朵怯憐口千户。世祖至元四年，都元帥阿朮攻宋襄陽，略地至安陽灘，宋兵扼我歸路，木華黎擊敗之。阿朮墜馬，木華黎掖以超乘，力戰卻敵，特賜金二百五十兩，佩金虎符爲蒙古軍萬户。五年，復從攻襄陽，卒於軍。贈推誠宣力功臣、榮禄大夫、平章政事、柱國，追封梁國公，謚武毅。次布兀剌里辛子塔出，察罕弟阿波古子亦力撒合、立智理威，均有名。

塔出，幼孤，長善騎射。至元元年，入侍世祖。四年，給察罕食邑賦税之半，又還其逋户二十。七年，降金虎符，授昭勇大將軍、山東統軍使，鎮莒、密、膠、沂、郯、邳、宿、即墨等州縣。統軍司改樞密院，授僉樞密院事。略地漣、海，獲人畜萬計，表言降人蔣德勝，宜加賞賚，以勸來者。詔賜黄金五十兩，白金倍之。十年，又改僉淮西等處行樞密院事。城正陽，以扼淮海諸州，宋陳奕率安豐、廬、壽等州兵，數撓其役。塔出選精鋭拒之，奕遁去。宋人復造戰艦於六安，欲攻正陽，率騎兵焚其戰艦，又敗宋兵於橫河口。

十一年，改淮西行樞密院爲行中書省，以塔出爲鎮國上將軍、淮西行省參知政事。略安豐、廬、壽等州，俘生口萬餘。賜葡萄酒二壺，仍以曹州官園爲第宅，給城南牧地。宋夏貴帥舟師十萬圍正陽，決淮水灌城，幾陷。詔塔出援之，道出潁州，遇宋兵。塔出發公庫弓矢，驅市人出戰，預度潁之北關攻易破，乃徙民入城，伏兵以待。是夜，宋人果焚北關，火光燭天。塔出率衆從暗中射之，矢下如雨，宋軍退走至沙河，大破之。明日長驅直入正陽，時方霖雨，堅壁不出。雨霽，與右丞阿塔海各帥所部渡淮，至中流，殊死戰，宋軍大潰，追奔數十里，奪戰艦五百餘艘，正陽圍解。塔出乃上奏：「方事之殷，宜明賞罰，俾將士有所懲勸。」帝納其言，頒賞有差。

十二年，從丞相伯顏敗賈似道於丁家洲。順流東下，至建康、丹徒、江陰、常州，皆望風迎降。時揚州未附，諜告揚州人將夜襲丹徒，守將乞援。塔出設伏以待，敵果夜至，塔出扼西津邀擊之，斬獲無算。入朝，賜玉帶，旌其功，授淮東左副都元帥，仍佩金虎符。

十三年，改通奉大夫、參知政事，領淮西行中書省事。時沿淮諸州新附，塔出禁侵掠，撫瘡痍，境内帖然。俄遷江西都元帥。征廣東，宣布恩信，所至溪峒納款，廣東遂平。十四年，加賜雙虎符，以參知政事行江西宣慰使。宋益王昰、廣王昺走嶺海。復改江西宣慰司爲行中書省，遷治贛州，授資政大夫、中書右丞，行中書省事。

十五年，帝命張弘範、李恒總兵攻厓山，塔出留後以供軍費。初，江西甫定，帝命隳其城。塔出表言：「豫章諸郡皆瀕江爲城，霖潦泛溢，無城必至墊溺，隳之不便。」帝從之。端州張公明愬左丞呂師夔謀爲不軌，塔出廉知其誣，曰：「狂夫欲脅求貨耳。若遽聞之朝廷，則大獄滋興，連及無辜。且師夔既居相位，詎肯爲狂悖之事？遲疑不決，恐彼驚疑，反生異謀。」乃斬公明而後聞，帝韙之。

十七年，入覲，賜賚有加，復命行省江西。以疾卒於京師，時年三十七。妻默暱氏，以貞節稱，旌其門閭。

二子：辛牙，襲中奉大夫、江西宣慰使；必辛牙，遼陽行中書省右丞。

亦力撒合，事諸王阿魯忽，居西域。至元十年，召爲速古兒赤，甚見親幸。有大政，時咨之，稱以「秀才」而不名。

奉使河西，還奏諸王只必帖木兒用人太濫，帝嘉之。擢河東提刑按察使，劾平陽路達魯花赤泰不花。召還，賜黃金百兩、銀五百兩，以旌其直。進江南行臺御史中丞。帝出寶刀賜之曰：「以鎮外臺。」時阿合馬子忽辛爲江浙行省平章政事，亦力撒合發其姦贓，奏劾之。並劾江淮釋教總攝楊璉真加諸不法事，諸道悚動。

二十一年，改北京宣慰使。諸王乃顏鎮遼東，亦力撒合察其有異志，密請備之。二十三年，罷宣慰司，立遼陽行中書省，以亦力撒合爲參知政事。已而乃顏果反，帝自將討之，亦力撒合管餽運。遼東平，進行省左丞。二十七年，命尚諸王算吉女，帝爲親製資裝，並賜玉帶一。改四川行省左丞。二十九年，再賜玉帶。成宗即位，入覲，卒於京師。弟立智理威。

立智理威，爲裕宗東宮必闍赤。至元十八年，除嘉定路達魯花赤。時以墾田、均賦、弭盜、息訟諸事課守令，立智理威課最，使者交薦之。會盜起雲南，聲言欲寇成都。立智理威入覲，白其事。執政疑爲不然，帝曰：「雲南朕所經理，未可忽也。」乃賜御膳以勞之。又謂立智理威曰：「汝歸，以朕意告諸將：『叛則討之，服則捨之。毋多殺以傷生意，則人心定矣。』」立智理威還，宣布上意，境内帖然。

俄召爲泉府卿，遷刑部尚書。有小吏誣告漕臣劉獻盜倉粟，宰相桑哥方事聚斂，衆阿宰相意，鍛煉其獄，獻遂誣服。立智理威曰：「刑部天下持平，今漕臣以冤死，何以正四方？」即以實聞。由是忤桑哥意，出爲江東道宣慰使。

元貞二年，遷四川行省參知政事。有婦人弑其夫，獄數年不決，逮繫數十人。立智理威至，考訊得實，盡釋冤誣。

大德三年，以參知政事爲湖南宣慰使，又改荆湖。部内公田爲民累，隨民所輸租取之，雖水旱不免。立智理威問民所不便，凡十餘事，上於朝，而言公田尤切。朝議遣使覈之，卒不果行。七年，再遷四川行省參知政事。八年，進左丞。雲南王入朝，道中以驛馬獵。立智理威曰：「驛馬所以傳命令，非急事且不得馳驛，况獵乎？」王聞之，爲之止獵。

十年，入覲，賜白金對衣，加資德大夫，改湖廣行省左丞。湖廣貢織幣，以省臣領作，買絲他郡，多爲奸利，工官又加刻剥，故匠户日貧，造幣益惡。立智理威不遣使，令工匠自買絲，工不告病，歲省費數萬貫。他路仿其法，皆稱便焉。

至大三年，卒，年五十七。贈資德大夫、陝西行省右丞、上護軍、寧夏郡公，謚忠惠。再贈推誠亮節崇德贊治功臣、榮禄大夫、中書平章政事、柱國、秦國公。

二子：長買嘉奴，翰林學士承旨；次韓嘉訥，御史大夫。至正十二年，有誣韓嘉訥與高昌王帖木兒補化謀害丞相脱脱，爲脱脱所貶死，海内冤之。

史臣曰：太祖復仇，塔塔兒種人高如車轄者盡殺之。忽都虎獨以仇種，收爲太后養子。察罕見棄於父，邂逅興王，得賜國姓。功名之立，殆有天幸歟？亦力撒合案贓吏、劾奸僧，立智理威辨漕臣之枉。當官奉法，棘棘不阿，賢矣哉！

新元史卷之一百二十七　列傳第二十四

耶律楚材鑄　希亮　有尚

耶律楚材，字晉卿，遼東丹王突欲八世孫。父履，金尚書右丞，通術數，尤邃於太元。楚材生，履私謂所親曰：「吾年六十而得此子，他日當爲異國用。」因取《春秋左氏傳》楚材晉用之語，以爲名字。楚材三歲而孤，母楊氏教之學。及長，博極羣書，援筆爲文，如宿構者。金制，宰相子得試補省掾。楚材不就，章宗特敕應試，中甲科，考滿授開州同知。

宣宗南渡，完顏承暉留守中都，行尚書省事，表楚材爲左右司郎中。太祖克中都，訪遼宗室，聞其名，召詣行在。楚材身長八尺，美鬚髯，音如洪鐘。帝偉之，謂曰：「遼金世仇，朕爲汝雪之。」對曰：「臣祖、父皆北面事金，既爲臣子，敢仇君父耶？」帝重其言，處之左右，呼爲吾圖撒合里而不名，國語長髯人也。

西夏人常八斤善治弓，謂楚材曰：「國家尚武，而明公欲以文進，不亦左乎？」楚材曰：「治弓尚須弓匠，豈治天下不用天下匠耶？」帝聞之甚喜，日見親用。十四年，從太祖征西域。二十年，又從征西夏。

明年冬，大軍克靈武，諸將争取金帛，楚材獨收遺書及大黄兩駝。既而士卒病疫，得大黄輒愈，人始嘆服。時州縣長吏專生殺，燕京留後長官咸得卜尤貪暴，殺人盈市。楚材聞之泣下，即奏請州縣不奉璽書，不得擅徵發，囚當大辟者，必待服，違者罪死。燕京多盜，未夕，輒劫人財物，不與則殺之。睿宗監國，遣楚材偕中使往窮治其事。楚材詗得盜姓名，捕下獄，皆勢家子弟也。其人賂中使求緩之，楚材曰：「信安咫尺未下，不嚴懲此輩，恐大亂起。」中使懼，從其言，戮十六人於市，民始安堵。

初，太祖嘗指楚材謂太宗曰：「此人天賜我家，爾後軍國之事當悉委之。」太宗將即位，宗王會議未決，楚材言於睿宗曰：「此宗社大計，宜早定。」睿宗曰：「事未集，宜别擇吉日。」楚材曰：「過是無吉日矣。」乃定策，撰禮儀，告皇兄察合台曰：「王雖兄，位則人臣，禮當拜。王拜，則莫敢不拜矣。」察合台然之，率宗王、大臣拜於帳下。既退，察合台撫楚材背曰：「真社稷臣也。」蒙古尊屬有拜禮自此始。部長來朝，以冒禁應死者衆，楚材奏曰：「陛下新登寶祚，願無污白道子。」從之。國俗尚白，故楚材之言如此。

蒙古無赦令，楚材屢言之，詔自庚寅正月朔以前事勿治。楚材條便宜十八事，頒天下：「請各路設長吏牧民，設萬户總兵，使勢均力敵，以遏驕横之漸；中原之地，財賦所出，宜存恤其民，州縣非奉上命敢擅行科差者罪之；貿易借貸官物者罪之；蒙古、回回等人種地不納税者死；監主自盜官物者死；應犯死罪者，具由申奏，命下然後行刑；貢獻禮物者禁斷。」帝悉從之，惟貢獻一事不允，曰：「彼自願奉上者，宜聽之。」楚材曰：「蠹害之端，必由於此。」帝曰：「卿所奏，朕無不允，卿不能從朕一事耶？」楚材乃不敢復言。

自太祖有事西域，倉禀府庫無尺帛斗粟，中使別迭等言：「漢人無益於國，宜空其地爲牧場。」楚材曰：「陛下將南伐，軍需宜有所資，誠均定中原地税、商税，酒、醋、鹽、鐵，山澤之利，歲可得銀五十萬兩、絹八萬疋、粟四十萬石，足以供給，何謂無益？」帝曰：「試爲朕行之。」乃奏立十路徵收課税使，凡長貳悉用士人，如陳時可、趙昉等，皆當時之選。因從容進説周孔之教，謂：「天下得之馬上，不可以馬上治之。」帝深然之。由是儒者漸獲進用。三年，帝幸雲中，十路咸進廪籍及銀絹。帝笑謂楚材曰：「汝不去朕左右，而能使國用充足如此。」乃親酌大觴賜之。即日拜中書令，事無大小，一委楚材。

宣德路長官太傅秃花失陷官糧萬餘石，自恃勳舊，密奏乞免。帝問：「中書省知否？」對曰：「不知。」帝取鳴鏑，欲射者再，叱之出，使白中書省償之。仍敕：「凡事先白中書，然後奏聞。」中使苦木思不花奏撥山後一萬户，以爲採金銀、種蒲萄等户，楚材言：「太祖遺詔：山後百姓與蒙古人無別，緩急可用。不如將河南俘户貸而不誅，使充此役，且以實山後之地。」從之。楚材又奏：「諸路民户疲乏，宜令蒙古、回鶻、河西人分居諸路者，與民户一體應輸賦役。」事亦施行。

四年，從帝幸河南。詔：「陝、虢等州山林洞穴逃匿之人，來降者免死。」或謂降民反覆，宜盡戮之。楚材奏：「人給一旂執之，使散歸田里。」全活無算。國制：凡攻城，城中一發矢石，即爲拒命，既克，必屠之。汴京垂拔，大將速不台奏言：「金人抗拒日久，多殺士卒，宜屠城。」楚材馳入奏曰：「將士暴露數十年，所欲者土地、人民耳。得地無民，將安用之？」帝猶豫未決，楚材曰：「凡工匠及厚藏之家，皆聚於城内，殺之則一無所得矣。」帝始允之，詔除完顔氏一族外，餘皆原免。

時城中一百七十萬户，楚材奏選工匠及素業儒、釋、道、醫、卜者遷於河北，官爲贍給。又遣人求孔子後，得五十一代孫元措，奏襲衍聖公，與以林廟之地。薦名儒梁陟、王萬慶、趙著等，使直講於皇子。置編修所於燕京，經籍所於平陽。由是文治興焉。

軍還，遺民被俘者多亡去。詔：「居停逃民及資給衣食者，滅其家，並連坐鄉社。」逃民無所得食，多踣死道路。楚材從容進曰：「河南平，其民皆陛下赤子，去將安之？豈有因一俘殺數百人者？」帝悟，立除其禁。金亡，惟秦、鞏二十餘州久不下，楚材奏曰：「吾民逃罪者，皆聚於此，故冒死拒戰，圖延命於旦夕。若赦之，則不攻自下矣。」從之，諸城果開門出降。

六年，詔括中原户口。忽都虎等議以丁爲户，楚材不可。皆曰：「本朝及西域諸國法如此，豈有捨大朝成法而襲亡國之政者？」楚材曰：「自古中原之國，未有以丁爲户者。若行之，丁逃，則賦無從出矣。」卒從楚材議。時將相大臣所得俘户，往往寄留諸郡，幾居天下之半。楚材因奏括户口，籍爲良民，匿占者罪死。

七年，朝議以回回人伐宋，中原人伐西域。楚材曰：「中原、西域相去數萬里，未至敵境，人馬疲乏，兼水土異宜，必生疾疫，宜各從其便。」争論十餘日，議始寢。

八年，有奏行交鈔者，楚材曰：「金章宗時初用交鈔，與錢並行，有司以出鈔爲利，收鈔爲諱，謂之老鈔，至以萬貫易一餅。今日當爲鑒戒，印造交鈔，不宜過萬錠。」從之。

秋七月，忽都虎上户口籍，帝欲裂州縣賜親王、功臣。楚材曰：「裂土分民，異日有尾大不掉之患，不如多以金帛賜之。」帝曰：「朕已許之，奈何？」楚材曰：「請朝廷置吏，收其賦税與之，使毋擅科徵可也。」帝然之。始定天下賦税：每二户出絲一斤，給國用，五户出絲一斤，給諸王、功臣。地税，上田畝三升，中田二升半，下田畝二升，水田畝五升。商税三十分而一；鹽價銀一兩四十斤。永爲定額。朝議以爲太輕，楚材曰：「異日必有以利進者，則今已爲重矣。」

國初，盜賊充斥，周歲不獲正賊，令本路民户償其失物，前後積累萬計。又官吏貸回回銀本，年息倍之，次年并息又倍之，謂之羊羔利，往往質妻子不能償。楚材奏請悉以官銀代還，凡七萬六千錠，仍奏請無論歲月遠近，子本相侔，更不生息。

中使脱歡奏選室女，楚材格其事不下，帝怒。楚材曰：「向所刷室女二十八人，足備使令，今又行選刷，臣恐重擾百姓，欲覆奏陛下耳。」帝良久曰：「可。」遂罷之。帝欲收民間牝馬，楚材曰：「漢地宜蠶桑五穀，非産馬之地，異日必爲民害。」亦從之。

九年，楚材奏曰：「制器者必用良工，守成者必用儒臣。儒臣之效，非積數十年之久，殆未易見也。」帝曰：「可擇其人官之。」楚材奏命宣德州宣課使劉中隨路校試，以經義、詞賦、論分三科，士俘爲奴者，亦令應試，其主匿弗遣者死。凡得士四千三百人，免爲奴者四之一。又請汰三教冒濫者，僧、道中選給牒住寺觀，儒中選則復其家。楚材初言僧、道中避役者多，合行選試，至是始行之。

時諸路官府自爲符印，僭越無度。楚材奏並仰中書依式鑄造，於是名器始重。因奏時務十策，曰信賞罰，正名分，給俸禄，封功臣，考殿最，定物力，汰工匠，務農桑，定土貢，置水運。帝雖不能盡用，亦擇而行之。

十年，天下旱蝗，帝問禦災之術，楚材曰：「今年租賦乞權行停閣。」帝恐國用不足，楚材奏倉庫之儲可支十年，帝允之。初籍天下户得一百四十萬，至是逃亡者十四五，而賦仍不減，天下病之。楚材奏除逃户三十五萬，民賴以蘇。

富人劉忽篤馬等撲買天下課税，楚材曰：「此剥下罔上之姦人，爲害甚大。」奏罷之。嘗曰：「興一利不如除一害，生一事不如省一事。」世稱爲名言。

先是，楚材定課税之額，每歲銀一萬定，後增至二萬二千定。譯史安天合諂事左丞相鎮海，引回回人奥都剌合蠻撲買課税，增至四萬四千定。楚材曰：「雖取四十四萬亦可得，不過攘奪民利耳。民窮爲盜，非國之福也。」帝不聽，楚材反覆辯論，聲色俱厲。帝曰：「汝欲搏鬬耶？」楚材力不能奪，乃太息曰：「民之窮困，自此始矣。」楚材每陳天下利病，生民休戚，詞氣懇切，言與泣下。帝曰：「汝又欲爲百姓哭耶？」

帝嗜酒，楚材屢諫不聽，乃持酒槽鐵口進曰：「麴蘖能腐物，鐵尚如此，况人五臟？」帝悟，語近臣曰：「汝輩愛君憂國之心，有如吾圖撒合里者耶？」以金帛賜之，敕近臣日進酒三鍾而止。

楚材初拜中書令，引鎮海、粘合重山爲同事，權貴不能平。咸得卜尤嫉之，譖於宗王皇叔曰：「楚材多用南朝舊人，必有二心，宜奏殺之。」宗王遣使奏聞。帝察其誣，責使者遣之。後有告咸得卜不法者，帝命楚材鞫之，奏曰：「咸得卜性倨傲，又暱羣小，易得謗。今將南伐，他日治之未晚也。」帝私謂左右曰：「楚材不較私仇，真長者，汝輩宜效之。」有道士誣其仇爲逃軍，結中使及通事楊惟忠執而殺之。楚材按治惟忠，中使訴楚材違制。帝怒，暴繫楚材，既而自悔，命釋之。楚材不肯解縛，進曰：「臣備位宰相，陛下以臣有罪而繫之，又以臣無罪而釋之，反覆輕易如戲小兒，國有大事何以行焉？」衆失色。帝曰：「朕寧無過舉？」乃温言謝之。轉運使呂振、副使劉子振以贓抵罪，帝責楚材曰：「卿言孔子之教可行，何故有此輩？」對曰：「孔子之教，萬世由之，如天之有日月也。豈得緣一人之失，而廢萬世常行之道乎？」帝意乃釋。

十三年冬十一月，帝崩。皇后以儲嗣問，對曰：「此事非外臣所敢議，且有先帝遺詔，遵之則社稷幸甚。」皇后稱制，奥都剌合蠻以賄得執政，大臣悉畏附之，惟憚楚材沮其事，以銀五萬兩賂之。楚材不受。皇后以御寶空紙付奥都剌合蠻，使便宜填行。楚材奏曰：「天下者，先帝之天下，號令自先帝出。今如此，臣不敢奉詔。」尋有旨：「奥都剌合蠻奏准事理，令史不書者，斷其手。」楚材曰：「軍國之事，先帝悉委老臣，令史何與焉？若事不合理，死且不避，况斷手乎？」因厲聲曰：「老臣事太祖、太宗三十餘年，不負國家，皇后豈能以無罪殺之？」后雖怒其忤己，亦以先朝勳舊，深加敬憚焉。

皇后稱制三年夏五月，卒，年五十五。有譖於后曰：「楚材爲宰相二十年，天下貢賦半入其家。」后命中使麻里札覆視之，僅琴阮十餘，及古今書畫、金石、文字數十卷，無他物。楚材從釋萬松受佛學。一日，萬松造之，楚材方飯，惟以菜根蘸油鹽而已。其儉於自奉如此。

旁通天文曆算及醫卜之書。太祖親征西域，禡旗之日，雨雪三尺，帝疑之。楚材曰：「此克敵之徵。」冬，雷，又問之，對曰：「蘇爾灘當野死。」已而果然。蘇爾灘，西域王號也。蒙古未有曆學，太祖十五年，西域人奏五月望夕月食，楚材曰否，果不食。明年，楚材奏十月望當月食，西域人曰不食，是夜月食八分。帝曰：「汝於天上事尚無不知，況人事乎？」是年八月，長星見西方，楚材曰：「女真將易主矣。」明年而金主殂。帝出兵，必命楚材卜，帝亦自灼羊髀以相符應焉〔一〕。太宗十三年十一月，帝出獵，楚材以太乙數推之，亟言不可。左右皆曰：「不騎射無以爲樂。」獵五日而帝崩。皇后稱制二年五月，熒惑犯房，楚材奏：「當有驚擾，然無事。」未幾，親王斡赤斤引兵至，人心震駭，后欲西遷避之。楚材曰：「朝廷天下根本，豈可動搖！臣觀天道，必無患也。」後數日而事定。楚材嘗言西域曆五星密於中法，乃作《麻答把曆》，又以日食躔度與中法不同，以《大明曆》浸差故也，乃定其父所撰《乙未元曆》以行於世云。

至順元年，贈經國議制寅亮佑運功臣、太師、上柱國，追封廣寧王，謚文正。二子：

鉉，監開平倉，早卒；鑄。

鑄，字成仲。幼聰敏，善屬文，尤工騎射。楚材卒，領中書省事。上言宜疏禁網，采歷代善政之可行者八十一事以進。從憲宗伐宋，領侍衛驍果，屢出奇計，賜尚方金鎖甲及内廄驄馬。

憲宗崩，阿里不哥叛，鑄棄妻子自歸，世祖召見，賞賜優渥。中統二年，拜中書左丞相，將兵戍北邊，從帝敗阿里不哥於上都之北。

至元元年，遷右丞相，加光禄大夫。奏定法律三十七章，吏民便之。二年，命行省山東，遷調所部官吏，尋召還。初，太廟雅樂止有登歌，詔鑄製宫縣備八佾之舞。四年，樂成，表上之，賜名《大成之樂》。六月，改榮禄大夫，平章政事。七年，復拜左丞相。十年，遷平章軍國重事。十三年，詔監修國史。十四年冬，無雪，帝問勤民之政，對曰：「縻穀之多，無踰麴糵，祈神賽社，費亦不貲，宜一切禁止。」從之。十九年，復拜左丞相，奏言：「有司采女擾民，請大州歲取三人，小州歲二人，擇可者留之，餘遣還，著爲令。」從之。二十年冬，坐不納職印，妄奏東平人謀逆，及黨罪囚阿里沙，免官，仍籍家貲之半，徙山後。二十二年，卒，年六十五。

至順元年，贈推忠保德宣力佐治功臣、太師、開府儀同三司、上柱國、懿寧王，謚文忠。九子：希徵，希勃，希亮，希寬，希素，希固，希周，希光，希逸。

希亮，字明甫。初，乃馬真皇后命以赤帖古氏歸鑄，生希亮於和林南之涼樓。皇后遂以其地名之曰秃忽思，後改今名。憲宗使鑄覈錢穀於燕京，鑄奏言：「願攜諸子往受學讀書。」帝允之，乃命希亮師事北平趙衍。鑄扈駕南征，以希亮從。

憲宗崩於蜀，鑄護輜重北歸，至陝西，世祖即位，阿里不哥叛，遣使召大將渾都海。鑄說渾都海等入朝，不聽，乃棄妻子挺身歸世祖。渾都海知鑄去，脅希亮母子至甘州，從阿里不哥將阿藍答兒於焉支山。既而渾都海、阿難答兒俱敗死，其餘衆北走，推哈剌不花爲帥。希亮匿於甘州北沙陀中，爲所獲。初，哈剌不花從憲宗伐蜀，疾病，鑄召醫診之，遺以酒肉。至是，釋希亮縛，謂之曰：「我昔受汝父恩，此圖報之時矣。」希亮踰天山，至北庭都護府。明年，至昌八里城，踰馬納思河，抵葉密里城，至於火孛之地。

三年，從定宗幼子火忽大王至忽只兒之地。會宗王阿魯忽至，誅阿里不哥守將唆羅海，復從火忽及阿魯忽還葉密里城。王遺以大珠二，使穿耳帶之。希亮辭曰：「不敢傷父母之遺體。」王又解金帶遺之。後展轉至也里虔城，哈剌不花兵至，希亮從二王還不剌城。

哈剌不花敗死，乃函其頭，遣使報捷。四年，至可失哈里城，阿里不哥兵復至，希亮又從二王至渾八升城。

先是，鑄言於世祖：「臣妻子皆留朔漠。」至是，世祖遣不花出使於二王，因以璽書徵希亮赴闕。六月，由苦先城至哈剌火州，道伊州，涉大漠而還。八月，覲世祖於上都，面奏邊事及羈旅困苦之狀。帝憫之，賜鈔千錠、金帶一、帛三十匹，命爲速古兒達魯花赤。至元八年，授奉訓大夫、符寶郎。

十三年，宋平，帝使希亮問諸降將日本可伐否。夏貴等皆云可伐，希亮奏曰：「宋、遼、金相攻日久，今海内混一，百姓甫得休息，俟數年後興師未晚也。」帝然之。太府監令史盧摯言於監官：「各路貢布惟平陽獨長，諸集賽台争取之，若截與他路等，則息争，且所截者可爲髹漆器皿之用。」從之。後帝聞其事，監官當摯盜截官布罪，帝命斬之。希亮遇摯呼冤，命緩刑，具以實奏。詔董文忠讞之，竟釋摯，而責御史大夫塔察兒等曰：「此事御史當言而不言，微秃忽思，不枉殺此人耶？」

十四年，轉禮部尚書，尋遷吏部尚書。帝駐蹕察納兒台之地，希亮自大都至，奏對畢，董文忠問近事。希亮曰：「囹圄多囚耳。」帝欹枕臥，忽寤，問其故。對：「近奉旨，漢人盜鈔六文者死，故囚多。」帝驚問：「孰傳此語？」左右曰：「脱兒察言：陛下在南坡，以告蒙古人者。」帝曰：「朕戲言，乃著爲令耶？」命希亮返大都，諭中書省除之。十七年，以足疾致仕。至大三年，武宗訪求舊臣，除翰林學士承旨，知制誥兼修國史。希亮類次世祖言行以進，英宗命取其書置禁中。泰定四年，卒，年八十一。希亮性至孝，在北庭，藏祖父畫像，四時奠祭穹廬中，曲盡誠敬。朔漠之人，咸來聚觀，歎曰：「此中華之禮也。」著有《愫軒集》三十卷。贈推忠輔義守正功臣、資善大夫、集賢學士、上護軍。追封漆水郡公，謚忠嘉。

有尚，字伯强。祖思忠，字天祐，楚材仲兄也，從金宣宗南渡，累官都水監使，充鎮撫軍民都彈壓。太宗四年，楚材奉詔索思忠北還。金哀宗召見於宣德殿，思忠不欲往，哀宗冀和議可成，賜金帛而遣之。思忠自投於内東城濠中而死。

父鈞，仕蒙古，提領東平路工匠長官，佩金符。贈昭文館大學士、漆水郡公，謚莊慎。

有尚資禀絶人，受業許衡，爲高第弟子。其學以誠爲本，儀容辭令，動中規矩。至元八年，衡授集賢大學士、國子祭酒，奏以有尚及王梓、韓思永、蘇郁、孫安、高凝、姚燧、姚燉、劉季倫、吕端善、劉安中、白棟等十二人爲伴讀，皆衡之弟子也。十年，衡乞疾歸，諸生祖餞於都門外。衡謂諸生曰：「他日能尊嚴師道者，耶律君也。汝等當以事我之禮事之。」未幾，朝廷復以有尚等爲助教，領學事。久之，拜監察御史，不赴，除秘書丞。

二十年，出爲蘇州知州，爲政以寬簡得民。州無職田，歲徵於民，有尚獨不取。裕宗在東宮，召爲詹事院長史。有尚既去國學，事頗廢，廷議以謂非有尚不足以繼衡，授國子監司業。時學館未建，師弟子皆僦屋而居，有尚屢以爲言。二十四年，始設國子監官，增廣弟子員，建學舍居之。擢有尚國子祭酒，階奉議大夫。二十六年，乞養歸。

大德元年，復召爲國子祭酒。尋除集賢學士，兼前職。累遷太常卿、集賢學士。八年，丁父憂歸。朝廷思用宿儒，以安車召之，累辭不允。又明年，拜昭文館學士，兼祭酒。丞相哈剌合孫令使者述朝廷佇望之意，勿以老病辭，乃就職。武宗即位，大臣奏有尚久列三品，宜敘遷。帝曰：「是儒學舊臣也。」拜昭文館大學士，兼國子祭酒，進中奉大夫。

有尚前後五居國學，其教士以義理爲本，凡文詞小技，破裂聖人之大道者，皆屏黜之。後以年老致仕，使者護送歸鄉里。延祐六年，遣使者賜上尊，士論榮之。七年，卒於家，年八十六。贈資德大夫、河南行省右丞、上護軍，追封漆水郡公，謚文正。

史臣曰：蒙古初入中原，政無紀綱，遺民惵惵不保旦夕。耶律楚材以仁民愛物之心，爲直尋枉尺之計，委贄仇邦，行其所學，卒使中原百姓不至踐刈於戎狄，皆夫人之力也。《傳》所謂「自貶損以行權」者，楚材其庶幾歟？

【校勘記】

〔一〕「羊脾」，「脾」字疑誤，王宗沐《宋元資治通鑑》同。《元史》卷一四六列傳第三十三本傳作「髀」，《淵鑑類函》卷一二引作「髀」。曹元忠《蒙韃備録校注》云「羊髀，疑髀之誤」，「羊髀，亦疑髀之誤」。

新元史卷之一百二十八　列傳第二十五〔一〕

亦魯該阿勒赤　忽難　迭該古出古兒　木勒合勒忽　布拉忽兒　汪古兒　者歹朵豁勒忽　合剌察兒　闊闊搠思豁兒豁孫　蒙古兀兒客帖　木格　速亦客禿種索　輕吉牙歹　答亦兒　阿兒孩合撒兒八剌扯兒必　八剌斡羅納兒台　掌吉　帖木兒　蔑格禿　合答安薛赤兀兒〔二〕　也客捏兀鄰　朵歹　晃答豁兒速客孩　晃孩合兒忽答　別都溫　赤歹　朵兒伯多黑申　附朵羅阿歹等十有七人

亦魯該，雪泥惕氏，與迭該同爲太宗傅。太祖臨崩，稱爲忠直，受顧命輔翼太宗，又護太祖梓宮北還。弟阿勒赤，亦授千户，管護衛散班。

忽難，格泥格思氏，授朮赤下萬户。太祖嘗謂博爾朮、木華黎曰：「忽難夜爲雄狼，白日爲烏鴉。」其見重於帝如此。

迭該，别速氏。初爲太祖牧羊。及即位，授千户，使收集無户籍之部衆。弟古出古兒，太祖車工也，與木勒合勒忽同管一千户。木勒合勒忽，札答剌氏，掌牧養有功。古出古兒又管御膳，及告老，以布拉忽兒代之。布拉忽兒擢行軍萬户，以汪古兒代之。

汪古兒，乞顔氏，與其父蒙格秃俱事太祖。汪古兒管御膳，又稱海薩特，乃蠻語也，譯爲管酒樽事。太祖即位，授千户，使收集伯牙兀部衆。

者歹，忙忽特氏。太祖去札木合，者歹與弟朵豁勒忽追從之。或云，者歹父有二兒，欲歸泰亦兀赤，弟不從，二兒殺之。有巴而忽人抱其嬰兒匿羊毛車中，其兄剌以槍，不中，後又匿飯釜中。迨太祖平泰亦兀赤，乃以此子來歸，即者歹。太祖使帶弓箭，與合赤温、多豁勒忽、斡哥來同侍左右。太祖滅塔塔兒，其部人合兒吉逸去，乞食於訶額倫太后。時拖雷方幼，合兒吉抽刀斫之，爲博爾朮妻阿勒塔泥所掣，刀墮。者歹與者勒蔑在外宰牛，聞之，入殺合吉兒。論功，阿勒塔泥第一，者歹、者勒蔑次之。太祖即位，授者歹拖雷下千户。朶豁勒忽，亦授千户，管護衛散班。太宗二年，朶豁勒忽與金人戰失利，太宗以私憾殺之。後語皇兄察合台曰：「吾有四過，其一則殺忠義之朶豁勒忽也。」

哈剌察兒，巴魯剌思氏。父速忽薛禪。太祖去札木合，速忽薛禪率其子從之。太祖即位，授哈剌察兒察合台下千户。木華黎伐金，遣使告捷，太祖申拇指奬之。木華黎大説，問使者：「獲拇指之奬者凡幾人？」對以博爾朮、博爾忽、忽必來、赤老温、哈剌察兒、者歹、乞失里黑、巴歹。博爾朮等以力戰，乞失里黑、巴歹以告王罕陰謀，惟哈剌察兒、者歹事佚。

闊闊搠思，巴鄰氏。與迭該、兀孫老人同爲朮赤千户。太祖以察合台性剛，改使闊闊搠思輔導之。太祖議立嗣，察合台詬朮赤，爲闊闊搠思所斥，事具《朮赤傳》。又朮赤傅豁兒豁孫、蒙古兀兒、客帖，察合台傅木格，氏族均佚。

速亦客禿，晃豁壇氏。太祖去札木合，速亦客禿從之。及即位，授千户。種索，那牙勒氏；輕吉牙歹，斡勒忽訥兀惕氏；亦從太祖者，俱授千户。

答亦兒，氏族佚。太祖自謁脱喇兒攻布哈爾，答亦兒爲前鋒將，招降奴爾城。

阿兒孩合撒兒，札剌亦兒氏，薛扯朵抹黑之子，與弟八剌扯兒必同事太祖。阿兒孩管護衛散班，所領皆勇敢之士，臨敵常爲前鋒。金中都降，太祖使阿兒孩與忽都虎、汪古兒至中都，檢視府藏。守藏吏獻金帛，忽都虎不受，阿兒孩、汪古兒受之，爲太祖所責。

八剌扯兒必〔三〕，從太祖征西域，與朵兒伯多黑申追札拉哀丁入印度，攻拔壁遏城，掠拉火耳壁薩、烏爾蔑、里克甫爾諸城而返。八剌嘗問太祖：「上神武如是，其先有兆應否？」太祖曰：「朕未即位之先，獨出，遇六騎攢射，朕無一傷。朕殺此六人，並獲其馬而返。所謂兆應者，如此而已。」

又有八剌斡羅納兒台，與札剌兒氏八剌同名，故綴氏以別之，亦授千户。

掌吉，氏族佚。憲宗即位，坐誘諸王爲亂，伏誅。

帖木兒，氏族佚。定宗崩，諸王會議，帖木兒爲和林總管，定宗皇后使帖木兒涖會。

蔑格禿，氏族佚。太宗即位，使綽兒馬罕征西域，以蔑格禿與斡豁禿兒爲大軍後援。

合答安，塔兒忽惕氏。父答勒都兒罕，故又稱合答安答勒都兒罕，以別於同名者。太祖稱汗，與汪古兒、薛赤兀兒同爲保兀兒赤。

薛赤兀兒，豁羅剌思氏，後與曷思麥里同爲必闍赤。

也客捏兀鄰，氏族佚。太祖選護衛萬人，命也客捏兀鄰等十人分領之，稱爲也客諾延。太祖征西域，從拖雷攻拔賽兒奴城。

朶歹，那牙兀氏。太祖稱汗，命朶歹總管家人，及即位，管護衛散班。太祖伐乃蠻，朶歹請設疑兵於阿里客豁兒之地，夜令各然五炬，以張兵勢，太祖從之。事具《乃蠻傳》。

晃答豁兒，晃豁壇氏，與其子速客該俱事太祖。太祖稱汗，遣速客該與答該告於王罕。太祖敗王罕，還至統格黎河，又遣速客該與阿兒孩致命王罕，責之。後晃答豁兒從太祖征西域，與晃孩、綽兒馬罕俱爲火兒赤。晃孩，氏族佚。

合兒忽答，沼列氏。太祖將襲王罕，遣合兒忽答與者勒蔑之弟察兀兒罕爲哈薩兒使者，僞請降於王罕。事具《王罕傳》。

別都溫，朵兒別氏。太祖嫌其性拗，忽必來言於太祖，始與忽必來同爲千户。

赤歹，弘吉剌氏。初爲阿勒赤牧人。王罕與札木合襲太祖，赤歹在卯溫都山牧馬，見塵起，有急兵，走告太祖。事具《王罕傳》。太祖即位，授管護衛千户。

朵兒伯多黑申，朵兒別台氏。太祖即位，授千户。博兒忽征禿馬惕，戰歿，太祖使朵兒伯多黑申討之。從剌安不合之地潛師襲之，槎山通道，徑據山巔，俯視禿馬惕全部，盡得虛實，遂虜其部衆而返。後又從太祖征西域，與八剌追札拉哀丁。

太祖功臣，見於《秘史》者，或自有傳，或附傳。其餘無事實及氏族併佚者，凡十有七人，附著左方：

朵羅阿歹，氏族佚。

馬剌勒，氏族佚。

兀都台，氏族佚。

忽兒察兒思，氏族佚。

翁吉闌，氏族佚。

抹羅合，氏族佚。

余魯罕，氏族佚。

闊闊，氏族佚。

朵里不合，氏族佚。

亦都合歹，氏族佚。

塔馬赤，氏族佚。

合兀闌，氏族佚。
倒温，氏族佚。
秃亦迭格兒，氏族佚。
者迭兒，氏族佚。
斡剌兒駙馬，氏族佚。
忽里勒，氏族佚。

【校勘記】

〔一〕「第二十五」，「第」字原脱，據全書體例補。
〔二〕「薛赤兀兒」，原作「薛亦兀兒」，據正文及本書卷二《太祖本紀上》改。
〔三〕「八剌扯兒必」，「扯兒必」原脱，據本卷目録補。

新元史卷之一百二十九　列傳第二十六

乞失里黑巴歹　塔里察　抄兀兒　哈散納　紹古兒忽都虎　鐵邁赤虎都鐵木禄　塔海　拜延八都魯　紐兒傑布智兒　唵木海忒木台兒　抄兒　純只海帖古迭兒　大達里　咬住

乞失里黑，斡羅納兒氏，與弟巴歹俱爲也客扯連牧馬。也客扯連者，合不勒罕之孫，始附太祖，後與阿勒壇、忽察兒等間太祖於王罕，潛謀來襲。也客扯連至家，與其妻言之，且曰：「今設有人往報帖木真，不識彼將何以賞之？」時巴歹適送馬乳至，聞其語，出告乞失里黑。乞失里黑往偵之，見也客扯連之子納都客延坐帳外，磨鏃自言曰：「汝自饒舌，安能防人之口？」乞失里黑謂巴歹曰：「信矣。」二人即乘夜告於太祖，避於卯温都兒山陰。太祖滅王罕，以王罕金撒帳、金酒器並管酒局之人賜之。太祖即位，乞失里黑、巴歹並封千户，賜號答剌罕，遇大宴喝盞。乞失里黑從太祖征西域，平西夏，俱有功。又從太宗伐金，以病卒。

子塔里察，從睿宗間道攻河南，又從塔察兒破蔡州，以功賜順德爲食邑。孫囊家台，從憲宗伐蜀，卒於軍中。

抄兀兒，沼列台氏，事太祖爲麾下部曲。太祖駐兵徹徹兒山，哈剌赤、散只兒、朵魯班、塔塔兒、弘吉剌、亦乞列思諸部會於堅河忽蘭也兒吉之地，謀奉札木合爲局兒可汗，潛師來襲。有塔海哈者，與抄兀兒爲婚媾，抄兀兒往視之，並轡而行。塔海哈以鞭築其肋，抄兀兒回顧，塔海哈目之。抄兀兒悟，乃下馬佯卧，塔海哈遂以諸部之謀告之曰：「事急矣，汝將何往？」抄兀兒大驚，即馳還，遇火魯剌人也速該，言其事。也速該曰：「我左右祗幼子及家人火力台耳。」因使火力台偕抄兀兒往，且誓之曰：「汝至彼，惟見帖木真夫婦及我婿哈撒兒則告之，苟泄於他人，必斷汝腰膂。」中道遇忽蘭八都哈喇蔑力吉台之游兵，爲所執。其人亦心附太祖，贈以獺色馬而釋之。既又遇送氂車白帳於札木合者，抄兀兒疾馳獲免。見帝，悉以所聞告之。帝以兵迎戰於海剌兒阿帶亦兒渾之野，札木合敗走，弘吉剌部來降。太祖賜抄兀兒以答剌罕之號。卒，子那真事世祖爲也可扎魯花赤。那真卒，子伴撒襲。伴撒卒，子火魯忽台襲。致和元年，執倒剌沙使者察罕不花，並其金字圓牌獻於文宗，賜金帶。嘗奏言：「有犯法者治之，當自貴人始；窮乏不給者救之，當自下始。如此則得衆心。」其言最切於時弊云。

哈散納，怯烈氏。從太祖征王罕有功，同飲巴渚泐納水。後管領阿兒渾軍，從平西域，下薛迷斯干諸城。太宗時，仍命領阿兒渾軍並回回人匠三千户，駐於尋麻林。尋授平陽、太原兩路達魯花赤，兼管諸色人匠。卒。子捏古伯，從憲宗攻釣魚山有功，卒。

紹古兒，麥里吉台氏。太祖時，同飲巴渚泐納水，扈從親征。已而從破信安，略地河西，賜金虎符，授洺、磁等路都達魯花赤，復從破河南。太宗命領濟南、大名、信安等處軍馬。憲宗元年，卒，子拜都襲。拜都卒，子忽都虎襲，移睢州。從世祖渡江，攻鄂州，還鎮恩州。中統三年，從征李壇有功，尋命修邳州城，率所部鎮淮南。十一年，從丞相伯顔渡江，有戰功，又從參政董文炳攻沿海郡縣，還鎮嘉興，行安撫司事。十二年，加昭勇大將軍，職如故。十四年，授嘉興路總管府達魯花赤，尋擢鎮國上將軍、黄州路宣慰使，尋罷黄州宣慰司，復舊任。十六年，改授浙西道宣慰使，加招討使。奉詔征占城，以其國降表、貢物入見，帝嘉之，厚加賞賚。二十四年，從征交趾，明年還師，授邳州萬户府萬户。三十年，卒。

鐵邁赤，合魯氏，善騎射。初事忽蘭皇后帳前爲抇馬官。從太祖定西夏，又從皇子闊出、行省鐵木荅兒定河南，累有戰功。憲宗伐宋，遣元帥兀良哈台自雲南擣宋，與諸軍合。時世祖方圍鄂州。聞兀良哈台至長沙，遣鐵邁赤將勁卒千人、鐵騎三千迎之。兀良哈台得援，始抵江夏。世祖即位，從討阿里不哥於昔木土之地。至元七年，授蒙古諸萬户府奥魯總管。十九年，卒。子八人，虎都鐵木禄最顯。

虎都鐵木禄，字漢卿。好讀書，與士大夫游。其母姓劉氏，故人又稱之曰劉漢卿。仁宗嘗謂左右曰：「虎都鐵木禄字漢卿，雖漢之名卿，何以過之？汝等以漢卿稱之，宜矣。」

至元十一年，從丞相伯顔伐宋。既入臨安，遣視宋宫室，護帑藏。諭下明、台等州，又從平章奥魯赤入覲，授忠顯校尉、總把，再轉昭信校尉，改奉訓大夫，荆湖、占城等處行中書省理問官。一日，以軍事入奏，世祖大悦，曰：「虎都鐵木禄辭簡意明，令人樂於聽受。昔以其兄阿里謍敏，令侍左右，斯人顧不勝耶？」敕都護脱因納志之。

平章政事程鵬飛建議征日本，奏爲征東省郎中。帝顧脱因納曰：「鵬飛南士也，猶知其能。姑聽之，候還，朕當擢用。」征東省罷，徵虎都鐵木禄還，丞相阿里海牙遣郎中岳洛也奴奏留之。

二十三年，從皇子鎮南王征交趾。北還，時桑哥方擅威福，遂告歸。二十八年，哈剌合孫拜湖廣行省平章政事，詢舊人知方面之務者，衆薦虎都鐵木禄，遣使驛致武昌。後奏事京師，稱旨，擢給事中。臺臣奏爲廣西海北道廉訪司副使，陛辭，帝留之舊職。三十年，湖廣行省平章劉國傑奏伐交趾，造戰船五百於廣東。帝曰：「此重事也，須才幹者濟之。」遂以虎都鐵木禄督其事，敕曰：「汝還，當顯汝於衆。」未幾，帝崩，改福建行省郎中。累遷中順大夫、湖南宣慰司副使。

峒酋岑雄叛，奉詔諭之，雄爲帖服。改河南行省郎中，擢同僉樞密院事，拜禮部尚書。大臣奏覈實江南民田，虎都鐵木禄奉詔使江西，以田額舊定，重擾民不便，置不問，止奏茶、漕置局十七所，以七品印章敕授局官五十一員，增中統課緡五十萬。轉兵部尚書，階正議大夫。未幾，出爲荆湖北道宣慰使，進中議大夫，已命，復留之。

延祐三年，浙東商舶以貿易激變，遣虎都鐵木禄宣慰閩、浙，後卒於官。從子塔海。

塔海，少隸土土哈部下充哈剌赤。至元二十四年，扈駕征乃顔。二十六年，入覲，帝命充寶兒赤，扈駕至和林，賜只孫服。大德四年，授中書直省舍人，遷中書客省副使。武宗即位，賜中統鈔五百錠。尋進和林行省理問所官，改通政院僉事，歷和寧路總管，改汴梁路。

先是，朝廷令民自實田，有司繩以峻法，多虚報以塞命，其後差税無所出，民多逃竄。塔海言其弊於朝，由是省虚糧二十二萬石。後改廬州總管，有飛蝗北來，民患之，塔海禱於天，蝗自引去，亦有墮水死者，人皆以爲異。歲饑，民乏食，開倉減直糶之，全活甚衆。

天曆元年，樞密院奏以塔海守潼關及河中府，賜白金、鈔、幣，宣授僉書樞密院事。未幾，西軍犯南陽，塔海督諸衛兵禦之，賜三珠虎符，進大都督，階資善大夫，卒。

拜延八都魯，札剌台氏，幼事太祖，賜名八都魯。太宗七年，命領所部兵，與塔海甘卜出秦、鞏入蜀，有功。

憲宗三年，又與總帥汪德臣立利州城。四年，破宋軍鹿角寨，奪其軍資。七年，從都元帥紐鄰城成都及圍雲頂山，宋將姚統制降。帝親征，紐鄰進兵涉馬湖江，留拜延八都魯鎮成都，降屬縣諸城，得其民，悉撫定之。賜黄金五十兩、衣九襲。諸王哈丹、乃歡、脱脱等征大理還，命拜延八都魯率兵迎之。道過新津寨，與宋潘都統遇，一戰敗之。中統二年，元帥紐鄰上其功，授蒙古奥魯官。

子外貎台，孫兀渾察。至元六年，拜延八都魯告老，兀渾察代領其軍，從行省也速答兒征建部有功。十六年，從大軍征斡端，又有功，賞銀五十兩。二十一年，諸王朮伯命兀渾察屯乞失哈里之地，以禦海都。時敵軍衆，兀渾察以勇士五十人拒之，擒其將也班胡火者以獻。王壯之，以其功聞，賜銀六百兩、鈔四千五百貫，授蒙古軍萬户，賜三珠虎符。三十年，卒。次子襲授曲先塔林左副元帥，尋卒。弟塔海忽都襲，進鎮國上將軍、都元帥，改授四川蒙古副都萬户。至治二年，以疾退。子孛羅帖木兒襲。

紐兒傑，脱脱里台氏。身長八尺，善騎射，能造弓矢。嘗道逢太祖騎士别那顔，邀與俱見太祖，視其所挾弓矢甚佳，問誰造者，對曰：「臣自造之。」適有野梟翔於前，射之，獲其二，並以二矢獻而退。別那顔從之至所居，見其子布智兒，別那顔奇之，許以女妻。布智兒父子遂俱事太祖。紐兒傑賜號拔都，憲宗時卒。

布智兒，從征回回、斡羅斯等國，每臨敵，必力戰。嘗身中數矢，太祖親視之，令人拔其矢，流血，悶仆幾絶。太祖命取一牛，剖其腹，納布智兒於牛腹，浸熱血中，移時遂甦。憲宗即位，以布智兒充燕京等處行尚書省事、天下諸路也可札魯忽赤，印造寶鈔。賜七寶金帶只孫十襲，又賜蔚州、定安爲食邑。

布智兒性酷暴，一日殺二十八人，内一人既杖，復追斬以試其刀，爲世祖所切責。世祖即位，布智兒附阿里不哥，有二心，帝徙布智兒於中都，使孟速思監護以往。未幾，卒。

子四人：長好禮，事世祖，備宿衛。丞相伯顔伐宋，奏好禮督水軍攻襄樊，從渡江入臨安，以功擢昭毅大將軍、水軍翼萬户府達魯花赤。次別帖木兒，吏部尚書。次補兒答思，雲南宣慰使。次不蘭奚，襲兄職爲水軍翼萬户招討使，鎮江陰，移通州。子完者不花，遼陽省理問。

俺木海，八剌忽觧氏。與父孛合出俱事太祖，征伐有功。帝嘗問攻城之策，對曰：「攻城宜礮石，力重而能及遠。」帝即命俺木海爲礮手。九年，木華黎南伐，帝諭之曰：「俺木海言，攻城用礮甚善，汝能任之，何城不破？」賜金符，授隨路礮手達魯花赤。俺木海選五百餘人，教之，後平諸國，多賴其力。

太宗四年，從圍南京。憲宗二年，特授虎符，擢都元帥。從宗王旭烈兀征木剌夷、報達，俱有功。卒，子忒木台兒。

忒木台兒，以戰功授金符。襲礮手總管。至元十年，築正陽東西二城，置礮二百，與宋人戰，卻之。十三年，從丞相伯顔伐宋，駐軍臨安之皋亭山，同忙古歹等八人，率甲士三百入宋宮，取傳國寶。宋太后請解兵延見内殿，期明日出降。至期，果遣賈餘慶等奉璽寶至軍前。以功授行省斷事官，復令其子忽都答兒襲礮手總管。

十四年，進昭勇大將軍、礮手萬户，佩元降虎符，鎮平江之常熟。州有亂民擁衆自稱太尉者，行省會諸軍討之，忒木台兒父子自爲一軍，斬賊酋戴太尉，擒朱太尉。十五年，兼平江路達魯花赤。尋改徽州、湖州。卒。忽都答兒後擢礮手萬户，改授達魯花赤，卒。

抄兒，別速氏。從太祖平諸國有功。又從伐金，殁於陣。

子抄海，從平山東、河南，復殁於陣。

抄海子別帖，從世祖攻鄂州，又從忽哥出太子西征大理國，亦戰殁。

別帖子阿必察，至元五年授蒙古千户，賜金符。從伐宋，渡江，奪陽羅堡，擢宣武將軍、蒙古軍總管，領左右手兩萬户。下廣德，又從阿里海涯襲瓊州，帥死士奪白沙口。十六年，命管領侍衛軍，卒。

純只海，珊竹臺氏。宿衛太祖，從征西域有功。太宗五年，授益都行省軍民達魯花赤，從塔出攻拔徐州。九年，以益都爲諸王伊克分地，改京兆行省都達魯花赤。至懷州，大疫，士卒多病，遂留鎮懷孟。未幾，代察罕總兵河南，復授懷孟路達魯花赤。

十一年，同官王榮潛懷異志，伏甲，執純只海，斷其兩足跟，復以帛塞其口，置佛寺中。純只海妻喜里伯倫率衆奪出之。純只海從二子走旁郡，乞援討殺榮。帝遣使至懷孟，以榮妻孥資産賜純只海，驅城中萬餘人至郭外戮之。純只海力争曰：「罪在榮一人，於民何與？若朝廷怒使者不殺，吾任其咎。」使者還奏，帝韙其言。純只海給榮妻孥券，縱爲良民，以其宅爲官廨，一無所取。郡人德之，爲立生祠。入覲，帝以純只海太祖舊臣，賜第於和林。尋卒，敕葬山陵之側。皇慶初，贈推忠宣力功臣、金紫光禄大夫、上柱國、温國公，謚忠襄。後又贈宣忠協力崇仁佐運功臣，進封定西王。

六子，知名者曰塔出，曰昂阿剌，曰大達立。塔出，襲管軍總管，早卒。昂阿剌，襲懷孟路達魯花赤。孫台加觧，瓜州等處達魯花赤，改鎮守徽州路泰州萬户府達魯花赤。卒，子脱烈襲。脱烈子帖古迭兒。

帖古迭兒，字元卿。襲父職，治軍嚴整，百姓安之。前後累平劇賊。漳州李志甫叛，江浙萬户以兵會討者九人。帖古迭兒偉貌虬髯，賊稱爲黄鬍子萬户，見輒敗走。平居延接儒生，講經義，恂恂如寒素云。

大達里，純只海第六子也。中統初，兄塔出以管軍總管卒，其母攜塔出子黄頭暨大達里入見，詔大達里襲兄職。大達里讓於黄頭，上嘉其能讓，别授大達里懷孟軍奥魯官。中統三年，從大軍破李璮。至元六年，從大軍攻襄、樊，築萬山堡，俱有功。九年，宋將張順自襄陽乘夜突圍走，大達里率所部以火攻之，盡殲其衆，生擒都統副將四人，獲戰艦二十艘。又從大軍圍安陽堡。主將録前後功，奏上，世祖大悦曰：「大達里名閥，朕所知，他日當大用之。」賜白金、錦段有差。十一年，樊城降，進攻襄陽，大達里請説其守將納款。及入城，守將吕文焕宴大達里於城樓，盟而出。後三日，文焕出降。伯顔與諸將議攻郢州，大達里言：「郢州據北岸，城堅，攻不易。」伯顔使大達里率千騎巡視形勢，至黄家原，有小河入漢江約十里。歸言：「請越郢不攻，徑渡江可也。」衆謂：「水淺，何以行舟？」大達里請編竹藉淖上，曳之行；伯顔從之。郢將趙都統率萬騎來追，大達里爲殿，敗之，斬趙都統，抵漢口。大達里言：「敵皆巨艦，吾舟十不當一。可分攻陽邏堡，夜以勁卒乘戰艦泝流，擣其不備，南岸可得也。」伯顔、阿朮與大達里意合，詰旦，遂登南岸。鄂、漢、黄、蘄既下，伯顔留大達里與鄭鼎守蘄州，曰：「以鼎之勇，大達里之智，足以禦敵矣。」

十三年，移大達里守建德。未幾，衢、婺等州皆叛，宣撫使唆都討之。大達里宴唆都於射圃，衆報賊且至，大達里與諸將擊毬爲樂，如不聞。密與唆都引兵出，大破之，境内以安。十七年，賜金虎符，遷福建道宣慰使兼萬户。卒，贈平章政事、柱國、温國公，謚恭惠。

子和卓，襲總管；次帖木兒，吏部郎中；次咬住；次合剌，萬户。

咬住，以功臣子入直宿衛。從大達里下襄、樊，所至有功，授行軍上千户。大達里卒，以昭勇大將軍、虎符萬户，將其父軍。尋奉旨：「爾祖純只海，事太祖，征帶陽汗〔一〕、回鶻、唐兀。爾父大達里，佐伯顔、阿朮伐宋。爾惟胄嗣，可任父官。」即授鎮國上將軍、福建宣慰使、管軍萬户。

時江南初定，多反側，咬住弭亂未萌，民翕然頌之。未幾，改懷孟萬户府達魯花赤，又换建德路達魯花赤。楊振龍叛，咬住擒斬之。行省責咬住擅發兵，竟抑其功賞，咬住詞不屈。又從行省平章史杠討處、婺二州賊，釋俘口萬餘。

至元二十九年，省臣入覲，奏咬住勞績。帝曰：「咬住，朕所知者。」擢征行左軍元帥。咬住在鎮十年，律下嚴，無敢恣横者。大德二年，致仕。以子察罕襲職。七年，起爲大宗正府也可札魯花赤。至大元年，卒，年五十八。贈榮禄大夫、平章政事、温國公，謚懿靖。子鐵木兒，襲萬户，官至章佩大監。

【校勘記】

〔一〕「帶陽汗」，本書卷一〇四《后妃傳》、卷一〇五《烈祖諸子傳》、卷一一六《阿剌兀思剔吉忽里傳》、卷一一七《札木合傳》、卷一三六《塔塔統阿傳》作「太陽汗」。按劉敏中《中菴集》卷六《敕賜輔國上將軍大宗正府也可扎魯花赤贈榮禄大夫平章政事温國公謚懿靖珊竹公神道碑銘》云：「爾祖純直海，事太祖征帶陽、回鶻、唐兀。」清方履籛《河内金石志》卷下《元温國公珊竹咬住神道碑》云：「爾祖純直海，事太祖征帶陽、回鶻、唐兀。」清道光《河内縣志》卷二一《金石志下》同。

新元史卷之一百三十　列傳第二十七

闊闊不花　按札兒忙漢　拙赤哥　肖乃台抹兀答兒　兀魯台　脫落合察兒　吾也而拔不忽　槊直腯魯華撒吉思卜華　明安答兒　迺丹　忒木台奥魯赤　脫桓不花

闊闊不花，按攤脫脫里氏。魁岸，有膂力。太祖命木華黎伐金，分朮馬赤爲五部，各置將一人，闊闊不花爲五部前鋒都元帥。性不嗜殺，以威信服人。略定濱、棣諸州，俘流民四百餘口，俱籍其姓名，遣歸鄉里。徇益都，守將迎降，悉以財物分賜將士。

太宗四年，從大軍攻汴，分兵渡淮，略壽州，射書諭以禍福。城人感泣，以綵輿奉金公主開門送款。闊闊不花下令，軍士擅入城剽掠者死，城中帖然。公主，哀宗之姑，東海郡侯女，所謂小四公主者也。

八年，太宗命五部將分鎮中原：闊闊不花鎮益都、濟南，按札兒鎮平陽、太原，孛羅鎮真定，肖乃台鎮大名，怯烈台鎮東平。括民匠，得七十二萬户，以三千户賜五部將。闊闊不花得户六百，立官治其賦，俾置長吏，歲給五户絲。以疾卒。

子黄頭代爲朮馬赤都元帥，從丞相伯顏伐宋，道卒。子東哥馬襲職，累遷右都威衛千户，卒。

按札兒，客列亦禿别干氏。從太祖伐金，尋隸國王木華黎麾下〔一〕，充五先鋒之一，轉戰河北、山東、山西及遼左，無役不從。

太祖十四年，河中府降，木華黎北還，以按札兒領前鋒總帥，攝國王事，統所部屯平陽。金將乞石烈牙吾答屯陝西，窺伺河東，畏按札兒威名，不敢犯。十七年，元帥石天應守河中，作浮橋於河，通陝西。明年正月二日，金將侯小叔自中條山乘夜來襲，城陷，天應死之。小叔燒浮橋以自守，按札兒自平陽進兵，攻殺小叔，復取河中。

是年三月，木華黎卒，孛魯嗣國王，以平陽重地，仍令按札兒屯戍。太宗元年，金將武仙圍潞州，嗣國王塔思由大同南下援之。武仙退駐州東十餘里，塔思至，營壘未定。是夜，金將布哈來襲，我軍戰不利，按札兒之妻奴丹氏被獲，送於汴京。金主聞按札兒名，因召見奴丹氏，謂之曰：「今縱爾還，能偕爾夫來，當有厚賞。」奴丹氏佯諾之，遂得還。太宗聞而嘉之，詔奴丹氏預前鋒事。

二年，按札兒從駕圍鳳翔，明年克之。四年正月，又從塔思會拖雷兵，破金師於鈞州三峰山。四月，車駕北還，留按札兒偕都元帥速不台圍汴。城中識按札兒旗幟，懼曰：「其妻猶勇且義，況其夫乎？」金亡，論功，賜平陽户六百十有四、驅户三十、獵户四。未幾，卒。二子：曰忙漢，曰拙赤哥。

至元十五年，忙漢爲管軍千户。先後從征乃顔、海都。二十七年，授蒙古侍衛親軍千户，佩金符。元貞元年，命領探馬赤軍，從宗王出伯西征。改授昭信校尉、右都衛威千户。大德元年，召還。至大四年，卒。子乃蠻襲。

拙赤哥，從世祖渡江，圍鄂州。至元三年，從諸王不者克征李壇，戰死。子闊闊朮，爲御史臺都事。三十一年，國王速渾察之孫碩德既殁，家有故璽，將鬻之。命闊闊朮以示中丞崔彧、御史楊桓辨，其文曰：「受命於天，既壽永昌」，以爲秦璽也。彧獻之皇太子妃，賜闊闊朮鈔二千五百貫、金織文緞二。成宗嗣位，授闊闊朮僉漢中道廉訪司事，終廉訪使。

肖乃台，客列赤禿別干氏。以忠勇侍太祖左右。時木華黎、博爾朮爲左右萬户，太祖從容問肖乃台：「汝願誰屬？」對言：「願屬木華黎。」即賜金符，領蒙古軍，隸木華黎麾下爲前鋒。

二十年，武仙殺史天倪，據真定以叛。監軍李伯佑求援於嗣國王孛魯，孛魯命肖乃台帥蒙古兵三千，與史天澤兵合，進逼中山。仙遣驍將葛鐵槍來拒，肖乃台擊之，敗諸新樂。會日莫，阻水爲營。賊宵遁，遂取中山、無極，進拔趙州。仙棄真定，奔雙門砦。肖乃台與天澤入城，撫定其民。未幾，仙潛結水軍爲内應，夜開城南門納仙。肖乃台倉卒以步卒七十人踰垣奔藁城。遲明，部曲稍集，勢復振，還攻真定。仙奔西山抱犢寨。將士忿城民反覆，驅萬餘人出，將屠之。肖乃台曰：「反覆在賊，小民被其迫脅，何辠焉？若不勝一朝之忿，匪唯自屈其力，且堅他城不降之心。」殺叛者三百人，餘盡釋之。

初，仙之叛也，其弟貴質國王中軍，聞而遁去。肖乃台遣弟撒寒追及於紫荆關斬之，俘其妻子而還。肖乃台遂踰太行，拔太原長勝寨，斬仙治中盧奴。引兵而東，敗宋將彭義斌，追斬之。至大名，守將蘇椿以城降。進敗金安撫王立剛於陽穀，金東平行省蒙古綱棄城遁，別將邀擊敗之，遂定東平。又與蒙古不花徇河北懷、衛、孟諸州。

太宗四年，從大軍渡河，徇睢陽。至陽驛店，遇金將完顔兀里及慶山奴，臨陣斬兀里，慶山奴走，馬躓，擒之。五年，金哀宗入蔡，塔察兒會宋師圍之。肖乃台與史天澤分攻城北面。六年正月，結筏渡汝水，血戰連日，克之。金亡，肖乃台功多，命並將史氏三萬户軍，鎮東平。八年，賜食東平三百户，且命嚴實爲治第宅，分撥牧地，日膳供二羊及衣糧等。以老病卒。子七人，抹兀塔兒、兀魯台最知名。

抹兀塔兒，從嗣國王忽林池行省於襄陽，略地兩淮。憲宗八年，從世祖渡江，攻鄂州。中統元年，從討阿藍答兒、渾都海，有功。二年，從敗阿里不哥於昔木土。三年，從平李璮，授提舉本投下諸色匠户達魯花赤，卒。子四人，火你赤，江南行臺御史大夫。

肖乃台次子兀魯台，中統三年從石高山奉旨拘集探馬赤軍，授本軍千户。至元八年，授武略將軍，佩銀符。十年，從攻樊城，以功换金符。十一年，從渡江伐宋，以功累進武節將軍。明年四月，卒於軍中。

子脱落合察兒襲職。從參政阿剌罕攻獨松關，授宣武將軍，尋命管領侍衛軍。樞密院録其渡江以來前後功，十八年進懷遠大將軍。二十年，江西行省命討武寧叛賊董琦，平之，换虎符，授江州萬户府達魯花赤。二十四年，移鎮潮州，賊張文惠、羅半天等嘯聚，奉江西行樞密院檄討之，斬賊首羅大老、李尊長等。卒於軍。

吾也而，撒勒只兀歹氏。父圖魯華察，以武勇稱。吾也而狀貌甚偉，腰大十圍。太祖六年冬，與者别襲破東京。十年，從木華黎取北京，即授北京總管、權兵馬都元帥。金將撻魯據惠和漁河口不下，擊斬之。又帥史天祥禽趙守玉於興州。明年，木華黎討錦州張致，吾也而别將攻溜石山。致平，以功賞馬十匹、甲五事。十二年，興州監軍興兒叛，吾也而往討，所乘馬中箭殪，仍力戰破賊。十五年，從木華黎圍東平，先登陷陣，生挾二將以還。明年，從攻延安，不克，矢中右股。攻鄜州，克之，禽金驍將張鐵槍以獻。又明年，從攻鳳翔，不下。

十八年，從嗣國王孛魯征西夏。明年，克銀州。二十一年三月，從郡王帶孫圍李全於益都，全降，所屬三十餘城悉下。太宗元年，入覲。命與札剌亦兒台豁兒赤征遼東。三年，又同征高麗，克受、開、龍、宣、泰、葭等十餘城。高麗懼，請和，乃還。既而復叛，再討之。十二年，攻拔昌、朔等州，高麗屢乞罷兵，吾也而諭之曰：「若能送質子則可。」十三年四月，王瞮乃以族子永寧公綧爲己子，充禿魯花，從吾也而入朝。以功爲北京、東京、廣寧、蓋州、平州、泰州、開元七路兵馬都元帥，佩虎符。

定宗時，高麗歲貢不入。憲宗即位，召問其事。對曰：「臣雖老，倘藉威靈，指揮三軍，敵國猶可克，况東夷小醜乎？」帝壯其言，問飲酒幾何？對曰：「唯所賜。」時有一駙馬在側，素能飲，帝命與角飲爲笑，賜錦衣、名馬。俄謝病歸。七年，復來朝，憲宗閔其老，曰：「太祖時老臣，獨卿無恙。」賜賚甚厚，以其仲子阿海代之領軍。八年秋九月，卒，年九十有六。追封營國公，謚忠勇。子撒禮。

撒禮子拔不忽，幼穎悟，其師周正方更名之曰介，字仲清。初爲同知北京轉運司事，累遷濮州尹、平灤路總管、江南浙西道提刑按察使，移山北淮東道，召爲刑部尚書，復除江東宣慰使。以病目去官，延名儒張須立、吴澄教其子。至大元年卒。

槊直腯魯華，蒙古克烈氏。率其部二百人從太祖征乃蠻、西夏有功。及伐金，使爲木華黎前鋒，襲金羣牧監，獲戰馬甚衆，分屬諸軍，軍勢大振。七年，從破遼東、西諸州，唯東京未下，獲金使，遣往諭之。槊直腯魯華曰：「東京，金舊都，備嚴而守固，攻之未易下，以計破之可也。請易服與其使偕往説之，彼將不疑，俟其門開，以大軍赴之，則克矣。」如其計，遂取東京。後從攻大名，中流矢卒。武宗時，贈太傅，追封衛國公，謚武敏。子撒吉思卜華。

撒吉思卜華，嗣其父職。太宗元年，賜金符，安輯河北、山東諸州。史天澤爲真定、河間、濟南、東平、大名五路萬户，命撒吉思卜華佩金虎符以達魯花赤監其軍。

金宣宗徙汴，立河平軍於新衛以自固。撒吉思卜華數攻之，不拔。四年正月，太宗自白坡濟河而南，撒吉思卜華渡自河陰，攻鄭州，守將馬伯堅降。及金哀宗出奔，帝命撒吉思卜華追躡之。會其節度使斜捻阿卜棄新衛赴汴，撒吉思卜華遂入而據之。明年正月，哀宗自黄陵岡濟河。撒吉思卜華與其將白撒戰於白公廟，敗之。

哀宗走歸德，撒吉思卜華薄北門而軍，左右皆水。史天澤言於撒吉思卜華曰：「此非駐兵之地，彼若來犯，則進退失據矣。」不聽。先是，河北之戰，金將蒲察官奴之母爲蒙古軍所得，挾之來，爲誘降計。官奴即因母與忒木台約和，詭言欲劫金主降。忒木台信之，還其母，因定和計。官奴日往來軍中講議，或乘舟中流會飲，探知撒吉思卜華營在王家寺。遂以五月五日帥其忠孝軍四百五十人，出南門登舟，由東而北。我軍習見官奴往來，猶以爲議和也，不設備。是夜，殺我外隄邏卒，四更至王家寺斫營。我軍倉卒接戰，官奴軍小卻，以小船載其軍七十人自後夾攻。撒吉思卜華腹背受敵，一軍皆覆，溺水死者凡三千五百餘人。

金亡，命大臣忽都虎料民分封功臣。撒吉思卜華妻楊氏自陳曰：「吾舅及夫皆死國事，獨見遺，何也？」事聞，賜新衛民二百户。撒吉思卜華贈太師，追封衛國公，謚忠武。弟明安答兒。

明安答兒，善騎射。撒吉思卜華戰殁，嗣國王塔思承制以明安答兒領其行營。尋授蒙古漢軍萬户。後從圍淮安，因糧於敵，未嘗匱乏，軍士咸樂爲用。憲宗三年，從昔烈門太子伐宋，卒於鈞州。贈太保，追封衛國公，謚武毅。

子腯虎，從世祖北征叛王，挺戈出入其陣。帝壯之，賜號拔都，賜白金四百五十兩。從討李壇，亦有戰功。次子普蘭溪，光禄大夫、徽政使。

迺丹，達里伯氏。其部落在和林之外千餘里，世有都剌合之地。迺丹聞太祖起兵，率其衆來附，命隸國王木華黎部下，從收雲中、九原，取遼西，俱有功。卒。子二人：忻都、合剌。

忻都，以材武從國王平河朔，早卒。子九人：哈剌、朵忽蘭、瘦瘦兒、阿里罕、愛不哥察兒、忽里罕、萬奴、衆家奴、忙驢，皆有勇略，常爲諸軍冠。忽里罕、萬奴、阿里罕子高奴及合剌子紐鄰，俱戰歿。愛不哥察兒，至大元年授宣撫將軍、韶州路達魯花赤，卒。子納懷，廉慎端直，武宗聞其名，拜監察御史，累官吉安路總管，兼管勸農事。

忒木台，札剌台氏。祖豁火察兒、父朔魯罕俱驍勇善騎射。太祖親征，豁火察兒常爲前鋒。朔魯罕，從太祖敗金人於野狐嶺，中流矢，帝親爲傅藥。及卒，帝歎息曰：「朔魯罕，吾之一臂，今亡矣！」賜其家馬四百匹、錦綺萬段。

忒木台，從征康里，俘其部長以獻。又從太祖征西夏有功。木華黎卒，命忒木台以行省領兀魯、忙兀、赤怯烈、弘吉剌、札剌兒五部之衆。河南平，賜户二千。從憲宗征蜀，卒於軍。忒木台嘗屯兵河南、太原、平陽，民德之。及卒，皆爲立祠。子奥魯赤。

奥魯赤，早事憲宗，特見親任，從攻釣魚山。至元五年，又從阿朮攻襄陽，授蒙古軍萬户。明年，賜虎符，襲父職，領蒙古軍四萬户。十一年，從伯顔渡江，圍鄂州，遣許千户同宋俘持金符抵城東南門招之，守將張晏然以城降，遷昭毅大將軍。大兵出獨松關，宋兵敗潰。

十三年，宋主降，分討未下州郡，加鎮國大將軍、行省參知政事。未幾，行湖北道宣慰使。詔括逃亡，有司拘良民千餘人，無所歸，衆議隸於官。奥魯赤曰：「民被兵，幸而骨肉完聚，復羈之，可乎？」悉縱爲民。徵詣闕，賜賚優渥，擢行省左丞，行宣慰使。十八年，移宣慰司於澧州，討平劇賊周龍等。復召入覲，進右丞，改荆湖行樞密院副使。

二十三年，拜湖廣行省平章政事。夏四月，詔詣上都，命佐鎮南王征交趾，以其子脱桓不花襲萬户。既而師出無功，改江西行省平章政事。二十六年，以疾乞退，不允，改同知行樞密院事。

成宗即位，進光禄大夫、江西行省平章政事。大德元年，卒，年六十六。贈推忠開武協運佐治功臣、金紫光禄大夫、大司徒、上柱國，追封鄭國公，謚忠宣。二子：拜住、脱桓不花。

拜住，蒙古親軍副都指揮使。

脱桓不花，行省左丞、蒙古軍都萬户。從世祖征乃顔有功。又佐仁宗入定内難，拜湖廣行省平章政事，進左丞相。卒，贈守忠翊正濟美演德功臣、上柱國，追封鄭國公，謚宣簡。二子：普答剌吉、察罕帖木兒。

普答剌吉，襲都萬户，樞密副使。卒，贈保忠經武致德宣惠功臣、江西行省右丞，追封常山郡公，謚榮襄。

察罕帖木兒，襲都萬户。

【校勘記】

〔一〕「麾下」，原作「摩下」，據文意改。

新元史卷之一百三十一　列傳第二十八

阿剌淺　阿剌瓦而思不別　斡都蠻　哈只哈心　昔里鈐部[一]愛魯　小鈐部　趙阿哥潘重喜　塔本　阿里乞失鐵木兒　迭里威失　鎖咬兒哈的迷失　曷思麥里

阿剌淺，西域賽夷氏。賽夷者，西域族長之名，因以爲氏。又稱札八兒火者。火者，其官名也。太祖在巴泐渚納，阿剌淺自汪古部驅駝羊，沿額而古涅河易貂鼲，遇太祖，傾心歸附，爲飲巴泐渚納水十九人之一。

太祖滅王罕及乃蠻太陽罕，欲伐金，乃遣阿剌淺使於金以覘之，金人不爲禮，然往返之間，盡得金人虛實及道路之險易。太祖遂自將伐金。金人恃居庸之險，冶鐵錮關門，布鐵蒺藜百餘里，以精兵守之。太祖召阿剌淺問計，對曰：「從此而西有間道曰紫荊口，騎行可通，臣嘗過之。若勒兵出此，一日便至。」太祖留喀台布札與金守將相持，令阿剌淺前導，疾趨紫荊口。金人聞之，遣奧敦分兵拒守。比至，太祖兵已度隘，逆戰於五回嶺，大破之。時喀台等亦入居庸關，遂盡得金之險要。後太祖入中都，覽山川形勢，謂左右曰：「朕得至此者，阿剌淺之功也。」又謂阿剌淺曰：「汝引弓四射，隨箭所落，悉以地畀汝。」太祖北還，留阿剌淺與石抹明安等守中都，授黄河以北、鐵門以南天下都達魯花赤，賜養老一百户。

棲霞道士邱處機，太祖聞其名，遣使徵之。路過宣德，皇太弟斡赤斤遣阿剌淺迓之，並命護送至行在，及處機東歸，又命阿剌淺送至中都。時山東新附，人多反側，阿剌淺欲與處機弟子尹志平同往招諭之，處機不允。阿剌淺曰：「若大兵一到，殺戮必多，願真人救之。」處機良久曰：「雖不能救，猶愈坐視其死。」乃爲招諭書，俾志平與阿剌淺同往焉。處機語阿剌淺：「我嘗識公。」阿剌淺曰：「我亦嘗見真人。」他日，處機問：「公欲極一身貴顯，抑子孫蕃衍？」阿剌淺曰：「身後富貴安在？有子孫以承宗祀足矣。」處機曰：「聞命矣。」後果如其言。

阿剌淺長身美髯，雄勇善騎射，每戰被重鎧，馳突如飛。兼通蒙古、漢語，前後凡九使金，皆得要領。太宗即位，設諸色站赤，命阿剌淺與脱忽察兒董其事。卒，年百十有八歲。贈推忠佐命功臣、太傅、開府儀同三司、上柱國，追封涼國公，謚定武。二子：阿里罕、明里察。

阿里罕，從父出入行陣，勇而善謀。憲宗伐蜀，爲兵馬都元帥。

子哈只，湖南宣慰使，贈推誠保德功臣、金紫光禄大夫、司徒、涼國公，謚安惠。哈只子：養安，陝西行省平章政事；阿思蘭，太府監丞；補孛，太僕寺丞。養安子阿葩實，太僕寺卿。明里察，贈開府儀同三司、上柱國，追封涼國公，謚康懿。子：亦不速金，户部尚書；哈剌，陝西行省參知政事。

阿剌瓦而思，回鶻八瓦耳氏，仕回鶻爲千夫長。太祖駐蹕八瓦耳之地，阿剌瓦而思率其部衆來降，從太祖征西域，卒於軍。

子阿剌瓦丁，從世祖北征有功。至元二十九年，卒，年一百二歲。子贍思丁，有子五人：烏馬兒，陳州達魯花赤；不別，隆鎮衛都指揮使；忻都，監察御史；阿合馬，拱衛直司都指揮使；阿散不别，驍勇善騎射，歷事成宗、武宗、仁宗，計前後所賜褚幣四十萬緡，他物稱是，階榮禄大夫、三珠虎符。

子斡都蠻襲職。致和元年，自上都來降，丞相燕帖木兒以爲裨將，率壯士百人，圍滅里帖木兒等於陀羅台，擒以獻，賜衣一襲及秃秃馬矢甲、金束帶各一，白金百兩，鈔二百錠。天曆元年九月，充同僉行樞密院事。十月，從擊忽剌台、馬札兒等軍於蘆溝橋，敗之，追至紫荆關，多所俘獲，以功賜所籍倒拉沙子潑皮宅。二年，進同知樞密院。三年，以隆鎮衛都指揮使兼領拱衛司，卒。

哈只哈心，阿魯渾氏，西域人。太祖征西域，哈只哈心扼阿母河，築壘堅守，力屈始降。太祖按劍問之，先斷其髮，將戮之。哈只哈心正色對曰：「臣各爲其主，非罪也。死不過汙一席地，何恨？但恐無名爾。」太祖壯而釋之。因進言：「失剌子城堅固，不易攻，請往招之。」太祖駐兵馬魯城，使哈只哈心單騎至失剌子諭以禍福，其酋遂内附。以功擢領怯憐口。既班師，隸皇孫旭烈兀部下。至元五年，卒，年一百十七歲。子阿散，大名路税課提領。阿散子：昭都剌，大都路警巡達魯花赤；凱霖，彰德路達魯花赤。哈只哈心娶於荀氏，阿散二子皆以荀爲氏。

昔里鈐部，河西人。自其父答爾沙必吉以上，七世相西夏。必吉，譯言宰相也。其先本沙陀部長，從唐賜姓爲李氏，以别於西夏國姓，爲小李，後又譌爲昔里。答爾沙官肅州鈐部，生子以官配姓，名曰昔里鈐部，又名益立山，在西夏累官沙州鈐部。其兄以肅州鈐部來聘，與館接使察罕深相結納，輸誠内附。及太祖圍肅州，射書城外，約以城降。事覺，全家被害。太祖二十一年，昔里鈐部遂率部曲來降，隸國王木華黎帳下。二十二年，與忽都帖木兒招諭沙州，其守將僞以牛酒犒師，伏發，忽都帖木兒馬躓，追兵垂及，以己所乘馬授之，使先奔，自乘躓馬爲殿。木華黎壯其勇，問曰：「汝臨死地，而易馬與人，何也？」曰：「我新附者，戰死不足輕重，不可陷國之宿將。」帝聞而嘉之。從克沙州，帝怒城久不下，欲屠之。泣請，曰：「臣親屬咸在，願賜全宥。且抗命者數人，若屠城，恐堅未降者心。」許之，城人賴以獲免。

太宗七年，從諸王征西域，至寬田吉思海。又從拔都征斡羅斯，攻拔也里贊城。十一年，至阿速滅怯思城，堅守不降。率死士十人躡雲梯先登，大呼曰：「城破矣！」衆蟻附而上，遂拔之。賞西京名馬，賜號拔都。十二年，班師。授千户，賜只孫爲四時宴服。尋命佐也馬赤爲其部斷事官。

定宗即位，授大名路達魯花赤，先後與斷事官合達及卜只兒同署燕京行省。憲宗元年，復爲大名路達魯花赤，佩金虎符。凡監大名十有四年，號令明肅，豪右屏息。一日，釋菜廟學，見禮殿且圮，喟然曰：「澤宮若此，何以興善於民？」即日完葺之。其郵傳、官署，皆以次修舉。漳水歲泛溢，夾岸爲隄，植槐柳於上以固崩嚙，且充材木之用，後公私賴之。卒，年六十九。追贈太師，謚貞獻。

三子：愛魯；次羅合，大名路行軍萬户；次小鈴部。

愛魯，襲大名路達魯花赤，佩虎符。至元五年，諸王忽哥赤鎮雲南，使愛魯將衛士從之。討金齒諸部蠻，以射手五百人殲其衆數千，諸部讋服。六年，再入金齒，定其租賦，招降火不麻等三十四砦。七年，改中慶路達魯花赤，兼管爨僰軍。

十年，賽典赤行省雲南，使愛魯疆永昌田。十一年，使閲中慶户籍，皆覈其隱匿，增入甚多。初，世祖征雲南，假道吐蕃，嫌其回曲。十三年，思、播二州平，改道從蜀入，命愛魯開兩道，陸出烏蒙，水由馬湖江。烏蒙合都掌、圈豕、鵝夷諸種拒命，累戰始服。自是，水陸郵傳皆達叙州。又開左右兩江道，達於邕州。平溪洞蠻獠五十餘州。十三年，忙部、也可不薛叛，愛魯討平之，遷廣南西道左右兩江宣撫使，兼招討使。十六年，遷雲南諸路宣慰使、副都帥。十七年，復立雲南行省，拜參知政事。詔將萬人，合湖廣、四川兵，討羅氏鬼國，平之。十八年，烏蒙白水蠻殺萬户阿忽以叛，復討平之。

十九年，入覲京師，擢右丞。亦奚不薛再叛，與四川都元帥也速答兒、湖南行省脱理察合兵進討。也速答兒以地炎瘴，轉輸不繼，奏請旋師。詔許之，留藥刺海屯其地。久之，亦奚不薛納款，仁普諸酋皆降，得户四千。二十二年，烏蒙阿謀殺宣撫使以叛，愛魯與右丞拜答兒討之。拜答兒知愛魯習山川道理，命諸將悉聽指授，分道進兵，禽阿謀以歸。

二十四年，進右丞，改尚書右丞。鎮南王征交趾，詔愛魯將六千人會之。自羅羅斯入交趾境，敗其兵四萬於兀木門，平三十八栅，先大軍一月至王城，其王與世子皆乘舟遁於海。明年，師還，感瘴癘，卒，年六十三。

愛魯不吝賞賚，能得人死力，大小百餘戰，未嘗敗衄，爲一時名將。贈銀青光禄大夫、平章政事，謚毅敏。皇慶元年，加贈乘忠執德威遠功臣、開府儀同三司、上柱國、太師，封魏國公，謚忠節。

三子：教化，特進中書平章政事，孝友有藴藉，臨事精覈；也先帖木兒，江西行省平章政事；骨都歹，大名路達魯花赤。

小鈐部，襲大名路達魯花赤。冬獵，民不堪命，監察御史姚天福按之。賂侍御史安兀失納，天福又搜獲其賂。奏聞，小鈐部論死。

趙阿哥潘，土播思烏思臧掇族氏。始附宋，賜姓趙氏，世居臨洮。

祖巴命，富甲諸羌。

父阿哥昌，貌甚偉，有勇力。金貞祐中，以軍功至熙河節度使。金亡，保蓮花山，以其衆來歸。皇子闊端承制，以阿哥昌爲壘州安撫使。時兵興，城無居人，阿哥昌招撫流民，立城壘，課耕桑，以安輯之。年八十，卒於官。

阿哥潘，事親以孝聞。從伐蜀，與宋都統制曹友聞屢戰，勝負相當。以破大安功最，授同知臨洮府事。破朝天關，從嘉陵江至閬州，獲戰船三百艘。攻利州，生得其劉太尉，敗宋師於潼川。宋制置使劉雄飛進攻青居山，阿哥潘擊之，宵潰，四川大震。進逼成都，略嘉定，平峨眉太平寨，擒其將陳侍郎、田太尉，餘衆悉降。大小五十餘戰，皆先登陷陣。

憲宗初，世祖以皇弟南征大理，道出臨洮，見而奇之，命攝元帥，城益昌。時宋兵屯兩川，堡柵相望，矢石交擊，歷五年而城始完。憲宗伐蜀，以阿哥潘爲選鋒，攻西安，下之，賜金符，授臨洮府元帥。帝駐釣魚山，合州守將王堅夜來斫營，阿哥潘率壯士逆戰，手殺數十人，堅引去。明日陛見，帝喜曰：「有臣如此，朕復何憂！」賞黃金五十兩，賜號拔都。中統元年，詔還鎮臨洮。歲饑，發私廩粟二千餘石、蕪菁子百石，以賑貧乏，人賴不饑。郡當孔道，傳置旁午，有司弊於供給。阿哥潘以私馬百匹充驛騎，羊千口代民輸。帝聞而嘉之，詔京兆行省酬其直。阿哥潘曰：「我豈以私惠而邀公賞耶？」卒不受。以軍事赴青居山，道爲宋兵所邀，戰歿。

阿哥潘好畜良馬，歲擇五駟貢於朝，子孫遵之不替。先是，勳臣子孫爲祖父請謚者，帝每靳之，至是敕大臣錫以美謚，曰桓勇。

子重喜，始給侍皇子闊端爲親衛。從世祖征哈剌章，數有功。中統元年，渾都海反，從總帥汪良臣引兵至拔沙河納火石地逆戰，以功授征行元帥。四年，從討忽都、達吉、散竹台等，克之。諸王只必帖木兒承制，使襲父職爲元帥。入覲，賜金虎符，爲臨洮府達魯花赤。

時解軍職而轉民官者，例納所佩符。有旨：「趙氏世世勤勞，其金符勿拘常例，使終佩之。」

重喜在郡，勸農興學，省刑敦教，以善治聞。請致仕不許，詔其長子官卓斯結襲爲達魯花赤。擢重喜鞏昌二十四處宣慰使。卒，謚桓襄。

官卓斯結，性静退，辭官閑處二十餘年。仁宗聞其名，召，不起。子德壽，雲南行省左丞。

塔本，伊吾盧氏。以好揚人善，人稱之曰揚公。父宋五設託陀，託陀者，其國主所賜號，猶華言國老也。

塔本初從太祖討諸部，復從圍燕京，下平灤、白霫諸城。軍士有妄殺人者，塔本戒之曰：「國之本，民也。殺人得地，何益於國？且殺無罪，以堅敵心，非上意。」太祖聞而善之，賜金虎符，俾鎮撫白霫諸郡，號行省都元帥，管内得承制除縣吏，死囚得專決。久之，徙治興平。興平經兵火後，民户凋殘。塔本召父老問所疾苦，爲除之，民大悦，歸者四集。塔本始至，户止七百，不二三年，乃至萬户。出己馬以寬驛人，官吏貸銀，其子錢不能償者，焚其券。與貧農耕牛，比歲告稔，民用以饒。太宗二年，詔以中山府、平定州及德州之平原縣隸行省。六年，盜李仙、趙小哥作亂，塔本止誅首惡，宥其詿誤。

乃馬真皇后稱制二年，卒，遺命葬以紙衣瓦棺。贈推誠定遠佐運功臣、太師、開府儀同三司、上柱國，追封營國公，謚忠武。子阿里乞失鐵木兒。

阿里乞失鐵木兒，嗣父職爲興平等處行省都元帥，其爲治一遵先政，雖同僚不敢私役一民。從大軍伐高麗。憲宗六年，卒。贈宣忠輔義功臣、榮禄大夫、平章政事、柱國，追封營國公，謚武襄。子阿台。

阿台當襲父職，適罷行省爲平灤路總管府，憲宗命阿台爲平灤路達魯花赤。始至，請蠲銀、鹽、酒等税課八之一，細民不征。

世祖即位，來朝，賜金虎符。諸侯王道出平灤，供給費銀七千五百兩，户部不即償，阿台自陳上前，盡取償以歸。置甲乙籍，籍民丁力，民甚便之。至元十年，進懷遠大將軍。歲饑，發粟賑民。或持不可，阿台曰：「朝廷不允，願以家粟償官。」僚屬始至，阿台必遺之鹽、米、羊、畜、什器，曰：「非有他也，欲其不剥民耳。」姻族窮者，月有常給。民有喪不能葬者，與之棺槨、布帛、資糧。灤州爲古孤竹國，廟祀伯夷、叔齊，以勵風俗。

二十一年，進昭武大將軍。二十四年，乃顔叛，獻馬五百匹佐軍，世祖大喜，已而得乃顔銀甕，亟以賜之。二十五年，入朝，以疾卒。贈推忠宣力功臣、資德大夫、中書右丞、上護軍，追封永平郡公，謚忠亮。子迭里威失。

迭里威失，少好讀書，成宗時入宿衛，授河西廉訪司僉事，拜監察御史，遷淮西廉訪副使，召爲中書左司員外郎，改樞密院參議，遷判官。

延祐四年，授翰林侍講學士，出爲河間路總管。屬歲饑，出俸金及官庫所積賑之，活數十萬人。河間當水路要衝，四方供億皆取給焉。迭里威失立法調遣，民便之。復建言增置便習弓馬尉一人，益邏兵之數，於是盜賊屏息。陵州姦民結黨横行，迭里威失收繫獄中，悉殺之，一郡肅然。後拜遼陽行省參知政事。子鎖咬兒哈的迷失。

鎖咬兒哈的迷失，年十二，宿衛英宗潛邸，掌服御諸物。英宗即位，拜監察御史，首言：「國家政柄，總歸中書，不得隔越奏事。凡有奏行布告，並從中書省送國史、翰林院，詳定可否。」廷議韙之，著爲令。至治元年春，詔起大刹於京西壽安山，鎖咬兒哈的迷失與御史觀音保、成珪、李謙亨上章極諫，以爲東作方始，而興大役，以耗財病民，非所以祈福也，且歲在辛酉，不宜興築。初，司徒劉夔妄獻浙右民田，冒領内帑鈔六百萬貫，丞相帖木迭兒分取其半，監察御史發其姦，遂嫉臺臣。至是，帖木迭兒之子瑣南爲治書侍御史，密奏曰：「彼宿衛舊臣，聞事有不便，弗入告，乃訕上以揚己之直，大不敬。」帝遂殺鎖咬兒哈的迷失與觀音保，杖珪、謙亨，黥而竄之。

泰定初，贈鎖咬兒哈的迷失資德大夫、御史中丞、上護軍，追封永平郡公，謚貞愍。賜其妻子鈔五百貫、良田千畝，仍樹碑於墓道以旌之。

曷思麥里，西遼虎思斡兒朶人。事西遼主直魯古，爲柯散城八思哈長官。太祖遣者別伐西遼，時乃蠻太陽罕子古出魯克已篡直魯古之位，者別至垂河，曷思麥里率柯散等城官吏迎降。者別以曷思麥里爲前鋒，引大軍踰葱嶺，追斬古出魯克於撒里黑崑，傳首徇未下諸城，皆望風款服。

太祖十四年，從者別渡阿母河，入呼拉商，追貨勒自彌蘇爾灘，戰於秃馬温山。追至可疾寧城西可隆堡，射傷蘇爾灘之馬，收其珍寶而還。中途攻破玉兒堡，獲蘇爾灘之母、妻。又取谷德痕城。未幾，可疾寧亦降，乘勝略西北鄰部阿在兒拜展，其酋鄂思貝克降。遂駐冬於麥加，招降西南山中曲兒忒種人，略曲兒只部。

十五年，者別再入曲兒只，曷思麥里仍爲前鋒。以道路險阻，退而東行，渡古爾河，破設里汪之沙馬起城。進攻打耳班，踰太和嶺，敗阿速軍，乘勝入奇卜察克。明年冬，自阿速履冰渡黑海，入於撒吉剌之地，招降黑林城。十七年，奇卜察克以斡羅思援軍至，大軍與戰於孩兒桑，大敗之。事具《者別傳》。

十九年，大軍凱旋，者別中道卒，曷里麥里率所部東還。會太祖親征西夏，曷思麥里以所獲珍寶及七寶繖覲帝於阿刺思不刺思行在所。帝顧謂羣臣曰：「者別嘗稱曷思麥里之功，其軀幹雖小，聲聞甚大。」就以所進珍寶，聽稱力自取。仍命與薛赤兀兒同爲必闍赤。曷思麥里言：「向所招降人，尚留亦刺八里，願率以從征。」許之。

太宗三年，從車駕伐金，次懷孟州，命領奥魯事。明年，從敗金人於三峰山，授懷孟州達魯花赤，佩金符。五年，金中京留守强伸來寇，曷思麥里與昔里吉思、鎖刺海等力戰，卻之。又遣蒲察寒奴、乞失里札魯招降金總帥范真。是年，太宗以曷思麥里宣勞西域有年，命其二子捏只必、密里吉分襲懷孟達魯花赤、必闍赤。曷思麥里以札魯忽赤歸西域，行省帖木迭兒奏留之。明年，進懷孟、河南二十八處都達魯花赤，所隸州縣，不從命者，承制得籍其家。憲宗元年，卒。

密里吉襲懷孟達魯花赤，中統三年從征淮西，戰歿。

史臣曰：曷思麥里，西遼舊臣也。藉蒙古之兵，梟古出魯克以復故國之仇，可謂義烈。雖功名遜於者別，其忠於所事，則非者別所及也。

【校勘記】

〔一〕「昔里鈐部」，原作「昔思鈐部」，據正文及《元史》卷一二二列傳第九《昔里鈐部傳》改。

新元史卷之一百三十二　列傳第一十九

札剌亦兒台豁兒赤塔出　阿只乃懷都　塔孩拔都兒阿塔海　速哥忽蘭　失魯孩麥里　昔里吉思

札剌亦兒台豁兒赤，札剌亦兒氏，以氏爲名，亦譯爲撒里塔。事太祖爲宿衛。契丹人乞奴、鵶兒、喊舍等驅遼東遺民渡鴨綠江，竄據高麗江東城。十二年，以哈真爲元帥，札剌亦兒台副之，帥蒙古軍，兼督耶律留哥契丹軍、蒲鮮萬奴將完顔子淵軍，討之。破和、孟、順、德四城，麟州都領洪大純帥其子福源迎降。十二月，使著古與至高麗乞糧，且徵兵。高麗輸米千石，遣其將趙冲、金就礪帥師來會〔一〕。又明年正月，契丹平，札剌亦兒台與冲約爲兄弟，冲請歲輸貢賦。札剌亦兒台曰：「道路梗阻，汝國來往不易，我國每歲遣使不過十人，可齎以去也。」於是高麗王瞮遣其權閤門祇候尹公就中書注書崔逸持牒文來行營。遣使報之，定約而還。十五年，著古與再使高麗歸，盜殺諸途。由是與高麗絶信使者七年。

太宗初，金平章温迪罕哥不靄行省於遼東，連結高麗與蒲鮮萬奴以拒命。太宗命札剌亦兒台帥北京元帥吾也而、遼王薛闍、義、川等州節度使王榮祖、都提控耶律揑兒等渡遼，先討哥不靄，拔蓋州、宣城等十餘城，哥不靄走死。

三年，追討高麗殺信使之辠，遂圍新興鎮，屠鐵州，洪福源帥降民千五百户導札剌亦兒台攻州郡之未附者。九月，至西京，入黄鳳州，克宣郭州，取城邑四十餘。使阿兒秃與福源招諭王瞮，瞮使其弟淮安公侹請和。十一月，屠平州。元帥唐古拔都兒等至王京。王瞮遣御史閔曦犒師。十二月，蒙古軍分屯王京城外，閔曦復來犒。札剌亦兒台遣使持牒入城諭降。王瞮使弟侹獻方物。札剌亦兒台復徵賄，王瞮又獻國贐，且遣使上表自陳。札剌亦兒台遂承制置京府及州縣達魯花赤七十二人，以也速迭兒帥探馬赤軍留鎮之。

明年正月，率所部先歸，遣使二十四人持璽書諭高麗王。三月，王瞮遣中郎將池義深、録事洪巨源、金謙等齎國贐、牒文送札剌亦兒台行營。四月，又遣其上將軍趙冲及御史薛愼來上表稱臣，獻方物。五月，帝以將征蒲鮮萬奴，遣使九人徵兵高麗。七月，高麗權臣崔瑀脅遷其王於江華島，並遣内侍尹復昌往北界諸城，奪蒙古所置達魯花赤弓矢，達魯花赤射殺之。八月，其西京巡撫閔曦亦謀殺達魯花赤，不果。是月，札剌亦兒台復奉命討高麗。先貽書詰責王瞮，瞮一再答書自辯。十二月，札剌亦兒台至王京，攻處仁城，爲高麗人金允佳所射殺，別將帖哥引軍還。子塔出。

塔出，以勳臣子，至元十七年授昭勇大將軍、東京路總管府達魯花赤。十八年，召見，賜鈔六十錠，旌其廉勤，授開元等路宣慰使。二十二年，入覲，帝慰勞久之，且問曰：「太祖命爾父札剌亦兒台聖旨，爾能記否？」塔出奏對稱旨，帝嘉之，賜以玉帶、弓矢，拜龍虎衛上將軍、東京等路行中書省右丞。復授遼東道宣慰使。

塔出探知乃顏謀反，遣人馳驛上聞。命領軍一萬偕皇子愛牙赤備禦之。女真、水達達官民與乃顏連結，塔出遂棄妻子，率麾下十二騎直抵建州，距咸平千五百里，與乃顏黨太撒拔都兒等合戰，兩中流矢，其黨帖哥、抄兒赤等欲襲攻皇子，塔出扈從皇子渡遼水。乃顏軍來追，塔出轉鬬而前，射其將帖古歹，鏃出於項，墮馬死，追兵始退。遂還軍懿州，州老幼千餘人，焚香羅拜道傍，泣曰：「非宣慰公，吾屬無遺種矣。」塔出至遼西羆山北小龍泊，得叛將史禿林台、盧全等納款書，期而不至，即遣將討擒之，又獲其黨王賽哥。復與曲迭兒大王等戰，破之，將士欲俘掠，塔出禁止之。與諸將漢爪、脱脱台等追乃顏餘黨，北至金山。帝嘉其功，召賜黃金、珠璣、錦衣、弓矢、鞍勒。

二十八年，賜明珠虎符，充蒙古軍萬户。是年，討哈丹於女真，還攻建州。明年，哈丹涉海南，奔高麗，塔出復進兵討之。入朝，賜珍珠上服，拜榮禄大夫、遼陽等處行中書省平章政事，兼蒙古軍萬户。卒。子答蘭帖木兒，中奉大夫、遼陽省參知政事。

阿只乃，亦譯爲阿朮魯，斡羅納兒氏。與飲巴泐渚納水。太祖元年，授千户。屢從征討，賜銀印。領兵收附遼東女真，還，賜金甲、珠衣、寶帶。從太祖征西夏，大戰於額里合牙。西夏主李睍懼，乞降，來朝行在。時帝已崩，脱欒扯兒必遵遺詔殺之，分給西夏主貲産於阿只乃。復從太宗伐金，下宿、泗等州二十餘城。諸王閔阿只乃年老，命其子不花代領軍職。

中統二年，不花卒。子幼，以兄子懷都襲。

懷都，從親王哈必赤討李壇，圍濟南。夏四月，壇夜出兵衝突，懷都力戰，斬首百餘級，俘二百餘人，壇退走入城。秋七月，破濟南，誅壇。哈必赤第其功居最，詔賜金虎符。領蒙古、漢軍，攻海州，略淮南廬州。

至元三年，充邳州監戰萬户。四年，領山東路統軍司，從伐宋。至襄陽，西渡漢江，宋遣水軍絶歸路，懷都選士卒泅水，奪戰艦二十餘艘，斬首千餘級。六年，略地淮南天長，至五河口，與宋兵戰，敗之。七年，詔守鹿門山、白河口、一字城。九年春，懷都請攻樊之古城堡。堡高七層，懷都夜勒士卒，攀援而上，遂拔之，斬宋將韓撥發，擒蔡路鈐。襄陽既降，帥師城正陽，復略地南豐，獲生口無算。

十一年夏，宋將夏貴來攻正陽，懷都領步卒薄西岸，至横河口，逆戰敗之。十二年，北渡，至栅江堡，敗宋軍。復南渡江，駐兵鎮江。諜報宋平江軍出常州，懷都領兵千人，至無錫，與宋兵遇，大戰，殲其衆。秋七月，行省檄懷都領軍護焦山江岸，仍駐揚州灣頭立木城，以兵守之。九月，權樞密院事，復守鎮江。宋殿帥張彦、安撫劉師勇攻吕城，懷都與萬户忽剌出、帖木兒追戰至常州，奪戰船百餘，擒張彦及范總管。冬十月，從右丞阿塔海攻常州，宋朱都統赴援，懷都帥所部至横林店與之遇，奮擊，大破之。十一月，克平江，徇秀州，仍撫治臨安迤東新附軍民。

十三年秋，偕元帥撒里蠻、帖木兒、張弘範徇温州、福建，所至州郡迎降。十四年，授鎮國上將軍、浙東道宣慰使，討台、慶叛賊，戰於黄奢嶺，又戰於温州白塔屯寨，轉戰至漳、泉、興化，平之。十六年，召至闕下，賜玉帶、弓矢，授行省參知政事，至處州，以疾卒。

子八忽台兒，官至通奉大夫、浙東道宣慰使、都元帥，平浙東、建寧盜賊，數有功。

不花子忽都答兒既長，分襲蒙古軍千户。從平宋有功，授浙西招討使，改邳州萬户，加榮禄大夫、平章政事，卒。

塔孩拔都兒，遜都思氏。始與其兄赤勒古台、弟泰亦赤兀歹事札木合，繼而棄之，歸於太祖。以赤勒古台同皇弟合撒兒帶刀宿衛爲兀勒都赤，泰亦赤兀歹與忽圖抹里赤主飼馬羣爲阿都兀赤。塔孩與阿兒孩合撒兒、速客該、察兀兒孩四人，掌遠近巡察之事，特被親信。常與速客該往來奉使於王罕，後同飲巴泐渚納水。太祖即位，授赤勒古台第十四千户，塔孩第二十四千户。塔孩從太祖征西域，與阿剌黑、速客圖攻白納克城，降之。進圍忽氈城，其守將帖木兒以精兵千人屯賽渾河中洲，矢石不能及。塔孩等填石以進，帖木兒不能守，遁去，遂克忽氈。後卒。子卜花，襲職。孫阿塔海。

阿塔海，魁偉有大度，才略過人。既襲千户，從大帥兀良合台征雲南，身先行陣。師還，事世祖於潛邸。至元九年，命督諸軍攻襄陽。襄陽下，第功授鎮國上將軍、淮西行樞密院副使，築正陽東、西城。五月霖雨，宋將夏貴乘淮水溢，來争正陽。阿塔海率衆禦之，貴走，追至安豐城下而還。

拜中書右丞、行樞密院事。渡江，與丞相伯顔軍合，克池州。十二年，師次建康。宋鎮江守將石祖忠降，其揚州守將李庭芝遣兵突圍來攻，阿塔海率師救之，宋兵望風退走。時真、泰諸城尚爲宋守，鎮江地扼襟喉，城壁不完，阿塔海乃立木柵，以保障居民，又分兵屯瓜洲，以絶揚州之援。宋將張世傑、孫虎臣帥舟師陣於江中焦山下，阿塔海與平章阿朮登南岸，督諸軍大破之。宋殿帥張彦與平江都統劉師勇襲吕城，遣萬户懷都擊之，獲彦。十月，併行樞密院於行中書省，仍以阿塔海爲右丞。克常州，降平江、嘉興。十三年正月，會兵臨安，宋降，以其幼主、母后入覲。詔赴瓜洲，與阿朮議淮南事宜。

十四年，授榮禄大夫、平章政事、行中書省事。十五年二月，召赴闕，拜光禄大夫、行中書省左丞相，移治臨安。十八年，遷征東行省丞相，征日本，遇風舟壞，遂失利。二十年，行同知沿江樞密院事。二十三年，行江西中書省事，入朝。二十四年，扈從征乃顔，師還，奉朝請居京師。二十六年十二月，卒，年五十六。贈推忠翊運宣力功臣、開府儀同三司、太師、上柱國，追封順昌王，謚武敏。子阿里麻，江淮行樞密副使、江南行臺御史大夫。

速哥，蒙古怯烈氏。父懷都事太祖，嘗從飲巴泐渚納水。速哥爲人，外質直而内沈勇，雅爲太宗所知。命使金，覘其虚實，語之曰：「即不還，子孫無憂不富貴也。」速哥頓首曰：「臣死，職耳，况奉陛下威命以行，必無他慮。」帝悦，賜御馬。至河，金人閉之舟中，七日始登南岸，又三旬乃至汴。及見金主，曰：「天子念爾土地日狹，民力日疲，故遣我致命。爾能修歲幣，通好不絶，則轉禍爲福矣。」謁者令下拜，速哥曰：「我大國使，肯爲爾屈乎！」金主壯之，取金巵飲之酒。速哥飲畢，即懷金巵出，默識其地理阨塞、城郭人民之强弱。既復命，備以虚實告，且以所懷金巵獻。帝喜曰：「我得金於汝手中。」復以賜之。始下令徵兵南伐。大兵至河北岸，方舟欲渡，金人陣於河南。帝令儀衛導速哥居中軍，親率偏師掠陣，策馬登岸。及金亡，詔賜金護駕士五人，曰：「以旌汝爲使之不辱也。」速哥昔過崞州，盗殺其馬，至是兼以崞州民賜之。

太宗八年，帝從容謂速哥曰：「我將官汝，西域、中原，惟汝擇之。」速哥再拜曰：「幸甚。臣意中原便。」帝曰：「西山之境，八達嶺以北，汝其主之。汝於城中構大樓居其上，使人皆仰望汝，汝俯而諭之，顧不偉乎？」乃以爲西山大達魯花赤。

受命方出，有回回六人訟事不實，將抵罪，遇諸途。謂監刑者曰：「姑緩其刑，當入奏。」復見帝曰：「此六人者，名聞西域，以小罪誅之，恐非所以懷遠人也。願以賜臣，臣得笞辱之，使悔過遷善，爲他日用。」帝意解，召六人謂之曰：「生汝者速哥也，其竭力事之。」後六人有至大官者。速哥卒，年六十二。贈推忠翊運同德功臣、太師、開府儀同三司、上柱國，追封宣寧王，謚忠襄。

六子：曰長罕，曰玉吕忽都撒，曰合里都，曰忽蘭，曰忽都兒不花，曰不花。長罕、玉吕忽都撒、合里都，皆從兀魯赤太子出征，以戰功顯。

忽蘭，以母爲后戚，得襲職。乙未抄户籍，前賜崞州户已入官籍，更賜山西户三百。郡縣捕盜不獲，法當計失物直倍償，郡縣苦之。有甄軍判者，率羣盜殺人渾源界，縣以失捕當償。忽蘭曰：「此大盜也，縣豈能制哉？」即遣千人捕甄，殺之，其害乃除。忽蘭性純篤，然好佛法，嘗施千金修龍宫寺，建金輪大會，供僧萬人。卒，年四十二。贈太保、金紫光禄大夫、上柱國，追封雲國公，謚康忠。

子天德于思，穎悟過人。世祖聞其賢，令襲父爵。養母完顔氏，以孝聞。海都寇邊，天德于思撫循其衆，守備甚完。帝聞而嘉之，賜馴豹、名鷹，使得縱獵禁地。卒，年三十九。贈太傅、儀同三司、上柱國，追封雲國公，謚顯毅。子孫世多顯貴。

失魯孩那顏，沼兀列台氏。從太祖同飲巴泐渚納水。授千户，統沼兀列部從征諸國。卒於河西。

子麥吉，從太祖平金。

孫麥里，從定宗平乞卜察克、阿速、斡羅斯諸國。又從憲宗征蜀。中統初，諸王禾忽附阿里不哥，麥里以爲上初即位，而禾忽爲亂首，不可不誅。與其弟桑忽答兒帥所部討之，一月八戰，奪所掠札剌亦兒台、塔塔兒諸部民而還。桑忽答兒爲禾忽所殺。帝聞，遣使者以銀鈔、羊馬迎致麥里，賜號答剌罕。尋卒。子禿忽魯。

昔里吉思，佚其氏族。從太祖征西域。太宗時，從睿宗伐金，師次京兆府。會亦來哈觧作亂，昔里吉思挺身斫賊陣，衆皆披靡，俄失所乘馬，走還軍中。睿宗嘉其功，妻以侍女唆火尼。世祖尤愛之，命侍左右。其妻爲皇太子乳母，皇太子待以家人之禮，得飲白馬潼。二子：曰塔出，曰撒里蠻。

塔出，官寶兒赤迭只斡兒朶千户。塔出子千家奴，從伐乃顔，戰殁。帝命籍乃顔人口賜之。

撒里蠻從討阿里不哥，賜號拔都兒，授光禄少卿，仍襲千户。累遷僉宣徽院使。以千户從征乃顔，賞金盞二。入爲同知宣徽檢事。成宗即位。拜宣徽使，加大司徒。卒，子帖木迭兒，襲千户，累遷宣徽使，遥授左丞相。

【校勘記】

〔一〕「帥師」，原作「帥帥」，據文意改。

新元史卷之一百三十三　列傳第三十

鎮海　粘合重山南合　牙剌洼赤馬思忽惕　劉敏王德真　楊惟中　孛魯歡也先不花　塔失蠻〔一〕　按攤　阿榮　捌思監　忙哥撒兒伯答沙

鎮海，怯烈氏，或曰本田氏，至漠北始改爲怯烈氏。或曰當時同名者三人，以管屯田，故稱田鎮海云。鎮海以百户從太祖，同飲巴勒渚納水。與親王、大臣大會斡難河上，共上太祖尊號曰成吉思汗。太祖倚眷日密，授札魯忽赤。從征乃蠻，賜御馬。又從攻西遼，賜珍珠旂，佩金虎符，爲闍必赤。總屬官金符十人、銀符五十人，命屯田於阿魯歡之地，且城之，因名其地曰鎮海。

七年，從太祖伐金。師次撫州，與金將忽察虎戰，流矢中左脅，裹創復戰，竟拔其城，賜白金以旌之。燕京下，命鎮海登大悲閣，環射四箭，所至園廛邸舍，悉以賜之。

太祖崩，受顧命奉太宗踐阼，拜中書左丞相。後尚右，又改右丞相。凡中書省文書，行於西域、畏兀兒諸國者，用畏兀文，鎮海主之；行於中國及契丹、女真者，用漢文，耶律楚材主之。然仍於年月之前，鎮海書畏兀字曰付與某人，用相參驗。帝收天下符節，獨鎮海符節聽留。四年，偕速不台、塔察兒圍汴京，賜九龍旂、乘輿、椅、蓋。五年，破蔡州，以功賜恩州千户爲湯沐邑，世食其賦。先是，收天下童男女及工匠置局於弘州，既而得西域織金綺紋工三百户及汴京織毛褐工三百户，皆分隸弘州，命鎮海世掌之。太宗崩，六皇后稱制，素不喜鎮海，罷其官。定宗即位，復拜右丞相。定宗以寢疾不視事，事多決於鎮海與喀達克。卒，年八十四。

其後憲宗伐宋，常拊髀歎曰：「使吾有鎮海，何憂江南？惜其亡矣。」或曰憲宗即位，殺定宗用事大臣，鎮海、喀達克皆誅死，涖殺鎮海者爲丹尼世們。疑莫能詳也。

世祖即位，以鎮海舊部及降人千户爲貴赤，授其孫莊家千户，曾孫也里卜花百户，爲十七投下之一焉。

鎮海子十二人。知名者，曰要束木札魯忽赤，佩金符。曰孛古思，從世祖征雲南，率千人架浮橋於金沙江以濟師，以功授益州都等路宣慰使，賜金虎符、玉帶。中統二年，改東平路副達魯花赤，尋遷濟南等路宣慰使。至元二年，遷南京路達魯花赤，討平蘄縣賊。以病乞歸，授保定路達魯花赤，卒。曰闊里吉思，子八十八，僉河東廉訪司事；按攤不花，淮東廉訪副使。孫脱烈，靖州達魯花赤。

史臣曰：許有壬撰《鎮海碑》，稱鎮海卒於乙未八月。定宗元年丙午至憲宗元年辛亥，中無乙未。意者鎮海誅死，子孫諱其事，妄言卒年，而不悟其年事之不合也。

粘合重山，一名鈞，金女奚烈氏。初爲質子，知金亡，遂委質於太祖。授必闍赤，直宿衛，賜馬四百匹。從攻西夏，執大旗指麾將士，手中流矢不動。太宗即位，數侍内宴，因諫曰：「臣聞天子以天下爲憂，憂之則治，忘憂則亂。今置酒爲樂，此忘憂之術也。」帝深納之，以重山與史天澤、劉黑馬爲三萬户，統漢軍。三年，立中書省，拜重山爲左丞相。時耶律楚材爲中書令，帝委以國事，而以重山佐之。

七年，從皇子闊出伐宋，詔軍前行中書省事，許便宜從事。重山收降民三十餘萬。師還，復入中書視事，賜中廄馬十匹、貫珠袍一襲。卒，贈太尉，追封魏國公，謚忠武。子南合。

南合初爲江淮安撫使。十年，詔嗣其父行軍前中書省事。時大將察罕圍壽春，七日城始下，欲屠其城。南合曰：「不降者獨守將耳，其民何罪？」由是城人獲免。

初，世祖伐宋，南合進曰：「李璮受國厚恩，專制一方，然其人多詐，叛無日矣。」帝然之。中統元年，遷西京等處安撫使。已而立宣撫司，改西京路宣撫使。明年，拜中書左丞、中興等路行中書省事。三年，遷秦蜀五路行中書省事。是年，李璮反，帝使諭南合曰：「卿言猶在吾耳，璮果反矣。卿宜嚴防西邊。」南合奏曰：「臣謹受詔，不敢以西事累陛下。」至元元年，進中書平章政事。五年，卒。追封魏國公，謚宣昭。

子博温察兒，河中知府。孫世臣，同知京畿都漕運使。

牙剌洼赤，忽魯謨斯人。太祖征西域，皇子拙赤等下兀籠格赤，牙剌洼赤挈其二子馬俺木惕、馬思忽惕來降。從駕追札剌勒丁，中道取哥疾寧，留牙剌洼赤守之。西域略定，分置達魯花赤監治不合兒、薛米思堅、兀籠格赤、兀丹、乞思合兒、兀里羌、古先、答里勒等城，以太師耶律阿海總領之，命馬思忽惕同知其事。

牙剌洼赤從駕東歸，佐太宗定西域丁賦，授燕京行省札魯忽赤，斷漢民公事，且掌中原財賦。有西域商人奥都剌合蠻請撲買中原銀課二萬二千錠，以四萬錠爲額，太宗從之，以爲提領諸路課税所官。牙剌洼赤不以爲然。及六皇后稱制，益任奥都剌合蠻以財政，罷牙剌洼赤官，禍且不測。馬思忽惕在西域，聞之懼，亡命依親王拔都。其後奥都剌合蠻伏誅，定宗仍以牙剌洼赤管中原財賦，馬思忽惕治突厥斯單、薛米思堅等處財賦，並錫金獅符。

憲宗初立，太宗孫失烈門，定宗諸子忽察、腦忽等，合謀爲變。事覺，捕其從官，鞫問辭服，廷臣請窮治其獄。帝以初政，不欲多行殺戮，見牙剌洼赤立户外，呼入問之曰：「汝老成人，更事多，何獨無言？」對曰：「臣西域人也，請得言西域事。昔者希臘王阿來珊德已滅波斯，欲入印度，將領中多異議，令出不行。阿來珊德遣使詢於其傅阿里斯拓忒耳。使者致命，阿里斯拓忒耳無言，與使者至園中，遇樹之蔽礙者，令僕從芟伐，或竟拔其根株，易以新植。使者悟，歸報阿來珊德，乃誅諸不從令者，使人代將之，竟平印度而回。」帝聞是言，遂誅三王之黨預逆謀者凡七十人。仍命牙剌洼赤與不只兒等行尚書省事於燕京，管印造寶鈔，馬思忽惕與納懷、塔剌海充别失八里行尚書省事。其父子同被四朝寵遇如此。

中統時，阿里不哥僭號，與察阿歹後王阿魯忽交兵久之。阿里不哥使馬思忽惕往議和，阿魯忽以馬思忽惕治不合兒、薛米思堅等城財賦，軍用饒足，馬思忽惕遂留事察阿歹後王。其後八剌合謀攘旭烈兀後王呼拉珊之地，至元五年冬，遣馬思忽惕爲使，陽謂阿梅河左右之地，本屬公家，成吉思四子皆得分其歲賦，陰則探道路、詗軍事。馬思忽惕至，阿八哈大王厚禮之，贈以成吉思御服，出示歲計簿籍，明無餘財。馬思忽惕既得簿籍，不辭而去，來時沿途留騎以待，易馬疾馳，追者及諸河，已在舟中矣。及篤哇立，仍以馬思忽惕治呼拉珊財賦。馬思忽惕在西域前後五十餘年，所至府庫裕而民不擾，有善理財之名。

劉敏，字德柔，一字有功，宣德人。太祖七年，大軍次山西，敏年十二，從其父母避兵於德興禪房山，盡室被俘。敏隸於一大將麾下，一日御營犒宴，敏輒入坐共食。上見之，親問姓名，敏跪而自陳，並訴主將不見恤，無以自贍。上憐之，命改隸中宫。閲二年，能通諸部語，賜名玉出干，出入禁闥爲奉御。

十八年，授安撫使，便宜行事，兼燕京路徵收税課、漕運、鹽場、僧道、司天等事，給以西域工匠千餘户，及山東、山西兵，置二總管府。敏從子二人，佩金符，爲二府長，以敏總之，賜玉印，佩金虎符。敏奏佐吏宋元爲安撫副使，高逢辰爲安撫僉事，李臻爲參謀。契丹人在燕京，往往中夜挾弓矢掠民財，敏戮其渠魁。又豪家冒籍良民爲奴者衆，敏悉歸之。選習星曆者爲司天太史，興學校，進名士爲之師。

太宗即位，改造行宫幄殿。七年，城和林，建萬安宫，設宫闈司局，立驛傳以便貢輸，皆以敏董其役。既成，宴賜甚渥。十三年，授行尚書省，詔曰：「卿之所行，有司不得與聞。」俄而牙剌洼赤自西域回，奏與敏同治漢民，帝允之。牙剌洼赤素剛尚氣，恥不得自專，使其屬忙哥兒以流言誣敏，敏出手詔示之，乃已。帝聞之，命漢察火兒赤、中書左丞粘合重山、奉御李簡詰問得實，罷牙剌洼赤，令敏獨任。復辟李臻爲左右司郎中。臻在幕府二十年，參贊之力居多。

六皇后稱制，以敏與奥都剌合蠻同行省事，仍命與牙剌洼赤同管中原財賦。四年，請以子世亨自代，帝許之，賜世亨銀章，佩金虎符，賜名塔塔兒台。帝諭世亨有不從命者黜之。又賜其子世濟名散祝台，爲必闍赤，入宿衛。

帝伐宋，幸陝右，敏輿疾請見。帝曰：「卿有疾，不召而來，將有言乎？」敏曰：「臣聞天子出巡，義當扈從。但中原初定，勞師遠伐，恐非計也。」帝弗納。敏還，退居年豐。世祖南征，過年豐。敏入見，諭之曰：「我太祖勵精圖治，汝及見之。今汝春秋高，其彙次聖政以爲後世法。」未幾，以病歸於燕京。夏四月，卒。與敏同爲太祖奉御者，有王德真。

王德真，字濟準，隆興豐利人。九歲而孤。太祖敗金軍於野狐嶺，獲德真，愛其風骨，命後宫撫養之。稍長，通蒙古語，善於譯説。太祖以德真漢人，定官名爲奉御，與也速拜兒、塔布台、札固剌台三人同列，皆當時勳貴也。德真知無不言，或至夜分，猶敷陳於御榻之下。又命德真兼掌二皇后宫政，皇后撫之如子。從平西夏，太祖欲屠城，德真諫曰：「陛下一視同仁，非敵百姓也。」太祖説，遂赦之。

太宗即位，以先朝親舊，不欲勞以煩劇，賜金符，授德興人匠達魯花赤。四年，崔立以南京降，從速不台入南京。後除德興、燕京、太原人匠達魯花赤。中書令耶律楚材從容謂德真曰：「君佐命舊臣，宜入中書，相與同心輔政。」德真固辭。六皇后稱制，以德真爲西京等路廉訪使。世祖南征，又以德真爲平陽、太原等路廉訪使。皆不就。至元九年卒，年七十一。

楊惟中，字彦誠，弘州人。幼事太宗，知讀書，有膽略，太宗器之。奉命使西域，籍其户口而歸。皇子闊出伐宋，命惟中於軍前行中書省事，克宋棗陽、光化等軍，光、隨、郢、復等州，及襄陽、德安府，凡得知名士數十人，收伊、洛諸儒著述送燕京，立宋大儒周敦頤祠，建太極書院，延趙復、王粹講授其間，慨然欲以道濟天下。

太宗崩，乃馬真皇后稱制，惟中代耶律楚材爲中書令，以一相總庶務。

定宗即位，平陽路斷事官斜徹横恣不法，詔惟中宣慰，惟中按誅之。金將武仙餘黨散入太原、真定，據大明川，用金天興年號，衆至數萬。詔會諸道兵討之，不克。惟中仗節開諭，降其渠帥，餘黨悉平。

憲宗即位，世祖以太弟開府金蓮川，立河南道經略司於汴梁，奏惟中等爲使，俾屯田唐、鄧、申、裕、嵩、汝、蔡、息、亳、潁諸州。監河橋萬户劉福爲河南道總管，性貪酷，虐害遺民二十餘年。惟中至，召福聽約束，福稱疾不至。惟中設大挺於坐〔二〕，復召之，使謂曰：「汝不奉命，吾以軍法從事。」福不得已，以數十人擁衛見惟中，惟中即握大挺擊仆之。數日福死，河南大治。遷陝西四川宣撫使。時諸軍帥横侈病民，郭千户者尤甚，殺人之夫而奪其妻。惟中戮之以徇，關中肅然。語人曰：「吾非好殺。國家綱紀不立，致此輩賊害良民，無所控告。雖欲不殺，可乎？」

世祖伐宋，奏惟中爲江淮京湖南北路宣撫使，建行臺，蒙古、漢軍諸帥並聽節制。師還，卒於蔡州，年五十五。中統二年，追謚忠肅。

孛魯歡，怯烈氏。父昔剌斡忽勒，兄弟四人，長曰脱不花，次曰怯烈哥，季曰哈剌阿忽剌，俱隸王罕部下。王罕與太祖有隙，脱不花率其屬二百户來降，經雍古部，爲部長所留，居之忙兀魯地。脱不花遣其子要速特兒僞爲賈人，至太祖告其事。太祖使脱侖扯兒必往索之，雍古部長乃歸其兄弟於太祖。太祖問脱不花：「汝爲王罕何官？」對曰：「質子也。」乃使爲質子，宴享班大臣之列。從太祖征西域，賜畏兀兒户五百四十八。後從拖雷伐金，又從速不台征西域，從拔都征欽察。病卒。昔剌斡忽勒爲千户，早卒，孛魯歡其長子也。

幼事睿宗，爲護衛。定宗崩，與親王拔都擁立憲宗。即位之日，文臣以孛魯歡爲班首，掌宣發號令、朝覲、貢獻及内外聞奏諸事。二年，又以孛魯歡掌必闍赤寫發宣詔及諸色目官。賜真定之束鹿爲其食邑。憲宗崩於軍中，以序以賢，世祖當立，而先朝舊臣阿藍答兒等謀立阿里不哥，孛魯歡亦附之。至元元年，阿里不哥來降，帝令四親王、三大臣鞫其逆謀。阿里不哥曰：「孛魯歡、阿藍答兒二人勸我：先帝崩，兩兄將兵在外，我爲留守，應即大位。」帝乃誅孛魯歡等，釋阿里不哥不問。後贈推誠贊治功臣、儀同三司、太傅、昌國公，謚莊愍。孛魯歡四子：曰也先不花；曰木八剌，御史中丞；曰答失蠻；曰不花帖木兒，榮禄大夫，四川行省平章政事。

也先不花，初襲必闍赤長。裕宗封燕王，世祖命也先不花傅之，謂裕宗曰：「也先不花，吾舊臣子，端方明敏，閑習典故，汝可每事咨之。」

二十三年，拜雲南行省平章政事。阿郎、可馬丁諸種僰夷爲變，討平之。立登雲等路、府、州、縣，得户二十餘萬。

大德二年，遷湖廣行省平章政事。會河南妖賊事連湖廣平章劉國傑、右丞燕公楠，朝廷驛召二人。也先不花附奏，辨其虚誣，事得釋。先是，也先不花與二人不相能，當時咸稱爲長者云。八年，遷河南行省平章政事。河决落藜隄，也先不花督有司塞之，身先吏士，功立就。九年，進拜湖廣行省左丞相。至大二年，卒。天曆二年，贈推忠守正佐運翊戴功臣、太師、開府儀同三司、上柱國，追封恒陽王，謚文貞。

子五人：曰亦憐真，累拜湖廣行省左丞相，天曆二年贈推誠輔治宣化保德功臣、太傅、開府儀同三司、上柱國，追封武昌王，謚忠定；曰禿忽魯，累拜中書右丞相、御史大夫、太傅、録軍國重事，天曆二年贈懷忠秉義昭宣弼亮功臣、太師、開府儀同三司、上柱國，追封廣陽王，謚清獻；曰答思，湖南宣慰使；曰怯烈，中政使；曰按攤。

答失蠻，幼事世祖於潛邸，掌第一宿衛、奏記，兼監斡脱總管府。及即位，拜户部尚書，兼内八府宰相。凡馬湩、祭天、燔肉、告神諸典禮，皆答失蠻掌之。十八年，改總管府爲泉府司，旋爲丞相哈剌哈孫所奏罷。二十五年，答失蠻請復立泉府，帝從之。是年，乃顔叛，答失蠻扈駕親征，詔諸王以下以軍法便宜從事。乃顔平，哈丹又叛，詔答失蠻從皇孫討之。哈丹走高麗死，還宣政院使。二十六年，海都寇北邊，又扈從世祖親征，至杭海，置西北驛傳而還。二十八年，拜榮禄大夫、泉府大卿。

元貞元年，海都復入寇。成宗召答失蠻曰：「卿名素重，非身往不可。」加銀青光禄大夫、平章軍國重事，發衛士千人從行。大德三年，兼翰林院學士承旨，領泉府司事。八年，卒，年五十七。贈推忠益國輔治功臣、開府儀同三司、太師、上柱國、高昌王，謚忠惠。

按攤，有至性，以孝聞。事成宗，襲爲必闍赤長。也先不花有疾，命給七乘傳，使省父於湖廣。未幾，拜海北海南道宣慰使、都元帥。海島生黎叛服不常，按攤素有聲威，生黎王高等二十餘洞，皆願輸租税如平民。至大二年，擢中書右丞、浙東道宣慰司都元帥。奔父喪，以哀毁卒。天曆二年，贈秉義效忠著節佐治功臣、太保、開府儀同三司、上柱國、中書左丞相，追封趙國公，謚貞孝。子阿榮。

阿榮，字存初。幼事武宗，直宿衛，累遷湖南道宣慰副使。歲饑，分廩禄爲粥，以食餓者。遷湖廣行省左右司郎中，入僉會福院事，尋除吏部尚書。泰定初，出爲湖南道宣慰使，旋改浙東道宣慰使都元帥，以疾辭。天曆初，起爲吏部尚書、參議中書省事。二年，拜中書參知政事，知經筵事。進奎章閣大學士、榮禄大夫、太禧宗禋院使、都典制神御院事。久之，謁告歸。至元元年，卒。

阿榮精數學，逆推事成敗及人禍福，多奇中。天曆三年，廷試進士，阿榮與虞集會於直廬，語集曰：「更一科後，貢舉當輟。輟兩科而復，則人材大出矣。」又曰：「君猶及見之，榮則不及矣。」後三年，卒。元統三年，科舉罷，至正元年始復，如其言。

捌思監，亦憐真之子也。早歲性寬厚，寡言語，皆以遠大許之。泰定初，襲長宿衛，爲必闍赤怯薛官。至順二年，除内八府宰相。元統初，出爲福建宣慰使都元帥。後至元三年，拜江浙行中書省參知政事，是歲督海運漕米三百餘萬石，悉達京師，無耗折。六年，遷湖北道肅政廉訪使，未行，改江浙行省右丞。福建鹽法久壞，詔捌思監往究其私鬻、盜鬻及出納之弊，至則悉廉得其利病，爲罷行之。

至正元年，改山東肅政廉訪使，尋召拜中政使。明年正月，除陝西行臺御史中丞。三月，復爲中政使。八月，調太府卿。四年，拜中書參知政事，尋遷右丞。六年，遷御史中丞，除翰林學士承旨，俄復爲中丞，又由資政使遷宣徽使。九年，除大宗正府也可札魯忽赤〔三〕，尋復入中書爲右丞。十年，遷平章政事，階光禄大夫。十一年，拜御史大夫，進銀青榮禄大夫。十二年，復爲中書平章政事，從丞相脱脱平徐州有功。十三年，拜御史大夫，尋又爲中書平章政事。

十四年九月，奉命討賊淮南，身先士卒，面中流矢，不爲動。十五年，遷陝西行省平章政事，召拜知樞密院事。俄復拜中書平章政事，兼大司農分司，提調大都留守司及屯田事。一日入侍，帝見其面有箭瘢，深歎閔之，進爲首平章。十六年，復遷御史大夫。四月，拜中書左丞相。明年三月，進右丞相。十八年，加太保，詔封其曾祖孛羅歡爲雲王，祖也先不花爲瀛王，父亦憐真爲冀王。

搠思監居相位久，無所匡救，又公受賄賂，物議喧然。是年冬，監察御史燕赤不花劾搠思監任用私人朵列及妾弟崔完者帖木兒印造僞鈔，事將敗，令朵列自殺以滅口。搠思監乃請解機務，詔止收其印綬。而御史答里麻失里、王彝言不已，帝終不聽。會遼陽賊勢張甚，明年，起爲遼陽行省左丞相，未行，二十年三月，復拜中書右丞相，仍詔諭天下。

時宦者資正院使朴不花乘間用事爲姦利，搠思監與朴不花相表裏，四方警報壅不上聞。孛羅帖木兒、擴廓帖木兒各擁强兵於外，以權勢相軋，搠思監與朴不花黨於擴廓帖木兒，誣孛羅帖木兒以不軌。二十四年三月，下詔削其官爵，且命擴廓帖木兒討之。宗王不顔帖木兒、秃堅帖木兒等皆稱兵與孛羅帖木兒合，上表言其無罪，京師震恐。帝乃竄搠思監於嶺北，朴不花於甘肅，悉復孛羅帖木兒等官爵，然詔書雖下，而搠思監、朴不花仍留京師。

四月，孛羅帖木兒遣秃堅帖木兒稱兵犯闕，必得搠思監、朴不花乃已。帝不得已，縛二人畀之，皆爲孛羅帖木兒所殺。搠思監始至，孛羅帖木兒釋其縛，厚禮之。逾三日，方詰其濁亂天下之罪，又笑謂搠思監曰：「前賂汝七寶數珠一串，宜見還。」搠思監使取似此者六串至，孛羅帖木兒視之，皆非也，因怒曰：「宰相貪婪如此，我安能不正其罰！」遂殺之。已而御史復奏：「搠思監矯詔殺丞相太平，盜用鈔板，私家草詔，任情黜陟，鬻獄賣官，費耗庫藏，使天下八省之地悉致淪陷，乃誤國之奸臣，究其罪惡，大赦難原。曩者姦臣阿合馬之死，剖棺戮尸。搠思監之罪，視阿合馬尤甚。今雖死，必宜剖棺戮尸，以洩衆憤。」詔從之。而臺臣言猶不已，遂没其家産，竄其子宣徽使觀音奴於遠方。

怯烈氏四世爲丞相者八人，至挪思監竟隳其世業焉。

史臣曰：孛羅帖木兒跋扈，挪思監不量力而討之，使喋血京師，幽皇后，殺宰相，身既不免，國亦幾亡。是故激孛羅帖木兒以成其悖逆者，挪思監之罪也。然其人庸懦，劾者方之阿合馬，則過矣。

忙哥撒兒，札剌兒氏。曾祖赤剌温孩亦赤、祖搠阿，並事太祖。搠阿精騎射，太祖愛之，號爲蔑兒干。嘗與賊遇，將戰，有二飛鷲至，命搠阿射之。請曰：「射其雄者？抑雌者？」太祖曰：「雄者。」搠阿一發墮之。賊望見，驚曰：「是善射若此，飛鳥且不能逃，况人乎？」不戰而去。

太祖征蔑兒乞，兵潰，搠阿與其弟左右力戰以衛太祖。會者勒蔑來援，賊乃引退。搠阿生那海，那海生忙哥撒兒。太宗平金，念那海世勳，賜食洛陽百七十五户。

忙哥撒兒事拖雷，恭謹過其父，定宗以爲札魯忽赤。憲宗在藩邸，深知之。從征斡羅思、阿速、乞卜察克諸部，常身先諸將，及頒賞，則退然一無所取。憲宗益重之，使治藩邸分民。間出遊獵，則命爲軍長，動如紀律。雖太后及諸嬪妃小有過失，知無不言，邸中人敬憚之。廼授爲也客札魯忽赤，義謂大斷事官。

既拜命，出帳殿外，欹橐坐能席，其僚列坐左右者四十人。忙哥撒兒問曰：「王以我長此官，諸公謂我當用何道以稱職？」衆皆默然。又問，有夏人和斡居下坐，進曰：「夫札魯忽赤之道，猶宰之封羊也，解肩者不使傷其脊，在持平而已。」忙哥撒兒聞之，即起入帳內。衆不知所爲，皆咎和斡失言。既入，乃爲憲宗言之。憲宗召和斡，命之步，曰：「可用材也！」和斡由是知名。

定宗崩，親王拔都大會宗親，議立憲宗。畏兀八剌曰：「失烈門，皇孫也，太宗嘗言其可以君天下。」時諸大臣聞八剌言，皆默然。忙哥撒兒獨曰：「汝言誠是，然乃馬真可敦立定宗時，汝何不言耶？拔都汗固亦遵太宗遺言者，有異議，吾請斬之。」衆莫敢支吾，憲宗之位始定。

已而察合台後王燕只吉歹二子與失烈門、忽察、腦忽三王欲乘大會燕飲作亂，刳車轅，藏兵器其中，以至在道轅折，兵器見，御者克薛傑上變，忙哥撒兒即發兵拒之。忽察等不虞事遽覺，倉卒不能戰，好言赴會。憲宗付忙哥撒兒鞫治，忙哥撒兒悉誅之。憲宗以其奉法不阿，委任益專。當刑者，輒以法處決，然後上聞。或卧未起，忙哥撒兒直造金帳前，敂箭房，帝問何言，即可其奏。嘗以所御大帳行扇賜之。

三年秋，授萬户。冬，病酒卒。

帝以忙哥撒兒當國時多所誅戮，及是咸騰謗言，迺爲詔諭其子脱歡、脱兒赤曰：

汝高祖赤剌温孩亦赤，暨汝曾祖搠阿，事我成吉思皇帝，皆著勞績，惟朕皇祖實嘉賴之。汝父忙哥撒兒，自其幼時事我太宗，朝夕忠勤，罔有過咎。從我皇考，經營四力。逮事皇妣及朕兄弟，亦罔有過咎。暨朕討定斡羅思、阿速、隱兒別里、乞卜察克之域，濟大川，造方舟，伐山通道，攻城野戰，功多於諸將。大賚有績，則退然無欲得之心，惟朕言是用。修我邦憲，治我蒐田，輯我國家，罔不咸乂，惟厥忠。雖其私親，與朕嬪御小有過咎，無有比私。故朕皇妣迨朕昆弟，無不嘉賴。朝之老臣、宿衛耆舊，無不嚴畏。録其勤勞，命爲札魯忽赤，迨朕皇考受民，布昭大公，以辨獄慎民，爰作朕股肱耳目，衆無譁言，朕聽以安。自時厥後，察合台阿合之孫，太宗之裔，定宗、闊出之子，及其人民，越有他志。賴天之靈，時則有克薛傑者，以告於朕。汝父肅將大旅，以遏亂略，額勒只吉歹等謀是用潰，悉就拘執。朕取有辜者，使辨治之，汝父體朕之心。其刑其宥，克比於法。又使治也速蒙哥、不里獄，亦克比於法。惟爾脱歡、脱兒赤，自朕用汝父，用法不阿，兄弟親姻，咸麗於憲。今衆罔不怨，曰：「爾亦有死耶？」若有慊志。人則雖無死，朕將寵之如生。肆朕訓汝，爾克明聽朕言，如是而有福，不如是而有禍。惟天惟君，能禍福人；惟天惟君，是敬是畏。立身正直，制行貞潔，是汝之福，反是勿思也。能用朕言，則不墜汝父之道，人亦不能間汝矣。不用朕言，則人將仇汝、伺汝、間汝。怨汝父者，必曰：「汝亦與我夷矣！」汝則殆哉！汝於朕言，弗慎繹之，汝則有咎；克慎繹之，人將敬汝、畏汝，無間伺汝，無慢汝怨汝者矣。又汝母汝婦，有讒欺巧佞構亂之言，慎勿聽之，則盡善矣。

至順四年，追封忙哥撒兒兖國公。四子：曰脱歡，萬户；曰脱兒赤，脱兒赤子明里帖木兒，翰林學士承旨；曰也先帖木兒；曰帖木兒不花。

帖木兒不花子伯答沙，幼英敏端重，長入宿衛，歷事成宗、武宗，官宣徽院使。成宗崩，護梓宫北葬，守陵三年乃還。

延祐四年，拜中書右丞相。時承平日久，朝廷清明，百姓乂安，號稱極治。

仁宗崩，鐵木迭兒專政，改集賢大學士。未幾，以大宗正札魯忽赤出鎮北方。泰定間，還朝。

天曆初，上都兵潰，伯答沙奉璽紱來上，拜太傅，仍札魯忽赤。卒，貧無以爲殮，人稱其廉。追封威平王。

三子：曰馬馬的因，曰潑皮，曰八郎。八郎期而孤，母乞要歹氏年二十守志不它適。八郎後亦爲大宗正札魯忽赤。

史臣曰：鎮海、粘合重山、楊惟中，俱非宰相之才。牙剌洼赤導憲宗以殺戮，忙哥撒兒又以酷濟之，蓋長君之惡者。孛魯歡擁戴阿里不哥，蒙古之家法如此，死非其罪，宜其有後也。

【校勘記】

〔一〕「塔失蠻」，正文作「答失蠻」。

〔二〕「挺」，《元史》卷一三六列傳第三十三《耶律楚材傳》附《楊惟中傳》同。邵遠平《元史類編》卷一一、錢大昕《廿二史考異》卷八六作「梃」。下同。

〔三〕「大宗正府」，「正」原作「政」，據本書卷五七《百官志三》、《元史》卷八七志第三十七《百官三》改。

新元史卷之一百三十四　列傳第三十一

耶律留哥薛闍　收國奴　古乃　善哥　蒲鮮萬奴　王珣榮祖

耶律留哥，契丹人，仕金爲北邊千户。太祖起兵，金人疑契丹遺民有異志，下令契丹一户以二女真户夾居防之。留哥不自安，遁至隆安、韓州，聚衆剽掠。時有耶律的與之合，招集亡命，數月間衆至十餘萬，推留哥爲都元帥，的副之。

太祖命阿勒赤那顔略地至遼東，遇之，問所從來。留哥曰："我契丹軍也，欲往附大國，道阻逗留於此。"阿勒赤曰："我奉命討女真，適與爾會，豈非天乎？然爾欲效順，以何爲信？"留哥乃帥所部會阿勒赤登金山，刑白牛、白馬，北向折矢以盟。

金遣咸平兵馬都總管完顔承裕來討，聲言有得留哥骨肉一兩者，賞金銀如之，仍世襲千户。留哥度不敵，馳表乞援。太祖使阿勒赤、孛都歡、阿魯都罕引千騎會留哥，與金兵對陳於迪吉納兀兒。留哥以姪安奴爲先鋒，横衝承裕軍，大敗之，獻所獲輜重。太祖召阿勒赤還，以可特哥副留哥屯其地。

其部衆遂推留哥爲遼王，建元元統，都廣寧，立妻姚里氏爲妃，以耶律厮不爲郡王，坡沙、僧家奴、耶律的、李家奴等爲丞相、元帥、尚書，統古與、著撥行元帥府事。時太祖八年三月也。金知廣寧府温迪罕青狗退守蓋州，妻子陷於廣寧。金遣青狗往諭留哥降，不從，青狗竟留事之。金主怒，復遣咸平宣撫蒲鮮萬奴來討。留哥逆戰歸仁北細河上，萬奴大敗，收散卒奔東京。安東同知阿憐懼，遣使降於留哥。於是留哥盡有遼東諸州，定都咸平，號爲中京。金左副元帥移剌都以兵來攻，又爲所敗。

十年正月，蒲鮮萬奴僭號於東京，北襲咸平，東略婆速。留哥偵知萬奴兵出，國内空虚，乘間襲破東京。耶律厮不等勸留哥稱帝，留哥不從。是冬，與其子薛闍奉金幣九十車、金銀牌五百，至桉檀孛魯罕入覲。

時大朝會，勅漢人引見先納款者，太傅耶律阿海奏：「劉伯林納款最先。」太祖曰：「伯林納款雖先，然迫而來降，未若留哥杖義效順也。其先留哥。」既見，盡獻所齎，並以子薛闍爲質。太祖大説，謂左右曰：「凡留哥所獻，告之於天乃可受也。」陳以白氈，七日而後納於庫。問留哥何官，對曰：「遼王。」命賜金虎符，仍爲遼王。又問户籍幾何，曰：「六十萬。」太祖命以三千人爲秃魯花軍，遣蒙古三百人偕留哥所遣乞奴、秃哥二人往取之。先是，東京之破，可特哥納萬奴妻李僊娥，留哥不直之。及是以聞，太祖怒可特哥悖法，命執之來。可特哥懼，與耶律斯不等紿衆，言留哥已死，殺所遣蒙古三百人以叛，惟三人逃歸告變。太祖慰留哥曰：「爾毋以失衆爲恨，吾他日倍此封爾，不吝也。草青馬肥，資爾甲兵，往取妻孥。」

十一年，乞奴、金山、青狗、統古與等推耶律斯不僭號於澄州，稱大遼收國王，建元天成，以留哥兄獨剌爲平章，青狗爲元帥。未幾，青狗叛歸金，斯不爲其下所殺，推其僞丞相乞奴監國，與行元帥鴉兒等分兵民爲左右翼，屯開、保二州間。金蓋州守將完顔衆家奴以兵三萬討之，戰於開州館，不克，退屯大夫營。留哥引蒙古軍數千適至，得兄獨剌並妻姚里氏，户二千。乞奴、鴉兒引兵數萬，渡鴨緑江，侵高麗寧朔、定戎之境。留哥乃招撫懿州、廣寧，徙居臨潢。未幾，金山殺乞奴，自稱大遼收國王，改元天德。是歲十一月，帥衆踐冰，渡大同江，入西海道。十二月，屠黄州。明年，統古與殺金山而代其位，喊舍又殺之。

十三年冬，留哥領所部契丹軍，與蒲鮮萬奴將完顔子淵，從元帥哈真、札剌亦兒台入高麗，圍喊舍於江東城。遣使至高麗乞糧徵兵，高麗輸米千石，且使其將趙冲、金就礪帥師來會〔一〕。明年正月，克江東城，喊舍自經死。留哥收其衆而還，置之西樓。自留哥入覲，遼東反復，耶律斯不僭號七十餘日，金山二年，統古與、喊舍共二年，至是留哥復定之。

十四年，留哥卒，年五十六。妻姚里氏入奏。會太祖征西域，皇太弟斡赤斤居守，承制以姚里氏佩虎符，權領事者七年。二十一年，車駕東還，姚里氏挈次子善哥、鐵哥、永安及從子塔塔兒、孫收國奴，入覲於阿里湫行在。太祖曰：「健鷹飛不到之地，爾婦人乃能來耶！」賜之酒，慰勞甚至。姚里氏奏曰：「留哥既歿，其長子薛闍扈從有年，願以次子善哥代之，使歸襲爵。」太祖曰：「薛闍爲蒙古人矣，當令善哥襲其父爵。」姚里氏拜且泣曰：「薛闍者，留哥前妻所出嫡長也，宜立。善哥者，婢子所出，若立之，是私己而蔑天倫，竊以爲不可。」太祖嘉歎其賢，給驛騎四十。

從征西夏，賜夏俘九口、馬九匹、白金九錠，幣器皆以九計，許以薛闍襲爵，而留善哥、塔塔兒、收國奴於朝，先遣其季子永安從姚里氏東歸。

二十二年，遣薛闍歸，諭之曰：「昔爾父起兵遼東，會我蒙古軍，又能割愛，以爾事我。繼而姦人耶律厮不等叛，人民離散。欲食爾父子之肉者，今豈無人？我以兄弟視爾父，則爾猶吾子。爾父亡矣，爾其與吾弟别勒古台並領遼東軍馬，以爲第三千户。」

太宗二年，從伐宋，賜馬四百匹、牛六百頭、羊二百噭。三年，奉命從札剌亦兒台東征，收其父遺民，移鎮廣寧，行廣寧路都元帥府事。十年，薛闍卒，年四十有六。

子收國奴襲爵，行廣寧路總管軍民萬户府事。易名石剌。從征高麗有功。憲宗即位元年，以石剌三世爲國宣勞，命更造虎符賜之，佐諸王也古及札剌亦兒台控制高麗。九年，卒，年四十五。

長子古乃嗣〔二〕。中統元年，從諸王合丹、不者克討阿藍答兒及渾都海於山丹，平之。三年，從征李璮。至元六年，朝廷並廣寧路於東京，去職。是歲卒，年三十有六。子忒哥。

薛闍弟善哥，賜名蒙古歹，隸諸王口温不花。太宗二年，從拔天城堡。明年，克鳳翔。四年，引兵三千從渡河，平金。後伐宋，又從拔光州、棗陽，由千户遷廣寧尹。至元元年卒，年五十。有二子，天祐襲廣寧千户，改廣寧縣尹。

蒲鮮萬奴，女真人。初仕金爲尚廄局使。金泰和六年，以翼副統與阿魯帶、完顔達吉不，從都統完顔賽不敗宋將皇甫斌於溱水上。萬奴别將斷真陽路，與諸軍追擊至陳澤，斬獲有功。金宣宗立，萬奴累擢咸平招討使。

太祖九年，與耶律留哥戰歸仁北，敗績。金主御下嚴，萬奴畏辠不自安，又聞車駕南遷，思據地自擅。忌東北路招討完顏鐵哥兵强，徵其部騎兵二千並泰州軍三千，及其户口實咸平，鐵哥不遣。會萬奴代完顏承裕爲遼東宣撫，即坐鐵哥辠，下獄殺之。北京留守奧屯襄、宣差蒲察五斤表萬奴有異志。金主疑三人不協，詔諭「每事同心，並力備禦」，萬奴益不自安。

十年正月，遂據東京叛，自稱天王，國號大真，建元天泰。以兵北取咸平，走耶律留哥，東京諸猛安謀克多從之。高麗畏萬奴勢强，因其乞糧，給以八千石。四月，萬奴掠上古城，别將攻望雲驛三乂里。五月，據大寧鎮。先後爲金同知婆速路兵馬都總管紇石烈桓端部將温迪罕怕哥輦等所敗。九月，萬奴自帥所部，出宜風及易池，與桓端戰，衆潰。是時，耶律留哥諜知萬奴兵東出，國内空虚，乘間與可特哥以兵襲破東京。

萬奴進退失據。十月，來降，以其子帖哥入質。既而殺遼東行省右丞耶律捏兒哥，復叛去，帥衆棲於海島。明年四月，破金兵於大夫營，轉入女真故地，自稱東夏國，改金上京會寧府曰開元，都之。哈真、札剌亦兒台討喊舍於高麗，萬奴命完顏子淵帥女真軍二萬往會焉。先是，金主聞萬奴叛，遣侍御史完顏素蘭與近侍局副内族謌可，由山東航海赴遼東，命駐於鐵山，體訪消息。後審其果叛，乃詔諭高麗及遼東行省平章温迪罕哥不靄討之，萬奴又與哥不靄相結。

太宗即位，先命札剌亦兒台征遼東，哥不靄走死，乃進征高麗，且遣也速迭兒爲札剌亦兒台後援。高麗平，五年，命諸王阿勒赤歹、嗣國王塔思，各帥本部左手軍討萬奴。九月，圍其南京。城堅如立鐵，裨將石抹查剌約別將攻其東南，自奮長槊，超登西北隅，斬陴卒數十人。大軍乘之，城遂拔。開元、恤品兩路亦先後下，萬奴就擒，斬之。

萬奴自乙亥歲僭號，至是凡十有九年而亡。

萬奴之相曰王澮，金宣宗授右諫議大夫，充遼東安撫司參謀官，後遂爲萬奴宰相。年九十餘卒，世謂有知來之術云。

史臣曰：遼東之亂，耶律留哥、蒲鮮萬奴與兵事相終始。留哥無御衆之才，以歸附獨早，轉禍爲福。萬奴，金之舊將，一旦反噬，自稱東帝，偭向無常，卒歸夷滅。皆盜賊之雄，何足算也！

王珣，字君寶，本耶律氏。金正隆末，契丹窩斡叛，祖父成從母避難遼西，更姓王氏，遂爲義州聞義人。

珣武力絶人，善騎射。年三十餘，遇道士，奇珣之相，謂之曰：「君他日因獲一青馬而貴。」珣不信。歲餘，有以青馬來鬻，珣私喜曰：「道士之言驗矣。」乃倍價買之。後乘以戰，進退無不如意。又得一刀，其銘曰：「舉無不克，動必成功。」常佩之。每有警，刀必先鳴，故所向克捷。

金末，豪强各擁衆自保。鄉人推珣爲長，旬月之間，招集遺民至十餘萬。

太祖十年，木華黎略地奚霫，珣率吏民出迎，承制以珣爲元帥，兼領義、川二州事。十一年春，張致僭號錦州，陰結開義楊伯傑等掠義州，珣出戰，伯傑引去。致兄子復以千騎來寇，珣選十八騎突其前，一卒槍刺珣，珣揮刀殺之，其衆潰走。時興中亦叛，木華黎圍之，召珣以兵來會。致乘虚襲義州，家人皆遇害。及興中平，珣無所歸，木華黎留之，遣其子榮祖馳奏其事。帝諭之曰：「汝父子宣力我家，不意爲張致所襲陷。歸語汝父，俟逆黨平，彼之族屬、城邑、人民，一以付汝，吾不吝也。仍免徭賦五年，使汝父子世爲大官。」珣以木華黎兵復開義，擒伯傑等殺之。進攻錦州，致部將高益縛致妻子及其黨千餘人以獻。木華黎悉以付珣，珣但誅致家，餘皆釋之。始還義州。

十二年，入朝，賜金符，加金紫光禄大夫、兵馬都元帥，鎮遼東便宜行事，兼義、川等州節度使。珣貌黑，人呼爲哈剌元帥。從木華黎略山東，至滿城，命珣還鎮，戒之曰：「新附之民，反覆不常，非盡坑之，終必爲變。」對曰：「國朝經略中夏，宜以恩信結人，若殺降，寧有復至者乎？」於是降民皆獲免死。十九年正月卒，年四十八。四子，榮祖最知名。

榮祖，字敬先，珣長子也。性沉厚，音吐如鐘。珣初附於木華黎，以榮祖爲質，稍見任用。珣卒，襲榮禄大夫、崇義軍節度使、義州管内觀察使。從嗣國王孛魯入朝，帝聞其勇，選力士三人與之搏，皆應手而倒。欲留置宿衛，會金平章政事哥不靄行省於遼東，咸平路宣撫使蒲鮮萬奴僭號於開元，遂命榮祖還，副札剌亦兒台討之，拔益州、宣城等十餘城，哥不靄走死。金將郭琛、完顔洩魯馬、趙遵、李高奴等猶據石城，復攻拔之，洩魯馬戰死，遵與高奴出降。虜生口千餘，榮祖皆放爲良民。方城未下，榮祖遣部卒賈實穴其城，城崩被壓，衆謂已死，弗顧也。榮祖曰：「士忘身死國，安忍棄之？」發石，實猶未死，一軍感激。有言義州人懷反側者，札剌亦兒台將屠之，榮馳驛奏辯，乃止。

太宗元年，授北京等路征行萬户，换金虎符，從伐高麗，圍其王京，高麗王遣弟淮安公侹奉表納貢。五年，從討萬奴，擒之。趙祁以興州叛，又從諸王按只台平之。祁黨猶剽掠景、薊間，復從大將唐兀台討之。將行，榮祖曰：「承詔討逆人耳，豈可戮及無辜？」唐兀台然之，由是免死者衆。再從征高麗，破十餘城，高麗王遣子綧入質。帝賜錦衣，旌其功。又從諸王也忽略地高麗，降天龍諸堡，遂下甕子城、竹林寨、苦苦數島。賜金幣，官其子興千户。移鎮高麗平壤。帝遣使諭之曰：「彼小國負險自守，釜中之魚，不久自死，緩急可否，卿當熟思。」榮祖乃募民兵屯戍，闢地千里。高麗王大懼，遣其世子倎出降。榮祖遂以倎入朝。

中統元年夏，詔榮祖詣闕，進沿邊招討使，兼北京等路征行萬户，賜寶鞍、弓矢。還鎮，以病卒，年六十五。

子十三人：通，興中府尹；泰，權知義、錦、川等州總管；興，征東千户；遇，襄陽路管軍萬户；達，東京五處征行萬户；廷，鎮國上將軍、中衛親軍都指揮使；璲，江西湖東道提刑按察使。

【校勘記】

〔一〕「帥師」，原作「帥帥」，據文意改。

〔二〕「長子」，原倒作「子長」，據本卷目録及《元史》卷一四九列傳第三十六《耶律留哥傳》乙正。

新元史卷之一百三十五　列傳第三十二

耶律阿海 禿花　禿滿答兒　忙古帶　移剌捏兒 買奴　石抹也先 查剌　庫禄滿　石抹明安 咸得卜　石抹孛迭兒　石抹海住 世昌　耶律忒末 天祐

耶律阿海，金桓州尹撒八兒之孫，尚書奏事官脱迭兒之子也。善騎射，通諸國語。金末，使於王汗，見太祖姿貌異常，因進言：「金國戎備廢弛，俗日侈肆，亡可立待。」帝喜曰：「汝肯臣我，以何爲信？」阿海對曰：「願以子弟爲質。」明年，復出使，與弟禿花俱往，慰勞加厚，遂以禿花爲質，直宿衛，阿海亦留事太祖，參預機謀，常在左右。

及王汗來襲，太祖與諸將同休戚者，飲巴泐渚納水爲盟，阿海兄弟皆預焉。既敗王汗，金人訝阿海久不反，命拘其家屬於瀛州，阿海殊不介意。帝聞之，妻以貴臣之女，給户食其賦。從攻西夏諸國，累有功。

太祖即位，敕大將者别略地漠南，阿海爲先鋒。六年，從破烏沙堡。八年，從拔宣德，乘勝次居庸北口。阿海奏曰：「好生乃聖人之大德，願止殺掠，以應天心。」帝嘉納焉。遂分兵略燕南，山東諸路，還駐中都近郊。金主懼，請和。太祖諭其使曰：「阿海妻子，何故拘繫弗遣？」金人即歸其妻子。

九年，拜太師，行中書省事。從帝攻西域，拔布哈爾、撒馬爾干等城，留監撒馬爾干。未幾，以疾卒，年七十三。至元十年，追謚忠武。

三子：長忙古台、次綿思哥，次捏兒哥。

忙古台，太祖時佩虎符，監戰左副元帥，階金紫光禄大夫，管領契丹、漢軍，守中都，招安水泊等處。卒，無子。

捏兒哥，佩虎符爲右丞，行省遼東。萬奴叛，舉家遇害。

綿思哥，襲太師，監撒馬爾干城。久之，請還内郡。改中都路也可達魯花赤，佩虎符，卒。

二子：買哥，通諸國語，太祖時爲奉御，賜只孫服，襲其父職。時供億浩繁，屢貸於民，買哥悉以私帑償之。事聞，賜銀萬兩。從憲宗攻蜀，師次釣魚山，卒於軍。妻移剌氏，以哀毁卒，特謚貞静夫人。七子，知名者曰老哥、驢馬。

老哥，歷提刑按察使，入爲中書左丞。

驢馬，備宿衛爲必闍赤，遷右衛親軍都指揮使。至元二十四年，世祖宴於柳林，命驢馬居其父位次，賜只孫服。二十五年，戍哈丹禿，有戰功，以老乞骸骨。

驢馬七子：五臺奴，襲父職；拔都兒，中書右丞；文謙，興國路總管；卜花，早卒；蒙古不花，荆湖北道宣慰使；虎都不花，一名文炳，潮州同知；萬奴，人匠副總管。

禿花，又譯爲統灰，國語質子也。帝即位，封千户，與阿海同親任用事。從伐金，爲嚮導，率劉伯林一軍招降山後諸州。九年，金將斫答、札剌兒來降，太祖命與石抹明安會攻中都。又從木華黎收山東、河北，有功，拜太傅，總領也可那延。封濮國公，賜虎符、銀印，歲給錦幣三百六十匹，鎮宣德。太宗即位，立漢軍七萬户，以禿花統萬户札剌兒、劉黑馬、史天澤伐金。卒於西和州。

子朱哥嗣，仍統劉黑馬等諸萬户，與都元帥塔海紺卜伐蜀，卒於軍。子寶童，有疾不任事，以朱哥弟買住嗣，别授寶童隨路新軍總管。買住言於憲宗曰：「今欲滅宋，當先定成都以爲根本。」帝然之，使率諸軍攻嘉定，未下而卒。以兄百家奴嗣。

自朱哥至百家奴，並襲太傅，領也可那延。

禿滿答兒，百家奴子也，常留中宿衛，後代百家奴爲成都管軍萬户。

至元十一年，從忽敦攻嘉定，修平康寨以守之。十二年，從汪田哥攻九頂山，嘉定降。又從忽敦徇瀘、敘諸州，圍重慶，守合江口，又以舟師塞龍門，敗其援兵。十三年，瀘州叛，從汪田哥攻之。瀘州堅守不下，禿滿答兒夜率所部奪其水城，黎明，遂克瀘州。復從圍重慶，敗守將張珏於城下，重慶降。賜虎符，授夔州路招討使。遷四川東道宣慰使，仍兼夔州路招討使，改同僉四川等處行樞密院事，遷四川行省左丞，尚書省立，改尚書省左丞，進右丞，卒。

忙古帶，寶童子也。沈雄有膽略。世祖時，賜金符，襲父職爲隨路新軍總管，統領山西兩路新軍。從行省也速帶兒征蜀，攻拔重慶、瀘州，俱有功，擢萬户。至元二十一年，遷雲南都元帥，從攻羅必甸，詔率所部入緬，迎雲南王。金齒、白衣、答奔諸蠻往往伏險要爲劫掠，忙古帶奮擊敗之，凡十餘戰，開金齒道，奉王以歸。遷副都元帥。二十四年，從諸王阿台征交趾，至白鶴江，與交趾昭文王戰，奪其戰艦八十七艘。又從雲南王攻必甸，破之。二十九年，入覲，賜金、幣有差。

成宗即位，擢鎮國上將軍，授烏撒、烏蒙等處宣慰使，兼管軍萬户。遷大理、金齒等處宣慰使都元帥。六年，烏撒、羅羅斯叛，雲南行省使忙古帶討平之。事聞，賜鈔三千貫、銀五十兩、金鞍轡、弓矢，以旌其功。九年，討普安羅雄州叛賊阿填。晝夜不解甲，一日之間合戰者九，擒阿填，殺之。十年，進驃騎衛上將軍，遥授雲南諸路行中書省左丞，行大理金齒等處宣慰使、都元帥。十一年，卒於大吉州，年五十八。至大四年，贈龍虎衛上將軍、平章政事，追封濮國公，謚威愍。子火你赤，船橋萬户達魯花赤；旺札拉不花，雲南諸路兵馬右副元帥。

移剌捏兒，契丹人，沈毅多謀略。金人欲官之，辭不受。聞太祖舉兵，私謂所親曰：「爲國復仇，此其時矣。」率其衆百餘人來降，且獻伐金十策。帝召見，與語，奇之，賜名賽因必闍赤。又問生於何地，捏兒對曰：「霸州。」因號爲霸州元帥。

太祖十年，授兵馬都元帥，佐木華黎取北京。及張致據錦州叛，使捏兒與吾也而、脱蘭闍里必合兵討之。致平，遷龍虎衛上將軍、兵馬都提控元帥。興州達魯花赤重兒叛，復與吾也兒討平之，賜金虎符。

從木華黎圍鳳翔，先登，手殺數十人，左臂中流矢，裹創進攻丹、延諸州。木華黎止之，對曰：「創不至死，敢自愛耶？」木華黎壯之，贈以所乘白馬。明日，介其馬，飾以朱纓，簡驍騎七十人與金人戰。木華黎登高望之，見其馳突萬衆中，曰：「此霸州元帥也。」金人大敗，丹、延十餘城皆降。遷軍民都達魯花赤、都提控元帥，兼興勝府尹。

二十一年，從太祖征河西，取甘、合、辛、蛇等州。復從郡王帶孫攻益都，下膠、萊、淄等州，太宗元年，卒。追贈推忠定力保德功臣、開府儀同三司、上柱國，封定國公，謚武毅。子買奴。

買奴，太宗召見，問曰：「汝年小，能襲父爵乎？」對曰：「臣年雖小，國法不小。」太宗異其對，顧左右曰：「此兒甚肖其父。」以爲高州等處達魯花赤，兼征行萬户。

從札剌亦兒台攻高麗花涼城，監軍張翼、劉拔都隕於敵，買奴怒曰：「兩將陷賊，義不獨生。」力戰，斬其大將一人。進攻開州，獲守將金沙密，遂下龍、宣、雲、泰等十四城。

太宗五年，從諸王阿勒赤歹征蒲鮮萬奴，有功。未幾，召還。興州趙祚反，土豪楊買驢等附之。仍從阿勒赤歹往討，斬賊將董鑾等，圍買驢於險樹塞，三月不下。買奴令健卒劉五兒循塞北小徑上大樹，懸繩引百人登，直前奮擊，買驢投崖死，餘黨悉平。以功賜金鞍良馬。

又從唐古征高麗，圍王京，取其西京而還。賜金鎖甲，加鎮國上將軍、征東大元帥，佩金符，出鎮高麗，將行，以疾卒，年四十。贈推誠效義功臣、榮祿大夫、平章政事，追封興國公，謚顯懿。

買奴子元臣，别名哈剌哈孫。年十六，入宿衛，進止有度。世祖謂丞相和禮合孫曰：「此勳臣子，非凡器也。」以爲怯薛必闍赤，襲千户，將其父軍。從伐宋，攻淮西，戍清口，取瓜洲，下通、泰諸州。至元十三年，預平宋功，進階武義將軍、中衛親軍總管，佩金虎符。

十四年，翁吉剌部只兒瓦台叛，圍應昌。時皇女魯國公主在圍中，元臣帥所部兵馳救，擊敗只兒瓦台，追執諸魚兒濼。公主賜賚甚厚，奏請暫留元臣鎮應昌，以安反側。居一歲，召還，遷明威將軍、後衛親軍副都指揮，還鎮。又三歲，召還，加昭勇大將軍。十九年，世祖以所籍没權臣阿合馬家婦人賜之，辭曰：「臣家世清素，不敢自污。」帝嘉歎不已。

二十二年，進昭毅大將軍，同僉江淮行樞密院事。院罷，歸高州。車駕親征乃顔，元臣帥家僮五十人謁行在，自請扈駕討賊。二十八年，移僉湖廣行樞密院。時溪洞施、容等州蠻獠作亂，元臣親入敵境，諭降其酋魯萬丑。三十年，卒於官。贈安遠功臣、龍虎衛上將軍、同知樞密院事，追封興國公，謚忠靖。

子迪，中奉大夫、湖廣宣慰使都元帥。

石抹也先，本遼述律氏，遼之后族也，入金改爲石抹氏。祖庫烈兒，誓不食金禄，率部落遠徙，年九十而卒。父脱羅畢察兒，有五子，也先其仲子也。

年十歲，從其父問遼亡事，即憤曰：「兒能復之！」及長，勇力過人，多智略。金人徵爲奚部長，讓其兄贍德納，而自匿於北野山，射狐兔以食。聞太祖起朔方，即來降，建言：「北京，金根本地，先取之，則中原可傳檄而定。」太祖悦，命隸木華黎麾下取北京。

師次高州，木華黎使也先率千騎爲先鋒。也先曰：「兵貴出奇，何用多爲？」諜知金新易北京留守將至，也先與數騎邀而殺之，懷其敕命徑至北京，謂守門者曰：「我新留守也。」入府中，問吏列兵城上何爲？吏以邊備對，也先命盡撤之〔一〕，曰：「寇至在我，無勞爾輩。」是夜，下令易置其將佐部伍。越三日，木華黎至，也先開門納之，得户十萬八千、兵十萬，資糧器械山積，降金將寅答虎等四十七人、城邑三十有二。

木華黎以北京抗命，城下，將屠之。也先諫曰：「降而復屠，則未下者人將死守，天下何時可定？」因以其事上聞，詔赦之，授也先御史大夫，領北京達魯花赤。時石天應等據興中府，也先分兵降之，奏以爲興中尹。又副脱忽蘭闍里必，監張鯨等取燕南未下州縣。至平州，鯨稱疾不行，也先執鯨送行在。帝責之，鯨對：「臣實病，非敢叛也。」帝曰：「今呼汝弟致爲質，當活汝。」鯨諾而宵遁，也先追斬之。時致已殺使者應其兄矣。致伏誅，也先籍其私養士萬二千人，號黑軍，上於朝。賜虎符，進鎮國上將軍，以御史大夫提控諸路元帥府事。

後從木華黎攻蠡州北城，先登，中礧石卒，年四十一。子查剌，次咸錫博羅侃。

查剌亦善射，襲御史大夫，領黑軍。太祖十四年，詔以黑軍分屯真定、固安、太原、平陽諸郡。及南征，盡以黑軍爲前列，敗金將白撒、官奴於河北。渡河再戰，盡殲其衆。論功，黑軍爲最。太宗五年，從國王塔思討萬奴，獲之，事具《萬奴傳》。十三年，授真定、北京兩路達魯花赤。卒，年四十。四子庫祿滿。

庫祿滿，卓犖有大志。關弓滿石，畫的去百步射之，無不中。襲父職爲黑軍總管。憲宗八年，從大軍攻襄陽，晝夜苦戰，與從弟度剌攀雲梯而上，手殺數百人。度剌死之。中統三年，從討李璮於濟南，分地以守。璮數率精鋭衝突，庫祿滿輒挫之。後攻城，中流矢卒，年四十一。

庫祿滿臨陣，每身先士卒。或誡之，曰：「惡死好生，人之常情。吾不以身率之，誰肯捐軀以效命乎？男子當援桴死事，豈呫呫死户牖下，效兒女子耶？」聞者壯之。子良輔、家兒。良輔，襲總管。至元十七年，以功擢昭毅大將軍、沿海副都元帥。二十一年，改沿海上副萬户。大德十一年致仕。子繼祖，襲萬户。

家兒，豐縣尹。

繼祖子宜孫，自有傳。

石抹明安，桓州人。幼嘗騎杖爲馬，令羣兒前導，行列整肅，無嘩者，父老見而異之。太祖七年，大軍克金撫州，金主命紇石烈九斤來援，明安爲裨將，陣於溫根達坂。九斤謂明安曰：「汝嘗至蒙古，識其汗，可往見之，問舉兵之故。彼若不遜，即詬之。」明安如所戒，太祖使縛以俟命。既而大敗金兵，太祖召明安，詰之曰：「我與汝無怨，奈何衆辱我？」明安曰：「臣欲歸順，恐九斤見疑，故如所戒，得乘機至上前，不然何以自達？」太祖善其言，釋之。八年，金復遣明安等乞和，太祖允之。後來降，太祖命領蒙古軍撫定雲中東西兩路。

九年，金主遷汴，其糺軍斫答等殺其主帥來降。是時太祖欲休兵北還，明安諫曰：「金有天下十七路，我甫得雲中兩路。使彼並力而來，則難敵矣。且山前民久不習戰，可傳檄而定。兵貴神速，豈宜猶豫？」太祖從之，即命明安與撒木哈由古北口進圍中都。諸將議屠城，明安奏曰：「攻而後降，城中人固當死。若生之，則州郡之未附者必聞風自至。」太祖從之。

十年春正月，克通州，金將蒲察七斤降。是時中都圍急，金主遣御史中丞李英、元帥左都監烏古論慶壽來援，人負糧三斗，慶壽亦自負以率其衆。明安將五百騎邀之，遇於永清，佯敗。金兵來追，大破之，獲李英及糧車千餘。未幾，金將完顔合住、監軍阿興鬆哥，復以步兵萬二千人來援。明安將三千騎，戰於涿州旋風寨，復破之，獲鬆哥，合住遁。四月，克萬寧宫及富昌、豐宜二關，分兵拔固安縣。

初，大軍破順州，兵士縛密雲主簿完顔壽孫以獻，明安用爲掾吏。俄逸去復來，問其故，對曰：「有老父在城中，往就之，今已没，故來。」明安義而釋之。五月，金丞相完顔承暉仰藥死，中都官屬率父老開門請降。明安諭之曰：「負固不服，非汝等罪，守者之責也。」悉宥之。仍賑以粟，衆皆感悦。

太祖駐桓州，明安遣使告捷，即以明安守中都，加太傅，兼管蒙古、漢軍兵馬大元帥。後以疾卒，年五十有三。

子咸得卜襲職。性貪暴，殺人盈市。耶律楚材聞之泣下，奏請禁州縣非奉璽書不得擅徵發，囚當大辟必待報，違者罪死。咸得卜始稍戢。

次子忽都華，太宗時復爲燕京等處行尚書省事，兼蒙古、漢軍都元帥。

石抹孛迭兒，契丹人。父桃葉兒，徙霸州。孛迭兒仕金爲霸州平曲水寨管民官。木華黎至霸州，孛迭兒迎降。木華黎奇其才，擢爲千户。太祖九年，從木華黎覲太祖於雄州。賜銀符，充漢軍都統。太祖次牛闌山，欲盡戮漢軍，木華黎以孛迭兒可用，奏釋之，仍隸其麾下，從平高州。

十年，授左監軍，佩金符，與都元帥吾也而分領紅羅山、北京東路漢軍。又從脱忽闌闍里必攻洺州，城守甚堅，孛迭兒率衆先登，拔之。十二年，從木華黎定山東沂、密等州。十三年，又從定太原、平陽、忻、代、澤、潞、汾、霍等州。十四年，又從平岢嵐、吉、隰、絳等州。擢龍虎衛上將軍、霸州等路元帥，統黑軍鎮守固安水寨。既至，令軍士屯田，且耕且戰，披荊棘，造廬舍。數年之後，城郭悉完，爲燕京之外蔽。

太宗二年，入覲，賜金符。三年，從國王塔思定河南。五年，從討萬奴於遼東，平之。孛迭兒大小百餘戰，所至有功。年七十，以疾卒。

石抹海住，名德亨，字仲通，以小字行。木華黎承制授館陶縣尹。從克磁州，未嘗戮一人。又得鹿邑、太康生口五千餘，悉縱之。從攻彰德有功，遷奉國上將軍、彰德路總管，兼行軍總元帥府事，卒。石抹本遼之蕭氏，金改爲石抹氏，海住後更爲蕭氏，以復其舊云。子珪，征南千户。

孫世昌，字榮甫。幼端重。年十三，襲千户，已雄偉如成人。從討李壇及復宿、蘄等州，皆有功。至元六年，取宋五河口，手馘四十餘人，搏戰舟中，血流没髁，得戰艦二。卒於軍中，年二十五。妻段氏，至元二十二年以節孝旌其門。子：恒，襲千户，從鎮南王征交趾，以疾歸，封武略將軍、臨漳縣男；謙，仁和縣尹。謙子剌哈不花，内邱尹。

耶律忒末，祖丑哥，仕遼爲統軍都監。迨遼亡，丑哥夫婦俱死。

忒末仕金，仍爲都監。宣宗遷於汴，忒末及子天祐率衆三萬内附。授忒末帥府監軍，天祐招討使，從元帥史天倪略趙州，平棗强、欒城、元氏、柏鄉、贊皇、臨城等縣。太師木華黎承制加忒末洺州等路征行元帥。與天祐略邢、洺〔二〕、磁、相、懷、孟，招花馬劉元帥有功，木華黎又承制授忒末真定路安撫使、洺州元帥。進兵臨澤、潞，降其民六千餘户，以功遷河北西路安撫使，兼澤、潞元帥府事。太祖十七年致仕，退居真定。天祐襲職，從天倪攻取益都諸城，略滄、棣，得户七千，兼滄、棣州達魯花赤，佩金符。十九年，攻大名，拔之。明年，金降將武仙據真定以叛，殺守將史天倪。忒末父子夜踰城而出，會天倪弟天澤自北京還，遇諸滿城，合蒙古諸軍與賊戰，走武仙，復真定。朝廷以天澤襲兄爵，而以天祐鎮趙州。明年，仙復犯真定，天澤奔藁城，忒末與其妻子在真定者皆陷焉。仙遣其僕劉攬兒持書誘天祐曰：「汝能殺趙州官吏以附，當活父母，仍授汝元帥，不爾盡烹之。」忒末密令攬兒語天祐曰：「仙狡猾，汝所知也，毋以我故墮其機穽，以虧忠節。」天祐得書慟哭，至藁城，以書示天澤，天澤曰：「王陵之事，前史所稱，汝能遵父命，功不在王陵下也。」天祐乃趨還趙州，率衆殊死戰。仙怒，盡殺忒末家十八人。天祐戰屢捷，監軍張林密通仙，啟關納賊。天祐斬關出，復收散卒圍城。二十二年，賊棄城走，追至藁城，會天澤兵至，夾擊殺林。加奉國上將軍、潞州征行元帥，兼趙州安撫使。後致仕卒。

【校勘記】

〔一〕「撤」，原作「撤」，《元史》卷一五〇列傳第三十七《石抹也光傳》亦誤，按：邵遠平《元史類編》卷一七做「撤」。據改。

〔二〕「洺」，原作「洛」，據《元史》卷一九三列傳第八十《忠義傳一》改。